复旦大学中国与周边国家关系研究中心
中国国家领土主权与海洋权益协同创新中心

中国周边外交研究报告
（2018—2019）

RESEARCH REPORT ON CHINA'S NEIGHBORING DIPLOMACY (2018-2019)

祁怀高　主编

WA 世界知识出版社

图书在版编目（CIP）数据

中国周边外交研究报告. 2018—2019 / 祁怀高主编.—北京：世界知识出版社，2019.8

ISBN 978-7-5012-5384-5

Ⅰ. ①中… Ⅱ. ①祁… Ⅲ. ①中外关系—研究报告—2018—2019 Ⅳ. ①D822

中国版本图书馆CIP数据核字（2019）第239318号

书　　名	中国周边外交研究报告（2018—2019） RESEARCH REPORT ON CHINA'S NEIGHBORING DIPLOMACY (2018-2019)
主　　编	祁怀高
责任编辑	狄安略
责任出版	赵　玥
责任校对	陈可望
出版发行	世界知识出版社
地址邮编	北京市东城区干面胡同51号（100010）
网　　址	www.ishizhi.cn
电　　话	010-65265923（发行）　010-85119023（邮购）
经　　销	新华书店
印　　刷	北京虎彩文化传播有限公司
开本印张	165mm×240mm　1/16　27⅜印张
字　　数	420千字
版次印次	2019年11月第一版　2019年11月第一次印刷
标准书号	ISBN 978-7-5012-5384-5
定　　价	120.00元

《中国周边外交研究报告（2018—2019）》由复旦大学国际关系与公共事务学院政治学“高峰学科”经费资助出版。

特此致谢！

Research Report on China's Neighboring Diplomacy (2018-2019) was made possible through a generous grant from the School of International Relations and Public Affairs at Fudan University.

目 录

序 言 中国周边外交形势评估、定位和新方略 .... 石源华 7

第一编 2018年中国周边外交的评估与展望 1

第一章 中国周边安全形势的评估与展望 .... 张 洁 李志斐 3

第二章 中国周边经济形势的评估与展望 .... 钟飞腾 15

第三章 中国周边人文外交的评估与展望 .... 许利平 29

第四章 中美在亚洲的军事博弈与中国的战略选择 .... 张 芳 37

第二编 2018年中国周边大国外交 51

第一章 中国对美外交：塑造中长期战略转型 .... 潘亚玲 53

第二章 中国对俄外交：持续高水平发展 .... 李勇慧 65

第三章 中印关系：高开高走中的隐忧 .... 孙西辉 76

第四章 中日关系：重返正常轨道 转圜尚待努力 .... 吴寄南 88

第三编 2018年中国周边次区域外交 99

第一章 中国的东北亚外交：迎来“景气年” .... 刘 卿 101

第二章 中国的东南亚外交：成就、问题和应对 ... 卢光盛 聂 姣 113

第三章 中国的南亚外交：成就与隐忧并存 .... 林民旺 128

第四章 中国的中亚外交：持续巩固和深入 .... 张 宁 141

第五章　中国的西亚外交：努力开创新局面 .... 郭　锐　王雪松　147
第六章　中国的南太平洋外交：大国博弈中的调适 .... 费　晟　158

第四编　2018年中国周边外交热点议题 169
第一章　朝鲜半岛无核化动向及朝美关系未来走势 .... 董向荣　171
第二章　中菲南海共同开发现状与前景展望 .... 闫　岩　179
第三章　南海行为准则磋商的进展与挑战 .... 赵卫华　189
第四章　缅甸若开邦问题与中国的斡旋外交 .... 贺嘉洁　199
第五章　阿富汗和平进程新进展及中国作用 .... 王世达　212

附录一：2018年中国周边外交大事记 .... 赵卫华　编制　222
附录二：2018年中国及其周边国家相关数据 .... 何永朋　编制　389
后　记 406

Contents

Preface: The Assessment of Situation, Positioning and New Strategy of China's Neighboring Diplomacy .... *Shi Yuanhua* / 7

Part I Assessment and Outlook of China's Neighboring Diplomacy in 2018-2019

1. Assessment and Outlook of China's Neighboring Security in 2018-2019 .... *Zhang Jie & Li Zhifei* / 3
2. Assessment and Outlook of China's Neighboring Economy in 2018-2019 .... *Zhong Feiteng* / 15
3. Assessment and Outlook of China's Neighboring Cultural Exchanges in 2018-2019 .... *Xu Liping* / 29
4. Sino-US Military Competition in Asia and China's Strategic Choice .... *Zhang Fang* / 37

Part II China's Relations with Major Powers in its Neighboring Area in 2018

1. China's Diplomacy with the U.S.: Shaping Medium and Long-term Strategic Transformation .... *Pan Yaling* / 53
2. China's Diplomacy with Russia: Continuous High Level of Development .... *Li Yonghui* / 65
3. Sino-Indian Diplomacy: Hidden Worries behind the Good Relations .... *Sun Xihui* / 76

4. Sino-Japanese Diplomacy: Return to Normal Status while Remedy Awaits .... *Wu Jinan* / 88

Part III China's Sub-regional Diplomacy in its Neighboring Area in 2018

1. China's Diplomacy with Northeast Asian Countries: A Prosperous Year .... *Liu Qing* / 101
2. China's Diplomacy with Southeast Asian Countries: Achievements, Problems and Solutions .... *Lu Guangsheng & Nie Jiao* / 113
3. China's Diplomacy with South Asian Countries: Achievements and Hidden Worries Coexist .... *Lin Minwang* / 128
4. China's Diplomacy with Central Asian Countries: Consolidating and Improving Diplomatic Relations Continuously .... *Zhang Ning* / 141
5. China's Diplomacy with West Asian Countries: Strive for A Brand New Era .... *Guo Rui & Wang Xuesong* / 147
6. China's Diplomacy with South Pacific: Adaptation In Major Countries Game .... *Fei Sheng* / 158

Part IV Hot Issues of China's Neighboring Diplomacy in 2018

1. Future Trend of Denuclearization on the Korean Peninsula and DPRK-US Relations .... *Dong Xiangrong* / 171
2. Current Status and Prospects of Joint Development between China and the Philippines in the South China Sea .... *Yan Yan* / 179
3. Progress and Challenges of the COC Negotiation .... *Zhao Weihua* / 189
4. Issues of the Rakhine State in Myanmar and China's Mediation Diplomacy .... *He Jiajie* / 199
5. New Progress in the Peace Process of Afghanistan and the Role of China .... *Wang Shida* / 212

Appendix 1: China's Neighboring Diplomacy Chronicle in 2018
....*Zhao Weihua* / 222
Appendix 2: Statistics of China and its Neighboring Countries in
2018 ....*He Yongpeng* / 389

序　言
中国周边外交形势评估、定位和新方略

石源华

一、当代世界形势新特点

2018年，中美进入了两个不同的“新时代”，两国外交战略出现重大变化，影响和导致中国周边形势出现了新态势和新特点。美国总统特朗普新时代的外交战略是“美国第一”，由此引发全球及亚太地区国家的普遍担忧，“印太战略”更增加了地区不安定因素。中共十九大开启了中国特色社会主义新时代，中国推进中国特色大国外交，以合作共赢为核心理念，建设命运共同体为战略目标，形成世界和地区合作的强大新动力。中美两股力量形成相当程度的抗衡和冲撞，使得中国周边外交形势出现新态势，正确认知新形势的特点，将是中国决定外交战略和政策的重要依据。

当前世界形势的最新特点是：正处于“百年未有之大变局”之时。一方面，中国处于近代以来最好的发展时期，如习近平主席在中共十九大报告所指出的：“今天，我们比历史上任何时期都更接近、更有信心和能力实现中华民族伟大复兴的目标”，据此清晰擘画了全面建成社会主义现代化强国的时间表和路线图：从现在到2020年，全面建成小康社会，实现第一个“百年”奋斗目标；其后，再奋斗15年，2035年基本实现社会主义现代化。其后，再奋斗15年，2050年把我国建设成富强民主文明和谐美丽的社会主义现代化强国。[①]

另一方面，当今世界又正处在新旧秩序新陈代谢、此消彼长的过渡期，不稳定和不确定特点格外突出，中国从富起来到强起来的历史进程将面临各种新考验。百年未见大变局的本质是世界秩序的重塑，核心是世界权力在国家之间以及政府之间的重新分配。如陈向阳所分析，具体表现为六个方面：第一，世界力量对比呈现“东升西降”“新升老降”，新兴经济体与新兴大国群体性崛起大势难改，西方在国际体系中的主导权与美国的霸权难以为继，国际战略格局多极化步入“多级化”的新阶段。第二，经济全球化、多边主义与全球治理遭遇“特朗普逆风”，美国重点针对中国乃至其盟友发动贸易战，致使以世界贸易组织（WTO）为核心的贸易多边机制备受冲击。第三，社会信息化、网络化、智能化势不可挡，新科技与新工业革命的“双刃剑”效应凸显。潜伏着人类社会生产生活方式与国家安全异化的风险，大国之间尤其是中美高科技竞争日趋激烈。第四，文化多样化进一步走强，“发展模式之争”加剧。“中国模式”影响力增强，导致西方发达国家对华政治疑忌与意识形态焦虑加重，故而大肆炒作与不断翻新“中国威胁论”。第五，国际关系多元化深远复杂，非国家行为体五花八门，大行其道，其借助全球化与信息化发展壮大，政府权威及国家安全面临侵蚀，自17世纪中叶以来延续至今、以主权民族国家为中心的威斯特伐利亚体系正深刻转型。第六，国际危机趋于常态化，“黑天鹅”与“灰犀牛”层出不穷。[②]

新时代的中国正遭遇百年未有大变局，中国周边外交的发展机遇将更多出彩和增强，中国周边外交遭遇的挑战也将更趋复杂和多变，中国周边外交需要形成新的形势评估、战略定位、顶层设计、风险预判、危机管控、应对路径和实施方针。

---

① 《习近平代表第十八届中央委员会向大会作的报告摘要》，《新华每日电讯》2017年10月19日。

② 陈向阳：《世界大变局与中国的应对思考》，《现代国际关系》2018年第11期。

二、中国周边外交形势的评估[①]

（一）中美竞争态势成主流，但处可控范围

特朗普政府摒弃了美国前届政府的“亚太再平衡”战略及其经济内核《跨太平洋伙伴关系协定》(Trans-Pacific Partnership Agreement, TPP)，转换新手段和方式，奉行对中国崛起的警惕、防范、制衡和打压，打击力度更为直接和强硬。特朗普将中国定为“威胁者”和“挑战者”，对华发起猛烈攻势，中美贸易战愈演愈烈只是其中表现之一。美国对华政策全面转向以打压、抑制、竞争为主，中美经济关系不再是双边关系的“压舱石”，中美深层次结构性矛盾大幅升级，“兼容共存”合作基本面有所下降，中美对抗态势成为两国关系主流。然而，从总体看，中美关系并未上升为“全面对抗”，所谓的“新冷战”并未形成。中美存在的各种冲突仍处于可控范围，双方“你中有我，我中有你”的全方位利益交融格局并未发生变化。斗争与合作并存仍将长期是中美关系发展新常态。

（二）既成国际秩序遭遇挑战，但不容随意舍弃

改革开放40多年来，中国在西方主导的国际体系下成功地和平崛起。中国加入世贸组织，主动融入世界，既成国际体系和规则给中国提供了大发展的良机，中国成为世界第二大经济体。特朗普上台后，美国强烈感受到中国崛起带来的压力，强力挑战既成国际体系，力图将中国纳入美国制订的体现其自身利益的规则行事。但“现行国际秩序不能随意舍弃，更容不得推倒重来”。在未来相当长的时间内，中国宜继续高擎、维护、执行既成国际体系，美国违反国际体系的“逆全球化”行为将难以变为现实。

（三）周边热点问题有所降温，但存复活和反复可能

6月12日，“金特会”在新加坡举行，朝鲜半岛紧张局势有所趋缓，实现了“软着陆”。但美朝联合声明具有可进可退的特点，在实际操作层面，

① 参见石源华：《正确认知中国周边外交新态势》，《世界知识》2018年第17期。

远不及中国主导的六方会谈所达成的“9·19共同声明”管用。2019年2月27—28日，第二次“金特会”在越南河内举行，却是无果而终，但美朝双方都表达了要继续谈下去的意愿，表明朝鲜半岛核危机的“软着陆”将继续维持。中国所主张的“双暂停”有可能继续执行，这有利于朝鲜半岛的和平和稳定。但美朝双方如果不能对等、公正、同步地相向而行，出现反复和倒退完全可能。

南海争端逐步趋缓，中菲、中越近期未再发生激烈冲撞，中国与东盟关于“南海行为准则”磋商取得重要进展，如中国与东盟各国应对海上紧急事态外交官热线已经成功测试等。然而，南海动荡的激流仍在涌动，特朗普政府公开在南海出动战机、战舰“自由巡航”，较奥巴马时代更为积极定期，耀武扬威，直接触犯我主权底线。美国推动“印太战略”和“美日澳印四边对话”，仍将是南海动荡之源和重大战略新动向。

中印“洞朗对峙”危机已得妥善处理，中印两国领导人的武汉东湖非正式会晤，推动了两国关系进入了新的相对平稳发展的新阶段。

（四）“中间国家”对华关系趋好，但须继续强化

从奥巴马到特朗普，一以贯之，推行分化、挑拨、撕裂中国与周边国家关系的政策，使关系曾经正常或良好的中国与日本、菲律宾、越南、印度、韩国、新加坡关系接二连三发生骤变。如美国利用中日钓鱼岛争端等分裂中日关系，利用南海岛礁争端挑动菲律宾、越南等国与中国的冲突，利用萨德部署问题将处于发展高峰期的中韩关系颠覆至谷底，中印洞朗对峙也有美国挑唆的背景。美国也曾利用朝核问题，对中朝关系施行挑拨、施压。如果中朝关系不慎破裂，正是美国所企望的，美国很可能会迅速转变对其对朝政策，导致朝核问题发生对中国最不利的结果。美国挑唆和拉拢周边国家与中国对抗，导致不少“中间国家”的对华关系进入紧张状态，美国却从中渔利。

中国以“合作共赢”为核心，以构建“命运共同体”为目标，加强同周边国家的密切联系，逐步破除和瓦解了美国的分化图谋，周边国家对华态度发生利好变化。2018年，中菲关系得到大幅调整；中日关系渐入稳定改善轨道；金正恩密集访华，中朝友好关系大幅提升；中韩“萨德问题”

趋向缓和，双边关系有所提升；中越高层互访达成重要共识；中新关系出现回暖等，中国周边大环境呈现向利好方向发展的趋势。中国应继续努力，推动"一带一路"倡议进入周边"深耕区"，进一步提升中国与"中间国家"的友好关系。

（五）周边合作机制面临冲击，但有望整合推进

特朗普上台后，将"美国优先"作为对外政策的衡量标准，以"退群"为手段，让美国从更多的国际责任中抽身，给亚太地区多边机制发展造成巨大冲击。中国则积极倡导和参与周边地区合作，强化周边地区合作机制建设，为稳定周边秩序发挥了中流砥柱的关键支撑作用。中国发起的首个新型周边次区域合作机制——澜湄合作机制发展迅速，其速度和效率将成为周边地区合作的重要标杆；上海合作组织扩容，成为世界上幅员最广、人口最多的地区性国际组织之一，其合作潜力和国际影响力迅速提升；第七次中日韩领导人会议发出三国共同维护多边贸易体系、反对保护主义、推动贸易投资自由化便利化的有力信号；中国积极支持的《区域全面经济伙伴关系协定》（RCEP）谈判进程有望加快，成为促进区域经济发展、应对"逆全球化"的重要平台。

新时代中国周边外交的新态势，给中国推行社会主义特色的大国外交既形成了挑战，又提供了机遇，中国应保持战略定力，精确顶层设计，做出合理决策，实现既定的战略目标。

三、未来中国周边外交的定位

中共十九大宣告中国特色社会主义进入了新时代，以2020年、2035年和2050年为三个重要时间节点，为中国成为富强民主文明和谐美丽的社会主义现代化强国擘画了清晰的宏伟蓝图。新时代中国特色社会主义道路、理论、制度、文化不断发展，中国周边外交也要与时俱进做出新的定位。

（一）周边外交仍然居于中国外交全局的首要地位

从目前至2035年，是中国从小康社会稳步走向基本实现社会主义现代

化的重要历史阶段。就世界总体格局而言，美国实力虽有所衰退，但仍然是世界上最强大、最有影响力的国家，仍然主导着现行国际体系和国际规则。中国虽处于从第二大经济体稳步迈向第一大经济体的历史发展过程之中，但将强未强，其国家定位仍是世界影响力逐步提升的亚洲地区大国和世界最大的发展中国家。中国主要发挥影响力的地区仍是中国周边，其历史性任务是引领亚洲，避免发生颠覆性的错误。中国周边外交仍将处于中国外交大布局中的“首要地位”。中国不能急于为世界性权力心动，不能给世人造成中国急于要取代美国的印象，不宜急于提出和推广治理全球事务的“中国方案”，更不宜试图以某种新体系主导国际社会。中国应尊重现行国际体系和世界规则，逐步谨慎地提议和改善其中的不合理部分，不挑战美国的老大地位。① 中国人均GDP仍处于世界排名较后的位置。2018年，中国国内GDP总值90万亿人民币，相当于13.66万亿美元。美国国内GDP是20.5 万亿美元。中国约占美国的66%。美国人均GDP是6.2万美元，中国人均GDP是9777美元，美国是中国的6.34倍，美国远超中国。② 中美间的实力差距是非常明显的。现阶段中国最应关注的是做好中国自己的事情，着重点是在中国周边地区，要避免将全球注意力和攻击目标吸引到自己身上，继续争取长期稳定发展的战略机遇期，使中国稳步成为一个世界级的强国。

（二）中国仍将在既成国际体系之下实现强国目标

改革开放40多年来，中国在西方主导的国际体系和规则下成功实现了和平崛起。1979年1月1日，中美正式建交，结束了两国长期对峙局面。20世纪80年代中期，邓小平同志做出“和平与发展”为时代主题的伟大论断，宣布裁军百万，暂缓部分大规模军工计划，消解了美国和西方的对华戒备，中国的国际信誉和形象极大提升。20世纪90年代初，在中美关系陷入低谷和国际风云变幻之际，中国奉行“韬光养晦，有所作为”的对外策

① 参见石源华:《新时代中国周边外交的新定位与战略思考》，石源华主编:《中国周边外交研究报告（2017—2018）》，北京：世界知识出版社，2018年，第3—4页。

② 《增长2.9%！美国GDP总量首破20万亿美元，中国甩开日本8万多亿美元》，https://baijiahao.baidu.com/s?id=1626790804399469639&wfr=spider&for=pc。

略。[①] 冷战结束后，中国经过15年的谈判于2001年加入世界贸易组织，主动融入世界体系。历史经验表明，既有的世界秩序尤其是经济秩序，给中国提供了巨大的发展机遇。中国正是紧紧抓住了几次“稍纵即逝”的战略机遇期而赢得主动和先机。特朗普上台后，美国强烈感受到中国崛起带来的压力，力图将中国纳入美国制订的体现其自身利益的规则行事。在未来相当长的时间内，中国宜继续高擎、维护、执行既成的国际体系和规则，反对美国违反国际体系和规则的“逆全球化”行为，谋求新的发展机遇，为将自身建设成为社会主义现代化强国创造有利的外部条件。

（三）中美仍将维系“兼容共存”基本格局

中国作为新兴的“崛起大国”与美国为代表的“守成大国”之间的结构性矛盾是影响两国关系以及地区秩序变化的重要原因。当前中国周边政治和安全的主要特征和基本格局仍是中美“兼容共存”，即中美的内在结构矛盾是基本矛盾，具有一定的对抗性，但是双方又可以实现“兼容共存”，不采取对抗方式。[②] 特朗普上台后，将中国定为“威胁者”和“挑战者”，对华发起猛烈攻势，中美深层次的结构性矛盾逐渐升级并被放大，造成中美“兼容共存”面下降，两国关系趋于紧张。然而，从总体看，中美关系并未上升为“全面对抗”，中美存在的各种问题仍处于可控范围。特朗普发动贸易战攻势，将中国列为主要竞争对手，但并非将矛头只对准了中国，欧盟、俄罗斯、日本、加拿大、墨西哥等国也深受其害，受中期选举、非法移民、中东泥潭、美俄博弈、半岛核问题等诸多因素的牵制，美国无论是在政治、经济上，还是军事战略上均无法集中全力对付中国，中美将在中国周边始终处于合作、竞争、矛盾和分歧共存的基本格局。

---

① 钱其琛:《深入学习邓小平外交思想，进一步做好新时期外交工作——在外交部〈邓小平外交思想研讨会〉开幕式上的讲话》,《外交学院学报》1996年第1期，第3页。

② 石源华:《中美兼容共存：东亚的核心政治架构》,《人民论坛·学术前沿》2015年第20期，第19页。

（四）“中间国家”是周边外交的重要对象

在中国周边已经出现新的“三个世界”架构：中美各为一极，其间存在许多中间国家。[①] 在一个较长的时间段里，中国周边外交更多倾向于将中国同“中间国家”的关系建立在中美双边关系的基础上，导致许多“中间国家”与中国的矛盾日益增多。奥巴马政府时期，美国正是抓住“中间国家”对中国崛起带来的不适感以及历史遗留的分歧和矛盾，蛊惑和拉拢“中间国家”与中国对抗，给中国周边环境带来了严峻挑战。“中间国家”概念是针对中国快速崛起与美国维护其霸权之间的竞争关系提出的，有利于中国分清周边外交面临的主要矛盾和次要矛盾，妥善处理好同美国及周边国家的“大三角”关系，避免出现腹背受敌的被动局面。此外，“中间国家”是亚太地区一股不可忽视的重要力量，是中国开展周边外交和中美竞相争取的主要对象，这些国家的对外政策选择将对未来亚太地区的力量结构重组产生重大影响。处理好与“中间国家”的关系将直接决定中国崛起是否可以顺利实现。

（五）多边主义是未来中国周边秩序的主要方向[②]

冷战结束后，建立开放、包容的多边秩序已成为国际社会的重要共识，但囿于美国的超级大国地位，国际社会更多的是霸权主导的多边秩序。在中国周边地区，美国在冷战时期形成并主导的双边同盟体系与中国参与并推动的多边合作机制之间既相互竞争又相互兼容。[③] 特朗普上台以来，美国为了挽救不断衰退的霸权地位，从多边主义退向单边主义，给中国周边地区安全形势的走向以及区域合作的前景带来了巨大风险。与此相反，中国参与和推动的“东盟10+3”、上海合作组织、澜湄合作机制、中日韩合作、《区域全面经济伙伴关系协定》等多边制度性合作机制，在维护区域秩序方面展现出巨大的发展潜力和旺盛的生命力。以多边主义为原

---

① 石源华：《冷战化危险、“中间国家”与周边外交》，《世界知识》2016年第21期，第15页。

② [美]约翰·鲁杰：《多边主义》，苏长和译，杭州：浙江人民出版社，2003年，第12页。

③ 祁怀高：《构筑东亚未来：中美制度均势与东亚体系转型》，北京：中国社会科学出版社，2011年，第67页。

则、以国际规则为机制的基本秩序形态将成为世界秩序的主要方面。[①] 随着中美两国力量对比发生变化，中国在继续崛起过程中需要将多边主义作为地区秩序建构的主要方向，并使之朝更加公平、公正、合理的方向发展，这不仅有助于中国与周边国家共同参与亚太地区秩序的构建，更有助于为中国崛起提供普遍性认同和合法性支持。

四、新时代中国周边外交新方略

（一）构建未来中国发展的战略大框架

未来中国的发展需要制定一个大战略。“中国不是苏联”的原则，亦即中国不走苏联曾经走过的老路，是这个大战略的核心理念和基本内容。早在改革开放初期，中国领导人曾经构建了一个大战略，确定中国不走苏联与美国军备竞争的老路，不再延续“冷战”思维，不再参与美苏两极的对抗和争雄，而是在美国主导的国际体系和规则之下，加入WTO等，大力发展综合国力，彻底改变国家的落后面貌。“中国不是苏联”的思路和战略，是中国成功实现和平崛起的发展大战略。然而，在中国成为世界第二大经济体后，“中国不是苏联”的议题在国内外都面临考验。中美对抗态势呈现上升趋势，国际舆论普遍担心，中美关系会否进入“新冷战”？特朗普变化无常的对华政策会否引起中美关系颠覆性的动荡甚至倒退？为此，中国现在更需要设计和制定一个新的适应世界大变局和中美新状态的发展大战略。“中国不是苏联”的原则，依然是这个大战略的核心理念和基本战略。[②] 这个大原则决不能动摇。

中国应将做大、做好、做强自身放在“重中之重”地位。中共十九大已经确定了实现“中国梦”的时间表和宏大战略布局，2050年将把我国建成富强民主文明和谐美丽的社会主义现代化强国。这个宏伟目标应成为中国新的大战略的核心内容和基本任务。有利于这个大目标实现者，要坚定不移地多做、大做、做好，不利于这个大目标实现者，要不做、少做、慎

① 秦亚青：《世界秩序刍议》，《世界经济与政治》2017年第6期，第8页。

② 参见石源华：《四议“中国不是苏联”》，《世界知识》2019年第3期。

做。中国正在处在发展之中，应不当头、不扛旗、不张扬，埋头苦干，全国全民族同心协力，努力如期实现国家的宏伟目标。

中国将仍在既成国际体系和规则之下实现强国目标，多边主义仍将是未来周边合作的主要方向。中国应该与世界各国友好相处，以实现人类命运共同体为目标。中美贸易战应力争在既成国际体系和规则的大框架下，相向而行，找到双方都能接受的和解方案。中国决不寻求建立新的国际体系，不搞“另起炉灶”，中国将遵守和维护既成国际体系和国际规则，推动其发展得更加完善、合理、公平，有利于全世界所有的国家而不是少数国家。出现两个体系对抗的“新冷战”，将不符合中美两国人民的利益，也不会为中国领导人所采纳。

（二）建设基本稳定的中美关系

中共十九大报告首次提出“推进大国协调和合作，构建总体稳定、均衡发展的大国关系框架”①，这不仅是中国积极发展全球伙伴关系网，扩大同各国的利益交汇点，建设新型大国关系的指导方针，而且也将成为中国按照“亲诚惠容”理念和以邻为善、以邻为伴周边外交方针，深化与周边国家关系的必要前提和关键所在。其中构建基本稳定的中美关系最为重要。

特朗普执政以来的总体作为，显现中国崛起和美国霸权的内在结构性矛盾呈现了快速上升趋势。美国要挤压、阻挠、制衡中国崛起的基本战略已成为美国各个政治派别的共识。特朗普政府坚持将“霸权稳定论”作为治理世界和亚太地区的指导理论和习惯性思路，大大压缩了发展中美“兼容共存”关系的政治空间，使既有的周边政治安全平衡格局失衡，使已经结束的冷战时代面临回归中国周边地区的危险，对十九大以后中国特色社会主义建设宏伟事业形成重大威胁。中国能否实现十九大提出的宏伟奋斗目标，在很大程度上将取决于中国能否实现与美国协调和合作，构建总体稳定、均衡发展的中美关系框架，避免“新冷战危险”重降中国周边地区。

---

① 《习近平代表第十八届中央委员会向大会作的报告摘要》，《新华每日电讯》2017年10月19日。

中国一直努力于建设中美新型大国关系，但目前只是一厢情愿的目标和不懈努力的方向，一时难以得到美国的真正认可、支持和相向而行。美国目前尚不愿与中国平起平坐，中国实际可做和应做的是与美国协调合作，尤其是在中国周边地区共同管控、解决朝核问题以及东海、南海争端等各种危机。中美新型大国关系建设，将在中美实力地位逐渐接近、持平之后，才能进入对等和实质性运作阶段。为此，中国需要有更多的顶层设计和应对方案，淡定、沉着、冷静判断美国是阻碍中国崛起的主要国家，坚信时间和优势都在中国一边。对于美国这样的信奉霸权主义，惯于实行炮舰政策，又有着熟练外交技能的国家，中国需要文武并举，开展有理、有利、有节的坚决斗争，迫使美国从“冷战化危险”制造者困境中走出。双方都要重视和尊重各自的重大战略关切，控制和避免双方内在结构性矛盾的扩张和破裂，扩大双方“兼容共存”和合作共赢的空间。恢复东亚政治安全的平衡格局，终将有利于两个大国的长远利益。①

中国的“大国协调和合作”方略还应施及中国周边的区域大国俄罗斯、日本和印度。目前，中俄关系达到全面战略协作关系的历史高点，为周边地区大国协调和合作树立了榜样。中日关系的恶化已经走到谷底，正呈现改善关系走出困境的发展势头。中日协调和合作将是可以期待的前景。中印关系经历了2017年的洞朗对峙，进入了发展不稳定的动荡阶段，但在2018年5月习近平主席和莫迪总理实现武汉东湖会晤之后，在双方努力下，中印两国重建了协调与合作的新局面。中国应花大力气，努力构建与这些国家不同形式的“总体稳定、均衡发展”的大国关系框架，确保中国周边的长期和平稳定和“中国梦”的顺利实现。

（三）积极争取广大的“中间国家”

可以预测在十九大以后，随着中国政治影响力进一步提升和经济进一步崛起，中美两国之间的实力距离将趋向缩小，中美两国与世界其他任何一个国家间的差距将逐渐拉大，“中间国家”的存在及其发展趋势将更为明

① 参见石源华：《新时代中国周边外交的新定位与战略思考》，石源华主编：《中国周边外交研究报告（2017—2018）》，第5—6页。

显，成为中国周边新政治安全的基本结构。

争取更多的中间国家站在自己一边或更多地倾向自己，会成为中美两国博弈的重要内容。十九大报告指出，中国应“按照亲诚惠容理念和以邻为善、以邻为伴周边外交方针，深化与周边国家关系”，破除和瓦解美国对于中国和周边国家的分化和分裂政策，争取更多的“中间国家”站在中国一边，或更多倾向中国。中国应理解、接受和正确对待“中间国家”在中美间实行平衡政策。冷战时期那种非此即彼、画线站队式对待中间国家的态度已经过时。中国应以包容与合作的态度，争取与更多的中间国家建立友好关系。目前，中国的周边国家普遍希望从中国获益，希望中国对他们多做让步和帮助，这是中国面临的一个需要合理应对的难题，既给中国带来机会，也会使中国难以招架。对于日、菲、越、韩、印等和中国有领土主权或者海域划界争议的国家，争取它们在中美间中立平衡，符合中国的长远利益。“合作共赢”是中国处理周边国家关系的基本指导思想，积极推动“命运共同体”建设，则是中国与周边国家政治安全建设的基本目标。中国已经成为决定东亚政治安全格局的核心力量和中流砥柱，经过中国的努力，2018年，中国与周边国家的关系出现良好的发展趋势，美国破坏中国与周边国家关系的战略意图正遭遇前所未有的失败，冷战灾难在东亚和世界重现的前景将可以避免。中国有望在周边地区首先实现建设命运共同体的宏伟目标。①

（四）推进“一带一路”在周边“深耕细作”

中共十九大以后，务实推进“一带一路”倡议，已成为实现“坚持和平发展道路，推动构建人类命运共同体”外交大战略的重要载体和中国向周边地区混合投射硬实力和软实力的最佳模式。

根据习近平主席在十九大报告中设计的实现“中国梦”时间表和宏大战略布局，“一带一路”倡议应融入实现“中国梦”和战略布局的路线图，在每一历史阶段都将承担不同的历史使命和任务。使“一带一路”倡议逐

① 参见石源华：《新时代中国周边外交的新定位与战略思考》，石源华主编：《中国周边外交研究报告（2017—2018）》，第9—10页。

步由设想演变为行动，推动“中国梦”一步一步地由理想演变为现实，这是中国应对百年未见历史大变局的重要战略部署。

自2013年提出“一带一路”倡议至2020年，应是“一带一路”倡议向沿线地区推行的“开耕播种”阶段，重点在中国周边地区，主要任务是欢迎和吸引更多的国家通过五个发展方向和七条经济走廊共同构建“一带一路”建设大框架。五个发展方向是：“丝绸之路经济带”重点畅通中国经中亚、俄罗斯至欧洲（波罗的海）方向；中国经中亚、西亚至波斯湾、地中海方向；中国至东南亚、南亚、印度洋方向；“21世纪海上丝绸之路”重点畅通从中国沿海港口过南海到印度洋，延伸至欧洲方向；从中国沿海港口过南海到南太平洋方向。七条经济走廊是：中俄蒙经济走廊、新亚欧大陆桥经济走廊、中国—中亚—西亚经济走廊、中巴经济走廊、孟中印缅经济走廊、中国—中南半岛经济走廊，加上目前尚未正式被认可的东北亚经济走廊①。由此奠定“一带一路”发展远景规划的扎实基础，使中国和沿线国家初步享受“一带一路”建设之利。②

自2020年至2035年，应是“一带一路”倡议逐步演变为沿线国家共同行动的“深耕细作”阶段，主要任务是在五大方向和七条经济走廊的基础上，建设“中国梦”和“各国梦”相贯通、中国与沿线国家共相受益的新局面，并成功完成关键地区的“五通”重大项目；在中国基本实现社会主义现代化的同时，彻底改变中国周边“一带一路”沿线地区的经济发展和社会进步面貌。为此，不宜将“一带一路”的战略定位随意泛化，如提出“一带一路”2.0版的概念，主张“一带一路”由“倡议”升级为“机制”；将“一带一路”的经营地域从亚欧非大陆和中国周边扩展至整个世界，提议用“一带一路”倡议引领全球化“新时代”；不仅将“一带一路”倡议扩展至全球各个地方，甚至涵盖极地、深海、太空等全球公域等，扩展成

① 目前，中国官方确定在周边建设的是六条经济走廊，并不包括“东北亚经济走廊”。笔者多年奔走呼吁，主张国家应将建设“东北亚经济走廊”正式列入“一带一路”建设的发展规划。参见石源华：《倡议建设“中朝韩经济走廊”，实现周边合作全覆盖》，《世界知识》2015年第5期；石源华：《建设“东北亚经济走廊”势在必行》，《世界知识》2016年第11期；石源华：《建设“东北亚经济走廊”不容再缓》，《世界知识》2018年第13期。

② 参见石源华：《“一带一路”与“中国梦”的同步融合》，《世界知识》2018年第1期。

一个超全球、治百病的战略。这些主张超越了目前中国社会经济发展的实际水平和国家现行发展阶段应承担的历史性任务，不适当地主张以“一带一路”倡议引领当今的整个世界，不仅是不切实际的，也难以得到世界各国的支持，而且会取得适得其反的效果。

（五）保持和增进中国战略定力

由于近30年来美国在伊拉克问题、阿富汗问题、叙利亚问题、朝核问题以及亚太再平衡等方面的一系列战略性错误，已导致其实力地位的实际下降。西方世界陷入分化和混乱，“华盛顿共识”及西方发展道路和价值观念面临各种挑战和责疑，在某种程度上给予了中国发展的机会。特朗普上台后，美国不顾一切地重振“美国第一”，重点仍然是大幅增加军费，四面出击，开罪各类盟友，甚至向原由美国掌控的国际组织和国际规则“宣战”，造成世界局势新的不安宁。美国三大航母群史无前例地集结西太平洋地区逞威，说是对朝鲜，实际上是在中国家门口耀武扬威。美国在韩国部署萨德导弹系统，锋芒指向也是“司马昭之心，路人皆知”，典型证实了美国的本性难移。中国应该冷静沉着应对，静观其变，不对其做出过度的反应，但也应清楚其战略意图，做到心中有数。中国应仍坚持“不称霸”“不扛旗”“不当头”的战略方针，不争当世界政治领袖，坚定地将注意力集中于“做好自己的事”，发展壮大综合国力，排除各种干扰，稳步实现在2050年建成富强民主文明和谐美丽的社会主义现代强国的宏伟目标。

从长远的历史视角观察，中国应有打持久战的战略意识、长期应对和冷静准备。历史的机会在中国一边，中国不宜急于求成，需要有抗日战争期间与日本打持久战的战略思维，应对当今的美国与中国之间的结构性矛盾，处理国际事务和中外关系。中国与周边国家的若干争端问题，目前宜择机进取，若干争端和问题，等待中国更强大时再予解决，效果可能会更好。随着时间的推移，中国和周边国家共同逐步实现国家公民向全球公民身份的进化，以及世界和地域格局的变化，有些争端问题的重要性和尖锐性也可能会有所下降，甚至自行消解。中国周边外交应有强大的战略定力，不宜对超级大国的外部刺激和故意挑衅做出过度反应，避免对中国战略全局定位的冒进，防止战略透支，甚至自乱阵脚。

面对美国及其同盟国结伴气势汹汹而来，中国宜沉着冷静，与“冷战”思维划清界限，实施“中国太极式”柔性应对。你打你的“美国第一”“霸权同盟”“极限施压”，我做我的“一带一路”“合作共赢”“命运共同体”，避开进攻锋芒，使其打击目标落空。中国既坚持保护自身利益的原则，又不必太在乎一时的高低，在必要时甚至可以忍辱负重，委曲求全，采取一切可能的手段和方式，如期或提早实现“中国梦”的宏伟理想。这将是中国之幸，未来之福！①

① 参见石源华:《三议“中国不是苏联”》,《世界知识》2019年第1期。

第一编
2018年中国周边外交的评估与展望

第一章
中国周边安全形势的评估与展望

张　洁　李志斐

【内容提要】2018年中国周边安全的整体压力加大。压力主要来自两方面，一是大国竞争重返亚洲并且不断加剧。“中国方案”与美国“印太战略”围绕地区秩序展开竞争，引发周边国家调整外交政策。二是地区热点问题酝酿着新的“临界点”。热点问题的数量有所减少，但是危险度明显上升，突出表现为朝核问题和南海问题，这增加了周边形势的复杂性。未来，中国自己不乱，周边就不会对中国造成实质性威胁；同时，中国应坚持开放包容与合作共赢，推动“多带多路”；加强探索与相关国家推进第三方市场合作的路径，以此破局美国“印太战略”在经济领域对中国的遏制。

【关键词】中国方案　印太战略　大国博弈

【作者简介】张洁，中国社会科学院亚太与全球战略研究院研究员；李志斐，中国社会科学院亚太与全球战略研究院副研究员。

2018年是“中国方案”日益清晰和稳步推进的一年，越来越多的国家参与到“一带一路”倡议建设中。2018年也是美国“印太战略”落地并开始实施的一年，这一战略对冲中国地区影响力的意图明显，对周边地区产生的连锁效应正在逐步显现。尽管中国无意与美国争夺地区秩序主导权，但事实上中美围绕地区秩序的博弈已经展开。而由地理上的重合所决定，中国周边安全形势不可避免地受到冲击与影响。

2018年，朝核问题出现转机，朝美、朝韩等多组双边关系缓和，朝核问题的解决开始迎接新的机遇；南海局势尽管整体稳定，但是趋向紧张。一方面。中国—东盟积极推动“南海行为准则”谈判，中越、中菲等双边关系相对稳定；另一方面，作为影响南海局势的关键性因素，美国“带领”日澳英法等多国军事力量介入南海问题的态势明显。未来，中美亟需加强海上危机管控。

2019年，中国周边地区体系性的安全压力将增大，其中，美国是最重要的影响因素与压力来源。中国尤其需要警惕的是，“印太战略”在安全、经济领域双管齐下，美日澳试图合力为地区国家提供“可替代的”基础设施建设资金，这将会压缩中国经济外交的活动空间，削弱政策成效。

作为应对，首先，中国应着眼于国内经济发展，中国自己不乱，周边就不会对中国造成实质性威胁。在中国与周边国家的关系中，经济关系是基础，从未来发展看，中国为周边地区能够提供的最大的“公共产品”主要还是市场和投资。[①] 其次，继续坚持开放包容、合作共赢的精神，积极推动“多带多路”倡议的链接与合作。最后，利用第三方市场合作模式，加强与日本、韩国、印度等国在带路沿线国家的合作，破局美国“印太战略”在经济领域对中国的围堵。

一、中国周边安全形势的基本特点

（一）大国关系密集调整

一是中美关系陷入冷战结束后的最低点。2018年最突出的国际政治事件就是中美贸易战开启，这导致了中美关系陷入冷战后的最低点。美国挑起与中国的经贸摩擦，是应对来自中国的战略竞争的重要一步。美国国内媒体、政界和学界几乎一边倒地指责中国，渲染“中国威胁论”，正如特朗普所宣称的，“经济安全就是国家安全”。在亚太地区，中美关系也趋于紧张，美方指责中国寻求“把美国赶出亚太”，借助“掠夺性经济”“南海军事化”等手段谋取地区霸权。为此，特朗普政府通过实施“印太战略”，

① 张蕴岭：《周边形势评估的方法与判断》，张洁主编：《中国周边安全形势评估（2019）：中美博弈与地区应对》，北京：世界知识出版社，2019年，第8页。

制衡中国。在南海问题上，特朗普政府赋予军方更多的自主权，美军在南海海域的“航行自由行动”频率加大、规模加大、挑衅力度也在加大；在台湾问题上，美国不断挑战中国的底线，美军舰多次穿越台湾海峡，试图加强两海联动，多点出击加强对中国的遏制。

二是中日关系整体缓和，但仍存在不确定性。2018年，在国内压力下，安倍政府开始调整对华政策。安倍政府认为，中日两国有必要更新视角，思考合作与携手的应有方式，因此逐步重启日中双边政治、经济和文化等领域的对话与磋商，展现出“积极的”对华外交姿态。2018年5月，中国总理李克强出席日方主办的中日韩首脑会谈并正式访问日本。同年10月，中国国家主席习近平会见来华进行正式访问的日本首相安倍晋三。中日高层间的互动实现了两国关系从多边到双边层面的提升，对于累积双边政治互信、维护共同利益具有重要现实意义。中日还进一步推动了有关功能性议题上的合作。在2017年和2018年的中日海洋事务高级别磋商会议上，两国外交、国防、交通运输、农业、水产、环保和海上执法等部门的与会者共同探讨了开展中日海上合作交流的具体领域和方式，探讨了建立防务部门间的海空联络机制的必要性，努力避免钓鱼岛周边发生意外冲突，以维护东海和平稳定。

三是中俄关系处于历史最好时期。中俄关系发展迅速，双边关系的深度和广度不断拓展。中俄联合声明中指出，两国全面战略协作伙伴关系已成为“内涵丰富，战略意义突出”的一组大国关系。[①] 除元首定期会晤机制外，中俄还建立了两国总理定期会晤机制以及数个多领域、多层次的合作机制，体现了中俄关系的高水平和全面性。2018年9月，中国首次参加了俄罗斯国内军事演习，标志着中俄军事合作不断深化。但必须注意到的是，中国从中俄关系中未必能获得对称的预期收益：战略上，对俄关系的热络似乎并未减轻来自美国的压力，甚至有可能恶化美国对中国的战略认知；经济上，即使中俄贸易额达到2000亿美元，俄也无法替代美国在市场、投资、技术、知识、管理和社会治理等方面之于中国的价值。国际大

① 《中华人民共和国和俄罗斯联邦联合声明》，中国政府网，2018年6月8日，http://www.gov.cn/xinwen/2018-06/08/content_5297290.htm?_zbs_baidu_bk。

变局下，俄罗斯外交正在重回现实主义，而中俄关系也进入了重要的转型期，双方国力对比的不对称性、战略运筹的不对等性以及成本收益的不平衡性值得引起高度关注。①

四是中印关系趋稳向好。2018年，通过厦门金砖国家领导人峰会期间的双边会晤和武汉非正式会晤，在中印两国领导人的顶层引领和宏观把握下，中印关系逐渐走出“洞朗对峙”的阴霾，回归趋稳向好态势，构建更加紧密的发展伙伴关系仍是中印两国关系未来的基本方向。中印经贸合作延续了2017年度的增长态势，双边对话机制已经建立起30多个，覆盖政治、经济、文化与安全等各种领域并在有序展开。另外，中印就继续探讨建立军事热线达成共识，执法安全合作步入机制化。不过，尽管中印关系显著回暖，但印度对“一带一路”倡议的立场仍未有突破。印度争取对其南亚邻国影响力的力度明显增大，在此背景下“中印+”合作在宏观机制框架内实现的难度较大，探索通过“项目模式”实现合作是现实路径选项。

（二）地区热点问题：数量减少，不确定性增加

一是朝核问题峰回路转，但前景莫测。进入2018年，朝鲜半岛核问题形势发生了从螺旋向下到缓和向好的转折。与朝鲜半岛核问题相关的双边国家关系也都发生了一定的变化，尤其是朝鲜和韩国出于各自利益和共同理想而做出政策调整，减少彼此敌意并重申无核化意志，为半岛局势转圜提供了强劲的初始动力。

朝鲜进行第四次核试验之后，美国对朝鲜逐渐形成了包括极限施压、战争准备和无条件对话的新战略，两国对峙持续高涨。但是，2018年2月平昌冬奥会之后，金正恩表示朝鲜有意与美国开诚布公地为无核化磋商及恢复朝美关系进行对话，并提议两国领导人进行会晤，特朗普给予了积极回应。6月12日，特朗普与金正恩在新加坡举行会晤，并发布联合声明，表示两国致力于建立新的美朝关系和半岛持久稳定的和平机制，朝鲜重申致力于朝鲜半岛完全无核化。新加坡峰会的历史性意义不仅在于两个长期敌对国家的最高领导人实现了首次面对面接触，也在于以签署文件的正式

① 冯玉军:《俄罗斯外交重回现实主义》,《世界知识》2018年第24期，第25页。

形式发表了联合声明。这两点与朝韩、中朝两次首脑会晤汇合，加上朝鲜劳动党七届三中全会确立的方针，正式开启了朝鲜全面弃核、朝美关系正常化和各方在半岛共同努力建立和平机制的进程。

但是，朝美首脑新加坡会晤后，两国落实会晤精神改善彼此关系的进程并不顺利。虽然朝重申了无核化意志，并且通过废弃核试验场、拆毁导弹发射基地等措施迈出了无核化的实质步骤，但朝美的具体立场仍存在尖锐分歧：第一，朝美双方对何为无核化有着各自的解释。第二，双方谈判目标的技术前提存在根本性逻辑冲突。第三，双方在弃核的具体操作步骤上存在严重分歧。朝核问题归根结底是朝美矛盾的集中体现，朝美严重缺乏互信，这是横在朝核问题解决路径上的主要障碍。① 朝美双方的根本分歧决定了新加坡峰会后续谈判的进程极为艰难，也必然严重受制于各方国内政治考量，以及地区力量间的动态调整。

二是南海问题表面趋稳，但深度挑战不容忽视。2018年，南海形势呈现“两极化”态势。一方面，在双轨思路下，中国—东盟、中国和南海相关国家共同构建了基本稳定的南海时局。在中国与东盟的共同努力下，“南海行为准则”（Code of Conduct, COC）谈判和安全合作取得重大进展，就COC单一磋商文本草案达成一致。此外，中国与东盟10国首次举行海上联合军事演习，体现了双方防务合作与互信水平的提升。另一方面，特朗普政府不仅自身加强了对南海事务的干涉，而且还策动域外国家进行积极军事介入。美国的“印太战略”在安全上聚焦南海问题，认为中国在南海的岛礁建设威胁了海上航行自由，破坏了地区规则与国际法。以此为借口，美国升级了在南海军事行动，加大了“航行自由行动”（FONOPs）的行动频率与挑衅力度，致使中美海上摩擦的危险性显著上升。不仅如此，在“印太战略”框架下，日本、澳大利亚等国大力发展或深化与南海相关国家的防务合作；英国、法国等国也纷纷在南海进行海上演习或加入到“航行自由行动”之中，南海问题的国际化、军事化倾向明显，这不仅加大了发生海上意外摩擦的可能性，而且有可能搅局中国—东盟有关COC的

---

① 安刚：《朝鲜半岛核问题局势的转折与延宕》，张洁主编：《中国周边安全形势评估（2019）：中美博弈与地区应对》，北京：世界知识出版社，2019年，第175—219页。

谈判。

二、中美战略竞争：“一带一路”倡议与“印太战略”的博弈

2018年是“一带一路”倡议提出的第五年。五年来，“一带一路”从理念转化为行动，与俄罗斯“欧亚经济联盟”、东盟“互联互通总体规划”、土耳其“中间走廊”、蒙古国“发展之路”、越南“两廊一圈”、英国“英格兰北方经济中心”、沙特阿拉伯“2030愿景”、欧盟“欧洲投资计划”等实现了政策或规划对接。现在，“一带一路”倡议已经进入国际话语体系，写入联合国大会、安理会等重要决议；以双边合作筑底、多边机制呼应、高峰论坛引领的“三位一体”国际合作架构初步搭建。到目前为止，全球已有100多个国家和国际组织与中方签署了近120份共建“一带一路”倡议的合作协议。五年来，中国与相关国家建设82个境外经贸合作区，总投资289亿美元，为当地创造24.4万个就业岗位和20多亿美元。[①]

面对中国不断提升的国际影响力，美国的战略焦虑和疑惧上升，将中国确定为“战略竞争对手”，对华战略从过去的“接触+遏制”转变为“零和”竞争。在此背景下，美国的“印太战略”加速形成。“印太战略”遏制中国的意图明显，强调运用军事和经济手段，辅之以价值观整合盟友与伙伴关系，特别是在经济上针对“一带一路”倡议，在安全上聚焦南海问题。

在经济领域，美国试图“通过为促进整个地区基础设施的私营投资而采取行动，在‘自由、公平和对等’原则的基础上重新打造贸易和经济交流关系”。[②] 2018年7月30日，美国国务卿蓬佩奥（Mike Pompeo）在“印度—太平洋工商论坛”（Indo-Pacific Business Forum）上宣布将通过1.13亿美元的新计划，支持印太地区未来数字经济、能源和基础设施领域的建

① 《已有100余个国家和国际组织同中国签署共建合作协议》，新华网，2018年9月7日，http://www.xinhuanet.com/world/2018-09/07/c_129949376.htm。

② 《彭斯副总统在第六届美国—东盟峰会上的讲话》，2018年11月16日，美国驻华大使馆和领事馆网站，https://china.usembassy-china.org.cn/zh/remarks-by-vice-president-pence-at-the-6th-u-s-asean-summit/。

设。[1] 10月，美国国会通过法案，合并海外私人投资公司与美国国际发展署，设立规模更大的美国国际发展金融公司，注资600亿美元，对全球贫困地区兴建基础设施和发展经济进行投资。11月，澳大利亚外交贸易部、美国海外私人投资公司和日本国际协力银行三方签署合作备忘录，合作支持印太地区的能源项目以及海底电缆等涉及国家安全的基础设施建设，方式包括联合贷款和为私人融资提供担保。[2] 同月，美国和澳大利亚宣布加强对巴布亚新几内亚港口的建设，美国、日本、澳大利亚和新西兰宣布投资巴布亚新几内亚电力与网络设备。

美国对印太地区的强力军事介入主要体现在三方面：第一，重新整合与规划印太地区军事力量，2018年5月30日，美国太平洋司令部更名为印度—太平洋司令部（简称“印太司令部”），展示了美国落实这一战略的决心。第二，2018年8月初，蓬佩奥在东盟地区论坛上宣布美国将出资3亿美元用于加强在印太地区的安全合作，包括海上合作、人道援助以及维和任务，以应对跨国威胁。[3] 第三，美国将“东南亚海事安全倡议”更名为“印度洋—太平洋海事安全倡议”，实施时间延长五年，并将孟加拉国、斯里兰卡、印度等国纳入到倡议中，旨在增加这些国家在南海和印度洋的海上防务能力与海上态势感知能力建设。

总体来说，2018年是美国“印太战略”落地实施的一年，所产生的连锁效应正在逐步显现，首先是引发了中国周边邻国对外政策的调整，继而影响到它们对“一带一路”倡议的态度。而各国对中美战略的认知和反应，则日益清晰地勾勒出本地区地缘政治结构变化的路线图。

日本全面支持美国的“印太战略”，并愿意在其实施过程中发挥同盟作用。但是，为了应对美国贸易保护主义对本国经济的冲击，日本同时着手改善对华关系。尤其是日本经济界从自身利益及区域经济合作的角度出

① Michael R. Pompeo, “Remarks on ‘America’s Indo-Pacific Economic Vision’,” July 30, 2018, https://www.state.gov/secretary/remarks/2018/07/284722.htm.

② 《善意还是搅局？美日澳欲联手大举投资印太，被指意在“抗衡中国”》，环球网，2018年11月12日，http://world.huanqiu.com/exclusive/2018-11/13519973.html。

③ “US announces US$300 million to fund security cooperation in Indo-Pacific region,” *The Straits Times*, August 4, 2018, https://www.straitstimes.com/politics/us-pledges-nearly-us300-million-security-funding-for-south-east-asia.

发，要求日本政府协调参与“一带一路”合作，在对外政策制定方面更多支持海外企业利益，形成稳定发展的中日关系局面。为此，安倍政府希望于中国共同推动两国在第三方市场的合作，为两国企业在亚洲各国的港口、公路、铁路等建设方面展开合作创造条件。

澳大利亚是最支持美国“印太战略”的国家之一，也是较早系统、全面使用“印太”概念的国家。在澳政府官方文件表述中，“印太”概念已经取代了“亚太”概念，成为其处理地区事务的主要概念框架。在战略设计中，澳大利亚把澳美同盟关系放在其“印太”框架的核心地位，努力继续扩大和深化对美合作。较之与冷战时期，澳美同盟不仅在合作的紧密程度和质量上有显著提升，而且澳美同盟还被赋予了更大的战略任务和战略目标，即加强美日澳同盟的战略协作，维护美国在亚太地区，乃至整个太平洋区域的霸权体系和权力架构，遏制有潜力对该体系与架构发动挑战、权力分享和秩序变革的新兴大国的崛起。因此，在“印太战略”下，日澳合作发展迅速，建立起特殊的战略伙伴关系。

中澳关系呈现“政冷经热”的态势，在两国经贸关系加速之际，两国在政治、外交和安全上的分歧却加速扩大，澳大利亚对“一带一路”倡议和中国同太平洋岛国关系的战略疑虑也在加大。澳右翼人士攻击中国对太平洋岛国的援助旨在挑战美国，因而一再呼吁并积极推动以美国为首的西方国家加大对太平洋岛国的经济和基建援助，对抗中国日益增长的“政治和经济影响”。

印度是美国“印太战略”关键的一环，也是脆弱的一环。印度对“印太战略”目前仍较为矛盾。其一，印度对特朗普政府推动“印太战略”的决心有所顾虑。其二，印度认为美国忽视了印度的规模和潜力对美国具有的长期地缘战略利益，同时也对特朗普奉行“美国优先”并可能放弃在印太地区的历史角色保持警惕。其三，印美双边贸易与关税问题、签证问题、印购买俄罗斯武器和伊朗石油面临美国制裁问题等，都增加了印美关系的不确定性。其四，稳定与中国关系、与中国开展双边与多边尤其是上海合作组织与金砖国家等框架内的合作，成为印度莫迪政府应对当下不确定性上升的合理选项。

印度对是否参与“一带一路”倡议的立场经历了一个从积极到消极、

从模糊到明确的过程。目前，印度对“一带一路”倡议的立场仍未发生显著调整，只是以“推进更加紧密的发展伙伴关系”作为回应，强调愿同中方一道加强印中互利合作。未来，印度在一些功能性议题上的合作将是其深化与中国合作的主要路径。亚投行、金砖国家和上海合作组织等机制或框架，将成为两国深化务实合作的多边平台。

对于中国方案，东盟国家在总体上表示欢迎，愿意加强在“一带一路”倡议下与中国的战略对接。但是，东盟对于中国的安全疑虑并未减少，这就导致了它们对“中国方案”的支持有所保留。它们希望能够借助外部力量平衡中国的地区影响力，尤其是在安全领域。对于美国“印太战略”的出台，东南亚各国的看法存在分歧，但是也存在共同点。最初，东盟整体上对“印太战略”持怀疑和观望的态度：第一，担心美国的“印太战略”是排他性的。东南亚国家不愿意成为中美博弈的“战场”，认为无论是美日印澳四边安全对话，还是美国“印太战略”，如果主要目标是遏制中国的话，将会对东南亚地区产生不利影响。第二，担心美国仅仅把东南亚作为大国博弈中的砝码或棋子。东盟认为，中美的合作和利益交换，不应以损害东南亚利益为前提，如果“印太战略”要获得更好的动力，必须给予东南亚适当的空间参与到关键性的决策中。第三，担心美国的“印太战略”仅仅关心安全议题，而不是兼顾经济与安全的综合性战略。东南亚国家表示，东南亚是一个投资聚集地，希望能够吸引足够的私人资本用于大规模、长期的基础设施项目，这对于维持本地区的增长十分必要。第四，担心“印太战略”的连续性和可持续性。如果美国的“印太战略”口惠而实不至，不仅无法向东南亚国家提供充足的资金替代中国的基础设施投资，而且无法继续加持其对本地区盟友和伙伴关系做出的安全承诺。

东南亚国家在不同场合所表达出来的对“印太战略”的“希望”，事实上反映出了它们深层次的担忧，即美国遏制中国的举措将迫使东盟选边站队，造成地区的分裂和动荡，而东盟也随之在地区事务中被边缘化。在2018年，东南亚国家极力避免选边站队，印度尼西亚计划推出东盟版的“印太战略”，泰国作为2019年东盟的轮值国主席，则希望利用东盟平台，推动中美两国地区方案在东南亚的对接，从而在本地区实现一个包容、开放和自由的秩序与架构。

南太平洋地区是“21世纪海上丝绸之路”建设的重要组成部分，中国和太平洋岛国在双边和多边合作领域蕴藏着巨大的潜力。太平洋岛国的国情决定了援助对该地区的极端重要性，中国援助在南太平洋地区的迅速增长是中太关系深入发展的重要体现。目前，中国已经成为该地区仅次于澳大利亚的第二大援助国，而这也成为国际社会关注的焦点。尤其是一些发达国家对此进行恶意揣测和无端指责，有关“债务陷阱外交”的论调不断发酵，直指中国的优惠贷款项目是为了“控制”受援国。作为南太平洋岛国的传统援助国，澳大利亚、新西兰、美国等国在2018年对南太平洋地区包括援助在内的战略投入达到了前所未有的程度。美国海军副部长托马斯·莫迪在访问瓦努阿图时强调，与太平洋岛国的合作是为了保障太平洋地区的“自由航行、自由贸易和自由发展”。[①] 由此可见，美澳新等国旨在把对南太平洋国家加大援助作为实施“印太战略”的一部分，目的则是遏制中国在本地区的影响力上升，其将加剧该地区以“援助”为中心的战略竞争，也使中国与太平洋岛国之间的合作面临诸多不确定性。

三、发展趋势与中国的应对

亚太地区地缘政治复杂，各国利益和关系盘根错节，敏感和热点问题多，加之大国间的地区秩序博弈长期存在，因此，中国周边地区面临的体系性压力会继续增大。不过，周边形势在整体上不会出现大的逆转，原因是中国对大局和关系发展的掌控加强，有能力阻止局势失控或者向有害于中国的方向发展。

在中国的周边关系与格局中，美国是最重要的外部因素。中美之间的战略竞争和对抗虽然加剧，但鉴于相互利益的交织性，双方到不了开打“新冷战”的地步。长远来看，坐下来谈判是大趋势。但是，美国会继续实施“印太战略”，美日澳印四边对话或将加强对话级别和机制化程度。受其影响，周边国家的对华政策要么是“两面下注”，要么是做“多

① “Under SECNAV Visits Vanuatu for Partnership Building,” September 26, 2018, https://www.navy.mil/submit/display.asp?story_id=107205.

向”选择，既包括平衡中国的政策，也存在主动借助某些地区机制与中国合作，应对美国贸易保护主义带来的负面影响。例如，日本一方面出钱出力，与美国提供“可替代性的”基础设施建设资金，用以对冲中国的“一带一路”倡议，另一方面却又公开表示不支持特朗普的单边主义，希望加强与中国在第三方市场合作，以区域合作应对美国的贸易保护主义。而印度一直拒绝参加“一带一路”倡议，对“孟中印缅经济走廊”计划采取不合作的政策，但同时却加强了与中国在一些功能性议题上的合作。由此可见，所有周边国家都不愿意看到一个充满对抗的局面，而是希望有一个对本国有利的和平、稳定与发展的局面。

那么中国应如何应对呢？第一，着眼于国内经济发展，通过深化国内经济改革，确保经济健康发展，是中国维护国内稳定与周边安全形势稳定的基础。

第二，应坚持开放包容、合作共赢的精神，构建“多路多带”。加强与东盟的经济合作仍然是首选，但是中国也要有危机意识。鉴于各国，特别是大国各自都有自己的构想与倡议，中国应该积极推动“多带多路”倡议的链接与合作，以拓展合作的空间，并帮助减少周边邻国对中国意图的疑虑。需要强调的是，为了带路项目的可持续性发展，中国应坚持正确的义利观，尤其是企业在“走出去”中要遵循市场规律，避免项目的过度“政治化”。

第三，对“印太战略”做出回应。鉴于美国“印太战略”已经逐步走向实心化、机制化，在经济领域的措施已经从政府倡导逐步转向民间机构的接手操盘，周边多国和多个组织的“印太构想”已经进入实际操作阶段，一些地区组织的名称在未来可能以“印太”代替原有的“亚太”，如果中国继续抵制“印太”概念的话，不仅将在外交上面临被动局面，而且在地区安全议程中也将失去话语权。因此，中国应该对“印太”概念或是战略做出回应，一方面明确中国支持东盟在地区事务中的中心地位，另一方面不排斥与美国等西方国家各种“印太战略”或愿景的适度对接，实现互利共赢。

第四，中国应利用第三方市场合作模式，在中美地区秩序博弈中寻找突破口，加强与日本、韩国在带路沿线国家的合作，破局美国“印太战略”

在经济领域对中国的遏制。对于热点议题，南海问题以加强中美之间的危机管控为主，避免发生摩擦与意外。

第五，周边对“中国方案”高度关注，但也心存疑虑。对此，中国要以COC谈判为契机，构建以合作、对话为基础的新的地区安全合作机制，提出符合周边国家与中国利益的海洋规则与制度。因为只有实现与周边国家的增信释疑，才能够最终实现互利共赢。

第二章
中国周边经济形势的评估与展望

钟飞腾

【内容提要】周边是中国外交布局中的重要组成部分，研究周边经济主要是为了服务于中国的外交和国家发展。2018年，中国周边地区经济增速达到4.3%，继续领跑全球。2018年中国与周边28个国家的贸易额为1.4万亿美元，占中国全球贸易的30.7%、亚洲贸易的59.7%。2018年中国外贸格局基本稳定，与周边国家的经贸关系趋于均衡，并未出现与发达国家的“脱钩”。中国与周边之外的地区的贸易份额略有上升，这至少意味着中国的贸易布局更加广阔，更加依赖于世界经济发展形势。中国已超过美国成为周边经济体最大的出口市场。2018年中美贸易战的影响日益显现，截至目前，多数机构认为越南、马来西亚、菲律宾等东南亚经济体是最大获益者。

【关键词】周边经济　经济增长　贸易模式　中美贸易战　贸易替代　生产转移

【基金项目】本文为国家社科基金重大项目“东北亚命运共同体构建：中国的引领与行动”（项目编号18ZDA129）阶段性成果。

【作者简介】钟飞腾，中国社会科学院亚太与全球战略研究院大国关系室主任、研究员。

将周边经济作为一个相对独立的讨论对象，主要是从中国外交和战略层面加以界定的，对地区经济和全球经济进行监测的国际机构并没有列出单独的周边经济板块。自21世纪初起，中国外交布局明确为大国、周边、发展中国家和多边舞台。中国官方文件通常称谓的“周边”，包括东北亚、东南亚、南亚、中亚以及阿富汗、日本，但不列入俄罗斯，一共有28个国家。[①] 在全球主要经济体中，唯有中国拥有如此众多的海上和陆上邻国，鉴于中国独特的地缘环境，跟踪和分析周边经济的变化，对于推进中国外交具有重要意义。

近两年全球经济形势继续走低，但中国周边地区经济发展态势令人瞩目，继续领跑全球经济。2018年中美贸易摩擦引发全球关注，周边国家尤其关心中美贸易谈判的进展。分析中国周边的经济形势，首先有必要明确中国与周边的经贸关系，判断哪些国家和地区与中国的经济关系比较紧密。从数据来看，近两年来，中国对外经济关系的一个显著变化是，与周边国家的经贸关系更密切，与发达经济体的经贸关系略有下滑，但外贸格局是稳定的。中美贸易摩擦仍在继续，但这是否将是中国对外战略中一种更大范围的脱钩进程的一部分，仍有待于进一步观察。截至目前，多数机构根据贸易替代和生产转移等标准，对中美贸易摩擦的效应进行了深入讨论，尽管各方的观点并不一致，但中美贸易关系的变化发展已经影响到地区内所有国家。

一、中国周边经济的增长概况

从2018年夏季开始，国际舆论已经担忧世界经济形势将有所恶化。在国际货币基金组织（IMF）2018年10月3日公布的《世界经济展望》中改变了其同年4月的预判，将2018—2019年的全球经济增长率预计为3.7%。IMF在2019年1月21日发布的《世界经济展望最新预测》则认为，2018年全球经济增长率为3.7%，2019年预计将下降至3.5%。[②] 这比2018年1月的预测低了0.4个百分点，也是近年来下调幅度最大的一次。

---

① 关于周边外交框架内的周边国家数目划分，笔者主要依据中国官方的说法，具体内容可参考钟飞腾：《中国周边经济形势》，祁怀高主编：《中国周边外交研究报告（2016—2017）》，北京：世界知识出版社，2017年，第37页。

② International Monetary Fund, *World Economic Outlook Update, January 2019: A Weakening Global Expansion*, Washington, D.C.: IMF, 2019.

经济增长率被认为是判断一个经济体宏观经济运行最为重要的指标。工业革命以来全世界主要发达国家的年均经济增速大约为2%，这一经验值已成为衡量发达经济体经济运行是否良好的重要指标。另外一个重要参考值是截至2008年国际金融危机前的最近一轮全球经济年均增速。按照IMF提供的数据，1984—2007年，按市场汇率计算，世界经济年均增速略高于3.2%，如果按照购买力平价（PPP）计算，则为3.8%。因此，2018年世界经济增速只是比正常水平低了0.1个百分点。2018年9月27日，世界贸易组织（WTO）发布报告认为，2018年世界货物贸易增速预计为3.9%，而2017年的增速为4.7%。[①] 2018年11月底，WTO发布的“世界贸易展望指数”也进一步表明，2018年的出口指数值是自2012年以来最低的，特别是汽车生产和销售、电子部件、农产品等都低于均值。[②]

在发达经济体增速略有下降和全球贸易增速显著下降的情形下，作为一个整体的中国周边经济增速如何呢？在所有国际组织公布的统计数据中，并不存在一个“周边经济”板块，因而我们需要根据世界银行或者IMF的统计方法，重新整理周边所涵盖的国别数量，得出一个整体性的周边经济的增长态势。从世行和IMF公布的统计方法来看，在计算产出时，有两种方法：第一种是若干典型国家加总的算术平均值计算法，第二种是采用经济体量加总后占比达到80%或90%的若干国家算术平均值计算法。[③] 当然，第三种方法是选择世行在分国家组别计算时使用的国家作为样本加以计算。

本文采用经济总量加总后达到周边绝对比重的若干国家来计算中国周边经济增速。按照IMF2018年10月发布的《世界经济展望》，以市场汇率衡量，2018年中国周边经济体中经济总量前12个国家合计占周边经济体

① WTO, “WTO downgrades outlook for global trade as risks accumulate,” 27 September 2018, https://www.wto.org/english/news_e/pres18_e/pr822_e.htm.

② WTO, “World Trade Outlook Indicator signals further loss of momentum in trade growth into Q4,” 26 November, 2018, https://www.wto.org/english/news_e/news18_e/wtoi_26nov18_e.htm.

③ 两个国际组织的方法可以分别参考World Bank, *Global Economic Prospects, January 2019: Darkening Skies*, Washington, D.C.: World Bank, 2019; International Monetary Fund, *World Economic Outlook: Challenges to Steady Growth*, Washington, D.C.: IMF, October 2018, pp.128-129。

量的97.2%。[①] 其中前六大经济体——日本、印度、韩国、印尼、泰国、马来西亚——合计占比为84.5%。因此，可以采用占比接近85%的这6个经济体的算术平均增长率来近似衡量中国周边经济的增长率。如图1所示，按市场汇率计算，2018年中国周边经济体量达到了13.3万亿美元，比21世纪初翻了一番多。从经济增速来看，2018年中国周边经济增速为4.3%。2018年高于这一平均增速的国家分别为印度（7.3%）、越南（6.6%）、菲律宾（6.5%）、巴基斯坦（5.8%）、印尼（5.1%）和泰国（4.6%）。作为对比，中国经济增速远好于作为整体的周边经济增速。

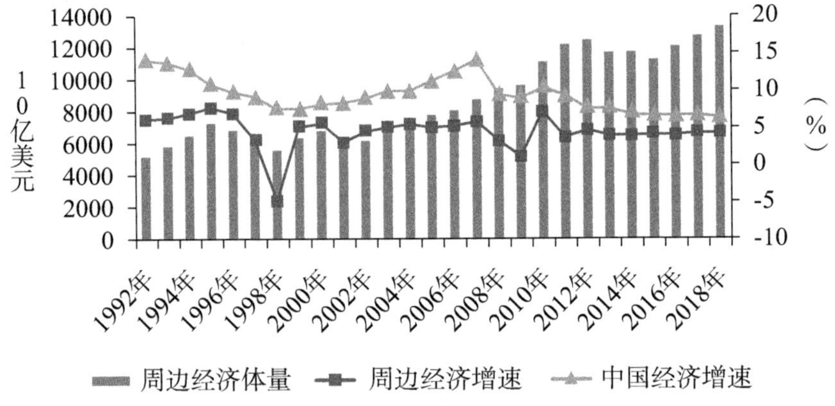

图1　中国周边经济体量及其增速

资料来源：IMF，World Economic Outlook Database, October 2018。

注：周边国家经济总量数据缺朝鲜。周边经济增速按照6国算术平均值计算。

图1还表明，1992—2018年，中国周边经济增速还有一个显著特征，即金融危机之后的反弹能力很强。1998年周边经济增速跌落至负4.8%，1999年很快恢复到5.2%；2009年下跌至1.0%，很快于2010年反弹至7.1%。从这个意义上说，2008年受到的冲击要小于1997年的冲击，1997年东亚金融危机的影响力要比2008年国际金融危机来得更强烈一些。那么，我们

① 这12个经济体依次是日本、印度、韩国、印尼、泰国、马来西亚、新加坡、菲律宾、巴基斯坦、孟加拉国、越南和哈萨克斯坦。

似乎可以得出一个重要的结论：就中国周边经济而言，发展壮大的中国经济对周边经济的影响力是积极正面的，其影响力甚至要大于发达国家，抵消了一部分发达经济体陷入金融危机带来的冲击。

二、中国周边贸易格局稳定但重心略往西南移动

如表1所示，据中国海关2019年1月下旬发布的数据，2018年中国与周边28个国家的贸易额为1.4万亿美元。同期，中国与亚洲和世界的贸易额分别为2.4万亿美元和4.6万亿美元，中国同周边国家的贸易额占中国全球贸易的30.7%、亚洲贸易的59.7%。

从对外贸易格局看，周边占中国外贸全球比重稳定，但占亚洲比重略有上升。同样依据中国海关数据，2016年中国同周边国家的贸易额占中国全球贸易的30.7%、亚洲贸易的58.0%。[①] 也就是说，中国周边经贸板块在全球贸易格局中的位置并无变化，但在亚洲经贸格局中的占比增加了1.7个百分点。

因此，一些媒体议论纷纷的所谓中国正在与发达经济体“脱钩”的趋势并未出现。与之相反，中国与周边之外的地区的贸易份额略有上升，这至少意味着中国的贸易布局更加广阔，更加依赖于世界经济发展形势。

---

① 钟飞腾:《中国周边经济形势》，祁怀高主编:《中国周边外交研究报告（2016—2017）》，北京：世界知识出版社，2017年，第37页。

表1　2018年中国与周边国家贸易（单位：百万美元）

排名	国家	进出口	出口	进口	贸易平衡	贸易占比	出口占比	进口占比
1	日本	327663	147083	180579	-33496	23.1%	20.4%	25.7%
2	韩国	313428	108789	204639	-95850	22.5%	15.1%	29.2%
3	越南	147858	83899	63958	19941	10.4%	11.7%	9.1%
4	马来西亚	108625	45403	63222	-17819	7.6%	6.3%	9.0%
5	印度	95543	76705	18837	57868	6.7%	10.7%	2.7%
6	泰国	87524	42893	44631	-1738	6.2%	6.0%	6.4%
7	新加坡	82880	49165	33715	15450	5.8%	6.8%	4.8%
8	印度尼西亚	77371	43209	34161	9048	5.4%	6.0%	4.9%
9	菲律宾	55668	35061	20606	14455	3.9%	4.9%	2.9%
10	哈萨克斯坦	19885	11350	8535	2815	1.4%	1.6%	1.2%
11	巴基斯坦	19083	16908	2175	14733	1.3%	2.4%	0.3%
12	孟加拉国	18736	17752	984	16768	1.3%	2.5%	0.1%
13	缅甸	15240	10552	4687	5865	1.1%	1.5%	0.7%
14	土库曼斯坦	8436	316	8119	-7803	0.6%	0.0%	0.1%
15	吉尔吉斯斯坦	5611	5557	54	5503	0.4%	0.7%	0.0%
16	蒙古	7987	1645	6342	-4697	0.6%	0.2%	0.9%
17	柬埔寨	7387	6010	1376	4634	0.5%	0.8%	0.2%
18	乌兹别克斯坦	6267	3943	2324	1619	0.4%	0.5%	0.3%
19	斯里兰卡	4578	4256	321	3935	0.3%	0.6%	0. 0%
20	老挝	3474	1454	2019	-565	0.2%	0.2%	0.3%
21	朝鲜	2430	2217	213	2004	0.2%	0.3%	0.0%
22	塔吉克斯坦	1504	1428	76	1352	0.10%	0.20%	0.0%
23	尼泊尔	1100	1078	22	1056	0.1%	0.1%	0.0%
24	文莱	1840	1592	247	1345	0.1%	0.2%	0.0%
25	阿富汗	691	667	24	643	0. 0%	0. 0%	0.0%
26	马尔代夫	397	396	1	395	0.0%	0.0%	0.0%
27	东帝汶	135	132	3	129	0.0%	0.0%	0.0%
28	不丹	12	12	0	12	0.0%	0.0%	0.0%
合计	周边贸易	1421353	719472	701870	17602	100.0%	100.0%	100.0%

续表

排名	国家	进出口	出口	进口	贸易平衡	贸易占比	出口占比	进口占比
	亚洲贸易	2381095	1188105	1192989	-4884	59.7%	57.3%	58.9%
	全球贸易	4623038	2487400	2135637	351763	30.7%	28.5%	33.6%

资料来源：笔者根据中华人民共和国海关总署发布的“2018年12月进出口商品国别（地区）总值表（美元值）”整理，参见中华人民共和国海关总署网站，2019年1月23日，http://www.customs.gov.cn/customs/302249/302274/302276/2278978/index.html。

表1显示，2018年在中国与周边国家的贸易中，有13个国家占比在1%以上，这与2016年的情况相同。略有不同的是，2016年前13个国家合计占比为96.2%，2018年略微攀升至96.4%。2018年，前9个国家合计占比为91.2%，比2016年提高0.2个百分点。因此，就2016—2018年这三年的情况来看，中国与周边国家的贸易格局基本是稳定的。这9个国家与中国的经贸发展大体上能反映出中国周边贸易环境的变化趋势。按照IMF计算新兴市场和发展中经济体使用80%权重的方法，我们甚至还可以缩小到7个国家（合计占比81.9%），即日本（23.1%）、韩国（22.5%）、越南（10.4%）、马来西亚（7.6%）、印度（6.7%）、泰国（6.2%）和新加坡（5.8%）。如有必要，也可以算上印尼（5.4%）和菲律宾（3.9%）。这些国家分布在东北亚、东南亚和南亚。

除越南之外，推动周边板块地位上升的还有印度尼西亚和印度。2018年，印度列中国周边贸易占比第5位（6.7%），超过泰国和马来西亚，这也是过去两年中国周边贸易关系中的亮点。印尼列第8位（5.4%），但占周边贸易比重较2016年上升0.7个百分点，上升幅度仅次于越南。因此，尽管周边板块在中国外贸格局中的位置仍很稳定，但是内部格局却在悄然发生变化。正是这种变化需要引起我们的重视。一方面，中美贸易摩擦不可避免地正在改变东亚的生产链，越南和印尼的地位很突出。另一方面，2018年春季以来，中印关系持续改善，这也推动了两国经济关系的发展。

中国政府推动进口也对拉近与周边国家的关系起了作用。2018年，中国向周边国家出口7200亿美元，进口7020亿美元，贸易顺差不到200亿美元，比2016年缩小4.4个百分点。其中，对越南、哈萨克斯坦、印尼、缅甸、印度、蒙古和土库曼斯坦的进口增幅都比2016年有所提升。

在整体向好态势下，我们也不难发现若干国家与中国的经贸关系紧密度有所下降，除了前文提及的韩日之外，比较突出的是马来西亚、孟加拉国和朝鲜，当然原因各不相同。马来西亚、泰国和新加坡的占比尽管有所下降，但相对于2016年，2018年中马、中泰和中新双边贸易额仍分别增加217亿美元、116亿美元和124亿美元。不过，舆论也普遍认识到，马来西亚的经济形势变化，很大程度受制于其国内政局变动，马哈蒂尔执政之后大幅度减少参与“一带一路”倡议的力度。孟加拉国的主要挑战是贸易增速显著落后于中国周边贸易的平均增速，特别是如何加大对华出口。朝鲜是近年来对华贸易减少的几个国家之一，其他包括塔吉克斯坦、吉尔吉斯斯坦、巴基斯坦和东帝汶等四国。但朝鲜对华贸易相较于2016年的减幅为29亿美元，是上述四国的7倍多。之所以如此，联合国对朝鲜的经济制裁是主要原因。

三、周边经济中谁是中美贸易摩擦的最大获益者？

自2018年3月下旬特朗普政府宣布对中国出口美国的产品征收10%关税之后，世界舆论开始密切关注这一重大风险。澳大利亚国立大学（ANU）经济学家希罗·阿姆斯特朗（Shiro Armstrong）在2018年3月下旬的一篇评论文章中认为，贸易战没有赢家，所有人都有损失。特朗普的政策将威胁到以规则为基础的秩序，希罗呼吁日本、澳大利亚、加拿大等国联合起来应对这次挑战。[①] 其他一些评论则认为，贸易摩擦升级将导致美国对中国进口的下降，这势必将影响到亚洲其他经济体，如马来西亚、中国台湾、韩国等的经济表现，因为这些经济体有大量的中间品贸易在中美之间进行。不过，在贸易战中也会有受益者，比如最显著的是拉美国家将

---

① Shiro Armstrong, “Trump’s tariffs a call to arms for global community,” 26 March 2018, http://www.eastasiaforum.org/2018/03/26/trumps-tariffs-a-call-to-arms-for-global-community/.

增加对华大豆出口，高盛则认为中东地区也会扩大对华原油出口。[①] 5月7日，越南经济和政策研究所（VEPR）经济学家成士范（Pham Sy Thanh）在接受越南《河内时报》采访时强调，由于生产网络的存在，贸易战会波及许多国家，进一步激发保护主义和民族主义，并会改变诸多第三方国家的贸易平衡。越南既有贸易转移的机遇，但也会遭遇汇率、关税等不确定因素的影响。[②]

2018年5月3日至4日，美国总统特使、财政部长史蒂文·姆努钦（Steven Mnuchin）率美方代表团访华，双方在就经贸问题进行磋商。5月下旬，美国彼得森国际经济研究所两位学者发布评论认为，特朗普的政策在经济上缺乏理论支持。该评论还强调，特朗普的政策将削弱美国对全球多边规则的承诺，有可能导致中国脱离WTO机制，而这并不符合美国的利益。值得注意的是，截至那时，彼得森研究所的研究人员对世界经济发展形势的评估还比较正面，但该机构已经注意到亚洲开发银行的警告，认为中美贸易摩擦升级将损害地区内商业经营者的信心。[③]

到了2018年6月下旬，各方都判断到特朗普将于7月初加征关税，亚洲一些经济体因而也更加从产业链角度分析中美贸易摩擦的影响。例如，越南认为将有可能吸收更多外资，对试图调整制造业产地的公司来说，越南是一个良好的替代者。有报道提出2018年越南对美出口同比增长了14.7%，2018年前两个月对美出口甚至达到总出口额的39.7%。[④] 但该地区内收入水平高于中国的经济体，如韩国、新加坡和马来西亚等，不仅出现了本币贬值，而且也因对华出口额大，预计将均会是贸易战的受损者。一

① Rishi Iyengar, "How a US-China trade war could hurt (and help) others," 10 April 2018, https://money.cnn.com/2018/04/10/news/economy/us-china-trade-war-fallout-countries/index.html.

② "Potential risks and gains for Vietnam from trade war," *The Hanoitimes*, 7 May 2018, http://www.hanoitimes.vn/economy/industry/2018/05/81E0C631/potential-risks-and-gains-for-vietnam-from-trade-war/.

③ Gary Hufbauer and Euijin Jung, "No winners in a US–China trade war," 21 May 2018, http://www.eastasiaforum.org/2018/05/21/no-winners-in-a-us-china-trade-war/.

④ Am Cham, "US-China trade war to help or hurt Vietnam's economy?" 25 June 2018, https://www.amchamvietnam.com/us-china-trade-war-to-help-or-hurt-vietnams-economy/.

些公司也在考虑是否将生产基地搬迁至泰国或者越南。[①] 不过，由于那时美国还未公布关税涉及的产品清单，也就无法准确估算贸易战给亚洲经济体带来的损失。

2018年7月10日，特朗普政府宣布将于9月对中国出口至美国的2000亿美元的产品加征10%关税。彼得森研究所研究人员加里·赫夫鲍尔（Gary Hufbauer）在接受采访时强调，如果跨国公司预判贸易战继续升级，那么将会重组供应链，将生产基地转向低成本生产国家，如越南、马来西亚、印尼、墨西哥和秘鲁等。而对中国来说，则会加大从韩国、加拿大和澳大利亚的高技术零部件进口。[②]

由于电子产业是此次美国加征关税的主要目标产业，中国周边地区电子产业发展较好的经济体，如新加坡、马来西亚和韩国都将遭受较大损失。有报道提及，韩国25%的产品出口至中国，马来西亚13.5%的货物出口至中国，而中国出口品中大约三分之一是外国公司的增加值贸易，这些都将会受到此次贸易战的打击。但与此同时，由于产业链转移过程中也会导致贸易创造效应，这些经济体也会受益于中国公司的产业转移。大约从此时开始，媒体报道在援引经济学家的意见时，频繁提及2018年下半年经济增长会受累于此次贸易战。[③] 同样也是在这个阶段，一些经济学家开始提出，中美第一阶段500亿美元的关税战中，农产品贸易摩擦导致一些获益者，不仅包括前期特别明显的拉美国家，还有如澳大利亚、新西兰，甚至中亚很多国家认为都因此扩大了对华出口。例如，哈萨克斯坦扩大了对华大豆出口，乌兹别克斯坦和吉尔吉斯斯坦扩大了对华樱桃出口等。[④]

---

① Yen Nee Lee, “Asian economies have a lot to lose in a US-China trade war,” 20 June 2018, https://www.cnbc.com/2018/06/20/us-china-trade-war-to-hurt-asian-exporters-like-taiwan-south-korea.html; Daniel Shane, “US-China trade war will spill into other Asian economies,” 28 June 2018, https://money.cnn.com/2018/06/28/news/economy/trade-war-impact-asia-economy/index.html.

② Mercy A. Kuo, “The US-China Trade War: Winners and Losers, Insights from Gary Hufbauer,” 11 July 2018, https://thediplomat.com/2018/07/the-us-china-trade-war-winners-and-losers/.

③ Rajiv Biswas, “Region to suffer collateral damage of a trade war,” *China Daily*, 25 July 2018, https://global.chinadaily.com.cn/a/201807/25/WS5b57bb96a31031a351e8fecc.html.

④ “Central Asia sees opportunity in US-China trade war,” Eurasianet, 26 July 2018, http://vestnikkavkaza.net/analysis/Central-Asia-sees-opportunity-in-US-China-trade-war.html.

2018年9月，特朗普政府关税加征扩大版如期而至之后，双方涉及金额分别提高至对美出口2500亿美元和对华出口1100亿美元，这终于引发了全球震动。2018年10月初，IMF总裁克里斯蒂娜·拉加德（Christine Lagarde）对中美贸易摩擦提出警告，认为6个月前的一些预判如今成真，保护主义将极大影响商业和消费者信心，而强势美元和财政不良对多数新兴市场都有负面冲击。拉加德还提及，全球公私债务已创纪录地达到182万亿美元，比2007年增长了60%。可以说，经济增长环境已经有所恶化。在这种情况下，中美两大经济体的贸易战会波及全球，而不仅仅是参与产业链的中国周边国家。[①]

2018年10月中旬，世界银行经济学家卡利（Massimiliano Calì）发表的研究成果估算了贸易战引致的不同效应。[②] 按照替代额占该国GDP的比重，越南、菲律宾和柬埔寨是中国最大的替代者，其中越南新增出口占GDP比重将因此而增长4.4%，菲律宾约为3%，而新加坡、马来西亚和泰国的效应则不太明显。此外，部分跨国公司投资将转出中国，卡利的计算表明，泰国、马来西亚、越南和菲律宾吸收的外资均会增加。总的来看，对印尼和老挝的影响比较小。而从周边经济体向中国出口减少计算，马来西亚是最大的对华贸易减少方，由此将导致其GDP降低0.2%。新加坡、韩国、泰国大约降低0.1%的GDP。柬埔寨、印尼和越南三国由于参与中国引领的全球价值链程度并不高，对华出口基本不受影响。

2018年11月初，英国经济学人集团（The Economist Group）旗下的经济分析智囊机构“经济学人情报社”（The Economist Intelligence Unit, EIU）在一份报告中指出，越南和马来西亚将是中美贸易战中的最大受益者，印度、印尼和泰国是中等受益者，菲律宾、日本、新加坡和韩国则面临挑战。[③] 但是，该报告也强调，现在还很难计算出究竟哪一个国家能获益多

---

① Andrew Mayeda, “‘Devastating’ effects: IMF chief sends warning on trade wars,” 2 October 2018, https://www.smh.com.au/business/the-economy/devastating-effects-imf-chief-sends-warning-on-trade-wars-20181002-p50771.html.

② Massimiliano Calì, “The impact of the US-China trade war on East Asia,” 16 October 2018, https://voxeu.org/article/impact-us-china-trade-war-east-asia.

③ Ida Lim, “EIU report: Malaysia a winner in US-China trade war,” 1 November 2018, https://sg.news.yahoo.com/eiu-report-malaysia-winner-us-061317781.html.

少，即便是最为乐观的预测，至少也要到2020年才能看到贸易战的明确效果。也有报道指出，韩国正在加速投资越南，2018年上半年，韩国企业对越南投资19.7亿美元，而对华投资仅为16亿美元。[①] 有新加坡的企业表示，在2018年7月份之前，中国的一些企业已经将制造业转向东南亚，但是中美贸易摩擦加速了这一进程。如果说以前的产业转移速度是演化式的，那么现在可以说是革命性的。[②]

与世行2018年10月份的估算类似的是，日本野村证券的经济学家再度强调了进口替代效应和生产转移效应。前者主要是短期的，即中美两国增加从中美之外的经济体的进口；后者则是中长期的，即跨国公司转移生产到中美之外。据估算，马来西亚将是进口替代的最大受益者，越南则是生产转移的最大受益者。在进口替代方向上，位于马来西亚之后的，依次是日本、巴基斯坦、泰国和菲律宾。马来西亚受益的产业主要是电子器件、液化天然气和通信设备，日本则主要是汽车，巴基斯坦的棉纱产业、泰国的自动数据处理产业以及菲律宾的电子器件产业等也将获益。在生产转移方向上，继越南之后，则依次是马来西亚、新加坡、印度和泰国。[③] 从上述报告来看，越南、马来西亚、菲律宾是中美贸易战中的最主要受益者。

在美国共和党于中期选举控制参议院之后，美国伍德罗·威尔逊中心东北亚事务研究员后藤志保子（Shihoko Goto）表示，预计特朗普政府将继续对中国施压，亚洲各国应该根据各自情况，分别做中美的工作，而不是选边站，特别是日本可以扮演战略平衡者的角色。他的这一见解于2018年12月6日刊登于世界经济论坛网站，在国际舆论上有一定的影响力。[④]

---

① Lee Jeong-ho, “South Korea nimbly dodges crossfire of US-China trade war,” 14 December 2018, https://sg.news.yahoo.com/south-korea-nimbly-dodges-crossfire-223318840.html.

② Finbarr Bermingham, “Singapore companies enduring mixed fortunes in US-China trade war,” 21 December 2018, https://ph.news.yahoo.com/singapore-companies-enduring-mixed-fortunes-070035420.html.

③ Robert Subbaraman and Sonal Varma, “The Implications of the U.S.-China Trade War on Asia,” 2 January 2019, http://www.brinknews.com/asia/the-implications-of-the-u-s-china-trade-war-on-asia/.

④ Shihoko Goto, “What do US-China tensions mean for Asia?” 6 Dec. 2018, https://www.weforum.org/agenda/2018/12/how-will-the-us-china-trade-war-impact-asia/.

后藤认为，美国特朗普已经严重损害美国对盟友的承诺，为此日本增强战略自主性，与欧洲缔结了《经济伙伴关系协定》(EPA)，并进一步联合欧洲、美国，要求像中国这样的国家实施公平贸易、减少产业补贴和停止强迫技术转移等。与此同时，日本积极推动自由贸易区建设，比如没有美国参加的11国TPP。

联合国贸发会（UNCTAD）在2019年2月4日发布的年度贸易政策报告中认为，中美贸易摩擦不仅事关两国，而且波及所有国家。[①] 该报告尤为关注贸易摩擦对发展中国家的影响，认为贸易摩擦将减缓全球经济增长，因为企业经营的成本因贸易战而增加，进而影响到企业的投资决策与生产。贸易规则的不确定性也会影响海外投资，这些因素对大多数发展中国家的影响都是负面的。另外一种宏观经济上的负面影响是汇率波动，UNCTAD认为贸易摩擦导致人民币自2018年7月以来贬值，美元则于同期升值。发展中国家关心的问题是，美元升值将会导致这些国家以美元计价的债务增多。

四、简要结论和展望

从经济增速看，2018年中国周边经济仍然保持着较高的增速，而且相对于过去几年并没有太大的波动。在此过程中，中国发挥了关键性作用。可以说，一个发展壮大的中国经济是维系周边经济发展的稳定器和发动机。尽管世界贸易增速在2018年有显著下降，其幅度甚至超过了经济下降幅度，但是中国与周边的贸易格局基本是稳定的，与过去几年相比并没有发生根本性变革。从这个意义上说，世界经济形势仍然深刻影响周边经济，但研判周边经济形势也来越需要深入分析中国经济走势。

对于2019年的周边经济发展态势，我们也都注意到世行、IMF等均显著调低了2019年的全球增长预期。相比之下，对新兴国家和亚洲发展中国家的评估略好，世行和IMF时隔1年的评估只是分别下调了0.2个百分点和

① UNCTAD, *Key Statistics and Trends in Trade Policy 2018*, Geneva: United Nations, 2019, pp.1-6, https://unctad.org/en/PublicationsLibrary/ditctab2019d1_en.pdf.

0.3个百分点。在全球经济形势恶化之际，亚洲经济增长也不可避免会受到拖累。同样，依据IMF的预测，我们也可以推断2019年周边经济增速将达到4.1%，预计比2018年下跌0.2个百分点。如果中美贸易冲突进一步加剧，那么中国周边经济增速还将继续下滑，各经济体因贸易战引发的利益变化也将更加复杂。

第三章
中国周边人文外交的评估与展望

许利平

【内容提要】2018年，中国的周边人文外交成绩斐然。在主场外交、“一带一路”建设和周边元首外交的格局中，中国的周边人文外交地位凸显。智库外交、文化外交、旅游外交、科技外交、媒体外交等人文外交形式全面推进，综合发力。与此同时，也应看到学界对人文外交的理论研究还不够，理论落后于实践的状况难以在短时间改变。2019年，有关部门需要做好顶层设计，统筹人文外交资源，跟踪政策实施状况做好评估，也要注意地方政府在人文外交中的作用。此外，在主场外交、周边热点等方面，需要充分挖掘人文外交潜力，发挥人文外交的“软力量”和“暖力量”，服务于我国整体的周边战略。

【关键词】新时代　人文外交　周边

【作者简介】许利平，中国社会科学院亚太与全球战略研究院研究员，亚太社会文化研究室主任，博士生导师。

人文外交是中国特色大国外交的重要组成部分，也是践行新时代中国周边外交的重要路径。随着新时代中国周边外交地位的提升，人文外交的角色显得日益重要。2018年，中国的周边人文外交在习近平新时代外交思想的指导下，取得了突出成绩。展望2019年，中国的周边人文外交将迎来新的发展期。

一、2018年中国周边人文外交的主要成就

2018年是全面贯彻十九大精神的开局之年，也是中国改革开放40周年。中国的周边人文外交在这一大背景下，取得了不少成就，为中国与周边和平稳定的良好互动做出了突出的贡献。

（一）主场外交彰显中国的周边人文外交的魅力

2018年，中国举办了四场主场外交，即博鳌亚洲论坛、上海合作组织青岛峰会、中非合作论坛北京峰会、中国国际进口博览会。这四场主场外交，除了中非合作论坛北京峰会外，有三场涉及中国的周边外交，而人文外交在其中扮演着日益重要的角色。

1. 文化外交践行博鳌亚洲论坛使命

增进亚洲跨文化间的相互理解，增强本地区私营团体的社会责任感是博鳌亚洲论坛的使命之一。博鳌亚洲论坛2018年年会专设“世界人文历史中的开放精神”的文化之夜分论坛。该分论坛除了邀请了国家一级演员、导演、制片人张国立与故宫博物院院长单霁翔外，论坛嘉宾还包括历史学家、作家张宏杰，未来学家、《中国大趋势》一书的作者奈斯比特夫妇，以及有以色列“创业教父”之称的约西・瓦尔第等。

该分论坛通过对传统文化、贵族精神、人文精神等讨论与展示，推动了中国与亚洲的理解与沟通，以文化外交践行着博鳌亚洲论坛的使命，取得了意想不到的效果。

2. 青年外交注入上海合作组织青岛峰会暖力量

2018年6月10日，上海合作组织成员国元首理事会第18次会议通过了《上海合作组织成员国元首致青年共同寄语》及其实施纲要，理性分析了当前国际及地区局势的严峻性和复杂性，支持开展针对青年的理想信念教育，号召青年远离负能量、传递正能量、开展跨文明对话、加强科技交流，为促进自己国家的发展与繁荣，巩固地区和全球安全稳定，推动各国人民和文化对话做出重要贡献。这个“上合版”的“致春春”，既是上合组织成员国元首对下一代的“青春寄语”，也为青年外交注入了新动力。

在上合组织青岛峰会上，从青年志愿者到青年外交官，从上合大学里的莘莘学子到上合青年营中的年轻精英，从智库交流中的青年学者到媒体峰会上的青年记者，上合组织每一项活动的舞台上都活跃着青春身影，都离不开青年外交。青年外交俨然成为上合组织青岛峰会的一张靓丽的名片。

3. 科技外交助推上海进口博览会

2018年11月5日，首届中国国际进口博览会在上海开幕。举办中国国际进口博览会，是中国着眼于推动新一轮高水平对外开放做出的重大决策，是中国主动向世界开放市场的重大举措，也是中国应对逆全球化潮流，为世界提供的又一大公共产品，体现了中国担当和中国责任。

这次博览会，累计意向成交578.3亿美元。中国国际进口博览局副局长孙成海表示，“在578.3亿美元意向成交额中，智能及高端装备展区成交额最高，为164.6亿美元”，[1] 高居各项交易的榜首，这表明科技外交在首届中国进口博览会中扮演着重要角色。

（二）中国的周边人文外交为共建“一带一路”添彩

绝大多数周边国家属于共建“一带一路”沿线国家。2018年，中国的周边国家在共建“一带一路”上取得了不俗的成绩，其中人文外交发挥着不可替代作用，为共建“一带一路”抹上的浓墨重彩。

1. 智库外交进一步促进民心相通

智库外交是推动实现共建“一带一路”建设具体目标的重要路径之一。深入开展智库外交，充分发挥智库的专业研究能力及独特外交的影响力，是增进对共建“一带一路”建设“和平合作、开放包容、互学互鉴、互利共赢”理念认同的基础和保障，对促进各国政策沟通、民心相通具有重要现实意义。

与此同时，共建“一带一路”也为建设中国特色新型智库体系提供了新的历史机遇，搭建了新的平台。

---

① 莫谨榕、李斯睿：《578.3亿美元！首届进博会交易采购成果丰硕》，《羊城晚报》2018年11月11日，http://ep.ycwb.com/epaper/ycwb/html/2018-11/11/content_174684.htm。

2018年12月7—8日，“丝路国际论坛”在法国巴黎举办。中国国务院发展研究中心、国际关系和可持续发展中心、经合组织发展中心、联合国工业发展组织等智库联合举办。此论坛为第四届，聚焦“一带一路”与开放型世界经济、“一带一路”与绿色低碳发展、“一带一路”与新一轮科技革命、“一带一路”与包容性发展等主题，来自全球24家智库、6家国际组织和4家跨国企业代表等参加了本次会议。

此外，2018年中国国际经济交流中心、中联部牵头的“一带一路”智库合作联盟、中国社会科学院、上海社会科学院、中国人民大学重阳金融研究院、复旦大学“一带一路”与全球治理高等研究院等智库或智库联盟通过举办研讨会、实地调研和联合研究等形式开展智库外交，为共建“一带一路”搭建政策沟通之桥和民心相通之桥。

2. 旅游外交夯实社会基础

所谓旅游外交，是指在政府的主导或协调下，通过积极主办或承办国际旅游会议，互办“旅游年”，简化旅游签证手续等措施，提高中国旅游在世界的影响力和话语权，服务国家整体外交。

随着中国的和平崛起，旅游业正在成为中国最具“吸引力”的软实力，旅游外交正在从外交边缘走向外交前沿。借助共建“一带一路”新平台，旅游外交进一步夯实了中国与共建“一带一路”沿线国家的社会基础。

据中国文化和旅游部预计，“十三五”时期，中国将为“一带一路”沿线国家输送游客1.5亿人次，形成约超过2000亿美元的旅游消费；同时还将吸引沿线国家8500万人次游客来华旅游，拉动旅游消费约1100亿美元。旅游贸易逆差是中国“一带一路”旅游的基本格局。如何有效利用旅游贸易逆差，推动中国旅游对外投资与旅游外交，助力我国与“一带一路”沿线国家互联互通是亟待研究的课题。

根据携程等旅游网站不完全统计，2018年国庆节期间，中国公民出境游目的地中“一带一路”沿线国家人气高涨。自2018年5月1日起，海南省实施对泰国等59国人员入境旅游免办签证政策，推动中国与周边国家旅游外交发展。

3. 教育外交补齐人才短板

教育外交一直是新中国外交一道亮丽的风景线，为中国的改革开放奠定了良好人才基础、技术基础和思想基础。在一定程度上，教育外交可以补齐共建“一带一路”建设方面的人才短板。

共建“一带一路”建设重点在于项目落地。对于中国“走出去”企业来讲，如何推进“一带一路”项目落地，人才本土化是瓶颈。东盟是共建“一带一路”的先行区和示范区，中国—东盟教育交流周则是破解人才本土化一个重要路径。自十八大以来，中国—东盟教育交流周由中国和东盟“10+1”合作模式发展成辐射包括乌兹别克斯坦、瑞士、澳大利亚、韩国、印度等全球多个国家的“10+1+N”的模式，成为中国与周边教育外交的特色品牌。

职业教育合作是教育外交的新亮点。2018年，在中国—东盟中心的推动下成功举办中国—东盟职教合作对话会、职业教育校长高峰会、职教人才流动与网络工作坊等一系列活动，推动中国和东盟国家的450多所职教院校签署合作备忘录，并促成数百名东盟学生获得中方奖学金来华留学，这将为共建“一带一路”建设储备更多本土化人才。

（三）独白式媒体外交开创周边元首外交新局面

媒体外交可以分为三个层次，即：独白式媒体外交、对话式媒体外交和合作式媒体外交。

新时代中国领导人密集出访周边国家，在周边国家主流媒体发表文章，全面阐述中国相关政策、主张以及对该国的看法，开创了独白式媒体外交的先河。

11月14日，在对巴布亚新几内亚独立国进行国事访问前夕，国家主席习近平在巴布亚新几内亚《信使邮报》《国民报》发表题为《让中国同太平洋岛国关系扬帆再启航》的署名文章。该文章描述了习近平个人与巴新的合作渊源以及中国与巴新示范合作项目，并提出发展与南太平洋岛国的三点主张，全面阐述了中国对南太平洋岛国的政策，权威、生动、清晰。

11月17日，在对文莱达鲁萨兰国进行国事访问前夕，国家主席习近平在文莱《婆罗洲公报》《诗华日报》《联合日报》《星洲日报》发表题为《携手谱写中国同文莱关系新华章》的署名文章。该文章回顾了中国与文莱友好交往的历史，并提出发展与文莱关系的四点主张，清晰地向文莱人民阐述了中国发展与文莱关系的主张，丰富了元首外交的内涵。

二、2018年中国人文外交存在的主要问题

（一）实践先行、理论滞后

2018年中国周边人文外交实践精彩纷呈，开辟了中国周边外交的新天地。智库外交、旅游外交、教育外交等不仅赢得了周边国家对中国的尊重与认同，而且拉近了双边的民心距离，起到了意想不到的效果。

中国周边人文外交作为中国特色大国外交的重要内涵，对该领域的理论化、系统化的研究还处于起步阶段，与广泛的人文外交实践并不匹配。对于数据、事实的收集整理尚未系统化，无法精确梳理数据、案例，规范地了解相关行为的执行、影响范围，也无法对后续的政策制定提供标准化的参考。

（二）中央积极、地方消极

一般来说，中国的周边人文外交由自上而下推进，中央层面做顶层设计，地方层面落实实施。由于存在一些体制、机制的障碍，在中央层面，顶层设计积极有为，而到地方实施往往积极性不够，结果其实施效果较大大折扣。

未来需要找到中央与地方合力推动周边人文外交的融合点，特别是对于那些偏远的边疆地区，需要其优势，将人文外交与地方发展有机结合起来。

（三）应景项目多、长期项目少

当今大多数人文外交项目规划或设计应景项目较多，主要解决短期目标。而针对长远目标，解决根本性问题的长期项目较少，缺少系统思维和设计。

未来需要把周边人文外交纳入国家总体外交的框架下统筹与设计，项目的设计不仅要解决眼前矛盾，而且更加着眼于长远。

三、2019年中国周边人文外交展望

2019年是中华人民共和国成立70周年，也是新中国外交70周年。与此同时，2019年是我国在2020年实现全面脱贫和2021年实现全面建成小康社会第一个百年奋斗目标的关键之年。面对新的形势，2019年中国的周边人文外交具有广阔的发展前景。

（一）总结经验、做好周边人文外交的顶层设计

基于中国与周边国家拥有厚实的人文交流历史纽带以及各自悠久的历史文化，服务于中国周边战略的总体目标，需要总结70年来周边人文外交的有益经验，做好顶层设计。

1. 统筹协调人文外交各个领域工作

周边人文外交覆盖面广，牵涉各个职能部门较多，需要成立跨部门协调小组，综合统筹人文外交各个领域工作，做到“重点突出”“相互配合”“有序推进”，让周边人文外交行稳致远。

2. 科学规划人文外交评估机制

为了可持续地推进人文交流项目的开展，客观上需要科学规划人文交流的评估机制。建立人文外交评估机制切记教条化、短期化和功利化，侧重过程监督、可行性评估等要素。

3. 发挥地方政府的积极性和创造性

推动周边人文外交工作，离不开地方政府的支持，特别是那些与周边国家陆上或海上接壤的地方省份，需要充分发挥它们的积极性和创造性。

（二）积极发挥主场外交中的人文外交优势

2019年，我国将举办两场重大的主场外交活动。第一场是2019年上半年，即第二届“一带一路”国际合作高峰论坛。本届论坛的目标是推动共建“一带一路”建设获得更高质量、更高标准、更高水平发展，相关部门可以通过智库外交、文化外交等，凝聚共识，落实行动，推动“一带一路”项目落地、政策对接和机制建设。

另一场是第二届中国国际进口博览会。本届博览会面对世界经济下滑、单边主义上升的国际局势，相关部门应充分发挥科技外交、经济外交等优势，做好“开放中国”这篇大文章，做大中国与世界各国，特别是与周边国家合作的利益蛋糕，进一步构建更加紧密的周边命运共同体。

（三）充分挖掘周边人文外交潜力，应对周边热点问题

2019年，南海问题、朝核问题和印巴冲突等，仍将是我们面临的热点问题。有关部门需要充分挖掘周边人文外交的潜力，通过“软力量”或“暖力量”凝聚人心，打通民心，充分发挥文化外交、智库外交、媒体外交等潜力，进一步降温热点问题，为周边营造一个和平稳定的环境。

总之，2018年中国的周边人文外交成绩斐然，是相关部门同心协力的结果。同时，面对存在的各种问题，我们有信心和勇气加以应对。2019年中国周边人文外交潜力巨大，需要在理论层面加强研究。在实践层面，需要建立更加灵活、可操作、可评估机制，让中国周边人文外交真正焕发出应有的活力来，更好地服务于中国周边战略目标。

第四章
中美在亚洲的军事博弈与中国的战略选择

张　芳

【内容提要】一直以来，中国坚持与邻为善、以邻为伴，深耕细植与周边国家军事关系，不断丰满中国与周边国家军事外交的内涵和外延。然而，自特朗普政府提出“印太战略”以及美国已然执行的对华大战略都深刻地影响着亚太地缘政治格局。这对于外交理念明确、安全价值观广受认同、正面积极的国际形象逐渐丰满的中国，亦不失为一个让自身对外战略不断成熟、以更加积极主动的态度去应对挑战、深度经营与周边国家军事合作的重要时机。

【关键词】中美关系　军事合作　中国周边安全

【作者简介】张芳，国防大学政治学院副教授。

一、2018年中国与周边国家的军事合作基本态势

周边国际军事合作始终是我国军事外交布局的重点。中国坚持与邻为善、以邻为伴，倡导并践行共同、综合、合作、可持续的亚洲安全观，探讨构建平等、互信、包容、共赢的安全合作架构，深耕细植与周边国家军事关系，坚持因国施策，通过高层交往、联演联训、人员培训、能力建设等军事外交模式，不断丰满中国与周边国家军事外交的内涵和外延。总体上，我周边国际军事合作呈现高层交往深化战略互信、对话磋商突出安全关切、人员培训厚植文脉影响、联演联训拉紧安全纽带的特点。总体而言，突现三大特点：

（一）稳定性

加强防务交流力度，推进与周边国家军事合作机制化进程。至2018年底，我国已经与周边17个国家建立了防务安全磋商机制。自2016年我与周边国家军队建立第一个多边安全合作机制——中巴阿塔四国军队反恐机制以来，我军还广泛参与东盟防长扩大会、中国—东盟防长非正式会晤、东盟地区论坛、雅加达国际防务对话会、西太平洋海军论坛等多边对话与合作机制。致力于维护中缅边境地区稳定，积极推动中缅外交国防“2+2”磋商机制；倡议建立中国—东盟防长热线，与越南、韩国分别建立国防部和相邻战区直通电话，推进与日本的海空联络机制磋商等，推动建立地区安全和合作新架构。与此同时，中国与周边国家的联演联训联赛也呈现机制化势头。近年来，中外军队年均开展联演联训联赛30多场次，2018年中国与周边国家开展的各类联演联训有20多场。譬如，在上合组织机制框架内已形成了“和平使命”系列演习，为维护地区的安全稳定发挥了重要作用。中国与东盟自2017年开始举行“海上联演”，2018年进行了第二次年度联演，参演各方围绕《海上意外相遇规则》使用及联合搜救、编队通信操演等内容，在湛江及其以东海空域开展交流活动和实兵演练。该联演是中国在2015年中国—东盟防长非正式会晤上首次提出的建议，并得到各方积极响应。与此同时，中印“携手”陆军联训也已进行到第七次。

（二）平衡性

一方面，实现双边与多边的平衡。2018年以来，我军与周边国家外交逐步从一般性交往向深度合作转变，以传统友谊为基础，以共同利益为纽带，挖掘合作潜力，拓展合作范围，深化了与周边国家的军事关系；从侧重双边向多边并举转变，打牢双边军事外交基础，加强多边外交工作运筹，努力把双边关系的“线”连成多边合作的“网”，逐步构建于我有利的地区安全和合作架构。譬如，经不完全统计，2018年我国与周边国家的双边联演联训占比53%，多边占比37%，双边占比达10%。另一方面，实现维稳与维权的平衡。近年来，我国援建柬埔寨陆军学院、老挝人民军103医院，向尼泊尔军队援助野战机动医院，与周边国家举行反恐、特战、救援和海空军技战术系列演练，成为双边军事合作的典范。把管控风险作为维护周边稳定的重要内容，围绕涉我国主权权益问题积极斗争，倡议建立中国—东盟防长热线，与越南、韩国分别建立国防部和相邻战区直通电话，推进与日本的海空联络机制磋商，定期或不定期与陆地接壤国家军队开展边境会谈会晤、联合巡逻等，实现了维权维稳平衡。

（三）积极性

作为全面战略协作伙伴关系中的题中之意，中俄军事关系持续高位推进。中俄两军的军事交往表现出全面立体多维的特点，高层交往、联演联训、军事比赛、装备技术、联合反恐、网络安全等领域的军事合作已然成为中俄两军关系的增长点，两国持续推进上合组织框架内的成员国国防部长会议以及“和平号角”军乐节、“和平使命”系列联合反恐军事演习、“海上联合”系列联演等军事交往活动。2018年中俄两军还举行了“东方–2018”战略演习，此次联演是中国军队经过革命性改革重塑后，首次以军委联合参谋部为主、抽组军委机关相关部门精干人员组成中方导演部赴境外组织联合战役行动演练，也是中国军队历史上派兵出境参演规模最大的一次，演练内容由以往的联合反恐拓展为组织联合防御和反攻等传统安全课题。与历次“和平使命”演习相比，此次战略演习层级更高、规模更大、要素更全、联合性更高，标志着中俄双方政治战略互信和军事合作水平达到历史新高。

中日防务部门海空联络机制谈判也取得重要积极进展。两国学者和青年军官代表团实现了互访。中日防务部门交流合作取得了一定进展，中国国防大学代表团访日，两国中青年军官代表团实现了互访。

然而，近些年来，从奥巴马政府时期的“亚太再平衡战略”到特朗普政府的“印太战略”，以及美国已然执行的对华大战略都深刻地影响着亚太地缘政治格局，美国一贯的“零和博弈”战略思维和对中国周边国家的军事关系的运作都对中国周边军事合作产生着影响。

二、美国对华大战略及其对中国周边安全的影响

近年来，随着美国战略焦虑感的不断攀升，特朗普政府通过《国家安全战略报告》(National Security Strategy, NSS)、《国防战略报告》(National Defense Strategy, NDS）及新版《核态势报告》(Nuclear Posture Review, NPR)，赋予了未来对华关系以“长期战略竞争”的主色调，且将这种战略竞争几乎覆盖了所有的领域。特朗普于2018年8月13日签署的2019财年国防授权法案成为落实特朗普政府提出的所谓“自由开放的印太地区”概念的具体推进措施。

应当清醒地认识到，美国战略具有持续性和稳定性的显著特点，美国对华战略的调整并非一朝一夕之役，而是自20世纪末以来美各方力量持续已久的战略研判和评估的结果。美国新安全战略表达出的世界观和总基调对中美关系产生了直接的不良影响。至此，美对华战略调整动作已经完成，可以预见的是未来很长时期内这一战略主基调不会轻易发生调整，对美抱任何的幻想都无异于与虎谋皮。美国对中国的发展形势研判每天都在进行，而美国对中国的实质性战略遏制早在特朗普政府宣布对华战略竞争之前就已然开始。这些战略运作对中国周边安全的影响不言而喻：

（一）美国战略重心持续东移引发地区动荡

美国试图通过海上围堵把中国塑造为亚太公敌，通过对地区安全的反设计引发地区性的军备竞赛，制造地区安全上的“囚徒困境”，引起地缘板块的动荡，由此进一步控制日本和东盟，刺激东海和南海的冲突相互震荡。其具体军事部署集中表现为美军日益强化在太平洋的三线部署态势。

一是优化驻日、韩美军前沿配置，扩大东南亚军事存在，提升一线应急作战能力。美国从2012年开始实行“亚太再平衡”战略以来，其在西太平洋的东亚战略部署就在发生变化。第一岛链，即从日本到菲律宾到琉球群岛再到新加坡。2012年美国在日本驻军有约5万人，韩国近3万人。到2015年，美国租用了菲律宾的4个空军基地、1个陆军基地。美国在新加坡设置的联合后勤支援中心同样给美国的导弹驱逐舰和濒海战斗舰提供补

给支持。这些基地和补给形式为美国在南海提供了另一种形式的事实军事存在，使其不仅控制了南海的南端，而且控制了马六甲海峡的东端。

二是扩建关岛基地，打造战略枢纽，提升二线力量投送能力。美军的二线部署主要是指从关岛到澳大利亚的弧形地带。目前，关岛已被美军打造成美国干预亚太的重要基地。以其轰炸机部署来看，2016年8月，美国首次在关岛同时部署三种现役主力轰炸机。2018年初，美军太平洋司令部实施"轰炸机持久存在"行动，再次出现三种战略轰炸机齐集亚太的罕见局面，意在确保美国对地区局势的掌控，让盟友放心，表示其可为盟友提供可靠的战略力量平台。美国在全球范畴内移动轰炸机，不仅影响到其地区盟友，更影响到太平洋地区的联盟结构。达尔文港是澳大利亚通往东南亚及南海的门户，地处交通要冲，且军事设施相对完善，海军驻泊条件和基地面积得天独厚。2010年之前，作为美国盟友的澳大利亚从未让美军驻军，但自2011年起情况发生变化——美澳达成为期25年的军事协议，美国使用达尔文港对海军陆战队进行轮训。尽管2017年初，美国总统特朗普在与澳大利亚总理马尔科姆·特恩布尔（Malcolm Turnbull）通电话时，对奥巴马执政时期与澳大利亚达成的难民接收承诺大发雷霆，并直接挂断电话，引发美澳外交风波。此外2017年1月30日特朗普退出TPP的决定，也让澳大利亚深感不满。但这些并没有影响美澳军事协作的深化。据美国广播公司新闻网2017年2月12日报道，部署在达尔文港的美国海军陆战队员数量在接下来数年将会翻倍，在2020年之前将会达到2500人。[①]

三是建设夏威夷和阿拉斯加的联合基地，部署后备力量，提升三线立体支援能力。依照"平时广域分散、战时快速集中"的"弹性聚合"理念，美军提出到2020年，将海军力量的60%、海外空军力量的60%部署到亚太地区，将太平洋舰队所辖部队的60%部署到东亚/西太平洋地区。美军最终的计划是把11艘航母中的6艘，73艘核动力潜艇中的42艘，以及空军海外力量的60%，包括全部185架F-22型战斗机中的三分之一都部署到亚太地区。西太平洋地区已经出现第三舰队与第七舰队"双舰队"共存的局面。

---

① 杨一帆、单珊：《美澳政治疏离军事紧密：F-22进入达尔文港，继续重返亚太》，澎湃网，2017年2月15日，http://www.thepaper.cn/newsDetail_forward_1618952，访问时间：2018年6月2日。

（二）美国密织印太地区的军事关系网络

美国2019财年国防授权法案对其加强与亚太地区部分国家的军事关系做了一系列安排，譬如，美国国务院将对斯里兰卡提供3900万美元的“对外军事资助”，以强化其保卫海洋安全的能力。而在此前的一周，斯里兰卡中央银行刚刚宣布获得了价值10亿美元的中国贷款。2018年8月4日，美国国务卿蓬佩奥在新加坡宣布，将向印太地区追加3亿美元安全投资，帮助地区国家强化防务能力。通过“2+2”对话机制巩固地区联盟体系，将日本打造成太平洋地区的干预中心，在亚太安全事务中充当“北锚”，日美加强以“西南诸岛”作战为背景的各项军事训练与演习，提高部队夺岛作战能力；让澳大利亚充当“南锚”角色；越南代替菲律宾成为美国南海政策的支点国家；美国与泰国通过“金色眼镜蛇”演习令其发挥更大作用；美在新加坡外海部署濒海战斗舰，新加坡为美提供樟宜海军基地，借美国平衡中国的意图深刻。2018年美国在亚太地区主导军事演习总体上有几大特点：

1. 规模性

据不完全统计，仅美海军太平洋舰队在亚洲地区每年就有上百场军事演习，这还不包括阿拉斯加“北方红旗”、朝鲜半岛的“关键决心”等军演。其中仅第七舰队和海军陆战队举办或参加的就有125场，而美海军全球军事演习总共不到200场，其中一半以上都在亚太，足以见得对亚太的重视程度。另外，超过90%的军演都是跨国演习，除了跟常见的日、韩等盟友外，就是拉拢其他东南亚国家，这既是美军熟悉亚洲战场的过程，也是对这些国家深入了解的过程。① 2018年超过20国以上参加的大规模军事演习至少有五项。

2. 针对性

为了配合印太战略，美军在亚太地区演习的主题上具有针对性。譬如，美日、美澳的演习频次明显高于其他国家，其后就是印度对一些演习

① 默虹：《大盘点：美国海军每年在中国周边的100场演习》，搜狐网，2017年6月23日，http://www.sohu.com/a/151418098_628941，访问时间：2018年6月2日。

的高参与度。从演习的主题来看，美日的联演主题多以夺岛登岛为主题。同样，为了配合美国《国家安全战略报告》对中国"战略竞争者"的"塑造"，美军在2018年的"环太军演"中在不让中国参加的同时，又特意加入了亚太地区的文莱、印度尼西亚、马来西亚、菲律宾和越南等南中国海周边国家。

3. 策略性

具体的联演联训密切配合外交议题而展开。譬如，为了保持海上绝对优势，美国一直以来对东南亚各个国家常年持续进行双边的年度"海上联合战备与训练"（Cooperation Afloat Readiness and Training, CARAT）。为配合朝核问题的解决，顺利推进"特金会"、朝韩领导人会晤而暂停了三项历年都要进行的演习。"准备战争"是美印多项年度联合军演之一，迄今已举办14届，但是2018年度军演的不同之处在于，美军首次派出师级单位参与演习。此举被美军指挥官认为是美国和印度成熟关系的证明。联合军演的目的是通过演习和文化交流增强美印军队联合作战的能力，加强在印太地区的伙伴关系。

4. 层次性

从演习的协同级别上来看（美海军把海上多国演习由浅到深分为5个级别），目前美军与孟加拉、文莱、柬埔寨、印尼、马来西亚、菲律宾、新加坡、泰国、东帝汶等国的军事演习达到2级，跟印度等国家的军演达到3级，跟新澳泰菲等盟友/准盟友则达到4级，与日韩等则达到5级。

5. 带入性

美国刻意使一些此前并未在演习中出现过的国家，譬如自己的亲密盟友英国、澳大利亚等国加入到中国周边的一些军事演习中，无形中加剧了地区安全形势的紧张。

（三）一些地区国家不断加码与美军事合作力度

美不断加码与印太地区部分国家军事合作力度，有美国战略上的主动，但也不乏地区国家深刻的双边根源和内在的驱动因素。一种是通过联合军演等方式提升军事合作密切度，譬如，美日联合军演已经向着美日南海联合外交与安全战略方向发展。另一种是通过达成防务协议，促进军事合作机制化。美印先后签署了《美印防务合作框架协议》和《后勤保障协议》，美承诺帮助印度发展航母弹射技术和飞机发动机，允许相互使用对方的军事基地进行补给，此前，只有美国的盟国才可以互相使用军事基地进行补给。与特朗普提出的“印太”概念相呼应，2018年5月31日，美军宣布将“太平洋司令部”更名为“印太司令部”。此前，印度还曾借主办“瑞辛纳对话会”之机，促进美、澳、日、印四国形成潜在的对华统一战线，重启“四方安全对话”（Quadrilateral Security Dialogue, QUAD）。近年来，美越军事合作不断升温，2018年，美航空母舰在1975年越南战争结束43年后首度造访越南岘港。此前，2016年美国与越南签署了2018—2020年阶段防务合作行动计划，并于当年宣布全面取消对越南的武器出口限制；2017年，越南国家主席陈大光出访美国，成为特朗普上台之后第一位正式到访白宫的外国元首。

三、中国的战略选择：变与不变

这个世界上不变的只有变化本身。危与机相伴相随，形与势因人而变，斗与合辩证统一，而体现其间的奇正之道则考验着我们应对战略博弈的中国智慧。

（一）变化的形与势

“强弱，形也。”“勇怯，势也。”自2018年以来，美军在南海问题频频挑衅。无论是对澳大利亚“南锚”地位的再巩固，还是对日本“北锚”作用的再加强，抑或是强化与印度、越南的军事合作，美国所清晰传递的信息是美军在中国周边的外线包围已经进入到战术运作层面。5月，美军更是粗暴地宣布收回早前发给中国参与2018年“环太”军演的邀请，理由是与军演的原则和目标不符。2018年8月13日签署的2019财年国防授权法案更有多处直接涉及与中国相关的条款，反映了特朗普政府的对华政策取向。首先，该法案不仅要求美国防长就中国在太平洋和印度洋地区的军事行动定期向国会相关委员会做出报告，还要求将报告内容告知美国在亚洲地区的盟国和伙伴国，同时以合适的方式公开。此外，2019财年国防授权法案还特别提到南海，要求美国防长的报告应包括中国在南海的任何活动，包括陆域吹填、防御部署以及基础设施建设等，并禁止其邀请中国参加“环太平洋”多边军演。值得注意的是，为了给媒体提供更多素材，时隔3年后，美军开始用军机搭载美国有线电视新闻网（CNN）记者抵近中国南海岛礁海域，后者随后公开在机上近距离拍摄中国岛礁的影像资料。其次，强化对台军事交流是该法案的另一重要内容。该法案明确要求五角大楼加强与台湾地区的防务关系，帮助台湾地区提升其军事力量，其中包括支持台湾地区通过对外军事销售制度、直接的商业销售等获得现代化武器，并加强美国与台湾地区高级别官员的“直接交流”。7月7日，美国海军两艘宙斯盾级导弹驱逐舰由南向北穿越台湾海峡。7月8日，美国太平洋舰队公开证实这一消息。尽管其表示这只是“例行性移动”，但近年来美舰以往穿越台湾海峡的行动，美方并未如此高调证实并宣扬。

然而，“兵之胜，避实而击虚”。危与机总是相伴相随。在美国搅动世界经济、扰乱亚太地区安全秩序的背后，不能不看清美国在全世界面临的形象和领导力危机恰恰是中国实践“地区命运共同体”“人类命运共同体”的重要机会。故“善守者，藏于九地之下；善攻者，动于九天之上”，守与攻的转换之道存乎于形与势的变化之间。2018年，盖洛普公司、英国广播公司、爱德曼公司、拉美晴雨表等多家知名民调机构、媒体分别发布各国国际形象和影响力调查报告。中国在好感度、领导力、公信力等多方面收获高分；而美国则处于相对下滑状况。[①] 与此同时，中国政府民众信赖度世界第一，美国民众对特朗普政府信赖度下降。在28个国家和地区中，中国民众对本国政府的信任感高达84%，居世界第一。[②]

（二）不变的理念：建构亚洲命运共同体

亚洲命运共同体昭示着亚洲是亚洲人的亚洲，亚洲的安全需要亚洲人自己共同维护；基于对地区公共安全产品的共同需求，与周边国家的国际军事合作是地区性公共安全产品的重要平台。美国通过特朗普政府新国家

① Stafford Nichols and Zacc Ritter, “U.S. Defense Promise Still Credible in Asia-Pacific”, https://news.gallup.com/poll/237209/defense-promise-credible-asia-pacific.aspx.

② 2018年1月22日美国爱德曼国际公关公司发布的“2018年全球信任度晴雨表”中的数据。

安全战略报告向世人展示了他们眼中这个充满丛林法则、零和博弈和权力争夺的世界。在奥巴马的“亚太再平衡”战略基础之上，特朗普将自己带到了离中美两个大国合作机会窗口更远的地方。在今天美国抛弃其在立国之时曾提出的价值观外交之时，中国以“人类命运共同体”理念进行价值观外交可谓是正当其时。

一是冷静判断，清醒认知美国及其战略目的，客观评价美国。要避免夸大美国的衰落，避免低估美国的国际领导力，以至于出现对美国未来趋势的错误判断，过早改变邓小平制定的“韬光养晦、有所作为”的务实战略方针。美国籍由“印太”战略实现对亚太地区经济整合进程的反设计——实现“制造并维持可控的紧张”——利用亚太地区缺少安全框架的设计，制造矛盾争端，阻断亚洲的合作进程，同时也阻断这一地区的经济整合进程。中国威胁论的实质是通过渲染威胁来制造紧张，通过制造可控紧张阻遏中国的发展。对于中国以及苏联这样的超大型国家，美国非常清楚只能对其遏制和分化，而不可能试图用战争消灭掉。然而，这些年来，随着中国的持续发展，“中国崩溃论”自己先崩溃了，变成了一个国际笑柄。中国致力于围绕“命运共同体”这一理念建构互利共赢的新型国际关系，中国始终是世界和平的建设者、全球发展的贡献者、国际秩序的维护者。中国作为全球经济的主要贡献者，为世界经济安全做出的贡献有目共睹，如今，特朗普政府又为“中国威胁论”提供了一个新的翻版，但却更加不得人心。正如王毅外长所指出的，“‘中国威胁论’虽然有了新的翻版，但却更加不得人心。因为事实胜于雄辩。事实是什么？那就是：中国是全球经济增长的主要贡献者，年均贡献率达到30%以上，超过美国、日本以及欧元区国家的总和；中国是全球减贫事业的主要贡献者，贡献率超过了70%，创造了人类历史上的奇迹；中国是维护世界和平的主要贡献者，成为联合国安理会五个常任理事国当中派出维和人员最多的国家，维和经费出资居世界第二位。此外，在过去5年中，中国还通过提出共建‘一带一路’等重大倡议，成为参与全球治理、维护贸易自由化和开放型世界经济的主要贡献者”。[①]

二是传播世界一流军队的价值理念，提升军事影响力。习近平主席在十九大报告中擘画了到21世纪中叶把人民军队全面建成世界一流军队的战略蓝图，这一战略目标同样引领着我军以先进的外交理念探索区域性军事合作模式的步伐。世界一流军队并非只是单纯强调军事实力强大，它必须有着努力带着爱好和平的人们走出丛林法则、零和博弈的强大理念、行动影响和责任担当，有着超越单边主义、霸权行径，堪为世界各支优秀军队表率的一流的优良作风。在此基础上，才能开世界军事合作模式之先河，创造性地推进中国与周边国家军事合作。对此，当前在建构世界一流军队的外部形象塑造上还需要缩小亚洲命运共同体和对外阐释的距离、缩小亚洲命运共同体与周边军事合作的距离、缩小中国周边老朋友和新朋友之间理解程度的距离。这些都有赖于我方加强对周边国家军事历史、军队建设和军事文化的国别研究，并在此基础上打造融通中外的新概念新范畴新表述，讲好中国故事，提供中国方案；需要加强因国制宜、经略周边安全合作的策略研究，为中国承担地区安全责任，当好地区安全合作的推动者、公域安全的维护者和公共安全产品的提供者给予充分的理论支持。

国家间的博弈胜出与否，与军事影响力的升降、国际军事话语权的掌控本质相关。军事影响力是国家以安全战略意图为出发点运用其军事力量而产生的外部性反应，表现为不通过强力说服他国、使其顺从要求的能力。需要强调的是“不通过强力”，即不通过军事力量的战争运用而使他国顺从要求的能力。因此，排除了对外战争中的军事力量运用，将主要聚焦的是军事交往的方式。当前，我国特别需要让周边国家对中国有较为全面的认知，确保其战略心理上的稳定性。无论是当前我国的周边关系还是“一带一路”沿线国家间的合作关系都需要较长时期的深度经营。在“一带一路”倡议的推进中还需要我国努力实现硬实力与软实力的平衡，实现国际话语权与公共安全产品供给力的平衡。更多展示软实力，逐步消除部分邻国安全上靠美国的根基，从根本上改变“经济上靠中国，安全上靠美

① 《王毅在十三届全国人大一次会议举行的记者会上就中国外交政策和对外关系答中外记者问》，人民网，2018年3月8日，http://world.people.com.cn/n1/2018/0308/c1002-29856015.html。

国”的局面。我国与美国的竞争，既是硬实力的竞争，更是软实力的竞争，当前更多的表现为对我邻国人心的争取。

同时，还要提升我军地区公共安全产品的价值感召力。近年来，我军在维护地区安全方面做出突出贡献，付出极大牺牲，提供了广泛公共安全产品，履行了大国责任。党的十九大报告明确提出，要不断增强意识形态领域主导权和话语权。这需要我们提升国际话语权，更积极有效地宣示我国恪守维护世界和平、促进共同发展的外交政策宗旨，宣示我们致力于推动建设相互尊重、公平正义、合作共赢的新型国际关系，宣示共同、综合、合作、可持续的新安全观，宣示我国防御性国防政策和积极防御军事战略方针，同时注重传播国家、责任、勇敢、奉献等世界各国军队共同的价值理念，对冲意识形态对抗声调，在交流、交锋中实现交融。

三是创新军事合作模式。作为世界性大国，中国复杂而独特的周边安全环境使其难以对地球上的任何一个大国处理周边安全关系进行学习和借鉴，中国成功处理周边安全问题本身就会造就一种研究范式——这是一种大国与小国之间的、非对称力量之间的安全合作模式。更何况因为各方都会参与到博弈与磨合当中，而这一地区又缺乏一个类似欧盟的地区机制，要形成全新的稳定的各方均能接受的关系将受多重因素的影响和考验。历史上，世界性大国崛起路径中的“胡萝卜加大棒”的美国模式或者是在扩张中让欧亚大陆上的诸多国家从地图永远消失的俄国模式，都违背了中国今天所倡导的命运共同体理念。中国所寻求的合作模式需要军事合作视阈下的周边学研究超越传统的或军事结盟或军事对抗的思维模式，探索出一条经济上合作共赢、安全上互信团结、民心上相互融通的地区安全合作模式；在策略上坚持深耕内线与经营外线的统一，把握合与斗的辩证统一，保持主动有利的战略态势为地区命运共同体提供更多地区公共安全产品。

总体来看，特朗普政府加紧亚太布局，试图通过“印太战略”扩容战略控制半径，实现对亚太地区安全秩序的干涉；另一方面，特朗普政府又通过这一干涉本身制造“新中国威胁论”，甚至不惜行背信弃义之举，加强与台湾的军事关系，破坏中美关系，籍“印太战略”本身强化地区安全关系网络。这些都对奉行“地区命运共同体”的安全理念，积极推进、深化与周边国家的军事合作的中国带来一系列挑战。但对于外交理念明确、安全价值观广受认同、正面积极的国家形象逐渐丰满的中国，这亦不失为一个让中国对外战略不断成熟、以更加积极主动的态度去应对挑战，深度经营与中国周边国家军事合作的重要时机。

第二编
2018年中国周边大国外交

第一章
中国对美外交：塑造中长期战略转型

潘亚玲

【内容提要】随着特朗普政府启动中美贸易战，国际社会对中美关系的预期渐趋悲观。相比之下，中国政府在2018年的对美外交工作中仍坚持较为正确的战略理念和战术举措，为中美关系的中长期战略转型奠定了坚实基础。一是坚持战略审慎，在对中美关系不确定性上升的认知逐渐占据主导的同时，对中美关系中的积极因素仍保持战略信心和战略耐心；二是强化战略韧性，以“斗智斗勇而非斗气斗狠”的原则为指导，真正做到“硬的更硬，软的更软”；三是拓展战略纵深，从国际体系转型关键期和中国崛起历史交汇期的高度出发，管理中美关系战略不确定性，推动对美工作中长期战略转型。2018年中国对美外交的实践进展，应当更好地与智力探索相结合，为中美关系的持续健康稳定发展贡献力量。

【关键词】中美关系　战略竞争　战略审慎　战略韧性　战略纵深

【作者简介】潘亚玲，复旦大学美国研究中心副研究员。

随着特朗普政府一意孤行地启动中美贸易战，国际社会特别是中美双方对中美关系未来发展的预期正渐趋悲观。各种悲观主义论调，如中美关系正进入战略竞争期[①]，或中美开启“新冷战”[②]，或中美“全面脱钩”[③]等，纷纷出现。需要指出的是，上述观点有一个共同的特征，即认为中国对美外交的既有经验和做法已难以继续有效，进而对中美关系的未来发展充满“焦虑”。尽管这些焦虑有其现实依据，但仍需更近距离地考察中国对美外交具体实践的应对逻辑和手法的演变，从而识别出学术界、舆论界的焦虑与政策实践之间的重合与差异，为发展对美外交的新思维、新理念乃至新手段等提供更为合理的智力支持。笔者认为，2018年的中国对美外交事实上正发生系统性的变化，某种程度上正在主动塑造中美关系的中长期战略转型。

一、坚持战略审慎与对美交往的战略判断

2018年中国对美外交的核心挑战是，如何判断中美关系的未来走向；更准确地说，这事实上是如何判断美国对华战略的未来趋势的问题。很大程度上，由于唐纳德·特朗普（Donald Trump）总统的个性及其政策、智囊团队的冒险主义和极端主义倾向，中美关系在进入2018年后面临越来越

① 相关讨论可参见：韦宗友:《中美战略竞争、美国“地位焦虑”与特朗普政府对华战略调整》,《美国研究》2018年第4期，第51—74页；张幼文:《中美贸易战：不是市场竞争而是战略竞争》,《南开学报（哲学社会科学版）》2018年第3期，第8—10页；王浩:《特朗普政府对华战略调整的双重逻辑及其互动》,《世界经济与政治》2018年第3期，第47—69页。

② 可参见：Robyn Dixon, “Is the U.S. in a new Cold War with China? How Much Worse could Things Get?” *Los Angeles Times*, August 29, 2018, http://www.latimes.com/world/la-fg-china-cold-war-20180829-story.html; Richard J. Heydarian, “US, China Thrusting towards a new Cold War,” *Asian Times*, October 2, 2018, http://www.atimes.com/article/us-china-thrusting-towards-a-new-cold-war/; Abigail Grace, “China and America May be Forging a New Economic Order,” *The Atlantic*, September 20, 2018, https://www.theatlantic.com/international/archive/2018/09/china-trade-war-trump/570880/。

③ 可参见：Ivo Daalder and Robert Kagan, “U.S. Disengagement would be Costly,” *Chicago Tribune*, April 25, 2016, https://www.chicagotribune.com/news/opinion/commentary/ct-united-states-disengagement-foreign-policy-20160425-story.html; Frank Tang, “Trade War: China ‘Risks Disengagement with US unless It Changes’,” *South China Morning Post*, October 9, 2018; Matthew C. Klein, “Should the U.S. Try to ‘Economically Disengage’ From China?” *Barron's*, Setember 21, 2018, https://www.barrons.com/articles/should-the-u-s-try-to-economically-disengage-from-china-1537554595。

明显的困难。但是否因此而丧失中美关系中长期发展的战略信心，仍有待更进一步的观察。纵观2018年中国对美外交，对中美关系中长期发展态势的判断正变得谨慎，同时也注重激励中美关系中的积极因素。可以认为，从战略层次上，2018年中国对美外交的一个基本特征是充分坚持了战略审慎。

第一，随着特朗普政府执意启动并持续升级中美贸易战，中国对中美关系的中长期不确定性的认知正逐渐占据主导。

尽管特朗普当选之初中美关系气氛一度紧张，但随着2017年4月习近平主席访问美国，11月特朗普访问北京，中美关系似乎得以转圜。但很快，特朗普政府的第一份《国家安全战略报告》于2017年12月出台。该报告提及“中国”（含“中国人”）多达36次，不仅把中国视为战略对手，甚至还给中国贴上“修正主义国家”的标签。该报告声称，中国（及俄罗斯）在挑战美国权势、影响力和利益，试图侵蚀美国的安全和繁荣。中国想要构建一个“有悖于美国价值观和利益的世界”，力求将美国从太平洋地区排挤出去，努力在该地区扩大国家疆域，并致力于通过对其有利的新经济模型改造该地区。[①] 基于这一战略指导，进入2018年后的中美关系急转直下，特别是贸易战持续升级，到2018年8月特朗普甚至威胁将贸易战扩大到整个中美贸易的所有商品。

正是在这一背景下，中美关系的前景的确变得难以预测，不确定性明显上升。其中最为明显的体现便是高层沟通明显减少。例如，2017年，习近平主席与特朗普总统在互访和汉堡会晤之外，还通了9次电话。相比之下，截至2018年底，习近平主席和特朗普总统仅通话5次；在特朗普启动贸易战之后仅通话两次，其中第三、四次通话的间隔时间长达近半年。在2018年11月1日与特朗普总统的通话中，习近平主席特别强调：“希望双方按照我同总统先生达成的重要共识，促进中美关系健康稳定发展……我们两人对中美关系健康稳定发展、扩大中美经贸合作都有良好的愿望，我们

① The White House, *National Security Strategy of the United States of America*, December 2017, “Introduction”, p.2.

要努力把这种愿望变为现实。”[①] 这充分说明，中美两国在战略上都对双方关系的未来发展信心不足。

第二，尽管对中美关系不确定性上升的认识正占据主导，但在对美工作中相当注重对矛盾范围的控制，避免打击面过大。

特朗普总统当选和执政过程中的一个奇怪现象是，诸多非常规性甚至“政治不正确”言论，往往对特朗普自身有利。例如，在竞选期间，尽管特朗普事实上攻击过包括墨西哥裔在内的少数族裔，但其选票并未受到消极影响；与2012年的共和党总统候选人密特·罗姆尼（Mit Romney）相比，特朗普甚至获得了更多的黑人和拉丁裔选票，分别增加了2个和1个百分点。[②] 类似地，尽管中美经贸关系是市场规律的结果，但在特朗普的反复抹黑下，越来越多的普通美国人相信，与中国的贸易是“不公平”的。根据盖洛普（Gallup）的民意调查数据，有65%的人认为与加拿大的贸易是“公平”的，而有62%的人却认为与中国的贸易是“不公平”的。[③] 而特朗普政府的政策团队和智力团队均往往据此攻击中国，认为“‘中国威胁’不仅是政府性的威胁，更是社会性的整体威胁”，因此美国将“采取社会性的整体响应措施”。[④] 可以认为，在特朗普的大力渲染下，判断中美关系不确定性上升的根源正变得日益困难，越来越多的人认为这种不确定性很大程度上来自于整个美国社会对中国崛起的“战略焦虑”。

但纵观2018年中国对美外交，战略审慎原则得到了很好的贯彻，其中最明显的体现便是对导致中美关系不确定性上升的驱动力量或团体的界定相当审慎。例如，中国国务委员兼外长王毅于2018年9月29日在美国对外关系委员会演讲时指出，中美关系当前的“症结说到底还是要从美国对中

① 《习近平同美国总统特朗普通电话》，中国外交部网站，2018年11月1日，https://www.fmprc.gov.cn/web/zyxw/t1609397.shtml。

② “Exits Polls,” CNN, November 9, 2016, http://edition.cnn.com/election/results/exit-polls/national/president.

③ Frank Nerport, “Americans Say China Trade Unfair, Trade with Canada, EU Fair,” Gallup, July 9, 2018, https://news.gallup.com/poll/236843/americans-say-china-trade-unfair-trade-canada-fair.aspx.

④ Joel Gehrke, “FBI Director: Chinese Spies ‘A Whole-of-Society’ Threat to US,” *Washington Examiner*, February 13, 2018, https://www.washingtonexaminer.com/fbi-director-chinese-spies-a-whole-of-society-threat-to-us/article/2649004.

国的认知中去寻找。一些美国朋友从西方传统现实主义理论出发，根据几百年来其他大国兴衰起落的规律，认定国强必霸，因此认为中国今后也会称霸，甚至会挑战和取代美国在世界上的领导地位。”[①] 尽管注意力可能更多集中于王毅对中国发展道路的阐释，但他对持上述错误认知的鼓吹群体的严格限定，很大程度上表明了中国在界定中美关系不确定性上升背后的驱动力量时仍相当审慎。

第三，针对进入2018年以来，美国内有关中美关系的客观、理性的声音日益难以发出的现状，中国保持了充分的战略信心和战略耐心，以各种方式提醒世界，中国始终注意到他们的存在并理解其困难处境。例如，皮尤研究中心于2018年8月发布的民意调查显示，尽管特朗普总统执政以来美国人对中国的友好度有所降低，但总体上处于较为平稳的变化之中。根据该调查，自2005年以来，美国人对中国的看法最不友好的纪录是在2016年（55%），对中国最友好的纪录是在2017年（44%）；而2018年8月的调查结果显示，对华不友好的人占47%，友好的人为38%。[②] 中国外交部新闻发言人陆慷在2018年11月1日的记者招待会上回应有关美国务卿蓬佩奥接受采访时有关中国的言论时指出：“美国芝加哥全球委员会、皮尤中心日前的调查也显示，美国公众总体不认为中国是美国的威胁。到美国各州，你会发现，美国主流民意仍认为中美应保持良好合作关系。”[③]

二、强化战略韧性与对美工作的斗智斗勇

外交是一门艺术，其中最为重要的便是对战略韧性的考验。随着中美关系在进入2018年后逐渐变得复杂，如何在应对过程中做到“有理、有利、有节”，实现既合作又竞争，便成为一个重要的考验。很大程度上，

---

① 《机遇还是挑战，伙伴还是对手？——王毅国务委员兼外长在美国对外关系委员会的演讲》，中国外交部网站，2018年8月29日，https://www.fmprc.gov.cn/web/wjbzhd/t1600725.shtml。

② Richard Wike and Kat Devlin, “As Trade Tensions Rise, Fewer Americans See China Favorably,” Pew Research Center, August 28, 2018, http://www.pewglobal.org/2018/08/28/as-trade-tensions-rise-fewer-americans-see-china-favorably/.

③ 《2018年11月1日外交部发言人陆慷主持例行记者会》，中国外交部网站，2018年11月1日，https://www.fmprc.gov.cn/web/fyrbt_673021/jzhsl_673025/t1609273.shtml。

当前对中美关系的诸多讨论，正是围绕如何实现“有理、有利、有节”而展开的。纵观2018年中国对美外交工作，可以认为，中国对这一战略考验的应对正不断改善，中国外交的战略韧性正不断强化。

一方面，面对特朗普日渐升级的冒险主义，中国对美工作中对“斗智斗勇而非斗气斗狠”原则的把握日益成熟。

特朗普与其前任们最大的不同，是在国际事务中的表现。出于对国家在世界舞台上的形象的关切，几乎所有美国总统在处理外交事务时都相当谨慎，少有偏离提前准备好的脚本。但特朗普自当选以来就展现出强烈的冒险主义特征，这很大程度上源于其从商经验。特朗普早在其1987年出版的《交易的艺术》(*The Art of the Deal*）一书中设定了其谈判战术，核心是两点：一是表现优雅，但在被不公正对待时“坚决还击”；二是永远不要表现出脆弱。[①] 正是出于对这种边缘战略的信仰，特朗普不断尝试外交冒险甚至采取“切香肠”战略。正因如此，有人称特朗普的外交战略为“指责加恫吓主义”(Blame-and-Bluster Doctrine)[②]，也有人认为那是种光有大棒没有胡萝卜的策略（big-stick-and-no-carrots approach）。[③]

面对特朗普的冒险主义策略，中国对美外交始终坚持“斗智斗勇而非斗气斗狠”，既高度智慧、游刃有余，又毫不妥协、有效回击。例如，2018年10月22日，在被问及特朗普总统决定退出《中导条约》时援引“中国威胁”的问题时，外交部发言人华春莹指出，“《中导条约》是美苏之间达成的条约，是双边性质的条约。现在美单方面退出却拿其他国家说事，这种‘甩锅’的做法毫无道理，不可理喻”。[④] 又如，在10月25日的记者招待会上，有记者针对美国《纽约时报》报道中俄在监听特朗普总统个人的苹果手机一事提问，华春莹回答说：“感觉现在美方有些人真的是想不遗

① Anthony Zurcher, “Trump’s Telephone Un-Diplomacy,” BBC News, February 2, 2017, http://www.bbc.co.uk/news/world-us-canada-38849257，访问时间：2017年12月10日。

② Tom U., “Trump Foreign Policy: Pick Your Doctrine,” Postard, October 13, 2017, https://www.postard.com/2017/10/13/trump-foreign-policy-pick-doctrine/，访问时间：2017年12月16日。

③ Stephen M. Walt, “The World Is Even Less Stable than It Looks,” *Foreign Policy*, June 26, 2017, http://foreignpolicy.com/2017/06/26/the-world-is-even-less-stable-than-it-looks/.

④ 《2018年10月23日外交部发言人华春莹主持例行记者会》，中国外交部网站，2018年10月23日，https://www.fmprc.gov.cn/web/fyrbt_673021/jzhsl_673025/t1606427.shtml。

余力地角逐‘奥斯卡最佳剧本奖’。如果可以的话，我有三个建议：第一，《纽约时报》应该知道，它发表类似报道，只会多一个其做fake news（假新闻）的证据。第二，如果很担心苹果手机被窃听的话，可以改用华为手机。第三，如果还觉得不放心，为了绝对安全起见，可以停止使用任何现代通讯设备，断绝与外界所有联系”。[①]

另一方面，基于“斗智斗勇而非斗气斗狠”原则，2018年中国对美外交的战略韧性大为提升，实现了“软的更软、硬的更硬”。

就软的一面而言，中国非常深刻地认识到，随着全球化深入和相互依赖强化，“非黑即白”的二元论已不再适用于当今时代的国家间关系。因此，任何国家间的关系都必然既有竞争，也有合作。把握斗争和亲近的度，是当代国际关系的核心难题。即使是如美国与欧洲国家这样的战略盟友，相互之间也不时因为各种问题发生摩擦。特朗普所发动的贸易战，事实上并不完全针对中国，欧盟、韩国、加拿大等美国盟友也都在特朗普的“攻击”范围之内，尽管他们所遭受的攻击远不如中国。因此，中美从未认定，贸易战势必导致中美之间“你死我活”的较量，相反始终为中美贸易正常化留有余地。正如商务部声明所说，“中方坚持不打第一枪”，中方坚持“不愿打、不怕打、必要时不得不打”的原则立场。[②] 可以认为，中国的“软”并非对美示弱，而是对美外交的战略韧性明显提升的体现。

就硬的一面而言，尽管中美在台湾问题、南海问题、朝鲜核问题、伊朗核问题等大量问题上针锋相对，但2018年中美关系的核心议题明显是中美贸易战。如表1所示，中美贸易战纯粹是特朗普政府单边发动的。到美国于2018年3月底启动对自中国进口商品的第三轮加征关税前，中国始终保持着战略克制。此后，中国给予了相对强硬的回击，被美国学者称作是“以牙还牙”（tit-for-tat）的“关税报复”。[③] 但中国并非简单地对美国实施

---

① 《2018年10月25日外交部发言人华春莹主持例行记者会》，中国外交部网站，2018年10月25日，https://www.fmprc.gov.cn/web/fyrbt_673021/jzhsl_673025/t1607084.shtml。

② 《商务部发表声明》，中国商务部网站，2018年7月12日，http://www.mofcom.gov.cn/article/ae/ai/201807/20180702765543.shtml。

③ David Dollar and Peter A. Petri, “Why It’s Time to End the Tit-for-Tat Tariffs in the U.S.-China Trade War,” Brookings Institute, October 5, 2018, https://www.brookings.edu/blog/order-from-chaos/2018/10/05/why-its-time-to-end-the-tit-for-tat-tariffs-in-the-u-s-china-trade-war/.

“对称性报复”。事实上，中国早就认识到特朗普政府的策略。如同中国商务部新闻发言人2018年5月29日针对美国政府推翻此前中美共识的声明所做的评论：“我们对白宫发布的策略性声明既感到出乎意料，但也在意料之中……无论美方出台什么举措，中方都有信心、有能力、有经验捍卫中国人民利益和国家核心利益。”① 又如，《人民日报》2018年10月19日发表文章指出：“中方面对美国的恣意妄为，已不屑于实施‘以牙还牙’的直接报复，而是着力通过释放自身潜力渡过难关。”②

表1　中美贸易战，2017—2018年

回合	提出	实施	针对产品	价值（美元）
美国第1轮	2017年10月31日、11月21日	2018年1月22日	太阳能板、洗衣机	103亿
中国第1轮	2018年2月5日（调查）	2018年4月17日（5月18日撤销）	高粱	
美国第2轮	2018年2月16日	2018年3月1日	对钢材征收25%关税；铝10%关税	28亿
美国第3轮	2018年3月22日，美国贸易代表报告	2018年7月6日（340亿美元）；2018年8月23日（160亿美元）	对1102种产品征收25%关税	500亿
中国第2轮	2018年4月2日		7类128项商品中止关税减让义务	24亿
中国第3轮	2018年4月4日	2018年7月6日（340亿美元）；2018年8月23日（160亿美元）	对大豆等农产品、汽车、化工品、飞机等进口商品加征25%关税	500亿
美国第4轮	2018年4月5日	2018年9月24日	对消费品、中间品加征10%关税	2000亿

① 《商务部新闻发言人就美白宫声明发表谈话》，中国商务部网站，2018年5月29日，http://www.mofcom.gov.cn/article/ae/ag/201805/20180502749654.shtml。

② 秦朔：《风雨过后是彩虹》，《人民日报》2018年10月19日，第4版。

续表

回合	提出	实施	针对产品	价值（美元）
美国第5轮	2018年7月20日		所有自中国进口商品	5040亿
中国第4轮	2018年8月3日	2018年9月24日	对原产于美国的5207个税目进口商品加征5%—10%的关税	600亿

资料来源：U.S. Trade Representative and Chad Bown and Melinda Korp, "Trump's Trade War Timeline," Peterson Institute for International Economics, updated September 24, 2018, https://piie.com/blogs/trade-investment-policy-watch/trump-trade-war-china-date-guide。

三、拓展战略纵深与中美关系的战略转型

很大程度上被人忽视的一个事实是，中美关系2018年所面临的严峻挑战，正被中国逐步地“化危为机”。这并不是说，中国已成功地化解了由特朗普政府所带来的各种风险，尤其是特朗普政府所成功挑动的美国人面对中国崛起时的那种“时不我待”的战略焦虑感；而是意味着，中国正通过重新定位中美关系在中国对外关系中的位置，从而拓展了对美外交甚至中国外交的战略纵深，并启动了可能是长期的中美关系战略转型。

一方面，从国际体系转型关键期的视角，中国正重新审视中美关系的体系重要性。

长期以来，中美关系都是中国外交的“重中之重”。作为世界上最大的发展中国家和最大的发达国家，中美关系的重要性显而易见。由于美国自二战结束以来便拥有体系霸主地位，因此各国在处理几乎所有对外关系时似乎都难以回避美国因素。但2018年的中国对美外交显示，中国正在重新定位中美关系的战略重要性。中美关系不确定性的上升特别是中美贸易战，很大程度上是美国在面对中国崛起时的战略反思的结果。长期以来，美国战略界、思想界的一个基本假设是，中国的经济市场化发展必然推动

政治自由化发展；但随着中国快速崛起，美国逐渐否定了这一假设，贝拉克·奥巴马（Barack Obama）总统的"亚太再平衡"战略和特朗普的贸易战均是这一战略假设改变的结果。美国对华战略假设的变化，推动了中国对中美关系战略定位的反思，重新将中美关系纳入中国对外关系和国际体系转型的全局视角加以思考。以应对贸易战为例，中国反复强调两个方面：一是美国发动贸易战，"不仅针对中国，还以全世界为敌，将把世界经济拖入危险境地"；二是"中方将继续按照既定部署和节奏，坚定不移地推动改革开放，并与世界各国一道，坚定不移地维护自由贸易原则和多边贸易体制"。[①] 这一发展，将有助于中国外交战略布局朝向更加合理的方向发展。

另一方面，从中国实现"两个一百年"奋斗目标的历史交汇期的角度，中国正致力于体系内创造性崛起，从而"倒逼"美国"再社会化"，从"例外国家"转变为"正常国家"。

特朗普就任美国总统以来，率性而为、任性而为，最为明显的体现便是其"退出外交"。特朗普总统追求"美国优先"战略，[②] 以狭隘的美国利益得失为根本出发点，选择性地退出全球治理，尽可能实现美国权势的最大化。从就任美国总统第一天到2018年10月，特朗普总统先后退出了《跨太平洋伙伴关系协定》（TPP）、气候变化《巴黎协定》、《伊朗核协议》、联合国教科文组织、《中导条约》等，还重新谈判了《北美自由贸易协定》。所有这些，被美国对外关系委员会总裁理查德·哈斯（Richard Haas）形象地称作"退出主义"（Withdraw Doctrine）。[③] 特朗普总统及其领导下的美国的反常表现，充分体现了美国"例外主义"的危害性，凸显了美国应当被"再社会化"的必要性。

正是由于特朗普政府高举"美国例外"和"美国优先"的大旗，中美

---

① 《商务部发表声明》，中国商务部网站，2018年7月12日，http://www.mofcom.gov.cn/article/ae/ai/201807/20180702765543.shtml。

② The White House, *National Security Strategy of the United States of America*, December 2017, "Introduction", p.1.

③ Adam Taylor, "Ditching Deals has Become Trump's Main Foreign Policy," *The Washington Post*, October 13, 2017, https://www.washingtonpost.com/news/worldviews/wp/2017/10/13/ditching-deals-has-become-trumps-main-foreign-policy/?noredirect=on&utm_term=.b5324093923b.

在国际体系中的角色正发生历史性的互换。自二战结束以来，美国不仅是战后国际体系的重要创建者，更是其首要维护者；但现在，美国成了最大的破坏者和革命者。而中国则成为当今国际体系最重要的维护者和建设者。这一身份转变推动中国思考自身崛起的可持续性和历史性创新。传统上，大国崛起往往具有两个基本特征：一是大体遵循经济崛起—军事崛起—制度崛起—道德崛起的次序；二是由此而来，大国崛起的外溢往往是消极的，其他国家往往是大国崛起的受害者。[①] 随着国际道德水平的提高、国际权利意识的觉醒，传统的大国崛起方式难以继续适用——这某种程度上说明，美国政策界和战略界对中美“修昔底德陷阱”的担忧很大程度上是杞人忧天。因此，中国必须追求崛起的世界历史性创新，实现崛起的可持续性：一是改变崛起路径，放弃通过军事扩张实现崛起的可能，走和平发展道路；二是实现崛起的利他性和共享性，使其他国家从历史上的“受害者”转变为中国崛起的“受益者”，典型举措就是中国提出“一带一路”倡议，举办中国国际进口博览会，等等；三是推动国际公共产品供应体系的改革，通过发展国际公共产品供应的比较优势体系，实现国际公共产品供应从竞争性的地理性垄断向合作性的领域性垄断转变，最为明显地体现在中国重点供应发展类公共产品的具体实践中。需要指出的是，中国的所有战略举措都致力于实现体系内创造性崛起，其中为美国预留了重要的战略地位，因此很大程度上，选择权在于美国一方，即美国是否有战略决心重新社会化，实现从“例外国家”向“正常国家”的历史性转变。无论其最终结果是什么，中美关系的基本战略方向都正在得以重塑。

结束语

对中国的对美外交而言，2018年的考验是严峻的。从2018年中国对美外交的实践看，中国完全具备应对这一挑战的能力和意愿。因此可以认为，中国对美外交的具体实践很大程度上仍是积极且具有中长期战略贡献的。2018年的中国对美外交已经出现了一些重要且深远的变化，但由

① 张春：《中国实现体系内全面崛起的四步走战略》，《世界经济与政治》2014年第6期。

于更多人关注以贸易战为代表的热点问题，对这些可能更为长期的、更为深远的变化关注不太够，进而对中国对美外交乃至整个中国外交的积极变化缺乏较为系统的思考。因此，应当将二者相结合，从而真正实现学术研究与政策实践的更好对接，积极推动中国外交、对美外交的深度战略思考形成。

第二章
中国对俄外交：持续高水平发展

李勇慧

【内容提要】2018年中国和俄罗斯都进入一个新的政治周期和外交周期，一直持续高水平发展的中俄关系将迎来新的历史机遇期。2018年中俄战略协作伙伴关系保持了高水平运行。两国元首亲自引领双边关系，推动战略对接，不断提升政治互信，指明合作的方向。各领域务实合作全面推进，双边经贸关系加速提质升级，无论在规模上还是质量上，都实现了新的突破，取得丰硕成果。加大地方合作力度，参与远东开发建设，推动中俄地方人文交流机制化、常态化。军事合作得到提升。中俄战略协作保持战略定力，密切战略协作。中俄关系中消极因素主要是中俄战略互信问题，中国对中亚地区的影响以及美国因素。俄不会主动改变对华友好政策。中俄战略协作伙伴关系平稳发展的关键是要始终坚持平等相待，相互尊重的原则，国家发展战略密切对接，塑造互利共赢的新型国家关系。

【关键词】中俄关系　中俄经贸关系　中俄地方合作

【作者简介】李勇慧，中国社会科学院俄罗斯东欧中亚研究所研究员、俄罗斯外交室副主任。

2018年3月，中国领导人习近平连任国家主席，我国进入中国特色社会主义新时代。2018年3月普京在总统选举中再一次获胜，第四次担任俄罗斯总统，俄罗斯进入普京“4.0”时代。中国和俄罗斯都进入一个新的政治周期和外交周期，一直持续高水平发展的中俄关系将迎来新的历史机遇期。2018年中俄关系提质升级仍然处于历史最好水平，正如习近平主席所指出的，中俄关系发展顺应时代潮流和两国人民共同愿望，具有强大内生动力和广阔前景。

一、2018年中俄关系的主要特点

2018年从全球形势看，世界正处于大发展大变革大调整时期，世界经济复苏依然存在不确定性，贸易保护主义明显抬头，局部冲突和动荡频发，贫富分化、恐怖主义、地缘纷争、安全威胁等问题层出不穷，美国要退出《中导条约》，全球战略平衡和稳定受到威胁，“民主赤字”“治理赤字”“发展陷阱”日益凸显，世界面临新一轮调整。从地区层面看，中亚周边阿富汗局势严峻，中东除了因美国退出伊核协议以外，因美国准备撤军而留下的叙利亚乱局令局势雪上加霜，又引发新一轮的动荡和不安。在这样空前复杂的国际环境下，2018年中俄战略协作伙伴关系保持了高水平运行。

首先，中俄两国元首亲自引领双边关系，推动战略对接，不断提升政治互信，指明合作的方向。2018年习近平和普京一共进行了四次会面。6月，普京总统访华并出席上海合作组织青岛峰会。两国元首在高铁上畅谈务实合作，共同观看中俄青少年冰球比赛，习近平主席还授予普京总统首枚“友谊勋章”。9月，习近平主席赴俄出席第四届东方经济论坛，以实际行动支持俄远东开发建设。两国元首共同出席全俄“海洋”儿童中心接待中国汶川地震灾区儿童10周年纪念仪式，与两国青少年交流互动。最重要的是对中俄全面战略协作伙伴关系进一步发展做出部署，就重大国际和地区问题进行对表。除了这两次是正式互访外，第三次是在2018年7月26日南非金砖国家领导人峰会上会晤，第四次是在11月30日阿根廷举办的G20峰会上举行了会晤。中俄战略磋商的频繁性表明了双方的战略决断和长远选择的一致性，并且树立了大国、邻国关系典范。

其次，中俄各领域务实合作全面推进，双边经贸关系加速提质升级，无论在规模上还是质量上，都实现了新的突破，取得丰硕成果。

一是经贸合作实现历史性飞跃突破千亿美元大关，为未来的务实合作奠定坚实基础。中国已连续8年保持俄罗斯的第一大贸易伙伴国地位，

2018年前11个月，贸易额超过972亿美元，比上年同期增长28%，全年将突破1000亿美元。从结构上看，从俄罗斯进口的原油、煤炭等传统大宗商品量价齐升，是拉动贸易增长的主要因素。2018年1—9月中国自俄进口原油5056万吨，增长12.4%。对俄罗斯出口以机电和高新技术为主，前三季度增幅分别为17.8%和19.3%。两国农产品贸易增长比较快，前9个月农产品进出口额为37.5亿美元，同比增长29%。跨境电商等贸易新业态蓬勃发展。根据俄方的统计，中俄跨境电商占俄罗斯跨境电商交易总额的50%以上。两国服务贸易发展势头良好，上半年实现服务贸易73.4亿美元，同比增长97.6%。俄罗斯是中国第15大服务贸易伙伴。民营企业成为中国对俄出口主力军，2018年前9个月，民营企业占双边贸易的64.4%，国营企业仅占11.8%。在进口方面是以国营企业为主，前9个月占比60.7%，民营企业占比32%。

二是对俄"走出去"稳步推进。根据商务部统计，2018年1—10月，我国对俄罗斯直接投资2.8亿美元。9月，总规模1000亿人民币的中俄地区合作发展基金组建成立。莫斯科中国贸易中心格林伍德二期项目、中铁建莫斯科地铁项目、阿穆尔天然气处理厂项目也在有序实施。海尔冰箱厂项目、长城汽车厂项目在顺利推进。

三是战略大项目合作成效显著。在能源领域，中国原油管道复线于2018年1月投产，稳定供油。东线天然气管道进展顺利，预计2019年冬季就可以启动供气。中国企业参与的亚马尔液化天然气（LNG）项目一至三期运营投产。首船LNG已经于2018年运抵中国，双方还在商谈北极LNG2项目、远东供气和中俄西线天然气管道。双方同时开启核领域合作的新局面。在民用航空领域、航天领域都取得了重要的合作成果。在跨境基础设施建设方面，同江铁路桥、黑河公路桥稳步推进，计划2019年竣工通车。双方还在积极探讨滨海1号、2号国际交通走廊。

四是"一带一路"建设与"欧亚经济联盟"对接稳步推进。2018年5月，中国与欧亚经济联盟经贸合作协定在阿斯塔纳正式签署，意味着中国与欧亚经济联盟及其成员国的合作进入了制度引领的新阶段，对推动"一带一路"建设与联盟对接具有里程碑意义。

再次，加大地方合作力度，参与远东开发建设，夯实中俄双边关系的社会基础和增添地方合作新动力。中国也是俄远东地区的第一大贸易伙伴。当前，中国正积极参与俄远东开发，并在贸易、投资、基础设施建设等领域取得了诸多成果。2018年中国与俄罗斯远东贸易额继续保持增长态势，1—8月，增长了23%，达到58.6亿美元，这个贸易额占远东全部对外贸易总额的1/3多，而且出口超过了进口。在“一区一港”建设中中资企业超过40家。双方在2018年9月东方经济论坛上签署了《中俄在俄罗斯远东地区合作发展规划（2018—2024年）》，并于2018年11月在中俄总理第23次定期会晤期间正式批准。总体来看，《规划》基础扎实、内容翔实，充分体现了双方产业优势、市场情况、政策环境等，是指导双方合作的纲领性文件，也是中国企业投资远东地区的行动指南。《规划》明确指出中俄远东合作的七个优先领域，包括天然气与石油化工业、固体矿产、运输与物流、农业、林业、水产养殖和旅游，并且列出了中俄在“一区一港”合作项目清单。可以认为，中国与俄远东地区的合作充满机遇。

2018—2019年是中俄地方合作交流年，在这个框架下，双方地方来往更加密切，特别是中俄“长江—伏尔加河”地区、中国东北与俄远东地区，以及边境口岸地区的合作不断加强。中俄有140多对城市结为友好城市，相互往来合作不断扩大。2018年组建成立了中国东北和俄罗斯远东及贝加尔地区实业理事会，推动两国企业进一步了解政策和加强合作。

第四，军事合作得到提升。军事合作是两国战略互信水平的重要体现，也是两国关系高水平和特殊性的重要标志，是双方战略合作的亮点和重要支撑。两军在联合演习、实战化训练、军事竞赛等各领域合作成果丰硕、亮点纷呈。2018年4月初，中国国防部长魏凤和访俄，这是其担任国防部长后的首次国际出访，向世界展示了两军加强战略合作的坚定决心。10月中下旬，俄罗斯国防部长绍伊古访问北京，表示愿与中方共同努力，继续加强战略协作，进一步提升双方军事合作水平。

2018年两军举行了“海上联合–2018”军事演习，共同参加了上合组织框架下的“和平使命–2018”联合反恐演习、“国际军事比赛–2018”。除了上述例行的活动外，最引人注目的当属中国军队首次参加了俄罗斯举行的“东方–2018”战略演习。这是俄军自1981年以来举行的兵力规模最大、指挥层级最高的一次战略军演。它标志着两国政治互信的新高度。

2018年9月21日，美国国务院以中国军方违反《通过制裁打击美国对手法》，向俄罗斯购买了苏–35战机和S–400防空导弹为由，宣布制裁中国中央军委装备发展部及相关负责人。中国国防部随即回应称，中俄军事技术合作还将进一步推进，以实际行动诠释着“肩并肩，背靠背”的战略伙伴关系。

最后，中俄战略协作保持战略定力，密切战略协作，捍卫中俄两国自身和国际社会共同利益，是世界稳定之锚。中俄在解决叙利亚、朝鲜半岛局势、阿富汗、伊朗核等国际热点问题上均保持着紧密、高效的协作，共同反对单边主义和贸易保护主义，秉持人类命运共同体理念，推进构建新型国际关系。中俄在当前几乎所有重大国际和地区问题上都有相同或相近的立场，彼此成为在国际事务中相互支持的主要伙伴和重要的战略依托。中俄作为联合国安理会常任理事国，2018年关于朝鲜问题，在联合国安理会共同推动重新审视对朝制裁措施，反对美国对朝鲜的单边制裁。

二、中俄关系中存在的现实问题

尽管新时代迎来新机遇和新任务，中俄关系中也不完全是认识相同与利益重合，也有一些现实问题影响两国关系平稳发展，这也是需要逐渐解决的任务，也是中俄两国需要面对的新旧挑战。相较过去，目前中俄关系中存在的消极因素时隐时现，主要是中国和平崛起后中俄战略互信问题、中国对中亚地区的影响以及美国因素。

一是中俄间的互信问题。互信问题在2018年末集中爆发出来。2018年12月25日传来了中俄推迟签署本币互换协议的消息。这个消息在俄罗斯引发了关于中俄友谊和互信的激烈辩论。俄国内消极的言论包括，在官方高调宣扬俄中友好的背景下，北京一直能够冷静地将宣传口号和实际利益区分开来，异常“冷血”地盘算着自己的利益。传出这样的消息是在回击普京的“向东看”政策。有观点称，北京不仅没有积极同莫斯科一起实施去美元化，对抗华盛顿，相反，它正在配合美国对俄罗斯进行经济制裁。甚至有的俄罗斯专家危言耸听，不顾事实，污蔑中国对俄罗斯的投资情况。有言论称，实际上北京已经全面停止了对俄罗斯的投资，并在同时，正大幅度地从俄罗斯经济中撤走本来就不多的资金。而且，中国的商业银行也拒绝为俄罗斯公司提供转款业务。北京毫不含糊地否决了俄罗斯的去美元化的战略。它们拒绝与俄罗斯银行进行外汇业务，并大大减少了对外贸易，约有30%的俄公司的美元转款被推迟或“冻结”。[①]

也有俄专家较为冷静、客观地分析，俄罗斯科学院世界经济与国际关系学院中国问题专家瓦西里·米赫耶夫对此问题表示：“目前在俄中贸易中，大约70%的外贸业务以美元计算，以人民币结算的大约为2%，以卢布结算的为零。与莫斯科相比，北京能够异常冷静地将政治‘愿望’与国际商业现实分开。既然俄罗斯卢布的未来既不乐观又不可预测，那为什么要对卢布感兴趣呢?”俄罗斯《生意人报》对中国表示理解，刊文称中国拒绝签署两国之间的本币结算协议有其背后的政治考量，因为当下北京正面临同美国的贸易谈判，此外，协议的签署遇阻也有市场因素，因为该文件能够有利于中国资本外逃，这是一直困扰北京的问题之一。[②]

此次本币互换协议问题就暴露出了中俄互信的复杂性。事实是中俄间大型项目可采取本币互换的制度，但中俄贸易中中小企业宁愿选择美元结算，这一部分份额大致占到中俄贸易量的60%以上，他们的选择是依据市场做出的，而非能用行政手段而强制的。国家间建立互信本来就不是一件易事，中俄之间的互信问题更为复杂。除了有复杂的历史，还有中国经济实力壮大后的力量格局被打破的现实。原来的“老大哥”落后于“小老弟”，这种心理上的落差一定存在，由此产生的失落和偏激就会成为中俄关系中的不和谐因素。互信是必须经过长期的相互合作和共处磨砺出来的，要达成互信的境界要克服许多认识上的差异，中俄政治互信还需要经历风雨才能够见彩虹，最重要的是双方间的不断接近和务实合作。

近些年在俄罗斯，虽然对中国有好感的民众数量有上升，但是由中俄经济发展差距越来越大而带来的中国威胁论也悄然上升。2018年9月今日俄罗斯通讯社公布一组社会调查数据，对比对美法德的看法，大多数俄罗

① 《拒签重要协议俄媒：北京迎合美国抛弃俄罗斯?》，澳纽网，http://www.ausnznet.com/m/editor_pick_detail.asp?articleID=48250。

② 《为何推迟签署中俄本币结算协议，俄媒：北京有不得已的苦衷》，百家号，https://baijiahao.baidu.com/s?id=1620972236545507497&wfr=spider&for=pc。

斯人对中国外交政策评价正面，一半俄罗斯人把中国看成是伙伴（仅有约34%的人认为中国是竞争对手），59%的俄罗斯人正面评价中国在国际舞台上的行动。[①] 但就俄国内数据的纵向比较来看，把中国视为友好国家的比例从2015年的77%下降到2017年的62%，这就意味着三年来将中国视为友好国家的俄罗斯人有所减少。主要原因是中俄综合国力对比发生变化时，俄罗斯人对中国的心态出现失衡。

与此同时，俄罗斯人的封闭和戒备心理也有所上升。近几年中国人赴远东西伯利亚的旅游和开发活动也处在俄媒的风口浪尖。以破坏生态环境为由，远东地区不仅叫停了几个准备上马的合作项目，俄罗斯远东和西伯利亚地区民众还发起要求制止中国“入侵”贝加尔湖，停止破坏当地生态，禁止中国人购买贝加尔湖畔土地的签名请愿活动，该活动正掀起越来越高的浪潮。2018年12月25日俄国防部长绍伊古在接受《未知的西伯利亚》杂志时表示自己喜欢远离文明，在西伯利亚的原始森林里度假。同时他也强调，不希望西伯利亚成为新的旅游胜地，因为到时这个地区就会失去自己的独特性。[②] 某种程度上来说，绍伊古的表态也反映了要保护西伯利亚的生态环境免受旅客侵扰的封闭含义。

二是在中亚问题上，随着“一带一路”倡议的推广和发展，中亚地区成为中国丝绸之路经济带的重点区域，除了能源领域之外，“五通”的连接进一步扩大和加深了中国在中亚的经济影响力。而俄罗斯一直视中亚为自己势力范围，过去因为中亚在中国对外战略中是优先级别靠后的区域，中俄在中亚的共处问题不突出，而如今情况发生了很大变化。中国的“丝绸之路经济带”项目与中亚国家的合作进一步深化，如何避免中国与俄罗斯在当地的利益分歧，在妥协中求得合作，获得双赢，这就需要双方在战略协作的高度上，妥善处理好经济利益和战略利益的关系。

三是中俄战略协作伙伴关系中的美国因素。毋庸讳言，中俄战略协作关系走到今天的这个高度，原因之一是外部有共同应对美国霸权的需要。

---

① 《民调：大多数俄罗斯人对中国外交政策评价正面》，俄罗斯卫星通讯社，2018年9月10日，http://sputniknews.cn/opinion/201809101026316168/。

② 《俄防长谈西伯利亚度假：可以包饺子钓鱼睡在树下》，俄罗斯卫星通讯社，2018年12月25日，http://sputniknews.cn/society/201812251027200954/。

但是在中俄美三角结构中，由于地缘政治目标、实力、安全、经贸规模等主要因素不同，中俄、中美关系发展态势呈现出不对称的特点。在政治和安全方面，中俄关系的水平超过中美关系；在经济和社会方面，中美关系超过中俄关系。中俄关系发展的主要动力是政府；中美关系的主要动力是市场和社会。在未来相当长的时间，美国的霸权政策不会改变，这决定了中俄美三角关系的格局将是长期性的，力量中心的成长变化、相互制衡和牵制是基本特点。中俄美三角关系所影响的地理范围主要作用于亚太地区，尤其是中国和俄罗斯周边地区。当前美国将中俄列为竞争对手，也是预防中俄联合打破亚太地区的力量平衡。

三、中俄关系前景与建议

尽管存在上述挑战，中俄关系还将长期处于当前这种高水平。这个判断来源于俄罗斯的地缘战略选择。从2010年普京提出建立“欧亚联盟”后，西方就认为普京要恢复苏联帝国的版图，以前为了把俄罗斯拉入西方阵营的努力宣告失败。随后欧亚经济联盟的成立、乌克兰危机的爆发、克里米亚并入俄罗斯等事件，进一步固化了西方对于俄罗斯想恢复帝国版图的认识。基于此考虑，2018年至今，由于英国“俄间谍中毒案”的发酵，西方阵营掀起反俄浪潮，大规模驱除俄罗斯外交官，俄罗斯也以牙还牙；俄乌刻赤海峡冲突事件后西方对俄罗斯制裁继续延长；美国放言退出《中导条约》等一系列事件不断爆发。这些事件都折射出俄罗斯与西方深层次的、难以调和的结构性矛盾，双方交恶的关系应该在较长时间不会得到缓和，俄罗斯西部边界的军事紧张状态也很难消除。在这样的背景下，俄罗斯远东地区的安全稳定尤为重要。与中国的友好关系将使俄罗斯缓解来自西部的战略压力，这是东北亚任何国家都无法取代而中国能做到的。俄罗斯对此有清醒认识，因此其不会主动改变对华友好政策，相反会更好地维护中俄关系行稳致远。

“普京4.0”时代更需要将俄罗斯的经济做强、做实。普京在2018年5月颁发的总统令中规划了2024年前俄罗斯联邦的战略发展任务和目标，拟在2024年以前将俄罗斯贫困人口减少1/2，保证居民收入稳定增长、退休金的增长幅度要高于通货膨胀率。到2024年俄罗斯要进入全球五大经济体，未来六年，每年都要保证俄罗斯GDP增长高于全球平均值，通货膨胀率不超过4%。这是一项极有难度的任务。俄罗斯不得不依赖中国对其经济的提振，中俄关系将在自动和手动挡换挡间长期保持友好稳定发展。

第一，利用好最高领导人会晤引领机制，继续加强政治互信，稳定中俄关系不断提升的总态势。未来几年，乌克兰危机不会得到解决，美西方对俄罗斯的打压还会继续；普京第四任期后的俄罗斯政治生态并不明朗，经济发展困难重重。中俄两国高层仍以维护国家政治稳定，支持和尊重国家发展道路为对话核心，审时度势采取支持普京及其利益集团的立场。同时进一步加强中共中央办公厅和俄总统办公厅的直接联系和向最高领导人传递信息的作用。

第二，中俄战略协作伙伴关系平稳发展的关键是要始终坚持平等相待，相互尊重的原则。中俄战略协作伙伴关系发展到今天，很大程度是取决于外部环境的变化，即美国的战略挤压。当前，俄美关系将会持续对抗竞争，西方将对俄罗斯进一步制裁和外交孤立，这样将促使俄罗斯还会加强对中国的倚重。而中国快速崛起，俄优越感下降，导致其敏感性、戒备心上升，不能正视中国崛起的事实。在外交场合和利益谈判中我方坚持捍卫中国利益易被俄看作是盛气凌人、不能平等相待和尊重俄罗斯。因此，要注意坚守平等和相互尊重的交往原则。

第三，明确两国在维护各自国家核心利益方面的作用，塑造互利共赢的国家关系。

安全方面，就目前的形势看，美国退出《中导条约》这一问题对中国外交来说已难以回避。针对美国多次提到中国也应该参加中导裁减的言论，俄罗斯议会上院外交事务委员会主席科萨切夫2018年10月23日对特朗普言论的反应是，该条约不仅应该包括中国，而且还应包括英法，也就是说，俄罗斯方面其实也不反对将中国纳入到《中导条约》限制之内。对此，我方应该强调，当年美苏中导问题谈判时确立的“不涉及第三国的原则”应继续发挥作用。强调这一原则在今天对保证该条约执行的可持续性，该条约对阻止目前东欧地区的军事对抗水平升级发挥的实效性，避免被其他因素干扰的重要性。

经济发展方面，俄对中国资金和市场需求更大，当前中美贸易战期间，俄罗斯能往中国出口的商品仍然是有限的，俄对中国的发展起到的推动作用较小，而中国发展更加依赖外部世界，与美国的经贸合作是中国经济发展的要义。西方对俄经济制裁，由于中国购买俄罗斯武器，美国已经对中国的相关人士做出了制裁，因此中俄两国在经济上尤其是金融上的合作明显存在限制，经济合作不得不考虑美国对俄制裁的问题，这种考量对于捍卫自己国家利益来说是再正常不过的。与中俄贸易实际交易情况看，今后如何构建经济关系，还要坚持以市场为导向，以维护国家利益为根本。

中俄经济领域的合作共赢更应该体现在资源优势互补上。俄罗斯并不愿意将自己变为资源附庸，但事实上俄经济增长依赖的主要源泉仍然是资源，与之适应的发展方式必定与资源有关，才可能是其增长的源泉。目前俄还未到发展方式必须转变的紧要关头。因此，在这种情况下，包括远东“一区一港”在内的所有制度工具都要服从于俄罗斯的竞争优势恰恰就在这些资源上的事实。而中国对俄罗斯的资源有很大需求，双方地缘经济优势互补就是要充分发掘俄资源优势，与中国的投资优势相结合。这种合作模式只要有丰富的资源，就会有其强大的生命力，不太可能会主动转向创新驱动，这也是资源禀赋太好了的宿命。鉴此，中国应在观念沟通上与俄罗斯找到共识，中俄经济合作仍将会出现较大的发展。

第三，加快与俄罗斯在军事领域的合作，在这个领域俄罗斯存在比较优势，俄应让手中的先进武器做到利益最大化。先进武器只有卖给中国才能既赚到资金又会产生联动效应，越南、印度等国家才会相继购买，俄罗斯从而能扩大市场份额。否则，中国军工事业发展快速，俄的武器日后很可能就不会占优势，中国可能进而寻求其他市场。

第四，共同落实“一带一路”和“欧亚经济联盟”对接合作，考虑地区合作中俄方对中亚的关切。首先，中国应通过上合组织平台推动经济安全双轮驱动，增加在与中亚国家合作中的透明度，减弱俄对中国在中亚影响力增大的疑虑。其次，关联东南亚地区，可形成上合组织、东盟、中亚等国家多边合作，推动欧亚地区经济一体化进程。

最后，要考虑如果中美贸易战变成持久战，中俄关系是否会发生变化。俄罗斯一些学者已经断定，中美关系的性质发生了实质性的改变，伴随贸易战还将会有全面的中美综合性对抗。如果美国一旦建立起反中国联盟，俄罗斯怎么办？对此，笔者认为宜将中俄两国国家发展战略密切对接，特别在制造业、北极与远东地区的交通、能源联通、远东与中国东北经济合作方面实现对接，共同发展。

第三章
中印关系：高开高走中的隐忧

孙西辉

【内容提要】2018年的中印关系实现总体稳定并呈现高开高走的趋势，中印关系在中国外交中的地位有所上升。尽管如此，中印关系发展也存在一定的限度和挑战，既包括两国之间的“结构性矛盾”与现实问题，也包括第三方因素带来的负面影响。因此，我们需要对中印关系的发展有合理的预期，如可以预期中印保持相对友好，但不要期待两国关系非常密切；可以预期中印关系实现总体稳定，但不要期待两国关系一帆风顺；可以吸引印度在“一带一路”倡议的部分具体项目的合作，但不要期待印度全面参与“一带一路”倡议。

【关键词】中印关系　主要特点　限度与挑战

【作者简介】孙西辉，中国社会科学院亚太与全球战略研究院助理研究员。

结束“洞朗对峙”后的中印两国通过2017年9月金砖国家领导人厦门峰会开始缓和双边关系，并经过12月的中俄印三国外长第十五次会晤和中印边境问题特别代表第二十次会晤实现了双边关系的全面复苏。进入2018年，中印关系快速改善，并呈现出高开高走与地位提升的主要特点。同时，中印之间的“结构性矛盾”与现实问题依然存在，这成为制约中印关系发展的“天花板”。此外，第三方因素也为中印关系的发展平添了一些困难与挑战。在这种情况下，我们需要对中印关系具有清晰的认识与合理的预期，并采取适当的措施加以应对。

一、2018年中印关系的主要特点

（一）双边关系高开高走

经过一系列首脑外交、传统外交、经济外交和军事外交的推动，2018年的中印关系迅速得到恢复和发展，呈现出总体稳定、高开高走、一路上扬的基本特点。

第一，年初开局良好。2018年初，中印两国都表现出继续改善关系的积极信号，中印关系开始重新步入正轨。2018年2月23日，新任印度外交秘书顾凯杰（Vijay Gokhale）向内阁秘书辛哈（P. K. Sinha）发送了一份通知，后者在四天后转发通知，要求印度中央政府和各邦的高级官员与政府工作人员远离达赖喇嘛流亡印度60周年纪念活动，显示出印度希望改善与中国关系的意向。[①]2月23日，中国外交部长王毅在会见来访的顾凯杰时表示，中印同为新兴市场国家代表和发展中大国，共同性无可替代。双方应按照两国领导人政治共识，增进战略互信，加快共同发展。希望印方谨慎处理敏感问题，与中方相向而行，推动中印关系健康发展。顾凯杰表示，很高兴上任伊始即来华访问，印方高度重视对华关系，愿同中方一道努力，落实好领导人共识，加强战略沟通，照顾彼此核心关切，为双边关系持续稳定发展创造良好气氛和条件。[②]2月24日，中共中央政治局委员、国务委员杨洁篪在会见顾凯杰时表示，中印互为重要邻国，同为快速发展的新兴市场国家，有许多共同利益。双方应按照两国领导人重要共识指引，深化战略沟通，加强互利合作，妥处敏感问题，推动双边关系健康稳定发展，共同为本地区乃至世界的发展繁荣做出贡献。顾凯杰表示，印方高度重视对华关系，愿同中方加强高层交往，增进战略互信，拓展各领域

---

① Abantika Ghosh, "Govt Sends Out Note: Very Sensitive Time for Ties with China, so Skip Dalai Lama Events," *The Indian Express*, March 2, 2018, https://indianexpress.com/article/india/govt-sends-out-note-very-sensitive-time-for-ties-with-china-so-skip-dalai-lama-events-5083430/，访问时间：2018年12月18日。

② 《王毅会见印度外秘顾凯杰》，中国外交部网站，2018年2月23日，https://www.fmprc.gov.cn/web/wjbzhd/t1537087.shtml，访问时间：2018年12月18日。

合作，妥善处理敏感问题，推动两国关系不断取得新进展。[①]

第二，年中快速发展。2018年4月至7月，中印关系获得实质性改善和快速发展。2018年4月14日，第五次中印战略经济对话在中国北京举行，双方就两国宏观经济形势、双边关系及务实合作等议题充分交换了意见，回顾总结了第四次对话以来各工作组合作进展情况，达成了一系列共识。中印双方一致同意，在政策协调、基础设施、高技术、节能环保、能源等领域继续加强合作，并更多地向民生领域倾斜，以更好地促进两国经济可持续发展并造福两国人民。[②] 4月21日，印度外交部长斯瓦拉吉（Sushma Swaraj）出席上海合作组织成员国外长理事会会议并对中国进行工作访问，双方就中印关系及共同关心的地区和国际问题深入交换意见。王毅外长会见斯瓦拉吉时表示，中印要增进战略互信，深化务实合作，妥善处理分歧，实现共同发展，为促进地区和世界的和平发展做出贡献。斯瓦拉吉表示，印方愿与中方一道，将印中战略合作伙伴关系提升到新的高度。[③] 4月27日至28日，中国国家主席习近平与来访的印度总理莫迪在武汉举行非正式会晤，两国领导人在轻松友好的气氛中就中印关系及共同关心的重大国际问题全面深入交换意见。[④] 6月1日至3日，莫迪出席在新加坡举行的“亚洲安全论坛”，批评美国的贸易保护措施，对特朗普政府的“印太战略”采取消极谨慎的态度，并决定在会议期间不与美日澳举行“四方安全对话”。6月9日至10日，莫迪出席在中国青岛举行的上合组织峰会，中印签署了两项协议，中国将分享布拉马普特拉河的水文数据并修改印度向中国出口除香米之外的印度大米的特定要求。7月26日，习近平主席在金砖国家约翰内斯堡会峰会上会见莫迪总理。习近平主席表示，中方愿同印方一道，把武汉会晤开启的中印关系新气象不断向前推进，巩固和发展中印更

---

① 《杨洁篪会见印度外秘顾凯杰》，新华网，2018年2月24日，http://www.xinhuanet.com/politics/2018-02/24/c_1122449017.htm，访问时间：2018年12月18日。

② 《中印战略经济对话助推两国务实合作互利共赢》，中国国家发改委网站，2018年4月14日，http://zys.ndrc.gov.cn/xwfb/201804/t20180414_882444.html，访问时间：2018年12月19日。

③ 《王毅与印度外长斯瓦拉吉举行会谈》，央广网，2018年4月22日，http://china.cnr.cn/gdgg/20180422/t20180422_524207851.shtml，访问时间：2018年12月19日。

④ 《习近平同印度总理莫迪在武汉举行非正式会晤》，新华网，2018年4月28日，http://www.xinhuanet.com/world/2018-04/28/c_1122759716.htm，访问时间：2018年12月19日。

加紧密的发展伙伴关系。莫迪表示，印方愿同中方保持密切对话沟通，深化各领域合作，妥善处理分歧，加强在多边框架内合作，共同应对保护主义、国际市场波动等给发展中国家和新兴市场国家带来的挑战，推进更加紧密的发展伙伴关系。[①]

第三，年末持续巩固。2018年下半年，中印关系沿着正确的轨道继续发展。2018年8月21日至24日，中国国务委员兼国防部长魏凤和上将对印度进行正式访问。魏凤和说，在习主席和莫迪总理的引领推动下，友好相处、合作共赢已成为两国两军关系的主流。此访将进一步落实两国领导人的重要共识，深化双方军事安全领域交流合作，加强互信机制建设，推动两军关系新发展，努力维护边境地区和平安宁，为建设更加紧密的发展伙伴关系做出积极贡献。莫迪表示，近年来，我与习主席多次会面，建立了良好关系。印中友谊有上千年的历史，有广泛的共同利益，应携手努力、相互支持、互利共赢、规划未来，进一步加强两军交流与合作，共同维护边境稳定。[②] 11月24日，中印边界问题特别代表第二十一次会晤在北京举行，中方特别代表、国务委员兼外交部长王毅同印方特别代表、国家安全顾问多瓦尔（Ajit Kumar Doval）就边界问题、双边关系和共同关心的国际地区问题深入交换了意见，取得重要共识。[③] 11月30日，习近平主席出席二十国集团布宜诺斯艾利斯峰会并会见了印度总理莫迪。莫迪总理再次谈到了难忘的武汉之行，习近平主席寄语中印两国探讨开展更广范围的“中印+”合作，“促进南南合作”，“共同建设开放型世界经济”。[④]

（二）中印关系地位上升

长期以来，西南方向一直是中国对外战略中的次重点，作为周边大国

① 《习近平会见印度总理莫迪》，新华网，2018年7月27日，http://www.xinhuanet.com/world/2018-07/27/c_1123182964.htm，访问时间：2018年12月19日。

② 《印度总理莫迪会见魏凤和》，新华网，2018年8月22日，http://www.xinhuanet.com/world/2018-08/22/c_1123305476.htm，访问时间：2018年12月20日。

③ 《中印边界问题特别代表第二十一次会晤取得重要共识》，新华网，2018年11月24日，http://www.xinhuanet.com//2018-11/24/c_1123762694.htm，访问时间：2018年12月20日。

④ 《当世界渴望倾听中国——习近平主席出席二十国集团领导人第十三次峰会纪实》，《人民日报海外版》2018年12月6日。

之一的印度未受到国内战略界的足够重视。然而，洞朗对峙事件引发的危机使中印两国更加重视彼此，中印关系在中国外交中的地位有所上升。

第一，领导人重视与推动。洞朗对峙之后，中印关系受到双方领导人的重视。无论是和平解决洞朗对峙事件还是推动中印关系缓和与改善，两国领导人都付出了巨大努力。2018年，中印领导人在各种双边和多边场合多次会晤，推动中印关系改善并加强两国在各领域的合作。如果说厦门峰会启动的“厦门进程”是中印关系缓和的开端，那么武汉会晤则是中印关系实质性改善的转折点。在武汉会晤中，习近平主席提出“一个基础”“三个关键点”和“五个要”，为中印关系定性，为中印关系的现状定调，为中印关系的发展定方向。其中，“一个基础”指中印互信。“三个关键点”包括：一是中印应该是好邻居、好朋友，这是对两国关系的基本定位；二是中印两国的发展壮大是大势所趋，对彼此是重要机遇，这是对两国关系发展趋势的一个判断；三是中印都奉行独立自主的外交政策，要本着积极、开放、包容的心态，正确分析和看待彼此意图，这是对两国现实问题的把握。“五个要”包括：一要进行更加密切的战略沟通，及时就双方关心的重大问题进行协商，牢牢把握两国关系发展大方向，确保对话机制有效运行；二要开展更加深入的务实合作；三要促进更加广泛的人文交流；四要以更加成熟方式处理好分歧问题；五要加强在国际和地区事务中的协调与合作，带动区域经济一体化和互联互通建设。① 此外，据印度媒体报道，在武汉会晤期间，习近平主席向莫迪总理询问，中印是否可能在阿富汗合作一个项目，莫迪表示同意。在几周后的上合组织青岛峰会上，印度外交秘书顾凯杰宣布，中印将共同在阿富汗开展一个能力建设项目，这是两国间第一个第三方合作项目。②

第二，经济合作重获关注。一方面，中国一向重视周边外交，奉行“亲、诚、惠、容”的周边外交理念，坚持“睦邻、安邻、富邻”的周边外交政策，积极与包括印度在内的周边国家加强合作。洞朗对峙和平解决

---

① 《习近平：中印关系基础是互信》，《人民日报海外版》2018年4月30日。

② Sutirtho Patranobis, “India-China Ties Improve, But Doubts Remain,” *Hindustan Times*, July 17, 2018, https://www.hindustantimes.com/india-news/india-china-ties-improve-but-doubts-remain/story-GbwJKIs2JplhktTQpLUcpM.html，访问时间：2018年12月20日。

之后，中国再次加强与印度的经济合作。2018年3月23日至27日，中国商务部组织中国贸易促进团赴印度开展经贸交流活动，以加强中印经贸往来，推动两国企业务实合作，促进双边贸易平衡发展。在此次活动中，双方企业共签署101项贸易协议，合同金额达23.68亿美元，涉及红茶、蓖麻油、薄荷油、椰壳纤维、咖啡生豆等众多印方优势产品。[①] 另一方面，印度表明了加强与中国合作的意愿和行动。在香格里拉对话会上，莫迪总理表示，“我们是世界上人口最多的两个国家，也是发展最快的主要经济体。我们的合作正在扩展，贸易正在增加。”“我坚信，中印在互信和自信的基础上加强合作，关照彼此的利益，亚洲和全世界都将拥有一个更加美好的未来。”[②] 据印度媒体报道，印度政府正在采取一系列措施，以增加赴印中国游客的数量。为此，印度旅游部计划举行路演（roadshows）、在华设立专门旅游办事处、培训普通话导游以及在印度接待中国媒体等。赴中国推介的印度旅游部长阿尔方斯（K. J. Alphons）表示，中国游客访问印度的情况将成为未来几个月的焦点。中国每年有1.44亿的游客出国旅游，而访问印度的游客只有25万人次。这种情况需要改变。他还表示，为了改变这些数字，印度旅游部已在北京设立了一个专门的旅游办事处，计划本月开始运作。此外，阿尔方斯表示，印度计划于8月28日至9月1日期间在北京、上海、武汉和广州等地举行路演，他将前往中国参加所有路演，并与相关人士举行会议。他表示，目标是在未来5年内，1.44亿出国旅游的中国游客中至少有10%的游客访问印度。[③]

第三，军事交流再上台阶。对于存在边境争端的中印两国而言，军事交流与合作通常显得较为敏感而困难，但2018年两军之间的交流与合作取得新进展。2018年4月24日，印度国防部长西塔拉曼（Nirmala Sitharaman）访华，出席在北京召开的上合组织成员国国防部长会议，并

① 《中国商务部组织贸易促进团赴印度开展经贸交流活动》，新华网，2018年3月24日，http://www.xinhuanet.com/2018-03/24/c_1122585988.htm，访问时间：2018年12月18日。

② “India-China Cooperation to Benefit Asia, World: Modi,” Xinhuanet, June 1, 2018, http://www.xinhuanet.com/english/2018-06/01/c_137223868.htm#，访问时间：2018年12月18日。

③ Divya A., “Government Plans Measures to Attract More Chinese Tourists,” *The Indian Express*, August 27, 2018, https://indianexpress.com/article/india/government-plans-measures-to-attract-more-chinese-tourists-5326001/，访问时间：2018年12月20日。

同中国国务委员兼国防部长魏凤和举行会晤。7月13日，中印第二轮海上合作对话在北京举行，双方同意以两国领导人重要共识为指引，加强政策沟通，拓展海军交流、海洋科技、海上搜救等领域的务实合作，保持在多边事务中的协调配合，促进地区安全和共同繁荣。[①] 8月，中国国防部长魏凤和访问印度，与印度总理莫迪会晤，并与印度防长西塔拉曼举行代表团级别的磋商。莫迪表示，中印关系中的分歧不应导致争端，维护边境地区的和平与安定表明印度和中国以敏感和成熟的方式处理了分歧。[②] 在访问期间，中印还商定在两国的国防部之间设立军事热线。11月13日，中印举行了第九次防务安全磋商，双方深入讨论了中印两国两军关系、边境管控与边防合作，以及共同关心的国际和地区安全形势等问题。双方一致同意，要坚持以两国领导人重要共识为指引，坚持“稳定边防、增进互信、发展友谊、深化合作”的原则，推动两军关系向前发展，确认把两国领导人在涉边问题上的有关共识传导落实到职能部门和一线部队，确保中印边境地区的和平与安宁。[③] 12月11日，中印在成都举行“手拉手”联合反恐演习。

二、中印关系发展的限度与挑战

（一）中印存在“结构性矛盾”

“结构性矛盾”是国际政治领域的一个术语，它源于美国著名国际关系理论家、新现实主义开创者肯尼思·华尔兹（Kenneth N. Waltz）的结构现实主义理论。在现实中，国家间尤其是大国间实力对比的变化，意味着它们在国际体系中的地位发生，这使国际体系结构随之变动，同时也可能导致相关国家的战略利益发生变化，进而造成大国间的“结构性矛盾”。

---

① 《中印举行第二轮海上合作对话》，中国外交部网站：2018年7月13日，https://www.fmprc.gov.cn/web/wjbxw_673019/t1577052.shtml，访问时间：2018年12月19日。

② “PM Modi Meets Chinese Defence Minister, Says Differences Should Not Become Disputes,” *The Indian Express*, August 21, 2018, https://indianexpress.com/article/india/narendra-modi-china-defence-minister-wei-fenghe-doklam-5318015/，访问时间：2018年12月20日。

③ 《中印举行第九次防务安全磋商》，中国国防部网站，2018年11月29日，http://www.mod.gov.cn/diplomacy/2018-11/29/content_4831132.htm，访问时间：2018年12月19日。

就中印而言，由于印度仍是一个地区大国，其活动和影响力主要限于南亚或印度洋地区，因此中印之间的“结构性矛盾”主要是区域性的。在全球层面，尽管印度目前的影响力仍较小，但印度一直具有成为世界大国的雄心和抱负，且当前的经济发展速度较快，也具有对其较为有利的大国关系，因此印度对中国有一种天然的“瑜亮情结”和竞争心态，两国间在全球层面存在虚幻的“结构性矛盾”。在具体分析时，可以将“结构性矛盾”区分为实力差距和战略意图两个维度。

在实力差距维度方面，中印的经济实力和军事实力差距明显。一方面，中国经济实力远高于印度。根据世界银行的数据，2017年中印国内生产总值（GDP）分别为12.238万亿美元和2.597万亿美元，中国约为印度的4.7倍。[①] 同时，2017年中印人均GDP分别为8826.994亿美元和1939.613亿美元，中国约为印度的4.6倍。[②] 另一方面，中国的军事实力也非印度所能及。根据全球火力网（Global Firepower）2018年的统计，中国的国防预算为1510亿美元；军事人员为269.3万人；空军拥有飞机3035架，直升机985架；陆军拥有主战坦克7716辆，装甲车9000辆，自行炮2000门，牵引炮6246门，火箭发射装置2050套；海军拥有舰船714艘，包括1艘航空母舰。[③] 印度的国防预算为470亿美元；军事人员为420.7万人；空军拥有飞机2185架，直升机720架；陆军拥有主战坦克4426辆，装甲车3147辆，自行炮190门，牵引炮4158门，火箭发射装置266套；海军拥有舰船295艘，包括1艘航空母舰。[④] 在军事方面，两国间除了国防开支与军事装备的数量差异，还存在自主生产和从国外购买的区别，这决定了各自军事独立

① The World Bank, GDP of China (1960-2017, current US $); The World Bank, GDP of India (1960-2017, current US $), https://data.worldbank.org/indicator/NY.GDP.MKTP.CD?locations=CN-IN&year_high_desc=true，访问时间：2018年12月20日。

② The World Bank, GDP Per Capita of China (1960-2017, current US $); The World Bank, GDP Per Capita of India (1960-2017, current US $), https://data.worldbank.org/indicator/NY.GDP.PCAP.CD?locations=CN-IN，访问时间：2018年12月20日。

③ Global Firepower, 2018 China Military Strength, https://www.globalfirepower.com/country-military-strength-detail.asp?country_id=china，访问时间：2018年12月20日。

④ Global Firepower, 2018 India Military Strength, https://www.globalfirepower.com/country-military-strength-detail.asp?country_id=india，访问时间：2018年12月20日。

程度的不同。

在实力战略意图方面，印度对中国存在明显的负面认知。对于中国为保障能源供给和出于商业用途在印度洋开展的港口基础设施建设项目，印度采纳了美国提出的“珍珠链战略”的说法，认为中国的意图是抑制印度的发展和限制其地区影响力，这一战略若成功将使中国可以切断印度的交通与运输线，使中国能够在解决中印边界争端等问题上对印度施压。① 对于中国海军赴索马里海域打击海盗，印度感到非常疑虑，认为反海盗给了中国穿越印度洋和在印度洋永久驻军的最好借口，中国表面是为了打击海盗，实则为了在印度洋扩张。② 对于中国提出的“一带一路”倡议，印度的认知非常复杂，但总体上比较消极和负面。在最初的一年多时间里，印度学界和媒体的反应较多，支持与反对者皆有，但官方没有明确表态。2014年下半年至2016年上半年，随着中印领导人互访和两国关系的深化，印度官方对“一带一路”倡议持积极态度，并加入中国发起的亚投行，成为第二大出资国。然而，2016年下半年之后，印度对“一带一路”倡议表现出明显的反对和抵制，拒绝参加“一带一路”峰会并批评中巴经济走廊，认为后者忽视了印度主权和领土完整。③

由于上述实力对比及对中国战略意图的认知，中印之间在南亚或印度洋地区存在“结构性矛盾”，印度明显对中国抱有警惕、抵制甚至是对抗的心态，这体现在其对华政策中的许多方面。一方面，印度通过购买和自制武器装备，加快建设印度海军和弹道导弹，发展印度“三位一体”的核威慑能力，以此抗衡中国和提升其大国地位。另一方面，印度凭借其在南亚和印度洋的地缘优势，对其周边国家提出印度版的各种基础设施项目，并适当借助其他域外大国，抗衡中国的“一带一路”倡议和中国在印度洋地区的影响力。当然，出于大国雄心和志向，印度追求其战略独立，不会完全倒向其他大国。同时，由于自身的大国脆弱性④ 和发展需要，印度的

---

① 刘庆：《“珍珠链战略”：印度的认知与应对》，《南亚研究季刊》2010年第2期。

② 时宏远：《印度对中国进入印度洋的认知与反应》，《南亚研究》2012年第4期。

③ 梅冠群：《印度对“一带一路”的态度变化及其战略应对》，《印度洋经济体研究》2018年第1期。

④ 孙西辉：《大国脆弱性与风险平衡：印度军事干涉的逻辑》，《当代亚太》2018年第5期。

对华政策并非都是竞争与对抗，也有接触与合作的方面。

（二）中印存在许多现实问题

与很多相邻国家一样，中印之间也存在许多矛盾和问题，有学者甚至专门研究了莫迪政府的“问题外交”。[①] 尽管目前中印关系转暖，但那些曾导致2016年下半年中印关系转冷和洞朗对峙的许多问题仍未解决。

第一，将马苏德列入制裁名单问题。巴基斯坦籍公民马苏德·阿兹哈尔（Maulana Masood Azhar）是“穆罕默德军”组织的领袖，该组织涉嫌在2016年1月策划了针对印度伯坦果德空军基地的枪击事件。印度要求巴基斯坦政府对马苏德采取措施，并且要求联合国安理会将马苏德列入联合国安理会1267委员会制裁名单。中国对印度的这一要求进行了多轮技术性搁置，导致印度的不满。洞朗对峙结束后，包括中印在内的金砖国家曾在2017年9月发表的《厦门宣言》中点名“穆罕默德军”和“虔诚军”等，表达对地区安全形势和一些组织引发暴力的关切，这使得印度媒体欢呼雀跃。然而，两个月之后，联合国安理会1267委员会仍未就将马苏德列为制裁名单达成共识，印度常驻联合国代表对此表达不满。[②]

第二，印度加入核供应国集团问题。核供应国集团（Nuclear Suppliers Group）是一个由拥有核供应能力的国家组成的组织，它在国际防核扩散及核出口控制领域发挥着重要作用。2017年在韩国召开的核供应国集团会议上，印度的加入申请遭到中国的反对。原因在于，加入核供应集团的申请国必须是《核不扩散条约》缔约国，而印度至今未签署该条约。对于印度而言，如果为了加入核供应国集团而签署《核不扩散条约》，则意味着要放弃核武器，因为该条约仅承认联合国安理会五个常任理事国为合法的有核国家，其他国家只能作为无核国家加入核供应国集团。

第三，克什米尔和中巴经济走廊问题。克什米尔是印巴争议地区，双方都宣称对方控制的区域是本国领土，并为此时常爆发冲突。同时，印度

---

① 叶海林:《莫迪政府对华“问题外交”策略研究》,《当代亚太》2017年第6期。

② “China Says no Political Considerations in Masood Azhar’s Listing Issue,” *The Indian Express*, December 21, 2018, https://indianexpress.com/article/india/china-says-no-political-considerations-in-masood-azhars-listing-issue-4992826/, 访问时间：2018年12月20日。

认为中国推进的中巴经济走廊建设途径克什米尔地区，指责中国侵犯了印度的主权。

第四，中印边界问题。边界问题是中印关系中的老问题，它实际上是一个问题集合。也就是说，边界问题不仅包括两国对边境划界和实际控制区的争端，而且包括边境地区其他活动引发的争端，如2017年的洞朗对峙事件。

第五，达赖与“藏独”问题。达赖喇嘛长期流亡印度，并在印度建立了所谓的“西藏流亡政府”。这些人在国外反华势力的支持和策划下，长期从事分裂祖国的活动。印度政府允许这些“藏独”分子开展各种活动，成为中印关系中的一个障碍。

（三）来自第三方的负面影响

除了印度国内的恐华和反华情绪以及中印之间的体系结构性矛盾与现实问题之外，第三方因素有时也会对中印关系产生负面影响。

第一，美国拉印遏华。美国是全球唯一的超级大国，也是在亚太地区具有重要影响力的国家。然而，新世纪以来尤其是全球金融危机之后，由于中国的持续快速发展，美国在中国的增速面前呈现出相对衰落的趋势。随着中国实力的快速增长，中美之间在全球层面出现预期的“结构性矛盾”，在亚太地区出现现实的“结构性矛盾”。在这种背景下，美国出于霸权护持的目的，希望通过拉拢包括印度在内的盟友与伙伴遏制中国快速崛起的趋势。除了邀请印度加入“四方安全对话”，美国还与印度加强双边合作，如举行首轮外交与防务“2+2”会谈、签署了《通讯兼容与安全协议》（COMCASA）等。这为中印关系的发展造成一定的负面影响。

第二，日本拉印抗华。日本在战后快速恢复并长期保持世界第二和亚洲第一的经济大国地位，但2010年之后被中国赶超，现在与中国的差距越来越大。目前，中日之间在全球层面和亚太地区都存在现实的“结构性矛盾”。为了抗衡中国，日本经济拉拢印度，主动参与印度发起的“亚非经济走廊”，在印太地区加强基础设施投资，与中国进行战略竞争，这也会对中印关系产生一定的负面影响。

第三，越南依印制华。越南是中国的一个邻国，也是与中国存在南海争端的国家之一。同时，越南位于连接太平洋与印度洋的中南半岛的东侧，成为印度“东向战略”的支柱。越南自知实力有限，无法单独承受挑衅中国带来的后果，因而希望通过加强与印度的关系制衡中国。2018年，印度不仅与越南等16个国家举行了为期8天的多国联合军事演习，还与越南单独举行海上联合演习。

三、中印关系的前景与对策建议

尽管2018年的中印关系发展势头很好，但由于中印之间存在种种问题与挑战，我们需要对两国关系的发展有合理的预期，不能盲目和过度乐观。

第一，中印可以保持相对友好，但不要期待两国关系非常密切。维护地区和平与实现共同崛起是中印保持友好的重要动力，但“结构性矛盾”意味着两国具有一定的竞争性和排斥性，两国不可能形成非常密切的双边关系。相反，如果印度不吸取教训，类似于洞朗对峙的事件可能会再次发生。因此，中国需要加强与印度在各层面的沟通和交流，使之真实地认识两国的实力差距和中国的战略意图。

第二，中印关系可以实现总体稳定，但不要期待两国关系一帆风顺。实力对比、核武器与地理相邻性意味着中印不能放任两国关系恶化，但由于中印之间的许多具体问题没有解决，两国关系很可能会时常波动或反复，这意味着中印关系不会一帆风顺。中国需要在国际事务方面加强与印度的合作，满足印度的合理诉求，但要坚持原则；在地区事务中坚持大小国家一律平等的原则，并积极推动“一带一路”倡议的国际合作；在双边关系上，在保持两国关系稳定的同时对其施加一定的压力，使其明了中国的“底线”和“红线”。

第三，可以吸引印度在“一带一路”倡议的部分具体项目的合作，但不要期待印度全面参与“一带一路”倡议。印度对“一带一路”倡议项目的态度不完全一样，基本上可分为明确反对、谋求替代、消极抵制、可以参与等，不能笼统地说印度支持或反对“一带一路”倡议，也不能期待印度与中国全面进行战略对接。中国需要与印度加强沟通，探讨可以合作的具体项目，加强在第三方市场的合作。

第四章
中日关系：重返正常轨道　转圜尚待努力

吴寄南

【内容提要】2018年，中日关系出现持续向好的势头。两国首脑时隔10年后再次实现年内互访，各个领域的交往和合作均取得明显的进展。特别是安倍晋三作为7年来首次访华的日本首相，与习近平主席、李克强总理就双边关系和国际形势广泛交换意见，取得一系列共识。两国举行首届第三方市场合作论坛，签署了52份协议和备忘录，不仅助推两国的合作共赢，也为相关国家经济社会发展注入了新的动力。

【关键词】中日关系　重启首脑互访　第三方市场合作　驱动因素

【作者简介】吴寄南，上海国际问题研究院咨询委员会副主任、上海市日本学会会长。

中日邦交正常化40多年来，逢“8”的年份往往会给人们带来惊喜：《中日和平友好条约》是1978年缔结的，2018年恰好是40周年；1998年，江泽民主席访日，这是历史上中国国家元首首次东瀛之行；2008年，中国国家主席再次访日，签下了第四个政治文件；2018年则以两国首脑时隔10年再次实现年内互访，两国关系告别持续多年的阴霾，重返正常轨道而载入史册。

中日关系在2018年内释放了哪些利好消息？究竟是哪些内外因素促使中日双方相向而行，握手言欢？未来又可能出现怎样的复杂局面？本文试图对近一年来中日关系改善的进程进行梳理、分析，提出一些粗浅的看法。

一、2018年中日关系出现持续向好的蓬勃发展势头

2018年，中日关系出现了逐渐回暖、企稳向好的蓬勃发展势头。这意味着两国间一度陷入低谷的双边关系，开始告别持续多年的阴霾，重回正常轨道。这是顺应时代潮流，符合人心所向的可喜变化。2018年的中日关系大体呈现如下三大特征：

（一）首脑频繁会晤，深入战略沟通

国与国之间，首脑的互动一向是引领双边关系的“风向标”。在2012年“购岛”风波后，中日首脑一度连国际会议期间相遇时的寒暄也有意回避，遑论相互访问。2014年底中日间达成四项原则共识后，两国领导人开始利用国际会议的契机进行极其有限的相互沟通。

2018年，先是习近平主席应约与日本首相安倍晋三进行两国首脑间的首次电话会谈。9月12日，习近平主席出席在俄罗斯符拉迪沃斯托克举行的“东方经济论坛”，同与会的日本首相安倍晋三进行了两人间的第七次会晤。而按下了两国首脑互访的“重启键”的是李克强总理。他在5月8日至11日出席中日韩领导人峰会之时对日本进行正式访问。这是中国领导人自2011年后再次踏上东瀛土地，而中国领导人对日本最后一次正式访问则是2008年5月时任主席胡锦涛的国事访问。

作为对李克强总理此行的回访，2018年10月25日至27日，安倍晋三踩着纪念《中日和平友好条约》缔结40周年的节点，对中国进行了正式访问。这是2011年12月野田佳彦访华以来时隔7年的第一次。而两国领导人在一年内实现互访，也是时隔10年来的第一次。

安倍首相在访华期间先后拜会了李克强总理、栗战书委员长和习近平主席，就双边关系和国际形势深入交换意见，进行战略沟通。

习近平主席在会见安倍首相时强调，当前中日关系重回正常轨道，重现积极势头，值得双方共同珍惜。在新形势下中日两国要开展更加深入的战略沟通，开展更高层次的务实合作，开展更加广泛的人文交流，开展更加积极的安全互动，更加紧密的国际合作，要重信守诺，按照中日四个政

治文件和双方已达成共识行事，建设性地处理矛盾分歧，维护好中日关系健康发展的政治基础。[①]

安倍首相做出了积极的回应，表示很高兴能在《日中和平友好条约》缔结40周年这一重要时间节点正式访华。希望通过此访，双方能够开启化竞争为协调的日中关系新时代。日中两国要按照四个政治文件确认的共识推进双边关系，为国际和地区和平和维护自由贸易做出贡献。他还表示，“一带一路”倡议是有潜力的构想，日方愿同中方共同开拓第三方市场。

两国领导人频繁会晤，就双边关系和国际形势达成一系列共识，为中日关系健康稳定发展注入了强劲的动力。

（二）解决敏感问题，构建合作框架

中日两国在2018年内顺利解决了多年来存在分歧、悬而不决的两大敏感问题，堪称中日关系回暖的标志性事件。

中日两国在钓鱼岛归属和东海专属经济区划界问题上一直存在着分歧。为管控可能发生的偶发事件，两国从2007年开始磋商建立海洋经济联络机制。后来又决定纳入空域管理，建立海空联络机制。但是，受“购岛”风波的影响，有关建立海空联络机制的磋商长期搁浅。

经过两国实务部门持续的磋商，终于在阻碍海空联络机制成立的问题上达成了共识。2018年5月李克强总理访日期间，两国终于签署了有关海空联络机制的备忘录，并于6月8日正式启动。这就等于是摘除了有可能引发日本自卫队和中国人民解放军直接冲突的“导火线”，为双方进一步磋商建立军事互信措施奠定了基础。

在10月安倍首相访华期间，中日间签署了12项政府间协定。其中最重要的是中日货币互换协定。中日间第一份货币互换协定是2002年缔结的，原本应该在2013年协定期满后磋商续约。但由于“购岛”风波的波及，两国间无法坐到一起来磋商，以致出现了长达5年的“空白”。本次协定的签署为接下来两国管控分歧、防止对抗开启了一个良好的开端。

---

① 李忠发:《习近平会见日本首相安倍晋三》，新华网，2018年10月26日，http://www.xinhuanet.com//politics/leaders/2018-10/26/c_1123620183.htm。

10月26日，在李克强总理和安倍首相的共同见证下，中国人民银行和日本银行间缔结了新的货币互换协定，且总金额为2000亿元人民币（3.4万亿日元），是16年前的10倍。这意味着两国为共同抵御可能到来的金融危机、稳定本国和地区经济构筑了可靠的合作机制。

（三）密切经贸往来，启动第三方市场合作

经贸往来一直在中日关系发展中扮演着重要的角色。有道是，“春江水暖鸭先知”。两国的双边贸易总额可以说是检测中日关系回暖的“温度计”。从2012年以来，中日双边贸易总额和增长率呈现如下的变化：2012年是3294.5亿美元，缩减3.9%；2013年是3125.5亿美元，缩减5.1%；2014年3124.4亿美元，微减0.035%；2015年2786.6亿美元，锐减10.8%；2016年2748.0亿美元，微减1.3%；2017年3029.9亿美元，增长6.1%；2018年3276.7亿美元，增加7.2%。[①]

李克强总理在5月访日期间，与安倍首相共同见证了10份合作文件的签署，涵盖社会保障、服务业、医疗养老、金融、节能环保等诸多领域。例如，中方同意给予日方2000亿元人民币合格境外机构投资者（RQFII）额度，支持东京设立人民币清算行。

到了安倍访华时，两国对开展更高层次的务实合作达成一致。10月26日，由中国商务部、发展改革委与日本经济产业省、外务省共同主办的首届中日第三方市场合作论坛在北京隆重举行。来自中日两国政府、经济团体、企业代表1000多人出席了此次论坛，双方在交通物流、能源环保、产业升级和金融支持、地区开发4个分论坛上开展专题讨论，推动企业间务实合作与项目对接。期间，双方共签署了52项协定，合同总金额达180亿美元。其中比较引人瞩目的项目有中日共同推进泰国“东部经济走廊”的建设，中石化和日本丸红公司在哈萨克斯坦共同参与炼油项目升级改造，中国晶科能源公司和日本丸红公司在阿联酋建立全球最大的太阳能光伏发电项目以及山东电力建设公司参与日本三井物产在阿曼投资的益贝利电站

① 《2018年12月进出口商品主要国别（地区）总值表（美元值）》，中华人民共和国海关总署网站，2019年1月14日，http://www.customs.gov.cn/customs/302249/302274/302275/2166513/index.html。

项目。通过这些领域的合作，不仅两国能实现互利共赢，还能带动相关国家的发展。

二、新一轮中日关系的改善有哪些驱动因素

中日关系出现转圜应该说是双方互有需要、相向而行的结果。正如恩格斯所指出的："历史是这样创造的：最终的结果总是从许多单个的意志的相互冲突中产生出来的，……这样就有无数互相交错的力量，有无数个力的平行四边形，由此就产生出一个合力，即历史结果，而这个结果又可以看作一个作为整体的、不自觉地和不自主地起着作用的力量的产物。"[①] 那么，在中日首脑时隔10年实现年内互访的背后，究竟有哪些驱动因素呢？

（一）应对外部挑战、改善战略态势的共同需求拉近了中日两国的距离

当前的世界形势可以用"大发展大变革大调整"这三个"大"来概括。和平与发展这两大时代主题从来都没有像现在这样面临严峻挑战。

拉近中日两国距离的首先是朝鲜半岛局势。2017年朝鲜连续举行核导试验，美国则以与日韩两国的大规模军事演习予以回应，导致东亚地区一度濒于战争边缘。联合国安理会在一年内接连通过4项涉朝决议。但自从2018年2月平昌冬奥会以后，朝鲜半岛局势又出现了戏剧性的缓和。南北首脑会谈、中朝首脑会谈和美朝首脑会谈相继举行，半岛无核化初现曙光。然而，与其他相关国家相比，日本被明显地撇在了一边。特别是特朗普突然宣布与朝鲜领导人金正恩会谈，让安倍等人产生被"背叛"的感觉，唤醒了日本当权者对"尼克松冲击""克林顿越顶"的历史记忆。安倍在修补日美同盟关系的同时，迫切希望中国能支持日本参与朝鲜半岛和平进程的谈判，协助解决被绑架日本人质的问题。中国作为"六方会谈"的东道国，自然也希望看到日本在朝鲜半岛缓和进程中发挥建设性的作用。

① 恩格斯：《致约·布洛赫》，1890年9月21日至22日，《马克思恩格斯选集》，北京：人民出版社，1972年，第四卷，第478页。

现行国际经贸秩序面临的严峻挑战也让中日两国捐弃前嫌，彼此走近。近两年来，以英国“脱欧”、特朗普当选美国总统为标志，世界范围内出现了一股反全球化的逆流。特朗普政府秉持“美国优先”的宗旨，采取一系列单边主义和保护主义行动，严重动摇了WTO等现行国际经贸秩序的根基。中国固然是美国贸易战的重点，但同样对美国拥有巨额顺差的日本也屡屡被敲打。安倍虽然在不到两年内先后与特朗普举行了8次双边会谈、26次电话会谈。但特朗普动辄“退群”“废约”，强征关税，践踏诺言，尤其是不分亲疏地对盟国下狠手，让安倍等人产生强烈的危机感。据美国媒体透露，2018年6月安倍访美时，特朗普为迫其在开放国内市场上做出让步，甚至威胁说美国“没有忘记珍珠港”。这种强势外交促使安倍下决心与中国走近，为自己加一道“保险”。中国为抗衡美国的贸易攻势自然也愿意做大自己的“朋友圈”。

（二）深化结构改革、克服发展瓶颈的内在要因推动中日两国携手合作

习近平在中共十九大报告中提出了从现在起到2020年、2020年至2035年、2035年至2050年的长期奋斗目标。目前，中国最紧迫的任务是要通过“弯道超车”，实现经济结构转型升级。2018年是中国改革开放40周年。在改革开放初期，日本政府和企业慷慨伸出援手，提供了宝贵的资金、技术和管理经验。日本是唯一对华直接投资总额超过1000亿美元的国家，也是对华提供政府开发援助最多的国家。中日经济互补性强，已形成“你中有我、我中有你”的格局。中国在改革进入“深水区”、开放面临新挑战之际，亟须与包括日本在内的世界各主要经济体取长补短、扩大互利合作。而目前日本在世界上居于领先地位的节能环保、新型材料和医疗养老等领域恰恰是中国经济发展的“瓶颈”，日本是中国不可或缺的合作对象。

安倍复出后致力于推进“安倍经济学”，取得了不俗的成绩，但通货紧缩、消费疲软等痼疾依然未能克服，不能不寄希望于外部市场。中国是日本最大的贸易伙伴，2017年的双边贸易额占日本对外贸易的19.7%，是第二位的日美贸易占比的两倍。在安倍复出的这5年里，中国的GDP由人

民币54万亿元增至82.7万亿元，差不多等于增长了一个日本。其结果，一方面是日本国内对华认知发生微妙变化，长期盛行的“中国崩溃论”趋于“崩溃”；另一方面，日本财界的确也从中国经济增长中得到了实实在在的好处。中国日本商会的调查表明，日本在华企业盈利的占60.4%，持平的15.9%，打算扩大在华业务的企业占比接近50%。[①] 2016年，日系汽车在华销售量突破425万辆，逼近日本国内市场495万辆的规模。[②] 未来两三年内有望超过日本国内市场销售量。这次在上海举行的中国进口博览会，参展的境外厂商共2800家，其中日本企业约600家，占到两成多。日本发行量最大的《读卖新闻》《钻石周刊》《东洋经济周刊》等主流媒体近来陆续发表有关中国科创最新进展和中日产业逆转的专辑，这表明日本经济界的“中国热”正在悄然兴起。在这种情况下，安倍致力于改善双边关系自然能为自己加分。

（三）两国民众对睦邻友好、互利合作的渴望促使双方高层领导人积极响应

“国之交在民相亲。”中日关系的改善和发展需要有坚实的社会基础。2018年，日本言论NPO和中国外文局举行民意调查表明，虽然两国民众对对方国家的总体认知依然是负面看法为主，但正面评价开始增多。中国受访者对日本印象“很好”和“较好”的比例由31.5%上升到42.2%，从2005年开展这项调查以来首次超过40%。日本受访者对中国印象“很好”和“较好”的比例为13.1%，比上年上升了1.6个百分点。值得注意的是，认为中日关系“重要”和“比较重要”的比例，在中国受访者中占68.7%，在日本受访者中占71.8%。此外，有63.5%的中国受访者、53.5%的日本受访者赞同中日两国应构建更加牢固的新型合作关系。而认为中日关系“重

① （日）《中国経済と日本企業　2016年白書》，中国日本商会，www/cjcci.biz/public_html/whitepaper/2016/1BU-jp.pdf。

② 《日系车企在华销量看涨最好的时代来了》，搜狐网，2017年1月9日，http://auto.sohu.com/20170109/n478199051.shtml。

要”的比例，中日双方各为74.0%和71.4%。[①] 显然，中日关系改善在中日两国都是可以得到民众认同和舆论支持的。

中日关系企稳向好除了上述三大原因外，安倍首相个人的意愿也不可小觑。2018年9月20日，安倍再次连任自民党总裁，为自己执政到2021年铺平了道路。目前，他已是战后第三位、历史第五位任期最长的首相。然而，战后执政时间排在安倍前面的两位前首相都有不俗的表现。在吉田茂任内，日本恢复了独立，从战争废墟中迅速复苏；佐藤荣作则实现了冲绳回归，还由于提出“非核三原则”获得了诺贝尔和平奖。安倍执政时间很快将超过这两位前辈，却拿不出足够靓丽的成绩单。鉴于“安倍经济学”的边际效应越来越小，安倍不得不将眼光转向外交领域。这也是他复出以来最下功夫的，其出访次数远超其前任，经费超支已屡见不鲜。但是，眼下的日美关系险象丛生，日俄关系止步不前，日韩关系陷入僵局，日朝关系更是摸不到边。对安倍而言，唯一有可能吸引眼球的是在改善对华关系上取得突破。而且，日本在2019年要主办二十国集团峰会，2020年要举办东京奥运会，这两大主场外交都需要得到最大邻国中国的支持。这也就是他2017年5月派高官出席“一带一路”峰会，9月底又突然决定出席中国驻日本大使馆国庆招待会的缘由。当然，就中方而言，对日方愿意改善中日关系的积极举措一向持欢迎态度。而且，历史经验也表明，中日间的敏感问题在安倍这样的保守政治家掌权时比较容易解决。

由于上述内外因素的一齐发力，终于导致中日关系转寒为暖，出现难得的改善、发展的历史机遇。

三、中日关系回暖基础尚较薄弱，多种因素牵制企稳向好势头

各种迹象表明，中日关系虽然出现了令人欣喜的企稳向好势头，但总体上仍处于爬坡过坎的关键时期。由于导致两国间对立的结构性原因依然

① （日）特定非营利活动法人言论NPO：《“第14回日中共同世論調査”結果》，2018年10月9日，见言论NPO网站：http://www.genron-npo.net/world/archives/7053.html。

存在，双方战略互信尚未恢复，中日关系回暖的基础尚比较薄弱，多种内外因素的交互作用，对中日关系企稳向好形成一定牵制。这些因素主要是：

（一）日本右翼保守势力依然强大

目前，日本政坛朝野力量的对比依然严重失衡。自民党及其执政伙伴公明党分别控制了参众两院的三分之二以上席位。在野党互相恶斗，难以形成合力。而自民党内，又是安倍所在的总裁派系“清和会”一派独大。安倍连任总裁成功后有意推进修宪进程，在内阁和自民党领导层中安排了不少心腹。18名阁僚中，隶属右翼团体“日本会议”的居然有15名。他们一贯对华强硬，希冀在中日综合国力对比难分伯仲的当下与中国“搏一搏”，以阻遏中国迅速崛起的势头。虽然在安倍权势如日中天时难以公开反对缓和中日关系，但这些人出于顽固反华的政治立场必定会择机挑事，兴风作浪。2018年底，日本将出台新版《防卫计划大纲》，自民党内一些“国防族”议员执意要引进陆基“宙斯盾”反导系统和远程巡航导弹，推进自卫队跨洋出海，以武力介入地区和国际事务。是时，他们势必要在日本国内再次煽动“中国威胁”论以制造依据。日本已故著名评论家若宫启文在《和解与民族主义》一书中曾概括出名为“翌年法则”的规律。就是每当日本执政当局在与包括中国在内的亚洲邻国改善关系的道路上迈出一大步时，第二年往往就会出现因日本国内民族主义抬头而严重倒退的现象。[①] 2019年，日本右翼保守势力究竟如何给中日关系设置障碍，需要人们严重关注。

（二）日本国内嫌华思潮依然猖獗

前面引用的日本言论NPO和中国外文局的调查表明，虽然2018年里日本民众对中国印象“很好”和“较好”的比例较上年有1.6%的微升。但与中国受访者一年10.7个百分点的上升有明显的“温度差”。相反，认为

① ［日］若宫启文:《和解与民族主义》，吴寄南译，上海：上海译文出版社，2017年，第48页。

中国是日本安全威胁的比例却比上年增加12.3个百分点，达57.5%。这在很大程度上是源于日本媒体对华持续的负面报道。其结果，一是日本民众的对华认知严重偏离现实。诸如中国的大气污染导致PM2.5“爆表”、毒霾猖獗，中国警察随便抓人，民众生命有危险，导致日本民众将中国视为畏途，甚至接受右翼政客所谓中国是地球最大“癌细胞”的说法。其二是日本对中国持肯定态度的比例低得在世界上屈指可数。据美国皮尤研究中心2015年对40个国家的调研，82%的巴基斯坦的受访者对中国有好感，俄罗斯对中国持肯定态度的比例是79%，韩国是61%，美国38%，德国34%，而日本受访者对中国的好感度仅为9%，低得离谱。[①] 这种状况不改变，日本国内的舆情始终会牵制安倍走近中国的步伐，中日关系的企稳向好也很难得到保证。

（三）特朗普加大遏华攻势的溢出效应

日本虽然在应对美国的单边主义、保护主义压力上与中国有共同利益，也有想打“中国牌”缓解美国对日经贸压力的考量，但是，它毕竟是美在亚洲的最大盟国，一直将日美安保条约视若外交的基轴。安倍要想改变传统的对美“一边倒”路线，实行“两面下注”，阻力甚大。从美国副总统彭斯2018年10月4日在华盛顿哈德逊研究所发表的演说来看，美国已将中国视为其最大的安全威胁和头号战略竞争者，其遏华攻势有愈演愈烈之势，而且有在贸易领域、台湾问题和南海问题上“三箭齐发”的态势。虽然习近平主席和特朗普总统预定在布宜诺斯艾利斯举行的二十国集团峰会期间举行会晤，但这很可能只是稍稍缓和而已，中美关系还有继续下滑趋势。美国必然对日本施压，迫使其“选边站”。据透露，美国正在施压日本，要求日本在对外磋商FTA、EPA协定时加入类似美加墨协定中针对“非市场经济体”的第32条款。这势将搅乱RCEP、中日韩FTA谈判，增加中日关系中的不确定因素。

---

① 美国皮尤研究中心（Pew Research Center）调查，2016年6月29日发表，转引自美国国际战略研究中心（Center for Strategic and International Studies, CSIS）中国研究项目“中国力量”（China Power）研究报告《世界对中国看法的变化趋势》（How are Global Views China Trending？），参见：http://chinapower.csis.org/global-views/#1466797926875-8b9b1371-534e。

有鉴于此，中方宜珍惜难得的历史机遇，用首脑访问和高层磋商这一杠杆来撬动僵持多年、已呈板结状态的中日关系板块；用历史眼光和战略视野，克服民粹主义、民族主义和信息化时代极易产生的碎片化、肤浅化，将促进中日关系转圜作为改善中方战略姿态的关键“棋局”。

第三编
2018年中国周边次区域外交

第一章
中国的东北亚外交：迎来“景气年”

刘　卿

【内容提要】2018年，中国东北亚外交成果可圈可点，是近年来少有的“景气”年份。中朝、中韩、中日关系同时积极向好，中日韩三边合作重拾动力。中国在半岛问题上调停人作用凸显，为美朝、朝韩关系缓和发挥积极作用。展望未来，东北亚外交依旧充满挑战，首要的还是美朝关系面临不确定性。韩日矛盾也将影响中日韩三边合作推进。中日关系中的竞争因素并未消除。鉴此，东北亚外交依旧要以半岛无核化为核心，积极推进朝美、朝韩对话不断取得新进展。积极创新思路，推进中日、中韩务实合作，夯实三边合作基础。继续推进地区国家互信建设，创建地区安全合作机制，确保共同可持续安全。

【关键词】东北亚　朝美　朝韩　中日韩

【作者简介】刘卿，中国国际问题研究院亚太所所长，研究员。

一、东北亚外交的向好趋势

2018年以来，东北亚形势峰回路转，各方互动频繁，首脑外交为推动地区形势缓和注入强大动力。在各组关系互动和深刻调整中，中国积极有为，可圈可点，呈现多年来少见的外交“景气”。有三个重要指标，可显示这一“景气”现象。

（一）三组双边关系同步上升

1. 中朝关系得以修复

2018 年以来，朝鲜最高领导人金正恩三次访问中国，中朝双方领导人频密接触，再次显示中朝传统友谊的韧性和纽带作用，同时也显示了中方在朝鲜战略决策中倚重和影响作用。在金正恩委员长3月的访问中，习近平主席为发展新形势下的中朝关系提出四点建议：继续发挥高层交往的引领作用；充分用好战略沟通的传统法宝；积极促进和平发展；夯实中朝友好的民意基础。[①] 中方强调，坚持实现半岛无核化目标、维护半岛和平稳定、通过对话协商解决问题。呼吁各方支持半岛北南双方改善关系，共同为劝和促谈做出切实努力。5月初，中国国务委员兼外交部长王毅访问朝鲜，就相关问题与朝方交换了意见。9月，中共中央政治局常委、全国人大常委会委员长栗战书作为习近平总书记、国家主席的特别代表率中国党政代表团访问朝鲜，并出席朝鲜建国70周年庆祝活动，给朝中友谊注入新的活力，推动中朝关系迈上新台阶。

2. 中日关系重回正轨

中日关系自年初以来保持持续改善势头，双边相关机制交流逐渐恢复。双方领导人在时隔7年后实现互访，强化双方的互谅互信，重新定位双边关系发展方向，进入“化竞争为协调”的新时代。5月，李克强总理正式访问了日本，为中日双方关系“破冰”。10月，安倍首相率500名日本经济界人士访华，中日确认两国关系已重回正常轨道。双方签署了政治、创新、金融、海关、体育等领域10余项政府间合作协议，还在金融、人工智能、能源、基础设施建设等领域达成广泛合作意向。访华期间，双方举办了首届第三方市场合作论坛，就着力将第三方市场合作打造成双方务实合作的新支柱达成共识。论坛期间，两国地方政府、金融机构、企业之间签署了52项合作协议，金额超过180亿美元，包括基础设施、金融、

① 《把中朝传统友谊发展得更好》,《人民日报》2018年3月29日。

物流、信息技术等广泛领域。[①]

3. 中韩关系再定调

2017年底韩国总统文在寅访问中国后，两国元首在双边关系和半岛稳定等问题上达成原则共识，两国关系得以重启。双方在推动半岛南北关系的改善、朝美首脑会晤、半岛无核化进程等方面密切互动，同时加强发展战略对接，经济和文化等方面的机制交流全面恢复。在文在寅总统访问期间，两国领导人商定了解决半岛问题的四项重要原则：决不允许半岛发生战乱；坚定坚持半岛无核化原则；通过对话与谈判的和平方式解决朝鲜无核化等所有问题；朝韩双边关系的改善有利于最终和平解决半岛问题。双方在“萨德”问题上达成了重要的共识。韩方做出了三不承诺，即：不寻求与美日两国组成美日韩三方军事同盟；不参与美国在东北亚地区构筑的反导体系；不追加购置和部署新的“萨德”系统。在双方元首会议确定的原则和精神指导下，两国保持高层互动势头，就重大地区问题加强战略沟通。2018年7月，中共中央政治局委员、中央外事工作委员会办公室主任杨洁篪应邀赴韩，就朝鲜半岛无核化等相关议题与韩方进行了深入交流，推进半岛无核化协商和中韩关系发展。中韩加强发展战略对接，计划共同兴建多个产业园，深化贸易和投资合作。双方人文交流持续恢复，中国赴韩旅游人数明显增多，民间感情正在愈合。

（二）中日韩三边合作再扬帆

2018年以来，中日韩三边互动明显增多，三国合作重拾动力，迎来了新一轮的上升期。三方就半岛和平与稳定、贸易多边主义、务实合作和创新合作方式等议题深入交流意见，达成重要共识，确认今后合作努力方向。2018年5月，三国领导人在时隔两年半之后再次聚首，举行第七次中日韩领导人会议。会议对朝韩领导人会晤和半岛局势积极变化给予高度评价，确认朝鲜半岛完全无核化和建立永久和平机制的共同目标，努力推进各方对话尤其是朝美领导人对话，共同发出维护地区和平稳定、坚定推进

① 《李克强与日本首相安倍晋三共同出席首届中日第三方市场合作论坛并致辞》，中国政府网，2018年10月26日，http://www.gov.cn/guowuyuan/2018-10/26/content_5334777.htm，访问时间：2019年1月5日。

半岛问题政治解决进程的呼声。会议发表联合宣言，再次明确三国对地区和平与合作做出的努力，同时表明三国未来将在经济、社会等多个领域加速开展合作。三国领导人表示，将共同维护自由贸易，推动区域经济一体化。加快中日韩自贸区谈判进程，推动早日达成“区域全面经济伙伴关系协定”。引领推动制定东亚经济共同体蓝图，加强在贸易自由化便利化、产能和投资等领域合作，促进地区可持续发展。同时打造“中日韩+X”合作机制，联合拓展第四方市场并使合作方受益，提高三国国际竞争力。会议显示了中日韩合作未来广阔的前景，为深化三方合作指明了新的方向，也为东亚区域合作注入新的动力。

（三）半岛问题成为中美关系稳定器

2018年以来，美方不断升级对华贸易摩擦，同时在台湾、南海、人权等问题上采取了一系列损害中方权益的行为，还无端指责中国干涉美国选举。这些做法直接冲击了双方的互信，给中美关系的前景蒙上了阴影。但是，两国在朝核问题上依旧合作，双方坚持共同的目标，那就是推进无核化和实现半岛的和平稳定。在中美竞争加剧的大背景下，朝核问题成为双方少有的合作领域。中国在推进半岛局势缓和进程中，发挥了不可替代的基础性作用，提供了关键时点上的有效推力。2018年3月，在韩国青瓦台国家安保室室长郑义溶访问美国时，特朗普表示将与朝鲜最高领导人金正恩会面，随即同习主席通电话，就半岛局势和两国关系深入交换意见。6月，新加坡“特金会”后美国新任国务卿蓬佩奥第一次访华，通报新加坡美朝峰会的情况，确保在未来朝核问题上仍然能得到中国的支持。10月，蓬佩奥会晤王毅国务委员和杨洁篪主任，通报了与朝鲜最高领导人金正恩会面情况，并在实现半岛完全无核化以及制裁等问题交流意见。11月，习近平主席应约同特朗普总统通电话，双方在双边贸易问题和朝核问题上进行了讨论。一年走来，半岛核问题一直成为中美合作的主题，是中美两个大国是否能在各种复杂因素干扰下相向而行的试金石。事实说明，在半岛问题上中国不可能缺席，没有中方的推力，半岛局势不会有今天的转折性变化，也难以最终解决。

二、推动东北亚外交向好的主要因素

2018年以来，东北亚形势出现一些重大变化，助力中国外交推进东北亚合作。

（一）半岛形势迅速缓和

朝韩和朝美高层密切互动，两组双边关系大为改善，推动相关方面做出相应的调整，为中国东北亚外交创造了良好的外部条件。

朝鲜半岛南北高层间密集互动，韩朝首脑举行了三次会谈，发表了《板门店宣言》《平壤宣言》等多个重要文件。南北释放朝鲜领导人访问韩国信号，进一步助推南北和平进程。双方加快落实首脑会晤成果。韩朝高级别军事会谈时隔十年后重启，两国就恢复朝鲜半岛东西海域军事通信线路达成一致。韩朝双方还同时举行了体育会谈、红十字会会谈、铁路和公路连接项目会谈等多项对话。12月，朝韩在位于朝鲜开城市的板门站举行跨境铁路、公路连接工程动工仪式，有助于朝鲜半岛局势进一步缓和。

朝美最高领导人在新加坡举行历史性会晤，发表了《新加坡联合声明》，就建立新型朝美关系等达成四项共识，暂时解除敌对关系，开启双边互动新模式。力求构筑信赖关系，向外界释放朝美关系改善的积极信号。自新加坡朝美领导人会议之后，双方每个月都保持有接触的频率，特朗普和金正恩保持密切的书信往来。朝美也释放筹备第二次领导人会晤的积极信号。朝美外长还在东亚合作系列外长会议上进行互动，双方都愿朝着建立互信关系方向往前推进。韩美暂停代号为“乙支自由卫士”的联合军演。朝鲜拆除一个导弹发动机测试场，归还了朝鲜战争中牺牲美军将士的55具遗骸。双方表示，将就遗骸交付问题继续保持协商。

（二）“美国优先”使区域国家抱团

在“美国优先”政策推动下，美国对全球发起贸易挑战，频频退出国际组织和协定，挑战现行国际秩序，引发与几乎所有大国的贸易冲突。贸易冲突引发国际政治摩擦和相互关系大调整。

在这一波贸易战中，作为美国盟友的日本未能幸免。特朗普上台伊始就宣布退出《跨太平洋伙伴关系协定》（TPP），威逼日本在贸易问题上对美做出巨大让步。2018年3月，特朗普在宣布对进口钢铝产品分别加征25%和10%的关税时，欧盟、加拿大、墨西哥、澳大利亚、韩国等盟国获得临时或长期豁免，但日本不在豁免之列。9月，美国还考虑根据“232”调查对日进口汽车和零部件的增加关税。日本《现代商务》评论称，美国在经济方面并没有把日本视作“同盟国”，日本政府务必面对这个现实，在适当时候，根据世界贸易组织规则坚决维护自身利益，哪怕与美国意见相左。[①] 日本遭受“特朗普冲击”，对美日关系发展不确定性疑虑增多，美日同盟面临调整。日本无论上下左右，如今都对美国尤其特朗普有诸多不满，不得不考虑B计划。转向亚洲，是日本重新思考的政策选择，20世纪90年代以来日本一直是地区一体化的推动力量，曾一度成为领头羊。在特朗普自顾不暇的情况下，日本不得不考虑重新借助亚洲力量。日中关系回暖及推进中日韩合作意愿增强，是日本平衡对美过分依赖的方案之一。

即便是韩国，特朗普政府也在利用其经济困境及在安全问题上对美依赖持续对韩施压，谋求自身利益最大化。特朗普称美韩双边自贸协定“不公平”，极为“糟糕”，要求韩国重开谈判，否则将取消该协定。在美国威逼下，韩与美签订新的贸易协定，在进口美国汽车问题上做出巨大让步。特朗普还要求韩国提高甚至全额承担驻韩美军费用。即便是前国务卿蒂勒森都认为韩国承担的驻韩美军费用够高了，特朗普依旧对文在寅政府施压，要挟韩国签订第10份防卫费分担协定。韩国政府对特朗普期望降低，不得不另寻他途。2018年以来，韩国主动改善同中国关系，促进恢复双边经贸关系和人员往来，并在外交部设立中国局，专职负责中国事务。[②] 同时，韩国也在积极推进对朝关系，增进双方互信和经济合作。韩国不顾美国要求其放慢对朝关系节奏，加快推进韩朝经济领域合作，并与朝在边界地带设立禁飞区，寻求确保安全的新措施。

① 转引自李静：《安倍访华：中日关系如何从竞争走向协调》，《中国新闻周刊》2018年第41期。

② 姜贵瑛：《韩外交部传将设“中国局”专责中华地区事务》，《联合早报》2018年12月12日。

（三）区域合作需要提档升级

近些年来，虽然中日韩三国关系有些磕磕碰碰，但三国务实合作始终向前发展。三国在经贸、金融、交通、文化、教育、环境、卫生和灾害管理等领域的交流与合作成果丰硕，签署了中日韩投资协定，举行了13轮中日韩自贸协定谈判。2017年，三国间贸易额近6700亿美元，人员往来超过2800万人次。[①] 三方需要在既有合作成果基础上，进一步创新思路，进一步推进务实合作，为强化三边关系提供强大的支撑。

2018年是中日韩领导人会议在东盟与中日韩（10+3）框架外举行10周年，2019年还将迎来中日韩合作启动20周年。在这承上启下之际，中日韩三国需要商讨如何进一步发展三边关系。

三、东北亚外交面临的挑战

经过一年来的努力，东北亚外交迎来向好的积极态势，但依然面临多重挑战。随着地区各组关系的调整，各方力量折冲加剧，地区格局和秩序都将深刻演化，中国外交需要应对不断出现的各种复杂因素。

（一）美朝矛盾发展不确定性

处理半岛问题仍将是东北亚外交的重点和难点，最大的挑战仍然是美朝矛盾如何发展。这组矛盾不仅决定半岛局势走向，也影响地区秩序的发展方向。朝美矛盾在缓和的同时，应该看到还有多重困难。

一是双方互信关系仍然脆弱。双方首脑就无核化达成原则性共识，但要落实下来实际上非常困难。由于缺乏互信，双方都难以把手中的撒手锏先扔掉，美国的撒手锏就是极限施压，朝鲜撒手锏就是继续拥核。双方僵局未破，即便实现第二次“特金会”，双方要达成重大妥协尚有较大难度。中国外交需要继续努力促进朝美首先建立信任关系，为双方妥协创造政治

① 《专访：更高水平政治互信将成就三国和合作共赢的未来——访中日韩三国合作秘书处秘书长李钟宪》，中国政府网，2018年5月6日，http://www.gov.cn/xinwen/2018-05/06/content_5288577.htm，访问时间：2019年1月5日。

环境。

二是无核化选择路径不一样。朝鲜方面希望“分阶段，同步走，慢慢来”，而美国坚持“一锅端，朝先行，快步走”。“一锅端”解决既不合理，也不可行。尤其是在朝美缺乏互信的情况下，美国要求朝鲜把该做的事情都先全做了，而自己一点都不行动，这根本不可能达成任何交易。朝鲜怀疑美国的真实动机，如果是要其完全缴械投降，必定不会接受。中国外交就是要继续劝说双方需要就无核化路径选择上达成折中意见，找出双方都能迈出实质性一步的中间方案。

三是对处理半岛问题心态不一样。美国急而朝鲜不急。美国担心拖下去，无核化失去了焦点。特朗普政府面临选举压力，希望在2020年连任选举前见到弃核成绩。在共和党失去众议院多数后，特朗普国内议程在众议院将受到极大牵制，不得不转向自己可以独立决策的外交领域，以期有所斩获，显示政绩。但朝鲜比美国从容得多，认为自身具有长期因素优势，不存在选举和选票问题，反而可以利用美国着急的心态来提高要价。

如果朝核问题迟迟得不到解决，美国极有可能再次以朝核问题为借口在韩国重新部署包括战略核武器在内的更多战略武器，半岛问题将重新回到“紧张—缓和—紧张”的周期怪圈，这将压缩中国的外交空间，使中国面临极大的安全挑战。

（二）韩日如何管控矛盾与分歧

韩日关系如何发展也是影响三边合作的重要因素。两国矛盾加剧，势必制约中日韩合作的深度和广度，不利于三边合作机制化建设和相关领域合作的推进。

历史问题依然是韩日间悬而未决的老问题。2018年的事态表明，这一问题又在发酵。10月，韩国最高法院判决相关日企应当对二战时期强征韩国劳工赔偿，引发日方强烈不满，让韩日关系急剧降温。11月，韩国宣布解散此前依据《韩日慰安妇协议》设立的“和解与治愈基金会”，遭到日方强烈反对，日本首相安倍晋三等多名高官指责韩方不遵守有关约定。双方积怨继续加深，令脆弱的关系雪上加霜。[①]

近来，双方矛盾还在延展到军事领域。12月，韩国海军“广开土大王级”驱逐舰在进行警戒监视活动时，向日本海上自卫队P1巡逻机使用火控雷达进行照射。此事被日本视为挑衅，要求韩方道歉。韩方则指出，日机低空飞行抵近威胁妨碍救援，日方应立即停止歪曲事实，并向韩方道歉。双方相互指责，日韩双边关系再添新忧。

2019年是中日韩合作20周年。中国已接任中日韩合作主席国。在日韩矛盾升级的情况下，三方合作动力势必减速。中国需要思考如何利用好东道国作用，促进日韩改善关系，管控老问题，避免新问题，通过合作来增进互信，化解分歧；努力积聚三国合力，落实好领导人会议达成的各项共识和成果。

（三）中日如何将竞争转向协调

安倍首相访问中国期间，中日双方就包括“由竞争转向协调”在内的双边关系新三原则达成了共识。[②] 但双边关系再怎么回暖，也难以回到20世纪80年代。因为那时双方面临共同的北方安全威胁，合作更多的是日本援助+中国改革开放，合作基本上是在中国国内展开。但现在，双方没有共同威胁，某种程度上视对方为威胁，同时中日力量发生结构性变化，中国超过日本成为全球第二大经济体。中日经济体量的变化，造成竞争上升的事实。竞争不仅在中国国内市场展开，也在全球尤其是在东南亚等周边地区展开。因此，双方需要协调，协调是为了缓和竞争，谋求合作。

2018年11月12日，日本首相安倍晋三在国内举行的政府与执政党联络会议上表示，日本“为实现自由开放的印度太平洋构想，希望与参加国携手向国际社会释放强而有力的信号”。[③] 日本将“印太”战略

---

① 《韩解散基金会“慰安妇”协议变空文日本强烈抗议》,《大公报》2018年11月22日。

② 重田俊介:《安倍提出中日关系新阶段三原则》，日经新闻网，2018年10月27日，http://cn.nikkei.com/politicsaeconomy/politicsasociety/32807-2018-10-27-01-55-38.html?start=1，访问时间：2019年1月5日。

③ 黄彬华:《“印太战略”为何改称为“构想”?》,《联合早报》2018年12月8日，http://www.zaobao.com/zopinions/views/story20181208-914162，访问时间：2018年12月21日。

（strategy）改为“印太”构想（vision），不再特意使用含有“敌视政策”色彩的“战略”。安倍10月访欧时，也反复使用“印太”的说法，刻意忽略了“战略”。这说明日本顾及中国的感受，以缓解中国的不信任感。[1] 但需要思考的是，如何将日方提出的“自由开放的印太”战略和“一带一路”倡议对接起来，如何让“两个构想”实现共存，切实让双边关系从竞争走向协调。在10月安倍访华期间，双方确认加强区域合作的方向，共同开发第三方市场。但具体怎么落实还有待观察，比如合作标准的定义，是根据日本的官方开发援助（ODA）标准还是亚投行（AIIB）的标准。

中日关系目前最大的障碍还是缺乏政治互信。日本作为美国盟友，如何平衡自身利益和同盟利益，在同盟利益需要日本的时候，日本会否愿意牺牲自己的国家利益。中国则仍然警惕日美同盟的针对性。如果想要使中日关系真正从敏感脆弱逐渐走向富有韧性、成熟包容，需要日本真正重视两国关系未来建设性发展的大局。

中日关系存在脆弱性的一面，还包括日方国内政治因素驱动。日本政府会否在台湾问题上制造政治障碍，钓鱼岛问题和东海开发上如何搁置争议共同开发，这些敏感问题都需要得到稳妥处理，一朝不慎，将引发震动。

四、未来东北亚外交的努力方向

东北亚外交出现积极向好的发展态势，需要抓住机遇，巩固外交成果，顺势推进相关外交议程，塑造有利的地区环境。

（一）促朝与美韩保持对话，推进半岛无核化

继续促进朝美互信建设，促成美朝双方在解决无核化问题上达成一个基本框架。支持朝美不拘泥于形式的对话，无论是官方的，还是智库之间的二轨交流，早日就无核化路径选择达成折中协议，比如是否可以达成

① 《安倍印太“战略”改称“构想”的对华考量》，日经新闻网，2018年11月14日。http://cn.nikkei.com/politicsaeconomy/politicsasociety/33050-2018-11-14-05-00-30.html，访问时间：2019年1月5日。

“分阶段、同步走、一揽子”协议。无核化路径选择确认后，还需要“中间措施”来推进，比如争取首先实现可核查的朝核冻结和部分核设施的去功能化，同时推进半岛和平条约谈判。

一如既往支持朝鲜半岛南北双方改善关系，推进和解合作。加强中朝、中韩之间密切互动，继续发挥桥梁作用，努力做朝韩工作，促朝韩在加强沟通对话时努力固化已取得的成果，将其纳入立法、机制建设轨道。支持朝韩在互联互通、军事互信等方面的积极举措，使朝韩关系的改善成为推进半岛无核化和和平机制建设的强劲内在动力。

继续加强中美协调。中国可以按照安理会决议的规定，即根据朝鲜遵守、履行决议的情况，视需调整制裁措施，就此与美商谈。促美意识到，随着朝鲜采取停止核导试验等无核化措施和半岛局势全面缓和，国际社会在制裁朝鲜问题上的意见会有差异，安理会应就此开会评估。安理会需要保持对朝压力，但也要对朝进一步采取无核化措施做出善意回应，引导其加速弃核。

支持朝鲜半岛建成无核武器区。朝鲜半岛无核化应该是建立无核区的过程，整个朝鲜半岛应该是无核区，包括有核国家的核动力武器不能进入半岛周边海域，但是无核区主权国家根据相关国际条约拥有和平利用核能的权利，该项权利必须得到尊重和保障。

（二）创新合作思路，推进中日韩务实合作

要在既有合作成果基础上，进一步创新思路，进一步推进务实合作，为强化三边关系提供强大的支撑。

加快推进区域自由贸易进程。在当前国际贸易大环境趋紧的背景下，中日韩三国要发出维护自由贸易的积极信号，为维护多边贸易体系、构建开放型经济共同努力。加快三边自贸谈判，早日缔结“中日韩自贸协定”“区域全面经济伙伴关系”，使区域自贸体系成为地区繁荣与和平“推进器”和“稳定锚”。

积极探索中日韩+X合作模式。中日韩发展走在亚洲前列，应集聚三方优势，在产能合作、减贫、灾害管理、节能环保等领域实施联合项目，发挥三方在装备、技术、资金、工程建设等方面的各自优势，共同开拓第

四方甚至多方市场，为亚太地区多层次、多元化的区域合作体系做出更大的贡献。

大力开拓新的合作领域。充分利用在经贸领域积累多年的良好合作基础，在社会保障、医疗养老、节能环保、高新科技等领域开展更多务实合作，打造更多的三边合作新“品牌”。

（三）推进地区安全合作，不断积累政治互信

提升安全合作的共识。中日韩加强高层对话引领，进一步增进互信。推进一轨和二轨交流，深入探讨安全合作议题，增强东北亚命运相依的安全共识。加强舆论引导，客观看待对方的发展，形成“亲望亲好、邻望邻好”的互动氛围。

谨慎处理敏感问题。汲取历史经验与教训，避免触碰和刺激伤疤。在涉及敏感问题上多从对方角度考虑，以免造成始料不及的紧张，损害发展关系的政治基础。在处理分歧问题上要保持良好的沟通，切实管控危机。

构筑稳定的区域安全架构。以推进半岛无核化和和平机制构建为契机，积极推动地区安全合作机制化建设。加强中日韩合作秘书处在区域安全秩序构建中的作用，提升安全合作在三国合作议事日程中的地位。

第二章
中国的东南亚外交：成就、问题和应对

卢光盛　聂　姣

【内容提要】2018年，在不确定性剧增的国际形势下，中国的东南亚外交涌现出诸多亮点，中国与东南亚的双边关系持续深入发展。同时，中国的东南亚外交也面临着“一带一路”项目屡遭取消，美国加大介入南海问题的力度，美国拉拢东南亚国家加入“印太战略”制衡中国，澜湄合作受到冲击等方面的问题。展望未来，要继续坚持把东南亚作为中国周边外交的优先方向，构建更加紧密的中国—东盟命运共同体，将中国的东南亚外交塑造为中国周边外交的新亮点。

【关键词】东南亚外交　周边外交　中国—东盟关系

【基金项目】本文系国家社科基金重大项目《“一带一路”与澜湄国家命运共同体构建研究》(项目编号：17ZDA042)、云南大学边疆治理与地缘政治学科（群）特区高端科研成果培育重点项目《周边外交与澜湄合作研究》(Z2018-03)、云南大学一流大学建设周边外交理论创新高地项目的阶段性成果。

【作者简介】卢光盛，云南大学国际关系研究院副院长、周边外交研究中心首席专家、教授；聂姣，云南大学周边外交研究中心研究助理。

2018年是中国—东盟建立战略伙伴关系15周年，是双方关系发展中的

“大年”。[①] 15年来，双方关系不断发展，实现了从量的积累到质的飞跃，从快速发展的成长期迈入提质升级的成熟期，中国—东盟合作已经成为亚太区域合作中最为成功和最具活力的典范。相较于2017年，在充满不确定性的国际形势下，2018年中国的东南亚外交取得了长足的发展，东南亚国家对华态度发生较大转圜，地区热点问题降温明显。中国与东南亚国家关系正在进入一个新阶段，正在由以经贸为主导的合作开始呈现出向经贸与政治、外交多引擎驱动的方向发展。[②]

一、2018年中国东南亚外交的成就

2018年，国际形势最显著的特点，就是充满不确定性。[③] 在中美这组世界上最重要的“大国关系”出现问题的背景下，中国的东南亚外交涌现出诸多亮点。

（一）双边经贸关系持续深化

首先，在整个国际经济形势趋于不稳定，贸易保护主义盛行的情况下，中国与东南亚国家的经济关系仍在继续深化。自2009年以来，中国连续保持东盟第一大贸易伙伴地位，东盟则自2011年以来一直是中国第三大贸易伙伴。贸易统计表明，在目前世界经济复杂情况下，中国和东盟彼此间的兴趣在不断增长。2018年1—10月中国—东盟贸易额达4863.9亿美元，同比增长18.5%，其中，中国向东盟出口2607.7亿美元，同比增长17.0%；进口2256.2亿美元，同比增长20.3%。[④] 前十个月，中国与东盟

---

① 《中国与东盟打造区域合作的亮丽风景》，国际在线，2018年11月20日，http://news.cri.cn/20181120/40eec36b-dbd1-d23d-dec1-c6e31ba951a5.html，访问时间：2018年12月14日。

② 《中国与东盟刷新地区合作图景》，环球网，2018年11月14日，http://opinion.huanqiu.com/editorial/2018-11/13539870.html，访问时间：2018年12月21日。

③ 《在2018年国际形势与中国外交研讨会开幕式上的演讲》，中国外交部网站，2018年12月11日，https://www.fmprc.gov.cn/web/wjbzhd/t1620761.shtml，访问时间：2018年12月18日。

④ 《2018年1—10月亚洲司主管国别贸易统计数据》，中国商务部网站，2018年12月11日，http://yzs.mofcom.gov.cn/article/g/date/201812/20181202815379.shtml，访问时间：2018年12月13日。

贸易增速超过中国对外贸易平均增速的16.0%，在中国的前三大贸易伙伴欧盟（12.9%）、美国（12.0%）、东盟（18.5%）中，与东盟的贸易增速最快。①

其次，“一带一路”倡议在东南亚的推进成果丰硕。中泰铁路项目的一期建设进展总体顺利。中老铁路由线下施工转为线上工程施工，进入全面施工的阶段。雅万高铁主要工程陆续开工，进入全面实施推进新阶段。中缅正式签署《共建中缅经济走廊的谅解备忘录》和仰光新城项目的框架协议合同，此外中缅还签署了皎漂经济特区深水港项目建设框架协议，停滞了3年的项目迈出了关键一步。越南方向上，中国企业承包建设的永新一期项目正式投入商业运营。另外，中国与柬埔寨共同开发建设的西哈努克港经济特区，中印尼的综合产业园区，中马的马六甲临海工业园等系列产业园区项目进展顺利。

再次，中国—东盟博览会、中国—东盟商务与投资峰会等顺利召开。2018年9月，第15届中国—东盟博览会、中国—东盟商务与投资峰会在广西南宁举行。随着跨境电子商务需求的增加，博览会和峰会的定期举行对于中国与东南亚推进双边经贸往来发挥着重要作用，为中国和东盟企业提供经贸合作平台的同时，也有助于双方培养经济合作的习惯，建立经济合作的制度，形成经济合作的文化。②

最后，第三方市场合作方面也取得了积极成效。在10月召开的首次中日第三方市场合作工作机制会议上，中日两国经济部门高官重点探讨了泰国“东部经济走廊开发计划”合作项目的可行性。③泰国“东部经济走廊”成为中日第三方市场合作的示范性旗舰项目。4月8日，在李克强总理和新加坡总理李显龙共同见证下，中国和新加坡签署了《关于开展第三方市场合作的谅解备忘录》。双方同意建立第三方市场合作工作机制，重点推动

① 数据来源：《2018年1—10月亚洲司主管国别贸易统计数据》，中国商务部网站，2018年12月11日，http://yzs.mofcom.gov.cn/article/g/date/201812/20181202815379.shtml，访问时间：2018年12月13日。

② 翟崑：《中国—东盟战略伙伴关系15年：初步评估》，《世界知识》2018年第24期，第20页。

③ 张琳：《中日开展第三方市场合作的五大亮点》，《世界知识》2018年第21期，第11页。

两国在基础设施、石油化工、航运物流、产业园区、电子商务等领域的第三方市场合作，着力将第三方市场合作打造成中新双方共同推进“一带一路”建设和国际产能合作的重要平台。①

（二）政治关系不断攀升新高度

从区域层面看，中国同东南亚国家的关系已从成长期进入成熟期。2018年中国周边外交“首秀”是1月10日李克强总理出席澜湄合作第二次领导人会议并正式访问了柬埔寨。将开年周边外交的首秀选为东南亚地区，不仅表明我国始终将东南亚作为周边外交的优先方向，对深化澜湄合作也具有重要意义。5月，李克强总理访问东盟秘书处，将中国—东盟关系推向一个新高度。② 11月12—16日，李克强总理出席东亚合作领导人系列会议，即第21次中国—东盟（10+1）领导人会议、第21次东盟与中日韩（10+3）领导人会议和第13届东亚峰会（EAS），并访问新加坡。期间，中国与东盟通过《中国—东盟战略伙伴关系2030年愿景》(The China-ASEAN Strategic Partnership Vision 2030），确立了中国—东盟命运共同体未来建设路线图，中国成为第一个与东盟就中长期关系发展做出远景规划的对话伙伴国。

从双边关系看，2018年中国与东南亚国家的双边关系有转圜的一面。出访方面，1月，李克强总理在出席澜湄合作第二次领导人会议期间正式访问了柬埔寨，对当前和今后一个时期中柬关系的发展产生深远影响。5月，李克强总理访问印尼。印尼也成为中国新一届政府总理首次出访的首站，充分体现了中国对中印尼关系的高度重视。11月，习近平主席对文莱、菲律宾进行国事访问，成为时隔13年再次访问文莱、菲律宾的中国国家元首。习主席访问文莱期间，两国元首决定将中文关系提升为战略合作伙伴关系；访问菲律宾期间，两国元首达成共识，决定建立中菲全面战略合作

① 《国家发展改革委和新加坡贸易及工业部签署关于共同开展第三方市场合作的谅解备忘录》，中国国家发展和改革委员会网站，2018年4月30日，http://www.ndrc.gov.cn/gzdt/201804/t20180410_882129.html，访问时间：2018年12月12日。

② 《中国与东盟关系步入成熟期　管控分歧能力显著提高》，中国新闻网，2018年8月5日，http://www.chinanews.com/gj/2018/08-05/8589710.shtml，访问时间：2018年12月15日。

关系。[①]

此外，2018年习近平主席在多双边场合会见了新加坡、菲律宾、马来西亚等国领导人，并通过多种形式与东盟各国领导人保持频繁互动，为双方关系明确大方向。[②] 来访方面，4月，菲律宾、新加坡等国领导人来华参加博鳌亚洲论坛。8月，马来西亚总理马哈蒂尔访华并取得多项成果，也传达出马来西亚"对华友好政策没有变、加强同中国合作的意愿没有变、对'一带一路'的支持没有变"[③] 的对华态度。11月，老挝、越南等国领导人出席了首届中国国际进口博览会，其中越南是本届博览会的12个主宾国之一。

（三）防务合作取得突破

加强防务外交有利于增进中国与东南亚国家的安全关系。从双边层面来看，中国与东南亚大多数国家都建立了防务安全磋商机制，舰艇访问、联合演训、教育培训乃至国防工业等方面的务实合作也不断拓展。[④] 从多边层面看，中国与东盟各国在东盟地区论坛、东盟防长扩大会等框架下的合作日益增多，多次参与东盟地区论坛联合救灾演习、海上安全演习以及东盟防长扩大会海上安全与反恐演习等活动。[⑤]

具体来说，2018年中国与东南亚国家开展的防务合作主要有：第一，双边防长举行了多次会晤。10月，中国国务委员兼国防部长魏凤和访问了新加坡，出席东盟防长扩大会议，以及与东盟十国防长举行非正式会晤。东盟防长扩大会议之后，6位东盟国家防长前往北京参加第八届北京

---

① 《习近平主席对巴布亚新几内亚、文莱、菲律宾进行国事访问并同建交太平洋岛国领导人会晤纪实》，新华网，2018年11月22日，http://www.xinhuanet.com//world/2018-11/22/c_1123754816.htm，访问时间：2018年12月7日。

② 《驻东盟大使黄溪连在印尼〈雅加达邮报〉发表署名文章〈中国—东盟奏响合作共赢新乐章〉》，中国外交部网站，2018年11月13日，https://www.fmprc.gov.cn/web/dszlsjt_673036/t1612510.shtml，访问时间：2018年12月7日。

③ 《盘点马哈蒂尔总理访华成果，不可忽略的三个"没有变"》，澎湃网，2018年8月27日，https://www.thepaper.cn/newsDetail_forward_2383912，访问时间：2018年12月22日。

④ 《中国与东盟10国首次举行海上联演体现互信提升》，环球网，2018年10月24日，http://mil.huanqiu.com/world/2018-10/13350095.html，访问时间：2018年11月27日。

⑤ 同上。

香山论坛，北京香山论坛是政府官员、军官和学者讨论地区安全问题的年度会议。[①] 第二，多边军事演习。中国海军舰艇有史以来第一次与东南亚国家军舰一起参加了两场多边演习，一场演习是10月20—29日，中马泰三国在位于马六甲海峡的亚兰和巴生港举行的“和平友谊-2018”中马泰联合军事演习；另一场演习是10月22—28日举行的中国—东盟“海上联演-2018”实兵演习，这场演习是东盟各国海军与中国海军举行的海上演习，也是东盟首次与单个国家举行军事演习。

（四）地区热点、难点问题取得进展

一是南海问题取得明显进展。“南海仲裁案”后至今，在中国与东南亚有关国家的共同努力下，南海局势大局可控，制定“南海行为准则”（Code of Conduct, COC）磋商驶入快车道。2002年11月，中国和东盟国家达成双方第一份有关南海问题的政治文件，即《南海各方行为宣言》（Declaration on the Conduct of Parties in the South China Sea, DOC）；2017年11月13日，在第20次中国—东盟领导人会议上，中国和东盟国家宣布启动“南海行为准则”案文磋商；2018年8月2日召开的中国—东盟（10+1）外长会议上，中国与东盟国家达成了“南海行为准则”单一磋商文本草案。从《宣言》到“准则”，再到目前的“准则”单一磋商文本草案的达成，中国与东盟在打造和平稳定的南海地区秩序问题上取得了实质性进展。二是罗兴亚人（Rohingyas）问题取得积极进展。中方一直积极协助缅孟两国，搭建缅孟协商的平台，推动双方通过对话协商妥善解决若开邦（Rakhine State）问题。2018年中缅孟三国就妥善解决若开邦问题达成四点原则共识，打造了中缅孟三方非正式会晤机制，并且于6月和9月分别举行了三方非正式会晤。2018年已经促成双方达成了一个目标，就是启动首批避乱民众遣返工作，实现第一批民众遣返。

---

① 《中国加强对东南亚防务外交有四大收效》，参考消息网，2018年10月29日，http://column.cankaoxiaoxi.com/2018/1029/2345510.shtml，访问时间：2018年11月27日。

（五）澜湄合作从培育期进入成长期

2018年1月10日举行的澜湄合作第二次领导人会议，标志着澜湄合作已从“培育期”进入“成长期”。12月17日，澜湄合作机制第四次外长会议在老挝召开，王毅外长提出了建设产能澜湄、创新澜湄、民生澜湄、绿色澜湄和开放澜湄作为澜湄合作未来发展六大方向的目标。[①]2018年澜湄合作取得了许多实质性成果，比如实现了多个“第一”：共同举办了第一个“澜湄周”；成功举行第一次六国秘书处和协调机构培训；顺利实施第一批澜湄合作专项基金支持项目；成功召开第一届澜湄水资源合作论坛、产能合作论坛、全球湄公河研究中心智库论坛等。[②] 澜湄合作已进入第三个年头，其框架和蓝图得到了六国的认可，澜湄合作进入“撸起袖子加油干”的最好时期。[③] 老挝外交部长沙伦赛・贡玛西（Saleumxay Kommasith）在接受媒体采访时称，澜湄合作已成为次区域合作的典范。[④]

（六）RCEP谈判进入攻坚收尾阶段

在全球贸易紧张局势加剧的时候,《区域全面经济伙伴关系协定》（Regional Comprehensive Economic Partnership, RCEP）在各个层级的谈判力度均在加强，RCEP谈判的接近结束凸显了亚洲各国继续推动该地区贸易一体化的愿望。受中美贸易争端的影响，中美的紧张局势使RCEP成为东盟许多国家的首要议题。[⑤]2018年6月30日在日本东京举行的RCEP第五次部长级会议上，各方均认为在当前全球贸易面临单边主义挑战的背

---

① 《王毅谈澜湄合作未来发展六大方向》，中国外交部网站，2018年12月17日，https://www.fmprc.gov.cn/web/wjbz_673089/zyhd_673091/t1622549.shtml，访问时间：2018年12月22日。

② 《王毅谈澜湄合作实现多个“第一”》，中国外交部网站，2018年12月17日，https://www.fmprc.gov.cn/web/wjbzhd/t1622559.shtml，访问时间：2018年12月22日。

③ 卢光盛、罗会琳:《从培育期进入成长期的澜湄合作：新意、难点和方向》,《边界与海洋研究》2018年第2期，第20页。

④ 《携手共筑新时代的中国—东盟关系》，中国外交部网站，2018年3月14日，https://www.fmprc.gov.cn/web/dszlsjt_673036/t1542251.shtml，访问时间：2018年12月22日。

⑤ Bhavan Jaipragas, “Tashny Sukumaran, US-China tensions make Asian free-trade deal ‘a priority’,” *South China Morning Post*, 11 Oct. 2018, https://www.scmp.com/news/asia/southeast-asia/article/2168075/us-china-tensions-make-asian-free-trade-deal-priority，访问时间：2018年12月22日。

景下，尽快结束RCEP谈判至关重要，并表示努力在年底前形成一揽子成果。[①]2018年10月13日，16个RCEP谈判国在新加坡召开的第6次部长级会议上，将此前的具体成果以《联合新闻声明》的形式固定下来，为后面的谈判奠定了更好的基础。另外，中日作为亚洲地区最大的两个经济体，5月李克强总理成功访日，10月安倍首相成功访华，两国关系重回正轨，开启了中日关系新航程。中日关系的升温有利于亚洲区域经济合作进程的推进。简而言之，RCEP谈判有加速的迹象，如果按照目前的节奏发展下去，到2019年底完全结束RCEP谈判还是很有希望的。

二、2018年中国东南亚外交存在的问题

2018年中国的东南亚外交取得了不俗的成绩，但也面临着很多的问题。其中，美国因素是中国东南亚外交中的最不稳定因素。

（一）部分“一带一路”项目在东南亚屡遭取消且有被“敲竹杠”之嫌

在中国对“一带一路”沿线国家投资存量排名前十位的国家中，东南亚国家占到六个，分别是：新加坡、印度尼西亚、老挝、越南、缅甸和泰国。但是，中国在东南亚的建设项目进展并不顺利，多个投资项目都出现过被取消或暂停的情况。在越南，2018年6月越南多地发生民众抗议示威活动，一条本是面向世界各国在越南的投资者、而非特指中国的“将土地租赁期限延长至99年”的条款却被部分西方媒体借机炒作，诬陷中国的“99年租期”带有霸权企图。在马来西亚，2018年4月举行的大选中，92岁高龄的马哈蒂尔赢得选举，然而在大选过程中，中国投资和中国因素成为马国国民阵线和反对派各方博弈的一个焦点，马哈蒂尔上台初期更是着手叫停了两个中资项目，其中“东海岸铁路项目”一度被视为是“一带一路”倡议的旗舰项目。在缅甸，2018年8月缅甸缩减中国投资的皎漂港规模：由最初计划的建造10个泊位调整为2个，项目原定的总价值73亿美元

① 《中国商务部：RCEP谈判节奏正在加快》，中国新闻网，2018年7月17日，http://www.chinanews.com/cj/2018/07-17/8570276.shtml，访问时间：2018年11月1日。

也修订为约13亿美元。有报道称，缅方大幅缩减皎漂港规模，是为了避免因大量借债陷入“债务陷阱”。同年10月3日，由湖南省企业参与投资建设的“仰光新天地”项目被终止，而该项目是湖南省参与“一带一路”建设中最大的海外项目。在泰国，中泰铁路一波三折，截至2018年8月，该铁路过去6年的实际建设成果只是首段的3.5公里。

值得一提的是，8月马来西亚总理马哈蒂尔访华期间，宣布取消东海岸铁路计划和两项油气管道计划。有外媒认为，马来西亚一方面要求重新审视中国主导的“一带一路”倡议的大型项目，另一方面要求中国扩大在贸易和高科技领域的投资。[①] 马方既重视与中国的实际经济利益，又与中国保持距离，不免有“敲竹杠”的嫌疑。需要关注的是这些项目取消带来的长期负面影响，在这些项目中，有些因对象国国内局势被取消，有些国家对项目建设效果存疑，有些国家企图以“中断项目”相要挟，层层加码。最为麻烦的是，这种层层加码的现象有在对象国其他项目上或者是被其他国家复制的迹象。

（二）东南亚在中美之间“选边站”压力骤升

“选边站”也是影响中国与东南亚国家关系的重要因素。长期以来，中美关系的好坏直接影响着中国与东盟关系的发展。对东盟来说，与美国和中国都保持友好关系是其利益所在。[②] 因此，东南亚国家多为“中间国家”，其基本立场是在中美竞争关系中维持平衡。事实上，相对于它们完全倒向美国，这一定程度上也是符合中国利益的。但是，外部大国之间的互动塑造着东南亚地区秩序，影响该地区中小国家的战略选择。当大国竞争向全面对抗或战争过渡，多数东南亚国家的战略空间将被显著压缩，“选边站”的压力将会大幅增加。[③] 所以，即使东南亚国家不希望陷入中美对立带来的“选边站”困境，但目前中美两国已经在经济领域爆发了贸易战，

---

① 《外媒评述：马哈蒂尔访华展示老练外交》，参考消息网，2018年8月22日，http://column.cankaoxiaoxi.com/2018/0822/2314625_2.shtml，访问时间：2018年12月22日。

② 韦红：《美国因素对中国与东盟关系的影响》，《南洋问题研究》2006年第1期，第13页。

③ 刘若楠：《大国安全竞争与东南亚国家的地区战略转变》，《世界经济与政治》2017年第4期，第60页。

两国竞争有向全面对抗过渡的趋势，也就意味着东盟“选边站”的压力在大幅增加，这将促使东盟在中美之间维持平衡战略的难度加大。一旦东盟需要在中国和美国之间做出选择，这样的选择可能会摧毁东盟，破坏东盟本身的团结，不但可能导致东盟经济增长的减速，也可能引发一系列新的紧张局势和潜在的冲突。[①] 如果东南亚国家进入战略调整期，中国与东南亚的关系将出现短期的波动。

（三）美国加大对南海问题的介入力度

2018年南海问题总体趋势向好，但并不平静，美国因素成为南海问题最大的不稳定因素。相对于其他行为的威慑效应，比如军事演习或经济制裁，“航行自由行动”可以直接挑战中国的政策主张。因此在南海问题上，美国虽然有多种政策选择，但“航行自由行动”是其最为直接和明确的手段。[②] 这从2018年美国在南海问题上的“航海自由”军事行动频率提高，且更具挑衅性可以看出。2018年（截至2018年12月24日）美国海军在南海开展“航行自由行动”共5次（详见表1），相对于2016年的3次，2017年的4次，[③] 行动频率呈现出递增态势。美国在南海“航行自由”问题上主要出于三点战略考量：一是挑动南海紧张气氛，以维持南海议题的热度；二是推进台海和南海联动，进一步拉拢台湾当局；三是侧面助力中美贸易战，促使中方在贸易摩擦问题上做出让步。[④] 同时，美国还拉拢澳大利亚、英国、法国以及日本在该地区炫耀武力，使南海海上安全形势进一步复杂化。[⑤]

---

① Paul J. Bolt, “Contemporary Sino-Southeast Asian Relations,” *China: An International Journal*, Vol. 9, No.2, 2011, pp.294-295.

② 齐皓：《美国南海“航行自由行动”的国内争论及政策逻辑》，《现代国际关系》2016年第11期，第28页。

③ 也有一种说法是6次，其中2次未对外公开。

④ 陈子楠：《美国近期南海“航行自由行动”有三点战略考虑》，中美聚焦网，2018年12月20日，http://cn.chinausfocus.com/foreign-policy/20181220/35098.html，访问时间：2018年12月20日。

⑤ 朱峰：《2018年南海大国博弈新动向》，《世界知识》2018年第24期，第47页。

表1　2018年美国在南海开展的“航海自由行动”

序号	时间	事件
1	1月17日	美国海军“霍珀”号导弹驱逐舰进入中国黄岩岛12海里内海域
2	3月23日	美国海军“马斯丁”号驱逐舰进入南沙群岛美济礁12海里内
3	5月27日	美国“希金斯”号导弹驱逐舰和“安提坦”号导弹巡洋舰驶入西沙群岛中12海里内进行了演习行动
4	9月30日	美国海军“迪凯特”号导弹驱逐舰在南熏礁和赤瓜礁12海里以内的水域开展“航行自由”行动。
5	11月26日	美国“钱瑟勒斯维尔”号导弹巡洋舰在西沙海域开展“航行自由”行动。

资料来源：笔者根据相关新闻网页整理而成。

（四）美日等国大力拉拢东南亚国家参加“印太战略”围堵中国

“印太战略”不仅是美日谋划已久的针对中国的地缘政治型的围堵计划，也是抵消“一带一路”影响的对冲计划。[①] 美国将印太地区作为战略重点后，东南亚将成为其整个布局的衔接点。目前东南亚国家对“印太战略”心存疑虑，担心该战略将会弱化东盟在区域机制构建中的“中心地位”和加剧东盟内部的分歧。[②] 为了打消东南亚国家的疑虑，2018年6月美日印澳四国举行第二次四方安全对话时，美国强调了东盟在“印太地区”的中心地位，试图拉拢东盟，遏制中国。[③] 美国国务卿蓬佩奥8月展开了访问马来西亚、新加坡、印度尼西亚等国的东南亚之行，并宣布投资1.13亿美元支持印太地区未来的基础领域建设。显然，美国频频在东南亚国家之间出手，意在对冲中国“一带一路”倡议对东南亚国家的吸引力和影响力，以

---

① 黄彬华：《“印太战略”为何改称为“构想”？》，《联合早报》2018年12月8日，http://www.zaobao.com/zopinions/views/story20181208-914162，访问时间：2018年12月21日。

② 刘务：《“印太”战略构想对东盟“中心地位”的挑战》，朱翠萍主编：《印度洋地区发展报告（2018）》，北京：社会科学文献出版社，2018年，第242页。

③ 马建光：《中国与东盟军事外交：现状、前景及路径》，《南洋问题研究》2018年第3期，第56页。

服务其遏制中国的“印太战略”。[①]

（五）澜湄合作与该地区现有机制之间存在竞争

目前湄公河流域地区存在着三个重要的合作机制，分别是：湄公河委员会（MRC）、大湄公河次区域经济合作（GMS）、澜湄合作（LMC）。其中澜湄合作是中国—东南亚关系最为活跃的组成部分，是中国与湄公河国家次区域合作跃上新台阶的重要标志。[②] 然而，这三个机制同为湄公河国家共同参与的合作平台，在合作目标、领域、项目、会议议程等方面存在重叠和交叉。一方面，这些机制在功能上存在着重合；另一方面，由于各合作机制的主导力量不同，造成机制互相竞争。在此情况下，我国主导的澜湄合作与次区域已有机制，如与GMS、MRC等相关组织机制的关系协调，新老机制之间的对接，始终影响着澜湄国家参与合作的深度。[③]

三、中国东南亚外交的未来展望和对策建议

中国的东南亚外交日渐成熟，行稳致远。但是也面临着种种的问题，仍然需要进一步磨合。具体而言，未来中国的东南亚外交可从以下几方面入手：

（一）加快构建更为紧密的中国—东盟命运共同体，寻求“东方不亮西方亮”

在人类命运共同体的实现过程中，循序渐进、由近及远是一个合理可行的选择。[④] 习近平主席提出打造更高水平的中国—东盟战略伙伴关系、

① 《遏制中国的“印太战略”是如何稳步推进的》，《中国青年报》2018年8月9日，第12版，http://zqb.cyol.com/html/2018-08/09/nw.D110000zgqnb_20180809_2-12.htm，访问时间：2018年12月24日。

② 刘卿：《澜湄合作进展与未来发展方向》，《国际问题研究》2018年第2期，第46页。

③ 卢光盛、罗会琳：《澜湄合作：发展评估和未来方向》，《世界知识》2018年第3期，第30页。

④ 卢光盛、别梦婕：《澜湄国家命运共同体：理想与现实之间》，《当代世界》2018年第1期，第42页。

迈向更为紧密的中国—东盟命运共同体，这是中国—东盟双方关系未来发展的大方向。[①] 面对当前中国—东盟合作中的问题和挑战，建立基于深度利益交融和战略互信的命运共同体是深化中国—东盟合作的根本途径。[②] 因此，以澜湄合作为切入点，构建澜湄国家命运共同体，进而构建中国—东盟命运共同体，是未来中国东南亚外交的最好选择和理想路径。同时，在中美关系紧张的背景下，加强与东南亚国家的务实合作，也有利于达到“东方不亮西方亮”，即与太平洋东岸的美国关系紧张的情况下，实现东南亚外交成为中国周边外交新亮点的有利周边局面。

（二）深入对接中国—东盟发展战略，促进地区合作机制的协调与融合

中国在东南亚地区的区域合作规划如果另起炉灶，可能会加强东南亚国家对中国的疑虑。因此，应该通过与东盟整体和东南亚各国的发展战略对接，以合作共赢为目的来促进形成共同利益，进而提高各方参与合作的积极性。首先，注重区域合作规划与东盟整体及东南亚各国的发展规划的对接。可加强与东盟制定的《东盟地区共同体愿景2025》、泰国的《东部经济特区法》、缅甸的《国家全面发展20年规划》等相关发展战略规划的对接。其次，在“一带一路”倡议框架下，进一步推动LMC、GMS与《东盟互联互通总体规划2025》等发展战略的充分对接。第三，推进LMC和GMS等诸合作机制的协调发展。第四，加强“南北”和“东西”经济走廊的对接，形成东西互补，海陆联动的格局。在对接的过程中，形成共同利益并合理分配、共同承担并发挥各自相应的责任，增强各方参与合作的积极性。[③]

---

① 《谱写相知相交相亲的美好篇章》,《人民日报》2018年11月26日，第3版，http://paper.people.com.cn/rmrb/html/2018-11/26/nw.D110000renmrb_20181126_2-03.htm，访问时间：2018年12月7日。

② 阮建平、陆广济:《深化中国—东盟合作: 从“利益共同体”到“命运共同体”的路径探析》,《南洋问题研究》2018年第1期，第8页。

③ 卢光盛、罗会琳:《澜湄合作：发展评估和未来方向》,《世界知识》2018年第3期，第31页。

（三）加强第三方市场合作，发掘区域合作新的增长点

在东南亚地区加强第三方市场合作，有利于规避中国与美日印等域外国家在东南亚地区的恶性竞争。在涉及东南亚甚至是东亚地区的安全、政治、经济合作等重大的多边问题上，尤其是对于建设工期较长，或者涉及多国的“一带一路”项目，加强第三方市场合作，有利于降低损失和减少东道国对中国的战略意图的顾虑。事实上，在东南亚地区与中国存在竞争并与中国具备不同比较优势的国家，都可成为第三方市场合作重点考虑的对象。在具有合作意愿的基础上，我方可主动邀请第三方国家参与到中国与东南亚国家的合作中，也可以主动参与到日美等国在东南亚地区开展的项目中。

（四）挤压“印太战略”的生存空间，防止东南亚国家倒向美方阵营

郑永年教授指出，在处理和东盟的关系上，中国面临着一个困境：中国不仅要防止出现一个统一的、反对中国的东盟，也要防止其他大国分化东盟，一旦东盟分化，诸多东盟国家转向他国将对中国构成威胁。[①] 在美国大力推行以对立思维为特征的“印太战略”的地区背景下，如果东南亚国家完全加入“印太战略”，我国不仅面临着美日印等域外大国联手“制衡”和“被孤立”的风险，还面临着东盟“抱团抵抗”的风险。因此，我国既要防止东盟分化，也要防止东南亚国家“一边倒”向美国。一方面，我国应支持东盟在区域合作中的中心地位，支持东盟共同体的建设。另一方面，要抓住近年来东南亚国家释放出的善意，争取东南亚国家倾向中国。最为关键的是，要避免美国拉拢东南亚加入“印太战略”过程中东南亚国家完全倒向美国。

四、结论

当今世界正处于百年未有之大变局，但变局之中也暗藏机遇。东南亚

① 郑永年:《亚洲新秩序》，广州：广东人民出版社，2018年，第83页。

是我国周边外交的优先方向，是“一带一路”建设的重点区域，还是人类命运共同体的先行先试。中国的东南亚外交正处于快速发展期，展望未来，在新的战略形势下，未来美国可能会在东南亚地区打组合拳，并将对华施压的范围扩大到贸易领域之外。中国外交的未来重点应该继续坚持把东南亚作为周边外交的优先方向，将中国的东南亚外交塑造为中国周边外交的新亮点，实现“东方不亮西方亮”的有利外交格局。

第三章
中国的南亚外交：成就与隐忧并存

林民旺

【内容提要】2018年中国南亚外交取得了不少突破性的进展。最主要是，改善了中国与南亚最大国家印度的关系，两国领导人在武汉举行了非正式会晤，实现了洞朗对峙后双方关系的顺利“重启”。2018年中国在南亚推进的“一带一路”建设取得了积极进展，在地区热点问题上扮演了更加显著的角色。与此同时，2018年进入南亚国家的选举季，印度洋岛国马尔代夫和斯里兰卡的内政变化，给中国的南亚外交带来了新的考验和挑战。

【关键词】武汉会晤　中印+　一带一路

【作者简介】林民旺，复旦大学国际问题研究院研究员。

2018年中国南亚外交取得了不少突破性的进展。最主要是，改善了中国与南亚最大国家印度的关系，两国领导人在武汉举行了史无前例的非正式会晤，实现了两国关系在洞朗对峙后的“重启”。2018年中国在南亚推进“一带一路”建设也取得了更加积极的进展，在南亚形势及地区热点问题上，中国扮演了更加显著的角色。与此同时，印度洋岛国马尔代夫和斯里兰卡的内政变化，以及2019年的印度大选，都给中国的南亚外交增添了诸多不确定性，中国的南亚外交将在2019年面临不少考验。

一、2018年中国南亚外交的成就

（一）武汉会晤下的中印关系重启

2018年2月以来，中印双方开始释放积极信号，为武汉非正式会晤进行预热。中国驻印度大使罗照辉表示，"武汉会晤"能够最终确定，经历了一段过程和努力。2017年6月上合组织阿斯塔纳峰会期间，印度总理莫迪向习近平主席提出举行非正式会晤。洞朗对峙后，习近平主席在2017年9月金砖国家领导人厦门会晤期间就此向莫迪总理做出积极回应。金砖厦门会晤后，双方投入大量精力筹备非正式会晤。两国边界问题特别代表、两国外长均在短时间内实现互访。2018年2月和12月，中国外交部副部长孔铉佑和印度外秘顾凯杰实现互访。3月，中国商务部长钟山访印。印香客赴"神山圣湖"朝圣、跨境河流问题得以解决。特别是2018年3月20日中国"两会"结束当日，莫迪总理即向习近平主席来电祝贺。这些都为4月习近平主席同莫迪总理在武汉举行非正式会晤做了很好预热和铺垫。①

2018年2月底，在印度前任驻华大使、现任外交国务秘书顾凯杰（Vijay Keshav Gokhale）访问北京后，印度外交部就向印度内阁发出通知，要求政府官员不参加由达赖集团在新德里组织的纪念活动，随后更要求将纪念活动放在新德里之外。3月20日，印度总理纳伦德拉·莫迪（Narendra Modi）致电中国国家主席习近平，祝贺习近平当选连任中国国家主席，并表示了希望加强两国领导人战略沟通的愿望。最终，2018年4月22日国务委员兼外交部长王毅与来华访问的印度外长苏诗马·斯瓦拉吉（Sushma Swaraj）最终确定了领导人会晤的安排后，共同对外宣布了两国领导人将举行武汉会晤。

2018年4月27—28日举行的中印领导人武汉会晤，增进了两国领导人之间的友谊，增进了两国的战略互信，促进了在一系列双边问题上的合作。在国际地区问题的协调上，双方同意首先在阿富汗开展"中印+"合

① 《驻印度大使罗照辉解读中印领导人武汉非正式会晤》，中华人民共和国驻印度大使馆网站，2018年5月4日，http://in.china-embassy.org/chn/sgxw/t1556781.htm，访问时间：2018年11月12日。

作，然后再扩大双方的合作范围，同意在孟中印缅框架下加快经济合作，在应对全球形势的变化上双方也取得共识。对于两国的分歧，双方要求通过协商予以管控。在预热及落实武汉会晤的精神下，印度官方香客经由乃堆拉山口赴藏朝圣得以恢复，中方重启向印方提供雅鲁藏布江的汛期数据。中印边境事务磋商和协调工作机制、中印军控磋商机制、中印海上安全合作对话机制、高级别人文交流机制都在2018年内得以开启。10月22日，中国与印度首次执法安全高级别会晤在新德里举行。中国国务委员、公安部部长赵克志与印度内政部部长辛格共同签署了《中华人民共和国公安部与印度共和国内政部合作协议》。

与此同时，中印两军的交流得以加强。2018年7月2—6日，西部战区副司令员刘小午中将率战区边防代表团访问印度。8月21—24日，中国国务委员兼国防部长魏凤和上将对印度进行正式友好访问。中印第七次“携手”陆军联训也于2018年12月在成都顺利举行。此外，在缓解贸易逆差、缓和“一带一路”倡议问题上的分歧等，中印都达成了共识，并为此进行了初步努力，取得了不少突出的亮点，这也预示着中印关系逐渐趋暖的发展态势。

（二）南亚“一带一路”建设的进展

南亚是“一带一路”建设的重要方向。除了印度和不丹外，其他南亚国家都加入了“一带一路”建设。2018年的南亚“一带一路”建设，成就与曲折同样明显。

2018年7月底，巴基斯坦举行了国民议会选举，正义运动党党主席伊姆兰·汗（Imran Khan）成为新一任巴基斯坦总理，打破了巴基斯坦一直以来两大政治家族“轮流坐庄”的局面。由于之前伊姆兰·汗对中巴经济走廊多有批评，因此很多媒体猜测中巴经济走廊可能会遇到变故。在伊姆兰·汗就职总理后，对中巴经济走廊开始持更加积极的表态。2018年9月8日，国务委员兼外长王毅访问巴基斯坦，同巴基斯坦新政府全面对接，就各领域的合作全面对表，主要是为新形势下的中巴关系起好步，开好头。访问期间，王毅外长同巴基斯坦外长库雷希达成十项重要共识：

一是要深化战略互信，加强战略沟通。双方要更坚定地相互支持彼此核心和重大利益，更密切地就共同关心的重大问题沟通协调。二是要更好推进中巴经济走廊建设。确保已建成项目正常运行、在建项目顺利推进。同时根据巴方下一步经济社会发展重点和民众需求，协商确定走廊未来发展路径和合作方向。重点加快产业合作和民生项目建设，并逐步向巴西部地区延伸。三是要力争双边贸易平衡发展。中国将通过派遣采购团等方式扩大自巴进口，为巴农产品输华提供更大便利，努力缩小巴对华贸易逆差。四是要大力开展产能合作。中方将支持巴方发展本国的制造业，提高自主发展能力，增加就业和扩大出口，加快融入国际产业链。五是要以民生为重点加强发展合作。中方将把对巴援助更多向农业、教育、医疗、饮水等民生领域倾斜，让更多的民众得到实实在在的利益和福祉。六是要加强防务安全合作。促进两国军队和执法机构交流，坚决打击"东伊运"恐怖势力。中方将支持巴方根据本国国情继续坚定打击恐怖主义。七是要加强治国理政经验交流。中方愿根据巴方需要举办扶贫、反腐和经济发展等领域的研讨班，在巴建设扶贫示范项目。八是要扩展人文领域交流。保持并扩大两国青年互访规模，加强职业教育合作。中方将继续采取步骤，为巴公民来华提供更多签证便利。九是要加强在国际和地区事务中的合作。共同推进阿富汗和解进程，共同反对贸易保护主义、单边主义、冷战思维和强权政治，推动建设新型国际关系和人类命运共同体。十是要继往开来，推动中巴全天候战略合作伙伴关系迈上新台阶，打造更加紧密的中巴命运共同体，进而为构建人类命运共同体做出中巴双方的贡献。①

同时，王毅外长着重向国际社会介绍了中巴经济走廊的情况，批评国际社会对"一带一路"的"债务陷阱"等各种说法。在中巴经济走廊框架下，目前共有22个合作项目，其中9个已完工，13个在建，总投资190亿美元，带动巴每年经济增长1至2个百分点，给巴创造了7万个就业机会。走廊的早期收获以能源和交通基础设施为主，这些项目有助于突破巴经济发展的瓶颈制约，为走廊下一步发展奠定了重要基础。双方初步商定，走廊发展将逐步向产业合作深化，重点帮助巴方发展制造业，培育自主发展

① 《王毅谈中巴外长达成十项重要共识》，中国外交部网站，2018年9月8日，https://www.mfa.gov.cn/web/zyxw/t1593415.shtml，访问时间：2018年11月10日。

能力，从而增加就业，扩大贸易。同时更加注重改善巴的民生，让更多的巴民众从走廊中受益。目前巴方所持外债中，47%来自多边金融机构。而中巴经济走廊的22个项目中，18个由中方直接投资或提供援助，只有4个使用的是中方的优惠贷款。因此，可以明确地说，走廊项目并没有加重巴方的债务负担。相反，这些项目陆续建成运营，将释放应有经济效益，给巴方带来可观经济回报。王毅外长表示，关于走廊建设的“透明度”问题，中巴都一致认为，走廊项目一直是透明的，所有项目都经过科学论证，履行应有程序，“透明”从来就不是一个问题。中巴双方愿意吸引第三方参与走廊建设，使中巴经济走廊不仅造福中巴两国人民，也能为促进区域经济合作和互联互通，实现共同发展做出更大贡献。[①] 随着走廊建设的深入，沙特和阿富汗正在逐步进入到共建这一走廊的进程。

2018年11月2—5日，巴基斯坦总理伊姆兰·汗对中国进行首次正式访问，并在首届中国国际进口博览会做主旨发言，签署《中巴关于加强中巴全天候战略合作伙伴关系、打造新时代更紧密中巴命运共同体的联合声明》。[②] 可以说，此次访问打消了国际社会对中巴关系的任何怀疑，双方在中巴经济走廊建设上达成了新共识。

中孟在“一带一路”建设上也取得了可喜的进展。2018年6月29日，国务委员兼外交部长王毅与孟加拉国外长阿布·阿里举行会谈后称，中孟一致同意要推动务实合作换挡提速，加强发展战略对接，重点推动基础设施、贸易投资、发展援助“三驾马车”合作。中孟大项目建设进展顺利，为促进孟经济社会发展发挥了重要作用，中方为此提供了必要融资支持。2017年和2018年孟加拉国都是接受中国优惠贷款最多的国家。中方积极采取措施扩大自孟进口，双方正推进自贸协定可行性研究，争取实质性进展。中方在支持孟方提高自主发展能力，加快工业化进程上，继续支持两国企业在金融服务等领域开展投资合作，帮助孟发展“互联网+”等新

① 《王毅：中巴经济走廊建设成果实实在在，没有加重巴债务负担》，中国外交部网站，2018年9月8日，https://www.mfa.gov.cn/web/zyxw/t1593417.shtml，访问时间：2018年11月10日。

② 《中华人民共和国和巴基斯坦伊斯兰共和国关于加强中巴全天候战略合作伙伴关系、打造新时代更紧密中巴命运共同体的联合声明》，中国外交部网站，2018年11月4日，https://www.mfa.gov.cn/web/zyxw/t1610023.shtml，访问时间：2018年11月10日。

兴行业。中方愿进一步加强同孟方务实合作，助力孟实现“金色孟加拉”梦想。[①]

中国与尼泊尔的“一带一路”建设在2018年获得重要突破。1月12日，中国电信集团公司与尼泊尔电信公司在尼泊尔首都加德满都举行两国跨境光缆开通仪式，这标志着尼泊尔正式通过中国的线路接入互联网。2018年4月18日，国务委员兼外交部长王毅在北京同尼泊尔外长普拉迪普·贾瓦利（Pradeep Kumar Gyawali）会谈后共同会见记者，对中尼印三方合作提出建议，要努力打造跨越喜马拉雅的立体互联互通网络，要建设中国、尼泊尔、印度三边经济走廊。三国应该携手合作，实现共同发展和共同繁荣。[②]

2018年6月19—24日，尼泊尔总理卡德加·普拉萨德·夏尔马·奥利（Khadga Prasad Sharma Oli）对中国进行正式访问，双方承诺将加强“一带一路”倡议下合作，加强口岸、公路、铁路、航空、通信领域的联通，打造跨喜马拉雅立体互联互通网络。双方签署了建设由吉隆至加德满都跨境铁路的合作备忘录和经济技术合作协定等多项合作协议。[③]另一个重要的进展则是，2016年中尼就签署了《中华人民共和国政府和尼泊尔政府过境运输协定》开展过境运输合作，奥利此访加速了就这一过境运输协定后续议定书的谈判。最终于9月7日，中国与尼泊尔在加德满都签署运输协议，允许尼泊尔使用中国4个海港和3个陆港与其他国家进行贸易。根据协议，尼泊尔可以使用中国天津、深圳、连云港、湛江的港口，以及兰州、拉萨、日喀则的陆港与其他国家进行贸易往来。[④]

---

① 《王毅与孟加拉外长阿里共同会见记者》，中国外交部网站，2018年6月29日，https://www.fmprc.gov.cn/web/gjhdq_676201/gj_676203/yz_676205/1206_676764/xgxw_676770/t1572826.shtml，访问时间：2018年11月20日。

② 《王毅谈中国尼泊尔印度三方关系：打造跨越喜马拉雅的立体互联互通网络》，中国外交部网站，2018年4月18日，https://www.fmprc.gov.cn/web/gjhdq_676201/gj_676203/yz_676205/1206_676812/xgxw_676818/t1552139.shtml，访问时间：2018年11月20日。

③ 《中华人民共和国和尼泊尔联合声明》，中国外交部网站，2018年6月22日，https://www.mfa.gov.cn/web/zyxw/t1570976.shtml，访问时间：2018年11月20日。

④ 《中国和尼泊尔签“历史性”港口协议印媒很酸》，环球网，2018年9月10日，http://mil.huanqiu.com/world/2018-09/12973419.html，访问时间：2018年11月20日。

（三）中国在南亚热点及争议问题上发挥着更大作用

中共十八大以来，中国在南亚地区事务中扮演了更加积极的角色。在南亚几个地区热点问题上，中国都越来越扮演更加重要的角色。

首先是缅孟之间的罗兴亚人危机。在缅甸罗兴亚人危机再次爆发后，2017年11月王毅外长分别访问孟加拉国和缅甸，同两国进行磋商，以寻找双方都能接受的解决办法，最终达成了采取“三步走”解决罗兴亚人问题的共识。一是实现现地止暴，恢复稳定秩序。二是孟缅双方通过沟通协商，启动遣返进程。三是通过促进发展，推动这一地区摆脱贫困，消除动荡根源。

2018年6月，国务委员兼外长王毅在北京同缅甸国务资政府部部长吴觉丁瑞（U Kyaw Tint Swe）和孟加拉国外长阿里举行三方非正式会晤。2018年9月27日，国务委员兼外长王毅又在纽约联合国总部同缅甸国务资政府部部长吴觉丁瑞和孟加拉国外长阿布·阿里（Abul Hassan Mahmood Ali）举行中缅孟三方非正式会晤，联合国秘书长安东尼奥·古特雷斯（António Guterres）应邀出席。会晤达成三点重要共识。一是缅、孟双方同意通过友好协商妥善解决若开邦问题。二是孟方表示已做好遣返第一批避乱民众的准备，缅方也表示已做好接收首批避乱民众的准备。三是双方同意尽快召开联合工作组会议，形成遣返路线图和时间表，尽快实现首批遣返。[①]

在中方的努力下，“三步走”的第一步已经完成，第二步正在开展之中。经过孟缅双方的共同努力，包括联合国有关专门机构的努力，启动遣返若开邦避难民众工作的条件已经基本具备。[②] 11月，孟缅双方在处理若开邦问题上取得重要进展，同意于11月中旬启动首批避乱民众遣返工作。

① 《中缅孟非正式会晤达成三点重要共识》，中国外交部网站，2018年9月28日，https://www.fmprc.gov.cn/web/gjhdq_676201/gj_676203/yz_676205/1206_676764/xgxw_676770/t1600037.shtml，访问时间：2018年11月20日。

② 《王毅与孟加拉外长阿里共同会见记者》，中国外交部网站，2018年6月29日，https://www.fmprc.gov.cn/web/gjhdq_676201/gj_676203/yz_676205/1206_676764/xgxw_676770/t1572826.shtml，访问时间：2018年12月20日。

这将为处理这个复杂的历史问题创造一个好的开端，并为下一步遣返积累经验。

其次是积极调解阿富汗与巴基斯坦关系。巴基斯坦和阿富汗长期相互指责对方包庇、支持恐怖主义，导致近年来关系陷入紧张。为了斡旋巴阿关系，中国外长王毅2017年6月分别访问阿富汗和巴基斯坦两国，三方同意建立中阿巴三国外长会晤机制，并在2017年12月在北京举行了首次三国外长对话。2018年12月15日，在阿富汗喀布尔举行第二次中阿巴三方外长对话。另一个与之配套的机制则是中阿巴三方务实合作对话会的建立。首次中阿巴三方务实合作对话会于2017年5月27日在北京举行。第二次对话会于2017年9月26—27日在喀布尔举行，三国一致同意加强在政治互信与和解、发展合作与联通、安全合作与反恐三大领域推进三方合作。[①] 作为落实三国外长对话共识的机制，三方副外长级战略对话、副外长级反恐安全磋商、司局级务实合作对话等机制也在年内持续加强。2018年5月29日，第三次中阿巴三方务实合作对话会在北京召开，三方回顾了中阿巴务实合作进展，就下步工作方向及重点合作项目等交换意见，同意加强政策沟通和机制建设，加快推进人力资源、人文交流项目，探讨在民生建设和基础设施领域开展项目试点，推动中巴经济走廊向阿富汗延伸，促进三方互利共赢和区域互联互通。[②]

第三是中国借上海合作组织平台调解印巴关系。2017年6月的上合组织阿斯塔纳峰会，正式将印度、巴基斯坦吸纳为正式成员国。2018年6月的青岛峰会，是印巴领导人首次参加上合峰会。青岛峰会的举行间接地推动印巴努力保持克制并化解分歧。在6月初新加坡的香格里拉对话会上，莫迪的主旨发言中只字不提巴基斯坦，这与此前印度领导人在多边场合称巴基斯坦是“恐怖主义母舰”形成鲜明对比。此前的5月29日，双方更是同意在克什米尔地区停火。同时，青岛峰会期间，印度媒体敏锐地捕捉到了莫迪与巴基斯坦总统马姆努恩·侯赛因（Mamnoon Hussain）微笑

① 《第二次中国—阿富汗—巴基斯坦三方外长对话联合声明》，中国外交部网站，2018年12月17日，https://www.fmprc.gov.cn/web/wjbzhd/t1622629.shtml，访问时间：2018年12月21日。

② 《中阿巴举行第三次三方务实合作对话》，中国外交部网站，2018年5月29日，https://www.fmprc.gov.cn/web/wjbxw_673019/t1563396.shtml，访问时间：2018年11月13日。

握手寒暄的一幕。同样，在8月22—29日在俄罗斯举行为期一周的“和平使命–2018”联合军演中，印巴两国首次在上海合作组织框架下进行了共同的军事演习。随着巴基斯坦新总理伊姆兰·汗上台，印巴关系一度出现缓和迹象，不过由于印度内政的影响，这一进程暂时仍难以看出实质性的发展。

除此之外，中国在南亚及印度洋显示了越来越大的影响和存在。2018年7月22—24日，外交部副部长孔铉佑访问不丹。双方同意，应继续推进边界谈判，恪守已达成的原则共识，共同维护好边境地区和平和安宁，为最终解决边界问题创造积极条件。[①] 这是中印洞朗对峙后，中国高官首次访问不丹，同时也因为不丹随后将举行大选，因此备受印度媒体关注。另一个受到关注的访问则是2018年7月27日国家主席习近平过境毛里求斯并进行友好访问，这是时隔9年后中国领导人又一次访问这一岛国。在访问中，习近平主席提出发挥毛里求斯参与共建“一带一路”的独特区位优势。[②] 2017年12月中毛正式启动了自贸协定谈判，经过四轮正式谈判和多轮会间磋商，最终于2018年8月30日在北京就协定全部内容达成一揽子协议。谈判实现了“全面、高水平、互惠”的目标，范围涵盖货物贸易、服务贸易、投资、经济合作等众多领域。9月2日在国务院总理李克强和毛里求斯总理贾格纳特共同见证下，中毛共同签署了《中华人民共和国商务部与毛里求斯共和国外交、地区一体化和国际贸易部关于结束中国毛里求斯自由贸易协定谈判的谅解备忘录》，宣布谈判正式结束。这是我国与非洲国家商签的第一个自由贸易协定。双方协定的达成不仅将为深化中毛双边经贸关系提供更加强有力的制度性保障，还将赋予中非全面战略合作伙伴关系以全新的形式和内容，推动我国与非洲国家形成更加紧密的利益共同体和命运共同体，更好地促进“一带一路”倡议对接非洲经济一体化

---

① 《外交部副部长孔铉佑访问不丹》，中国外交部网站，2018年7月24日，https://www.fmprc.gov.cn/web/gjhdq_676201/gj_676203/yz_676205/1206_676380/xgxw_676386/t1579769.shtml，访问时间：2018年11月10日。

② 《习近平会见毛里求斯总理贾格纳特》，中国外交部网站，2018年7月29日，https://www.mfa.gov.cn/web/zyxw/t1581086.shtml，访问时间：2018年11月10日。

进程。[①]

此外，尼泊尔从2018年9月17日开始与中国进行为期十天的反恐等方面的军事演习。传统上，尼泊尔与印度和美国开展军事合作，如今也拓展到中国。更受关注的是，尼泊尔没有参加由印度主导组织的“孟加拉湾多部门经济技术合作计划”（BIMSTEC）反恐联合军演，被认为是中国影响力越来越大的体现。

二、中国南亚外交的波折与前景

2018年的中国南亚外交成绩显著，但2018—2019年刚好是南亚地区的“大选季”，这给地区局势与对华关系也带来诸多变数。

尼泊尔在历经十来年的内部动荡之后，完成了“历史性”的政治转型进程。2017年12月的大选中，由尼泊尔共产党（联合马列）与尼泊尔共产党（毛主义中心）联合组成的左翼联盟在选举中取得压倒性优势，被普遍认为亲印度的尼泊尔大会党就此落败。2018年5月，尼泊尔共产党（联合马列）与尼泊尔共产党（毛主义中心）两党正式合并，更是使奥利政府有望持续执政5年，尼泊尔可能进入政治稳定和经济发展的新阶段。在外交上，尼泊尔更加注重在中印之间采取平衡外交。奥利政府在同中国的互联互通项目上取得重大突破的同时，在4月访问印度时也达成了同印度加强互联互通领域合作的协议，双方决定在贸易和过境协定框架内修建两国间的内陆航道和铁路，显然这一合作存在对冲中国项目的可能性。

马尔代夫是“一带一路”建设的重要国家。8月30日，由中国援助的中马友谊大桥举行开通仪式，这是中马共建“一带一路”重要成果。9月，由中国企业承建的维拉纳机场改扩建工程跑道项目也顺利完工。但是，马尔代夫的政治不稳给中马“一带一路”建设带来了隐忧。这种隐忧早在2018年2月马国内的政治危机中就已体现。当时前总统穆罕默德·纳希德（Mohamed Nasheed）请求印度政府出兵干涉，中国则严格遵循不干涉他国

① 《中国—毛里求斯自由贸易协定谈判结束》，中国商务部网站，2018年9月2日，http://www.mofcom.gov.cn/article/ae/ai/201809/20180902781917.shtml，访问时间：2018年11月10日。

内政原则，最终危机和平地平息了。但是，在9月23日的总统选举中，被认为亲中国的阿卜杜拉·亚明（Abdulla Yameen）连任失败，反对派领导人易卜拉欣·穆罕默德·萨利赫（Ibrahim Mohamed Solih）获胜。由于马尔代夫反对党先前就指责“一带一路”建设是“债务陷阱外交”，称中方贷款加重了马尔代夫的国家负担等，因此萨利赫当选后舆论普遍认为“一带一路”建设在马尔代夫遭遇挫折。虽然马尔代夫新总统萨利赫感谢中方为马国家发展所做贡献，强调马新政府致力于加强同中国关系和各领域合作，推动两国关系更好发展，[①] 且马尔代夫新政府并没有阻扰“一带一路”建设，但是明显印度加大了对新政府的影响。莫迪不仅亲自出席萨利赫的就职仪式，而且随后印度还承诺向马尔代夫提供14亿美元的贷款，马尔代夫与印度的关系发展趋势对“一带一路”建设而言并不乐观。

不丹选举结果也可能导致其不同外交政策的取向。2017年的洞朗对峙，很大因素就是由不丹所致。随着不丹在未来中印关系中的重要性上升，因此其内政变化也越来越受关注。2018年7月，中国外交部副部长孔铉佑对不丹的访问，就引起了印度的高度关注。2018年的不丹选举，同样充满着不少戏剧性的变化。根据不丹的宪法规定，任何注册的政党都可以参加首轮选举，但只有在首轮中得票最多的两个政党才能获得角逐第二轮选举的资格。在9月15日的首轮选举中，繁荣进步党（DPT）和不丹统一党（DNT）进入10月18日的第二轮终选，而亲印度的执政党人民民主党则失去了进入下一轮的机会。10月18日举行的第二轮终选，不丹统一党几乎大获全胜。11月7日不丹统一党主席洛塔·策林（Lotay Tshering）宣誓就任不丹新首相，开始为期5年的任期。很多印度媒体认为，这实际上部分反映出不丹人民对印度的不满情绪有多大。由于洛塔·策林是技术出身（医生），目前的外交倾向并不明显。

孟加拉国在2018年12月迎来大选。2018年2月，孟加拉国特别法庭认定民族主义党主席卡莉达·齐亚（Khaleda Zia）贪污罪名成立，判处有期徒刑5年，她也由此失去了参加大选的资格。10月民族主义党联合前外

① 《中国—马尔代夫：面向未来的合作伙伴》，中华人民共和国驻马尔代夫大使馆网站，2018年10月14日，http://mv.chineseembassy.org/chn/sgsd/t1604033.htm，访问时间：2018年11月10日。

长侯赛因组成新的反对党联盟联合民族阵线。11月11日这一阵线正式对外宣布参加本次大选。中孟“一带一路”建设的既有项目基本是在哈西娜政府时期签署实施的。12月30日，现任总理哈西娜（Sheikh Hasina）在总理大选上连续第三次获得压倒性胜利。中国国家主席习近平与国务院总理李克强致电衷心祝贺哈西娜胜选。大选结束后，次日，中国驻孟大使张佐赴总理官邸拜会哈西娜。据当地媒体《每日星报》报道，张佐高度评价在哈西娜总理领导下的孟加拉国的发展情况。他希望，哈西娜的“愿景–2021”战略能够成功落实，使孟加拉国成为中等收入国家。张佐还表示，希望两国战略合作能够继续发展。哈西娜对中国领导人的祝贺表示感谢，并高度评价中国对孟加拉国发展的一贯支持。她称中国为“好朋友”，并表示，希望在自己执政的下一个五年，中国能够加大对孟投资。

另一个更值得关注的是斯里兰卡发生的危机将如何发展。斯里兰卡总统迈特里帕拉·西里塞纳（Maithripala Sirisena）10月26日解除拉尼尔·维克勒马辛哈（Ranil Wickremesinghe）的总理职务，宣布由前总统马欣达·拉贾帕克萨（Mahinda Rajapaksa）出任总理。但议会议长贾亚苏里亚力挺维克勒马辛哈，称他仍是合法总理。维克勒马辛哈本人也坚持自己仍得到议会多数议员的支持。于是，总统西里塞纳11月9日宣布解散议会，将于2019年1月5日提前举行议会选举。但是维克勒马辛哈领导的统一国民党随即联合其他党派以西里塞纳解散议会不具合法性为由，于11月12日上诉至最高法院，质疑总统西里塞纳日前解散议会的合法性，认为根据斯里兰卡宪法第19修正案，总统无权解散议会，因此他们要求最高法院发布命令废除西里塞纳宣布解散议会的公报。11月13日，最高法院颁布临时命令，中止执行西里塞纳的政令。12月13日，斯里兰卡最高法院又裁定，西里塞纳解散议会并提前举行议会选举的决定违宪。在此背景下，拉贾帕克萨于12月15日宣布辞去总理职务，12月16日维克勒马辛哈向总统西里塞纳宣誓出任新一届政府总理。自此，斯里兰卡“两个总理”政治僵局才算告一段落。在这一事件过程中，印度和美欧国家都表示了关注，因为这一印度洋岛国的内政变化，可能影响到不同国家的地区利益。

中国南亚外交最重要的“大选”因素则是2019年上半年将迎来的印度大选。莫迪本人及印度人民党在近年来的地方选举中所向披靡，似乎预示着莫迪政府继续执政的可能。只是，印度人民党如此大比分的优势已经让所有的反对党都感觉岌岌可危，也激发出其他党派更强的“求生欲望”。印度大选的结果仍旧存在着可能变数。莫迪如继续执政，相信能够为未来五年的中印关系稳定提供一定保障。如果选举是另一种结果，则中印关系可能又要处在另一轮的变动发展之中了。

简言之，2018年的南亚“大选季”之后，南亚将可能迎来新的地区局势。随着“一带一路”建设在南亚的推进和深入发展，南亚各国不同政党执政，显然是中国需要关注的。这一方面是保障中国利益的需要，另一方面则是由于其他大国可能利用南亚国家内政不稳定而涉入其内部选举，影响这些国家的内部政治。

第四章
中国的中亚外交：持续巩固和深入

张　宁

【内容提要】2018年中亚形势总体稳定，各国集中发展本国经济，稳妥处理大国关系，经济已走出谷底，继续缓慢爬升，保持增长势头，但本币贬值压力巨大。中国与中亚关系继续深化，政治互信不断加深，地区安全亦得到有效维护，“丝绸之路经济带”建设稳步推进。未来，中国与中亚国家将继续重点发展“丝绸之路经济带”与中亚国家，以及上海合作组织与欧亚经济联盟的对接合作，中国西部将维持良好的稳定与发展环境。

【关键词】中国外交　中亚　上海合作组织　一带一路

【作者简介】张宁，中国社会科学院俄罗斯东欧中亚所中亚研究室研究员。

2018年，中亚国家国内选举平稳进行，经济缓慢向前。俄罗斯主导的欧亚经济联盟、中国的“丝绸之路经济带”建设以及美国的“新丝路战略”在整合地区资源的同时，也让中亚国家获得更多的“走出去”通道和发展机会。中国始终坚持“互信、互利、平等、协商、尊重多样文明、促进共同发展”的“上海精神”，集中精力落实丝绸之路经济带战略，注重与中亚国家的发展战略对接、互联互通建设和产能合作，与中亚国家一道维护地区稳定，阻止宗教极端势力的渗透和破坏。未来，中亚作为中国全球治理体系建设实践的一部分，双方将继续在既有的合作理念、合作模式以及项目布局下深化合作，政治领域的互信、经济领域的互联互通和产能建设以及安全领域的反恐合作仍将是重中之重。

一、2018年的中亚形势

2018年中亚形势总体稳定，主要表现为：

（一）各国国内政局平稳，未发生大的动荡和不稳定事件

除土库曼斯坦举行新一届议会选举外，地区内未有总统和议会选举，新一轮总统和议会选举基本都在2020年后。因独立后已进行多轮宪法改革，各国总统、总理和议会三者关系格局已基本确立并运行良好。经过强力总统多年执政，各国国内反对派均呈式微态势，影响力不大。总统和政府确立的各项发展战略总体上能够逐步落实推进。

与此同时，中亚国家比较突出的政治风险是干部调整频繁。由于新领导人执政，或为接班提早安排人事布局，或为削弱干部与利益集团的联系，近年中亚各国通过岗位交流和新老交替等方式，干部调整幅度和频次都很大，独立后成长的一代逐渐进入国家政治经济生活的主流。

（二）经济均已走出危机，处于缓慢爬坡阶段

国际风险评估机构给予中亚国家“稳定”的评价。据中亚各国统计机构数据，2018年上半年各国GDP增长率分别是：塔吉克斯坦7.2%、土库曼斯坦6.2%、乌兹别克斯坦4.9%、哈萨克斯坦4.1%、吉尔吉斯斯坦0.1%。说明前期依靠加大固定资产投资和发展加工业等反危机措施依然有效地支撑经济增长。

与此同时，各国本币贬值压力仍然较大。2018年1月1日和11月9日1美元可兑换的本币汇率分别是：哈萨克斯坦坚戈332.33/371.08，乌兹别克斯坦苏姆8105.59/8249.97，吉尔吉斯斯坦索姆69.05/69.72，塔吉克斯坦索莫尼8.82/9.42，土库曼斯坦马纳特3.5/3.5（但黑市已达21.5）。受消化救市支出、美元升值、维持与俄罗斯卢布的比值（确保本国出口商品竞争力）等因素影响，各国央行均未能阻止本币贬值趋势，维护汇率与通胀水平不恶化（一般目标是7%以下）成为各国经济调控的主要目标。

（三）反恐压力增长，但总体可控

当前中亚恐怖和极端势力发展的新特点是：1. 犯罪手段升级，出现自杀性爆炸袭击，旨在获得武器弹药和爆炸装置，以便从事更具破坏力和影响力的暴恐活动。2. 互联网和手机是最主要的联系、组织和指挥方式。3. 境外极端分子回流成为安全威胁最大负担。尽管新问题不断出现，但在强力部门、宗教管理、教育、宣传等各部门配合疏导和打击下，各国有关反恐反极端主义综合应对措施的实施效果逐渐显现，民众的反恐反极端主义意识提高，很多案件都能在案发前及早处置。

（四）地区内各国关系以及与周边国家关系进一步改善

沙夫卡特·米尔济约耶夫（Shavkat Mirziyoyev）2016年就任乌兹别克斯坦总统以来，与周边国家关系不断改善，带动中亚地区合作升温。2018年3月15日，中亚五国元首（土库曼斯坦总统因外访由议长代替出席）时隔13年再次汇聚哈萨克斯坦首都阿斯塔纳，商讨中亚地区内部合作事宜，制定符合本地区未来合作方案与内容，确定今后每年3月的纳乌鲁兹节前夕召开一次五国元首峰会。此次会晤标志着中断已久的中亚地区内部一体化进程重新升温，说明近年中亚地区确实出现很多促进一体化发展的新因素，合作需求大增。

2018年中亚外交另外一个亮点是哈萨克斯坦和乌兹别克斯坦总统相继访问美国。2018年1月16—18日哈萨克斯坦总统努尔苏丹·纳扎尔巴耶夫（Nursultan Abishevich Nazarbayev）访美，两国签署20多个总价值75亿美元的商业合同。紧接着5月15—17日乌兹别克斯坦总统米尔济约耶夫访美，两国发表联合声明《乌兹别克斯坦和美国：开启战略伙伴关系的新时代》，签署合同总金额26亿美元的商业合同以及军事技术合作协议。

二、成就与问题

中国与中亚国家合作在2018年继续巩固和深入，政治、经济、安全、人文等各领域合作均有可喜成绩，表现在探索实践符合当代国际新形势的国际合作理念与模式，推进上海合作组织发展，继续落实“一带一路”合作，努力维护地区稳定与安全。中国在中亚地区的影响力进一步增长，中亚民众对中国的了解也进一步增多和加深。

一是中吉“全面战略伙伴关系”建立。2018年6月与中国吉尔吉斯斯坦建立“全面战略伙伴关系”，由此已与除土库曼斯坦之外的中亚四国均建立了“全面战略伙伴关系”。在中国的战略伙伴中，有“全面战略协作”“全面战略合作”“全面战略”“全方位战略”“战略合作”等形式和内容不一的伙伴关系，能称作“全面战略伙伴”关系的国家数量并不多。

二是就国际合作新理念和新模式达成诸多共识。借助6月上海合作组织青岛峰会，习近平主席提出进一步诠释“上海精神”关于国际合作新理念的“五观”（创新、协调、绿色、开放、共享的发展观；共同、综合、合作、可持续的安全观；开放、融通、互利、共赢的合作观；平等、互鉴、对话、包容的文明观；共商共建共享的全球治理观），受到各方好评。“人类命运共同体”也被写进上海合作组织《元首宣言》和政府总理《联合公报》，说明该构想已获得各方广泛接受和支持。各国一致认为，“世界贸易组织仍是各国讨论国际贸易议题和制定权威、有效多边贸易体制规则的重要平台，应进一步为共同构建开放型世界经济深化合作，不断巩固开放、包容、透明、非歧视、以规则为基础的多边贸易体制，反对任何形式的单边主义和贸易保护主义。”

三是“一带一路”建设项目稳步落实。部分在“一带一路”倡议框架内的合作项目已竣工投产，如中国江淮汽车哈萨克斯坦组装工厂、乌兹别克斯坦鹏盛工业园的建材商品等。2018年的合作亮点是中欧班列以及中亚国家农产品对华出口量大幅增长。据乌鲁木齐海关统计，截至2018年8月底，阿拉山口铁路口岸进口粮食33.2万吨，同比增长68.9%。截至2018年9月底，中欧班列开行数量超过1万列，其中约1/4经过阿拉山口（过境哈萨克斯坦至欧洲）。9月，丝路基金与哈萨克斯坦阿斯塔纳国际金融中心签署战略合作伙伴备忘录，并通过中哈产能合作基金购买阿斯塔纳国际交易所部分股权。

四是反恐安全总体可控。在周边国家共同努力下，中国与中亚国家间的边境地区总体稳定，中亚各国内也未发生针对中国人的爆恐袭击事件。

在2016年建立的中阿巴塔四国联合边境巡逻机制基础上，中国在2018年对阿富汗继续加大反恐培训工作。

此外，当前中国与中亚国家“一带一路”合作仍面临着一系列亟待解决的困难和问题。

一是“一带一路”倡议在中亚国家存在“中央层面热，地方层面冷”的状况，中亚国家部分民众对“一带一路”建设具体项目存在误解。中亚国家的官方媒体关于“一带一路”倡议的宣传力度不够，普通民众对“一带一路”倡议认知不足，缺乏参与感和获得感，甚至产生误解，如认为其抢夺当地就业机会、没有实行同工同酬、贷款多于投资、掠夺东道国资源、造成环境污染等。

二是“中国威胁论”在中亚仍有一定市场。受意识形态差异、媒体片面报道、个别竞争对手的恶意宣传等影响，“中国威胁论”在中亚可谓根深蒂固。中亚国家部分舆论宣称中国对中亚抱有政治目的，认为“一带一路”倡议是中国的地缘政治战略，旨在将把中亚纳入其势力范围等。

三是新疆形势在一定程度上影响中国与中亚国家交流。由于天然的地理位置优势和跨界民族的存在，新疆是中亚国家对华合作的首选之地。但鉴于当前新疆严格的出入境管理制度，难免对双边合作产生一定影响。尤其是2016年我驻吉尔吉斯斯坦使馆遭袭后，我加强签证管理，吉对我也相应收紧。

四是欠缺投资安全保障与退出机制。部分中方投资项目主要依靠自身力量发展，或接受当地势力保护，缺乏法律和机制保障，退出投资时更会面临难题。

三、展望与发展

中亚是中国周边外交的重要组成部分。中亚是中国“共建人类命运共同体”的重要伙伴，是落实“一带一路”建设的关键环节，是实践“互利、共赢、包容、联动、开放、透明”的全球治理理念与合作模式的便利平台，是维护周边稳定的西部屏障。中国进一步的中亚政策仍将是延续并深化十九大和中央外事工作会议确定的对外政策理念、模式和布局，并将重点体现在以下三个方面：

第一，推进落实“一带一路”建设，打造周边命运共同体。在前期已经取得的成绩基础上，我国应努力细化已经签署的政府间合作协议，落实已经确定的合作项目，本着“稳中求进”和“精细化”原则，绘制精谨细腻的“工笔画”，争取形成更多中亚民众直观感受得到的可视性成果。与此同时，由于中亚国家与中国的主要合作伙伴集中在西部，与中亚合作还需要在国内扩大西部地区的改革开放力度，提出更有针对性的面向中亚和西亚市场的政策措施，使其在更大范围和更高层次上成为开放前沿。

第二，维护西部稳定。一方面，与中亚国家之间在维护边境安全、打击反恐反极端和跨国有组织犯罪、净化网络空间、推动司法协助、巩固国防和军工等诸多领域深化合作。另一方面，还要与中亚国家一道，共同致力于阿富汗重建。在“坚持阿人治阿、推进政治和解、加快经济重建、探索发展道路、加强外部支持”等五项原则基础上，发展阿境内经济民生，防止外部恐怖和极端势力向中亚渗透和蔓延，尤其是避免中亚成为“伊斯兰国”等中东极端组织向东发展的跳板。

第三，支持中国与东亚关系在现有国际合作机制以及各国提出的国际合作倡议中发展，尤其是在上海合作组织、亚信会议等框架中发展。2018年9月24日在纽约举行的联合国第73届大会期间，亚信成员国外长举行非例行会议，决定塔吉克斯坦将在2018—2020年期间接替中国担任亚信主席国。

第五章
中国的西亚外交：努力开创新局面

郭　锐　王雪松

【内容提要】2018年以来，中国与西亚国家在政治、经济、外交、人文等领域关系发展与合作，继续取得新的成就。与此同时，中国也面临西亚国家政局不稳和国家间关系微妙、西亚地区发展水平差距扩大、整个地区安全形势更加复杂、域内外大国博弈有所加剧等多种因素的不利影响。中国应积极推进“一带一路”建设，参与西亚地区新秩序构建，努力开创全方位的中国—西亚外交新局面。

【关键词】西亚局势　中国外交　“一带一路”建设

【作者简介】郭锐，吉林大学行政学院教授；王雪松，吉林大学行政学院国际政治系2018级硕士研究生。

2018年，中国西亚外交继续取得新的丰硕成果，同时也面临日趋复杂微妙的西亚地区形势的多种影响。在西亚局势持续波动、域内关系高位震荡、大国竞争博弈加剧的敏感情势下，中国应保持战略定力，积极有所作为，推动构建中国与西亚国家新型关系，开创全方位的中国—西亚外交新局面。

一、2018年中国西亚外交的成就和突破

2018年，中国因应西亚国家的不同国情，灵活运用元首外交、政治交往、经济外交、政党外交等多种形式，进一步增进了中国与西亚国家关

系，为开创中国与西亚外交新局面奠定了良好基础。

（一）元首外交

2018年7月19日—21日，国家主席习近平对阿拉伯联合酋长国进行国事访问，这是习主席2018年首次外访活动，也是29年来中国元首再次出访该国。这对明确两国关系发展方向与目标，加强两国间各领域合作，共同推进“一带一路”建设，具有重大意义和深远影响。同时，这充分证明了阿拉伯国家在中国外交中占有重要地位，表明中国对加强与西亚国家关系、实现共同发展与繁荣，抱有信心和决心，也为新时期构建中阿命运共同体，开创中国与西亚外交新局面，奠定了最高层次的政治基础。

2018年7月26日，中国国家主席习近平在南非约翰内斯堡会见土耳其总统雷杰普·塔伊普·埃尔多安（Recep Tayyip Erdogan）。① 习近平在会谈中表示，近年来中土战略合作关系发展顺利，双方在各领域合作均取得了积极进展，中方期待同土方通过“金砖+”模式加强沟通与合作。埃尔多安表示，中土关系发展令人满意，土方愿同中方密切高层交往，加强同中方在国际事务中的协调与沟通。此次中土元首会谈，进一步明确了土耳其在中国周边外交中占据的重要地位，土耳其表示要积极融入“一带一路”建设并发挥重要作用。这为增进双方之间的理解与友谊，深化双方在基础设施建设、自由贸易、打击恐怖主义等多个方面的合作关系，具有重要意义。

（二）政治交往

一方面，中国与西亚国家关系取得新突破。2018年7月10日，中阿合作论坛第八届部长级会议在北京举行，国家主席习近平发表题为《携手推进新时代中阿战略伙伴关系》的重要讲话。此次会议上，双方签署了《北京宣言》《论坛2018年至2020年行动执行计划》《中阿合作共建“一带一路”行动宣言》等一系列的重要文件。中阿宣布建立全面合作、共同发展、面

---

① 《习近平会见土耳其总统埃尔多安》，中国外交部网站，https://www.fmprc.gov.cn/web/zyxw/t1580649.shtml，访问时间：2018年11月27日。

向未来的战略伙伴关系，这是新时代中阿关系的起点，也翻开了中阿关系的新篇章，对中阿关系乃至中国与西亚国家关系发展具有重要意义。

另一方面，中叙外长会面并就相关问题达成共识。2018年9月27日，国务委员兼外交部长王毅在纽约出席联合国大会期间，与叙利亚副总理兼外交部长瓦立德·穆阿利姆（Walid Al-Moualem）举行了会谈。[①] 王毅表示，中国重视中叙关系，不会缺席叙利亚重建过程，中方希望叙方积极参与"一带一路"建设，促进中叙关系发展。穆阿利姆表示，叙方重视并珍惜与中国的传统友好关系，感谢中方为缓解叙利亚紧张局势做出的努力，叙方愿意参加"一带一路"建设，为两国合作注入新动力。此次会面，对复杂局面下稳定叙利亚形势具有重要意义，对促进西亚地区稳定具有积极作用。

（三）经济外交

中国通过对西亚国家展开人道主义援助、加强基础设施建设等多种方式，进一步密切了双方关系，加深了相互理解。

其一，中国对西亚国家积极展开人道主义援助。2018年4月12日，由中国政府向联合国儿童基金会（UNICEF）提供的指定用途资金援助项目签字仪式在黎巴嫩举行，项目旨为帮助在黎叙利亚难民。中国驻黎巴嫩大使王克俭与UNICEF驻黎巴嫩代表塔尼娅·沙皮萨共同签署了相关文件。[②] 2018年8月7日，在约旦河西岸巴勒斯坦城市拉姆安拉，中国政府与联合国代表签署协议，中方将向联合国近东巴勒斯坦难民救济和工程处（UNRWA）提供235万美元的追加捐款，旨在救济巴勒斯坦难民。[③] 上述举动，既表明了中方高度重视西亚地区人道主义问题的一贯立场，也以中方的切实行动为缓解该地区难民危机贡献了力量。中国一贯秉持客观公正的

① 《王毅会见叙利亚副总理兼外长穆阿利姆》，中国外交部网站，https://www.fmprc.gov.cn/web/wjbzhd/t1600162.shtml，访问时间：2018年9月30日。

② 《"中国的友谊和帮助永远不会被忘记"——中国援助在黎叙利亚难民项目执行完毕》，新华网，http://www.xinhuanet.com/world/2018-04/14/c_129850453.htm，访问时间：2018年9月27日。

③ 《中国向联合国近东巴勒斯坦难民救济和工程处追加捐款》，新华网，http://m.xinhuanet.com/2018-08/07/c_1123237202.htm，访问时间：2018年9月27日。

态度，积极配合联合国相关运作机制，为西亚国家提供了大量的无私援助与支持，进一步树立了中国负责任大国的良好形象。

其二，中国同西亚国家基础设施联通建设取得突破。2018年9月25日，沙特阿拉伯麦加—麦地那高速铁路（“麦麦高铁”）开通仪式在红海沿岸城市吉达举行，这是沙特首条双线电气化高速铁路。其中，中铁十八局集团和中土集团分别参与了该项目不同标段的建设。“麦麦高铁”是中企在海外参建的世界首条穿越沙漠地带以及首条设计时速达360公里的高铁项目。[①] 2018年9月26日，四川成都—以色列特拉维夫航线首航，这是中国中西部地区第一条直飞以色列的航线。以色列驻成都总领事蓝天铭表示，成都至特拉维夫直飞航线的开通，打开了连接中国中西部与以色列的快捷便利通道，两国将因此受益。[②] 中国同西亚国家基础设施联通建设的新发展，既有利于西亚国家自身建设，以帮助它们提高经济发展水平和人民生活质量；也有助于西亚国家更好地融入“一带一路”建设，使双方实现互利共赢和共同发展的目标。

（四）政党外交

2018年11月22日，以“携手共建更加美好的世界”为主题的第二届“中国—阿拉伯国家政党对话会”在浙江杭州举行，并通过了《中阿政党对话2018杭州宣言》。[③] 中方相关单位负责人和来自17个阿拉伯国家的60多位主要政党领导人约200名中外方代表出席会议，中联部部长宋涛发表题为《携手打造中阿命运共同体 推动建设更加美好的世界》的主旨演讲。宋涛表示，召开第二届中阿政党对话会，就是要通过深化政党交流与合作，推动中阿关系迈向新高度。此次中阿政党对话会的召开，使双方明确了各自应担负的责任和义务，加深了相互间的理解与沟通，充分发挥了政

① 《沙特麦麦高铁开通仪式举行，将于下月正式对公众开放运营》，https://www.yidaiyilu.gov.cn/xwzx/hwxw/67359.htm，访问时间：2018年9月27日。

② 《中国中西部地区第一条直飞以色列航线开通》，https://www.yidaiyilu.gov.cn/xwzx/hwxw/67359.htm，访问时间：2018年9月27日。

③ 《第二届中阿政党对话会在杭举行》,《杭州日报》2018年11月23日，http://www.hangzhou.gov.cn/art/2018/11/23/art_812255_25691101.html，访问时间：2018年11月27日。

党交流在中阿关系发展中的独特优势。对深化中阿之间各领域合作，共同推进“一带一路”建设，打造新时代中阿关系，推动构建中阿人类命运共同体，具有现实意义和重要影响。

二、现阶段中国西亚外交面临的挑战

美国在西亚地区实行“战略收缩”政策与俄罗斯“重返西亚”举动之间的激烈博弈，以及西亚国家自身存在的政局不稳、发展差距增大、地缘安全形势复杂等突出问题，使现阶段中国西亚外交面临不小的挑战。

（一）美国因素

美国历来对西亚地区十分重视，特别是“9・11”事件后，小布什政府以打击国际恐怖主义、确保美国本土安全为口实，提出对西亚地区的“整合政策”，[①] 并接连发动阿富汗战争和伊拉克战争，希望借此打击国际恐怖主义势力，同时巩固美国在该地区的战略主导权。不过，现实情况与美国所愿背道而驰，美国深陷阿战、伊战泥潭难以自拔，严重影响了美国全球战略的实施与调整。奥巴马时期，美国在西亚地区采取“战略收缩”政策，以便集中力量布局亚太地区这一重心地带，这是促成美国签署《伊朗核协议》的重要原因之一。特朗普总统上台后奉行“美国优先主义”，以另一种极端方式延续着美国在西亚地区的“战略收缩”政策，同时也留出了更多的地缘真空地带。这不可避免地引发西亚地区各种势力的新一轮洗牌，致使本就不平静的西亚地区变得更加混乱。目前来看，美国通过在西亚地区的“战略收缩”以实现在亚太地区的“战略重返”的政策意图十分明显，其最终目的是要在核心的地缘战略方向上遏制中国崛起，护持美国的全球霸权地位和强权政治优势。现阶段，如何妥善应对美国这一“西收东进”战略并长效消除其不利影响，是中国要认真思考的现实问题。

---

① 安惠侯:《“9・11”事件以来的美国中东政策评析》,《阿拉伯世界研究》2016年第1期，第3—20、118页。

（二）俄罗斯因素

2018年普京成功连任俄罗斯总统后，其“重返西亚”、借力打力战略更加明确果断，旨为恢复俄罗斯在西亚地区的传统地位，同时更好地拱卫俄南部广阔战略空间。2000年以来，随着美国发动阿富汗战争和伊拉克战争，加之北约东扩、欧盟增员的加快，俄罗斯的地缘战略空间被不断挤压，其在西亚地区的影响力一时间下降到了冰点。2011年爆发的叙利亚危机成为俄罗斯调整西亚战略的催化剂，而2013年底爆发的乌克兰危机则为俄罗斯加快“重返西亚”打开了窗口期。2017年12月11日，普京突访叙利亚，其成为叙利亚危机爆发后首位来访的外国元首。[①] 毫无疑问，俄罗斯军事介入叙利亚危机，为其“重返西亚”打下了坚实基础，也让西亚地区局势变化充满了不确定性。

虽然美国在西亚地区奉行“战略收缩”政策，但其在该地区仍有很大的影响力和话语权。俄罗斯以出兵叙利亚为契机加速“重返西亚”的战略举动，使俄美两国在该地区的战略博弈进入“白热化”阶段，势必对该地区和平与安全构成严重影响。对中国来说，如何在局势混沌不清、美俄角力加剧的情况下，灵活巧妙地处理各类问题及各种关系，务实推进“一带一路”建设及其他行动方案，考验着中国的战略智慧和大国外交作为。

（三）西亚国家自身因素

目前，西亚国家自身面临许多问题和困扰，这体现在三个方面：一是政治民主化进展缓慢，国内社会矛盾突出；二是经济发展水平不均衡，贫富差距扩大；三是地缘安全形势错综复杂，“三股势力”危害严重。

其一，政治不稳定。西亚国家大多独立于20世纪中叶，军人政治在独立后的西亚国家堪为一大特色。随着国际形势的不断变化，军人政治已无法适应现实局势的发展要求，西亚国家内部的政治民主化呼声越来越高。由于西亚国家间经济发展水平差异巨大，致使域内国家政治民主化进程大

① 陈宇：《从叙利亚“凯旋”后，俄罗斯的中东战略将走向何方》，《世界知识》2018年第1期，第42—43页。

相径庭。加之民众长期积累的不满与矛盾不断爆发，反政府武装与政府军长期敌视，使部分西亚国家战乱不断，为数不少的西亚国家政局不稳。这对中国在西亚地区展开外交活动，产生了不利影响。

其二，经济欠发达。受资源禀赋程度、经济发展阶段、基础设施建设等多种因素的影响，西亚国家间经济发展水平差距巨大。在产油国中，2017年卡塔尔人均GDP达6万美元，其他产油国如科威特、阿联酋、沙特等国家人均GDP也非常高。反观非产油国，如阿富汗、也门等国家人均GDP长期很低。加之域内一些国家的地理位置封闭、基础设施落后、经济结构单一，使其经济建设长期偏离正确轨道，致使部分西亚国家陷入政治、经济、社会发展的三重困境而难以自拔。这对中国在西亚地区推进"一带一路"建设，提出了不小的挑战。

表1 2017年部分西亚国家经济发展状况

国家	人口（亿）	GDP（亿美元）	人均GDP（美元）
土耳其	0.8075	8412.06	10434.02
以色列	0.0871	3480.06	39974.34
沙特阿拉伯	0.3294	6785.41	20957.21
阿富汗	0.3553	210.56	572.163
黎巴嫩	0.0608	526.98	11683.95
叙利亚	0.1827	404.05	1535
也门	0.2825	256.73	856.409
科威特	0.0414	1182.71	27236.75
卡塔尔	0.0264	1663.46	60811.86
阿联酋	0.0937	3786.56	37346.11

资料来源：世界银行网站。

其三，安全威胁不断。近年来，"三股势力"在西亚地区活动猖獗，极端恐怖组织"伊斯兰国"等制造了不少震惊世界的恶劣事件，如绑架人质、自杀式袭击、与政府军交火、屠杀平民等，造成了极其恶劣的严重影响，成为当前威胁西亚地区安全与稳定的恶疾。虽然"伊斯兰国"等极端组织在多方力量的打击下实力大不如前，但"三股势力"对该地区安全与发展仍有不可小觑的威胁性。显然，彻底消灭西亚地区极端势力，不是一朝一夕的事情。对中国来说，如何应对西亚地区的“三股势力”及其扩散，切实保障中国在该地区利益以及国家主权和安全不受损，是亟需解决的现实问题。

三、推动构建中国与西亚国家新型关系

为应对西亚地区混乱复杂的严峻形势，中国要以促进发展、增进稳定、推进合作为方向，灵活务实地调整外交政策及相关举措，努力推动构建中国与西亚国家新型关系。

（一）推进“一带一路”建设，内化中国与西亚国家经济关系

其一，加快基础设施建设及联通。基础设施联通是推进“一带一路”建设的重中之重。为解决西亚国家基础设施陈旧落后的问题，一要从发展需求和区域发展需要出发，以互利共赢为导向，制定符合双方共同利益的基础设施建设及联通规划。二要以亚洲基础设施投资银行（AIIB）和丝路基金为抓手，加大对西亚国家基础设施建设领域的投入，提高其建设水平和联通能力，更好地适应“一带一路”建设要求。三要组织国内的智库、高校、专家学者等前往西亚国家实地调研，充分把握现实问题及核心节点，制定长效化的解决方案，做好建言献策服务。

其二，做好政策沟通和资金融通工作。良好的政策沟通和资金融通，是中国与西亚国家共同推进“一带一路”建设的重要保障。在经济领域，中国要加快与西亚国家建立务实高效的协商及投融资机制，进一步提升双方间信息沟通和问题处理能力，更好地保障和增进双方共同利益。尽快建立投融资机制，使双方明确投融资方向及重点领域，要加强投融资安全保障，确保资金使用效果。在政治领域，建立健全不同级别对话磋商机制，如元首定期会晤、外长定期会面等，使其制度化、常态化，夯实政治基础、提供渠道保障、创设制度平台。

其三，加强人文交流，增进西亚国家民众对“一带一路”建设的理解和认同。虽然“一带一路”建设得到大多数西亚国家的认可，但也有一部

分西亚国家民众对其存在认知偏差。中国应进一步加强与西亚国家人文交流，更多地传播“一带一路”建设信息，尤其是遵循跨文化传播规律，努力消除西亚国家民众认知上的误解与隔阂。汇聚双方民众力量，真正实现政策、设施、贸易、资金、民心领域的“通达”，共同推进“一带一路”建设，促进双方经济社会发展与共同繁荣。

（二）主动有为地参与西亚地区新秩序构建

其一，坚持以和平共处原则处理中国与西亚国家关系。中国要积极参与部分西亚国家战后重建工作，尽己所能地为其提供帮助和资助，促其尽快走上稳定发展的新道路。要始终坚持和平共处原则，尊重西亚国家处理本国事务的方式和方法，尊重其道路选择，不干涉其内政，树立中国负责任、有作为、不霸凌、共发展的大国形象。

其二，积极参与地区热点问题解决，维护地区安全秩序。良好的外部环境是国家发展的重要保证。中国应借助现有多边机制，进一步强化与西亚国家合作关系。2018年5月25日，外交部军控司司长王群出席伊朗核问题全面协议联合委员会会议时表示，《伊朗核协议》是多边主义的重要成果，且经过实践证明是有效的，中方将致力于维护和执行全面协议。[①]可以说，执行和维护《伊朗核协议》是中国确保西亚地区和平与安全的重要形式之一。面对西亚地区复杂的地缘安全局面，中国要采取更全面、更多元的应对方式，全方位、多角度地加强与西亚国家安全领域的对话及合作，更好地维护该地区稳定与安全。

其三，树立正确义利观，为西亚地区新秩序构建创设条件。伴随中国综合国力的增强、国际地位的提升、大国作为的展现，包括西亚国家在内的世界各国，既对中国的持续崛起充满了期待，也对其有所疑虑甚至是恐惧。对此，中国领导人在各个场合一如既往地明确表态，中国坚持走和平发展道路，强大了的中国不会忘记朋友、也不会称霸，中国欢迎世界各国继续搭乘中国快速发展的便车，描绘共同发展与繁荣的宏伟蓝图。为此，

---

① 《中国将继续致力于维护和执行伊朗核问题全面协议》，新华网，2018年5月26日，http://www.xinhuanet.com/2018-05/26/c_129880861.htm，访问时间：2018年10月28日。

中国提出正确义利观的主张，坚持义利并举、义重于利的方针，并积极将之付诸实践，收得了很好效果。比如：在对外援助领域，中国提出并坚持“八原则”，对西亚国家经济援助不附加任何政治条件，全心全意地帮助西亚国家进行经济建设，致力于提高西亚国家人民生活水平。不仅得到西亚国家的普遍认可和高度赞誉，也使中国与西亚国家关系发展展现了新时代的主题特色，为西亚地区新秩序构建营造了有利氛围、创设了有利条件。

（三）建立和完善全方位的西亚外交体系

其一，从全局高度统领和制定中国西亚外交。2018年6月22—23日，中央外事工作会议在北京召开。习近平强调，要做好周边外交工作，推动周边环境更加友好、更加有利。新时期中国要牢固树立“大周边”意识，从普遍联系的观点，在大战略的层面，统筹和经略周边地区，做好顶层设计和长远规划。中国应根据过往历史、国际形势、地区关系、自身情况等因素，从全局高度展开西亚外交。要明确西亚地区在中国外交整体布局中的地位和定位，加大各方面的关注度和投入力，进一步突显中国西亚外交的独特价值和示范功能。

其二，坚持走中国特色大国外交之路，打造中国—西亚国家命运共同体。中国与大多数西亚国家一样是发展中国家，发展是双方面临的共同课题。中国加强对西亚外交时，要抓住“发展”这把解决世界诸多问题的金钥匙，坚持互利共赢，注重优势互补。要借助中阿合作论坛等多边机制化平台，坚持对话、合作、和平、发展的根本宗旨，进一步加强中国与阿拉伯国家间的互动互信和战略对接。[①] 同时，多渠道发展与非阿拉伯国家间关系，打造中国—西亚国家命运共同体。

其三，丰富中国对西亚外交形式及层次，开展多种外交活动。中国与西亚国家关系一直以经济联系为主，其他方面相互往来偏少。随着国际形势和地区格局的不断变化，单一式的经济外交、常规性的政治交往、一般化的人文交流等已无法满足中国与西亚国家构建新型关系的需要。中国可

---

① 王猛：《“一带一路”视域下的中国中东外交：传承与担当》，《西亚非洲》2018年第4期，第21—41页。

以推进“一带一路”建设为契机，开展包括经济外交在内的多种外交活动，进一步丰富中国西亚外交体系及层次。比如：在公共外交领域，促进个人、民间团体之间交往。通过大众传媒如新闻报道、电视、广播、电影等媒介，以及出版与文化活动如期刊、外文图书、互派留学生、学者交流、艺术或体育活动等方式，拓宽中国与西亚国家关系发展的社会渠道和公共路径，增进民众间相互了解，打造中国对西亚外交新亮点。

四、结语

在当前国际形势变幻、西亚局势复杂的背景下，秉持构建人类命运共同体的新理念，借力于国家发展战略对接的难得机遇，扎实推进“一带一路”建设，从各个领域、各个方面、各个层次丰富中国与西亚国家关系，构建中国与西亚国家新型关系正当其时。中国要坚持正确义利观的主张，按照“亲、诚、惠、容”的方针来处理与西亚国家关系，继续展现中国负责任大国的良好形象。与此同时，中国要积极参与西亚地区新秩序构建进程，为维护该地区的稳定、发展与繁荣，贡献中国智慧，提供中国方案，展现中国作为。

第六章

中国的南太平洋外交：大国博弈中的调适

费　晟

【内容提要】2018年下半年起，中国的南太外交形势出现明显好转，尤其是中国与澳大利亚关系经过18个月的下滑之后转暖回升，但是有关中国渗透影响澳大利亚内政以及澳部分媒体呼吁抵制中国的舆论仍有沉渣泛起。对于中国在南太平洋岛国活动增多的迹象，澳大利亚与新西兰官方及部分媒体表达了较多忧虑，但是我国在南太支点国家多对中国表达了明确信任与支持。澳大利亚及南太岛国对于中国在该地区影响力增强的认识差异较大，这可能导致未来中澳之间新的摩擦，但习近平主席与南太岛国领导人举行集体会晤并受到高度认可的现实表明，中国对南太岛国外交将越来越多取决于中方及岛国自身的意愿。

【关键词】中澳关系　国家安全法案　特恩布尔　南太平洋岛国

【作者简介】费晟，中山大学大洋洲研究中心副主任、副教授。

2018年中国对南太平洋地区的关注度持续增加，双边与多边交流持续增强，反响也非常强烈。从总体上看，2018年中国与南太平洋国家的关系呈现出两个相互关联但对比鲜明的态势。一方面，澳大利亚与中国关系自2017年下旬开始处于“30年来最糟糕的状态”，[①] 但从2018年8月开始触底反弹，在许多方面呈现出回暖势态；另一方面，中国与大洋洲岛国的关系

---

① 《澳媒：澳政府反华言论的高昂代价！》，环球网，2018年4月16日，https://m.huanqiu.com/r/MV8wXzExODYxNzUzXzEyNTlfMTUyMzgwOTYyMA==，访问时间：2018年11月2日。

不断升温，达成了空前的互利互惠及认同水平，但也出现了近十年来罕见的令中方措手不及的意外插曲。

一、2017—2018年中澳关系螺旋式恶化之过程

自2017年7月开始，中澳双方交流逐步呈现出一种持续唇枪舌剑的状态。澳大利亚官方及媒体几乎是同时密集发出反华恐华言论，中方对此预期不足，但迅速通过官方发言和媒体宣传予以回击，包括中断双边高层的一些既定交流合作，由此双方关系出现螺旋式恶化的迹象。2018年初，澳大利亚主流媒体已经充分注意到中国对澳方反华言行的不满，尤其是《环球时报》的社论措辞被反复强调，"中共党媒（《环球时报》）认为澳大利亚在过去两年已经成为反华的急先锋。"[①] 尽管澳大利亚时任总理马尔科姆·特恩布尔（Malcolm Turnbull）多次公开强调中澳关系总体向好，中澳经贸合作关系紧密，澳大利亚政府对华并没有敌意，但这一轮双方关系的交恶，很难令人相信只是部分媒体博眼球。

第一，澳大利亚官方媒体率先炒作所谓中国渗透干扰澳大利亚内政。一般来说，意识形态偏保守的私营媒体费尔法克斯传媒集团习惯于从负面角度报道和评价中国外交，但2017年6月，恰恰是官方背景的澳大利亚广播公司（ABC）通过系列专题节目渲染中国利用留学生及商业移民对澳大利亚进行渗透，还通过政治献金影响议员立场，危害澳方国家安全，这类消息同时在网络平台持续发酵。时任总理特恩布尔则评论相关节目说："我们非常严肃地看待此事。澳大利亚的主权，我们民主进程的主权，免受外国干预是最重要的事。"但是2018年5月，经澳大利亚广播公司被辞退的总经理爆料证实，联邦政府一直操纵干扰媒体。特恩布尔总理曾要求公司强行开除对执政党持批评意见的记者并为此要求董事局开除违命的总经理。丑闻曝光后，2018年9月27日澳大利亚广播公司董事会主席贾斯汀·米尔恩引咎辞职。新任澳大利亚总理莫里森表示"是时候应该让ABC恢复正常

① "Chinese state media says Australia has become an 'anti-China pioneer'," Feb. 2018, ABC News, https://www.abc.net.au/news/2018-02-27/chinese-state-media-labels-australia-an-anti-china-pioneer/9488086，访问时间：2018年11月2日。

报道了”。[①] 这进一步坐实了澳大利亚政府对媒体存在直接的操纵。

第二，在媒体挑起反华话题后，澳大利亚联邦政府通过新立法强化警惕中国的必要性。澳大利亚外交部在2017年11月发布的《外交政策白皮书》中反复强调“变化”和“不确定性”，折射出澳对地区和国际形势变化发展的担忧。尽管《白皮书》对中国发展和中澳关系总体予以积极评价，但对中国影响力上升流露出担心和忧虑，而且在南海形势总体趋于稳定的背景下依然对中国点名批评。《白皮书》发布后至2018年初，澳大利亚国会开始积极讨论并推动所谓的“国家安全法案”。这其实是一部打包法案，其中一部法案名为《外国影响力透明计划草案2017》，内容包括要求代表外国雇主在澳从事社会活动的人员进行登记，公开这些人员与其外国雇主关系的具体信息，将那些影响澳大利亚政治和政府活动的性质和范围透明化，并对违法者追究刑事责任。另外一部法案是《国家安全法修正案（间谍和外国干涉）草案2017》，内容包括加大对间谍罪的惩罚力度，针对外国势力试图影响澳大利亚民主和政府进程的或试图损害澳大利亚的秘密的、具有欺骗性的、威胁性的行为增加新的外国干涉罪。2018年6月28日，两个法案在立法会获得通过。这两部法案普遍被认为是针对中国而定。尽管澳大利亚方面强调这类立法是任何国家都有权且有必要制定的，但是在澳大利亚政府与媒体持续抹黑中国，渲染炒作中国渗透和干预澳大利亚内政之时，讨论并迅速通过相关立法，展现出一种极富挑衅性与敌对性的官方对华态度。

第三，澳大利亚总理本人直接表达了对中国政府及其在澳大利亚影响力的不满。2017年12月7日，特恩布尔就推动“国家安全法案”而遭到中方批评接受媒体采访，坚持这个法案不针对任何具体的国家，但中国对澳大利亚内政的影响的确是令人担忧的，尤其是在工党议员被认为接受中方资金支持进行亲中表态之后。对此中国外交部发言人耿爽表示：“这种言论毫无原则地迎合澳大利亚一些媒体不负责任的报道，充满了对中国的偏见，纯属捕风捉影、无中生有，毒化了中澳关系气氛，损害了两国互信与

---

① 《疑因受政府摆布　澳这家标榜新闻独立的媒体机构总裁辞职》，环球网，2018年9月18日，http://world.huanqiu.com/exclusive/2018-09/13128838.html，访问时间：2018年11月1日。

合作的基础。我们对此表示强烈不满，已向澳方提出严正交涉。”[①] 但特恩布尔强调，中国官方对此的批评是无视澳洲主权：“1949年新中国建立，说中国人民已经站起来了，这是宣示主权和自豪感，现在，澳大利亚人民也站起来了。”[②] 2018年1月，澳大利亚外交部官员证实，特恩布尔总理关于“澳大利亚人站起来了”这一表述并不在事先准备的讲话稿内容中，属于个人发挥。[③] 在明知中澳关系出现摩擦、澳洲媒体不断抹黑中方的情况下，总理的这种一时兴起的表态纯属火上浇油。

中国方面除了通过媒体与官方的严正表态对澳方错误言行进行反制，还针对留学生安全问题发出警告。2017年12月19日，中国驻澳大利亚大使馆及各个总领事馆针对澳洲发生若干起侵扰殴打中国留学生的事件发表安全警告，提醒留澳学生需注意自身安全。2018年2月14日，大使馆及各总领事馆再次转发教育部2018年第一号留学预警，提醒中国学生前往澳大利亚留学需注意安全。[④] 连续的通知在澳大利亚政府与大众舆论中引起广泛关注和不安，主流媒体普遍认为这是中方的反制行为，因为澳大利亚整体上治安环境优良，针对华人的种族主义暴力活动虽然未曾根除，但大众普遍对此表示厌憎，且澳大利亚民间反华治安事件在中国留学生全球目的国中并不特别出众。国际教育产业是澳大利亚第二大经济产业，而中国是国际教育产业最重要的生源国及市场。中国政府密集发出的留学警告令澳大利亚方面真切感受到了不负责任的言行可能付出的经济代价。[⑤] 2018年4

---

① 《中国外交部发言人耿爽就澳大利亚领导人有关言论回答记者提问》，中国驻澳大利亚大使馆网站，http://au.china-embassy.org/chn/zagx/t1517868.htm，访问时间：2018年10月30日。

② Caitlyn Gribbin, “Malcolm Turnbull declares he will ‘stand up’ for Australia in response to China’s criticism,” Dec.7, https://www.abc.net.au/news/2017-12-09/malcolm-turnbull-says-he-will-stand-up-for-australia/9243274，访问时间：2018年11月2日

③ 2018年5月笔者在澳大利亚国立大学与澳大利亚外交部东北亚司高级官员举行闭门会议时确认了当时总理发言的准备情况。

④ 《教育部发布2018年第1号留学预警：赴澳大利亚留学应注意安全风险》，中国驻布里斯班总领事馆网站，2018年2月14日，https://www.fmprc.gov.cn/ce/cgbrsb/chn/gmfw/lstx/t1535359.htm，访问时间：2018年10月30日。

⑤ James Law, “China warns students in Australia of ‘rising insulting incidents’,” Dec.21, 2017, https://www.news.com.au/world/asia/china-warns-students-in-australia-of-rising-insulting-incidents/news-story/9aff773e6b8a5689d1de1444266c5886，访问时间：2018年11月2日。

月，中国驻澳大使成竞业在堪培拉接受《澳洲人报》采访时警告称，澳洲对中国“系统性、不负责任的负面言论”已对两国关系造成损害。如果这种局面得不到修复，双方的贸易关系将会遭到破坏。澳大利亚需要在对华关系上做出更多努力以“增进互信”。

二、2018年年中以来中澳关系的缓和

对于主要是由澳方刺激并恶化的中澳关系，澳大利亚政坛、学界及部分媒体也表现出冷静和反省的态度，比如澳大利亚前外长鲍勃·卡尔（Bob Carr）和前驻华大使芮捷锐（Geoff Raby）都公开撰文批评了现任政府领导人在中澳关系方面不负责任的发言，同时也对澳大利亚舆论中渲染中国威胁和渗透问题的现象进行了抨击，尤其是对澳大利亚查理斯特大学（Charles Sturt University）教授克莱夫·汉密尔顿（Clive Hamilton）的言行表示愤慨和不满。2017年底，汉密尔顿所著的《无声的入侵：中国如何把澳大利亚变成木偶国》（*Silent Invasion: How China Is Turning Australia into a Puppet State*）一书指名道姓地攻击了近200名致力于增进中澳关系的双方学者及政治家，引起了全澳舆论的轩然大波。

以澳大利亚矿业大亨安德鲁·福里斯特（Andrew Forrest）为代表的经济精英也表示了担忧与不满。他在博鳌论坛上呼吁澳大利亚政治人士停止反华言论，称这将影响两国未来的商业对话。福利斯特清醒地认识到，不论是绿党、工党还是自由党，用反华言论去赢得一小部分“偏执的”选民，会让每个澳大利亚人付出高昂代价：“澳大利亚有别的选择，中国也有别的选择。他们不一定非要从我们这里采购。他们也不一定非要邀请我们到中国去，他们的经济有朝一日将超过美国。……每个政党都在努力争取一小部分摇摆选票，他们的方式是制造对中国的恐惧，这会让每个澳大利亚人付出代价。”①

澳大利亚工党华裔议员、影子内阁外交部长及前财政部长黄英贤

① 《澳总理承认中澳关系“紧张” 澳矿业大亨吁停止反华言论》，《参考消息》2018年4月13日，http://www.cankaoxiaoxi.com/china/20180413/2261472.shtml，访问时间：2018年11月2日。

（Penny Wong）随后也撰文表示："我们看到澳大利亚总理在2017年底的一些说法毫无必要，我们也看到当时的副总理乔伊斯发表了一些不负责任的言论，大谈中国的威胁。……每个政府、每个政治派别的澳大利亚政府都需要处理与中国间的分歧。我们看到，现在这个政府对这些差异的管理有个特点，那就是太多的'拙言笨语'，……澳大利亚与中国的国家利益不同，这并不新鲜。有时我们彼此赞同，有时我们不同意，事情总是如此。然而，在政治层面如何管理这一点是非常重要的，我认为我在过去几个月中观察到的一点就是，我们的一些政治领导人的口气和言论令人遗憾。"①

事实上，澳大利亚时任外交部长朱莉·毕晓普（Julie Bishop）也与安全部门负责人表示了切割，后者从2017年至今不时发表反华言论，但毕晓普明确表示，这不代表澳大利亚外交部的意见。5月29日，澳大利亚贸易部长史蒂文·乔博（Steven Ciobo）访问上海，尽管未能会晤中方部长，但仍然被认为是澳方希望向中方示好的主动举措。5月21日，毕晓普在个人社交网站主页上公布自己与中国外交部长王毅在阿根廷G20峰会时的合影照片，强调双方进行了热情积极的对话。尽管王毅外长事后表示他主要表达了对澳方导致双边关系恶化的不满，但他在8月4日东亚合作系列外长会议上与毕晓普进行了富有建设性的谈话："中方从不干涉别国内政，也不会对别国搞什么渗透。中澳两国没有历史积怨和根本利害冲突，应该优势互补，互利共赢。希望澳方同中方相向而行，客观看待中国的发展，真正视中国的发展为机遇而非威胁，多做有利于增进双方互信与合作的事情，为推动中澳关系改善和发展创造有利条件和良好舆论环境。这符合中澳两国人民利益，也有利于地区的和平与稳定。"毕晓普则表示澳方重视与中国的关系，愿意客观看待中国发展和澳中关系并就此进一步发出积极信号。澳方希与中方加强沟通，坦诚交流，增进了解和互信，推动澳中各领域合作尽快得到恢复和发展。澳方反对保护主义，主张维护WTO规则，愿同中方加强合作，推进"区域全面经济伙伴关系协定"谈判和区域经济

① "'Clumsy' rhetoric sparks tension with China: Penny Wong," April 30, 2018, https://www.theaustralian.com.au/nation/foreign-affairs/clumsy-rhetoric-sparks-tension-with-china-penny-wong/news-story/7a6ba15b1c5e54f51f5c052f96014aee，访问时间：2018年11月3日。

一体化进程。[①]

在国内外现实的反弹与压力下，特恩布尔其实在2018年初开始已经停止了对中国的负面言论。2018年8月7日，他在新南威尔士大学公开演讲，一改之前的负面措辞，开始盛赞中国留学生，积极评价华人对澳洲社会做出的贡献，表示澳方欢迎中国改革开放取得的非凡成功，期待同中方加强“一带一路“等领域合作，推进澳中全面战略伙伴关系。“崛起中的中国，会在国际事务上希望其他国家赞同自己的观点吗？会在贸易上争取最佳的条件吗？当然会，任何国家都会这样。……在这个迅速的变化过程中，澳大利亚将会在互相尊重和理解的基础上，继续发展与中国的关系。”对此，中方立刻做出了积极回应。外交部新闻发言人华春莹表示：中方注意到，特恩布尔总理在演讲中就中国改革开放、中澳关系及两国务实合作等问题做出了积极表态。“我们对此表示赞赏。中澳同为亚太地区重要国家，两国关系健康稳定发展，符合两国人民根本利益，也有利于地区乃至世界的和平、稳定与繁荣。希望澳方继续同中方相向而行，在相互尊重、平等相待基础上多做有利于增进两国互信与合作的事，以实际行动推动中澳关系沿着正确轨道向前发展。”[②]

特恩布尔的讲话标志着中澳关系在近18个月的下滑后开始出现缓和。这一轮中澳关系的恶化，除了因为澳大利亚政坛执政党与在野党斗争的需要以及媒体炒作之外，其实根本上还是反映了澳大利亚政府及核心决策圈对于中国崛起以及影响力持续提升的不安。尤其是澳大利亚国家安全部门及情报机构热衷于炒作中国威胁和渗透议题，包括澳大利亚著名智库罗伊研究所最新的研究报告都指出，情报部门负责人彼得·达恩顿对中澳传统的正常关系构成了严重挑战。事实上，达恩顿也利用反华问题对特恩布尔政府施压，成为党内斗争的一个领域。[③]2018年8月21日，达恩顿辞去国

---

① 《王毅会见澳大利亚外长毕晓普》，中国政府网，2018年8月4日，http://www.gov.cn/guowuyuan/2018-08/04/content_5311811.htm，访问时间：2018年11月5日。

② 《外交部发言人就澳大利亚总理特恩布尔发表对华政策讲话答记者问》，新华网，2018年8月8日，http://www.xinhuanet.com//2018-08/08/c_1123240690.htm，访问时间：2018年11月3日。

③ Daniel Flitton, “How Peter Dutton changes Australian foreign policy,” Nov.5, 2018, https://www.lowyinstitute.org/the-interpreter/how-peter-dutton-changes-australian-foreign-policy, 访问时间：2018年11月5日。

土安全部部长职务，发起对特恩布尔总理的不信任投票未遂，但这导致许多跟风的部长辞职，特恩布尔内阁摇摇欲坠。2018年8月23日，前国库部长斯考特·莫里森（Scott Morrison）向特恩布尔发起挑战并成功取代后者。

由于是通过党内“政变”上任，莫里森总理面对的主要任务是缓和局势和巩固党内团结以迎战2019年的大选，因此在对外关系包括在对华事务上选择继承既有轨道且息事宁人的态度，由此也延续并巩固了2018年8月份以来中澳关系好转的态势。尽管莫里森缺乏足够的外交实务经验，但他任命前国防部长玛丽丝·佩恩（Marise Payne）为外交部长，而佩恩在对华态度方面一直属于温和稳健派。2018年11月5日，澳大利亚政府宣布外交部长将于2018年11月7—9日正式访问中国。中澳关系在2018年下半年正式实现升温。

三、中国与南太平洋岛国的关系及反响

从2018年初开始，中国在南太平洋岛国的活动也成为澳大利亚及西方国家关注的新焦点，中国与岛国的关系成为中澳关系的核心议题之一。最突出的表现是，澳大利亚几乎对中国在南太平洋岛国的所有活动都报以敌视和抵制。

在澳大利亚看来，中国援助涉及“债务陷阱”的议题日益严峻。自2006年首届中国—太平洋岛国经济发展合作论坛之后，中国对该地区80%以上的援助都采用了优惠贷款的形式。对GDP仅以十亿计的小国来说，巨额的贷款就可能令负债国面临巨额债务，而这些债务如何偿还以及偿还渠道都将是他们未来要面对的问题。2018年1月10日，澳大利亚国际发展与太平洋事务部长孔切塔·菲拉万蒂–维尔斯（Concetta Fierravanti-Wells）无理指责中国在南太平洋地区修建“无用的建筑”，在这些国家的基础设施项目不具成效“并附加不利的金融条款”。[①]

此外，澳大利亚外交部秘书长、前驻华大使孙芳安（Frances

① Charlotte Greenfield and Jonathan Barrett, “Debts to China: Pacific islands in the red,” July 31, 2018, https://news.abs-cbn.com/business/07/31/18/debts-to-china-pacific-islands-in-the-red，访问时间：2018年11月5日。

Adamson）对“一带一路”倡议提出后中国在南太平洋岛国的活跃度也表示了安全方面的担忧。在她看来，中国不断加强的援助活动是中国在该地区提升影响力的一个方式，而通过这种方式，中国正在无形中改变南太平洋地区的传统力量对比。2018年4月10日，澳大利亚媒体费尔法克斯传媒援引“不具名消息人士”的话说，中国正在和瓦努阿图进行初步讨论，利用上海建工集团在桑托岛卢甘维尔码头的扩建工程在该国建立一个军事后勤基地。但瓦努阿图外交部长拉尔夫·雷根努瓦（Ralph Regenvanu）正式澄清，瓦政府从来没有讨论过建立中国军事基地。可是2018年6月底，澳大利亚表示将与瓦努阿图就安全协作问题展开谈判。此外，从2017年12月到2018年，澳大利亚全力阻挠中国华为承建所罗门群岛海底电缆项目，为此澳大利亚表示愿意承担修建费用1.01亿澳元。[①] 在此之后，澳大利亚又表示9月将与邻国新西兰及太平洋各岛国签订新安全合作协议，正式将新西兰也纳入强化对岛国事务的管控计划中。[②]

上述种种言行令中方提出严正抗议，也激怒了太平洋岛国领导人。比如萨摩亚总理图伊拉埃帕·萨伊莱莱·马利埃莱额奥伊（Tuilaepa Sailele Malielegaoi）就表示：“澳部长的言论的确令我意外，这对于太平洋岛国领导人来说是侮辱性的。对我来说，这些言论似乎是在质疑太平洋岛国领导人的诚信、智慧和智力。”马利埃莱额奥伊认为这种言论破坏了澳大利亚在该地区的外交努力，将摧毁澳大利亚和太平洋岛国尤其是萨摩亚之间的关系。他强调中国的资金被证明对萨摩亚应对气候变化影响的努力起到关键作用。[③]

值得注意的是，对于中国在南太岛国影响力的增加，新西兰的表态也一反常态。新西兰国防部长罗恩·马克（Ron Mark）在2018年7月6日发

---

① “Australia, Vanuatu to negotiate security deal,” *South China Morning Post*, 25 June, 2018, https://www.scmp.com/news/asia/diplomacy/article/2152309/australia-tries-counter-chinas-influence-pacific-islands-will，访问时间：2018年11月5日。

② 《澳新与太平洋岛国拟签新协议加强区域安全对抗中国介入》,《澳大利亚人》（中文版）2018年7月6日，https://cn.theaustralian.com.au/2018/07/06/8362/，访问时间：2018年11月5日。

③ Bruce Hill, “Samoan PM hits back at Australia’s ‘insulting’ criticism of China’s aid program in Pacific,” Jan.12, 2018, http://www.abc.net.au/news/2018-01-12/samoan-prime-minister-hits-back-at-insulting-china-aid-comments/9323420，访问时间：2018年11月5日。

布的一份战略性国防政策声明中，罕见地点名批评中国的南海政策，对“越来越自信的中国”在南太平洋地区日益增长的影响力表示担忧。这与新西兰政府一直避免批评中国的姿态大相径庭。同一天，澳媒还报道称，澳大利亚与新西兰将同太平洋岛国签署新协议，加强区域安全，以对抗中国介入。[①] 新西兰副总理兼外长温斯顿·彼得斯（Winston Peters）还表示，惠灵顿计划在2019年向萨摩亚、汤加、斐济、瓦努阿图、巴布亚新几内亚、所罗门群岛、基里巴斯和美国夏威夷派出14位外交官。对此中国没有表示特别关注，但在2018年11月巴布亚新几内亚举行的亚太经合组织峰会上，习近平主席和与华建交的太平洋岛国领导人举行了集体会晤。其中包括巴布亚新几内亚、密克罗尼西亚、萨摩亚、瓦努阿图、库克群岛、汤加、纽埃和斐济等国领导人，与会各方明确了进一步推进“一带一路”建设的未来建设前景。

除了中、澳及岛国三边关系，台海问题也在太平洋岛国引发了外交事件。2018年2月，台湾方面开始对南太岛国可能与中国强化联系进而孤立自己感到紧张，尤其是巴布亚新几内亚要求台湾驻巴新办事处更名。随后，与台湾当局保持“外交关系”的所罗门群岛政府代表团访问了中国，加剧了台湾方面的紧张感。9月4日，太平洋岛国论坛在台湾所谓“邦交国”瑙鲁举行，会议召开前夕，瑙方要求中方与会人员持普通护照入境。在大多数成员国和中方提出交涉并表示将抵制会议情况下，瑙方不得不同意中方代表团持外交护照与会。会议期间，瑙方再次不顾国际会议惯例阻挠中方代表讲话，对此中方当即提出严正交涉，并提前离开会场以示抗议。出席会议的许多国家代表团也离开会场，对瑙方表示强烈不满。而台湾方面对瑙鲁举办此次论坛提供过诸多援助，包括援建会场，且此事发生前一周，台湾“外交部部长”吴钊燮率团访问了瑙鲁并与六个“邦交国”进行了会晤。在澳大利亚总理没有出席会议并努力改善对话关系的情况下，台湾当局的干预显然是中国遭遇外交干扰的主要原因。此事后，国际媒体对

① 《新西兰给中国定“新罪”：没有不折不扣接受国际秩序传统领导者的价值观》，环球网，2018年7月7日，http://world.huanqiu.com/exclusive/2018-07/12435188.html?agt=15438，访问时间：2019年1月25日。

台海关系表现了相当的关注和紧张。[①]

四、结论

与中国大周边许多邻国一样，澳大利亚对中国近来的迅速崛起处于艰难的适应过程中。由于对第二次世界大战以来由美国所主导的太平洋地区秩序高度信赖与依赖，因此澳方甚至比美国更担心既有格局的变化，对任何改变这一秩序的倾向都有所不安和紧张。澳方无论哪个政党或政治领导人执政，中澳双边关系都不可能再进入如20世纪末“脱欧入亚”时代一样的蜜月期。如同澳大利亚政府高层所判断，中澳关系的基本利益基石是双方的经贸合作，但是中澳双方曾经都认为经济关系高度亲密可能增进政治与安全互信的看法，显然过于乐观。尤其是特恩布尔政府认为中澳经济关系中，中方对澳大利亚依赖度更高，由此中澳关系不会受其他议题损害，这显然是严重的误判。澳方高层的相关表述不仅恶化了双边关系，而且妨碍了双方关系的缓和。反观中国方面，基本没有因为政治不快而采用经济手段反制，充分展示了中方外交的自信与成熟。

澳大利亚政府其实一直视周围岛国为自己的势力范围，并将对这些国家的援助及影响力视为地缘政治的自然结果以及二战后所谓地区秩序的一部分，因此其对中国影响力的异军突起格外紧张。在中国不断推进“一带一路”倡议的情况下，中国在南太平洋区域整体的活动与影响力都是持续增长的。到2018年，尤其以南太平洋岛国为亮点，各种基础设施建设的实体化工程空前吸引了国际舆论的眼球。因此尽管中国对南太平洋岛国的援助额度与澳大利亚、新西兰及日本还有差距，但是却遭受更多关注和曝光。许多西方媒体刻意利用相关项目来强化中国施展影响力的速度与冲击力，其实恰恰反映出澳大利亚等国家的不安不甘又无可奈何。尽管中澳关系有所升温，但是2019年澳大利亚将迎来大选，有关中国议题的炒作，仍然可能随着选情的变化而反复出现，中国对南太平洋外交的前景在对澳层面上依然不容乐观。

① 《中国特使独家披露！中方与瑙鲁总统交锋实录！》，环球网，2018年9月8日，https://m.huanqiu.com/r/MV8wXzEyOTU1NDU3XzEzOF8xNTM2MzM2MDAw，访问时间：2019年11月30日。

第四编
2018年中国周边外交热点议题

第一章
朝鲜半岛无核化动向及朝美关系未来走势

董向荣

【内容提要】2018年朝鲜在核问题上的战略调整，带来了其外交局面的大变化。围绕朝鲜的多轮首脑会晤大大缓解了半岛紧张局势，朝美之间实现了事实上的“双暂停”。与2018年达成空泛的原则性共识相比，2019年朝美将进入谈判的实质性阶段，围绕无核化的核心问题进行艰难博弈，其难度和风险将远大于2018年。

【关键词】朝核问题　双暂停　美朝首脑会晤

【作者简介】董向荣，中国社会科学院亚太与全球战略研究院研究员。

2018年的朝鲜半岛局势变化几乎超出了所有人的预期。即便是预判到半岛局势会发生缓和的人，也很难想象到一年内会出现这么多的首脑外交：金正恩三次访华、朝韩首脑三次会晤、美朝首脑会晤，这些都是“史无前例”之举，还有中韩、中美、韩美之间的多次首脑会晤。进入到2019年，金正恩10个月内第四次访华，美朝也在积极酝酿第二次首脑会晤，文在寅总统仍在热切地期盼金正恩委员长访问首尔。从主观上来看，各方都希望半岛局势能够维持2018年的热度，为执政者的国内政治加分。客观上来看，由于美朝双方在核问题上的立场差异很难弥合，导致美朝之间工作层面的谈判举步维艰，现在寄希望于通过第二次首脑会晤打开僵局。当前美朝双方出于国内和国际政治的需要，都在力图避免撕破脸而对双方都造成损失，因此希望维护当前的半岛缓和态势。

一、2018年朝鲜半岛告别“剑拔弩张”，迈出“双暂停”的重要一步，半岛局势趋缓

在2018年朝鲜半岛外交舞台上，韩国总统文在寅非常活跃。但是，局势变化主要动因不在文在寅。如果文在寅是主要因素的话，2017年5月他上台之后朝鲜就不会继续核导开发。事实上，在2017年，朝鲜对文在寅的对话提议反应冷淡。韩国世宗研究所资深研究员郑成长指出，“截至2017年，金正恩委员长仍执着于提高核及导弹能力，一直对文在寅总统寻求朝韩对话的提议‘视而不见’。然而金正恩委员长在2018年1月1日发表新年致辞时，突然宣布朝鲜将参与平昌冬季奥运会，并表达了想要改善朝韩关系的决心。”① 可以说，2018年的半岛变局，是在金正恩做出战略调整之后开始启动。而继承“阳光政策”与“和平繁荣政策”的文在寅，等来了和解的契机，开始与朝鲜“共舞”。

特朗普的“自我服务倾向”（Self-serving Bias）十分明显，即当他加工和自我有关的信息时，会出现一种潜在倾向，容易把成功归结为自己的才能和努力，把失败或责任归咎于外部因素。具体到朝鲜半岛，当事情进展顺利的时候，特朗普会认为是自己的成绩；而当局势发展受挫的时候，则指责他人。比如，他认为2018年的变局是美国极限施压的结果，是自己施政的重大外交成果，干成了以往历届美国总统都没能干的事情。当美朝谈判陷入僵局的时候，特朗普竟流露出是因为金正恩第二次访华之后朝鲜立场发生了变化，因此扬言取消美朝首脑会晤。

在朝核问题上，特朗普的优点是不受既有框架的束缚，敢于做出大的决断，“从上而下”地推进自己的构想。比如，暂停韩美联合军演的问题，在以往历届政府那里都要面临保守军方的掣肘甚至是阻碍，而特朗普则可以很快拍板决定。特朗普的战术机动灵活，立场转变之快，令人“目不暇接”。2017年他曾以“愤怒和火”来应对的“火箭人”金正恩，在能给他

① ［韩］郑成长：《2018年朝鲜对韩与对外政策评价及2019年政策展望》，韩国世宗研究所：《局势与政策》2018年第14号（2018年12月11日），第1页。

的政绩加分的时候，瞬间成为被称赞的对象。在2018年6月12日“金特会”的时候，他几乎把“朋友”一词脱口而出，而之后竟然声称俩人“陷入爱河”。特朗普的缺点是缺乏与朝鲜打交道的经验，把朝鲜问题过于简单化，急于把朝鲜问题当作自己的外交成绩，以获取中期选举和2020年连选连任的政治资本。朝鲜也的确把不受传统思维约束、缺乏与朝鲜打交道的经验、不按常理出牌的特朗普看作一个摆脱外交困境的机遇。

实质上，推动2018年朝鲜半岛变局的关键还是朝鲜在2017年底宣布完成“核力量大业”后进行的发展战略调整，这是变化的起点和根本原因。在此之后，金正恩以前所未有的自信姿态，调动韩国，在大国之间周旋。经常进行核导试验的朝鲜只要停止核导试验，不用说弃核，对其他国家来说至少比2017年的状况好了很多，所以有“奖励”朝鲜的冲动。朝鲜充分把握和利用了有关国家的这一心理，有效地调动各方资源，形成了一波小国主导、大国竞争的地区格局突变。

2018年的热闹，改变了朝鲜半岛的氛围，从剑拔弩张到和平对话，这是一个非常积极的进步，值得维持下去。然而，2018年的热闹，没有改变的是美朝之间在核问题上的根本分歧，这是未来冲突随时都可能爆发的根源，是当前和平局势的脆弱性所在。维护缓和态势的主观愿望，如何面对分歧巨大的客观现实，是各方判断未来局势走向的基础。

朝美关系的僵局，主要还是双方在核问题上的立场存在根本差异。朝鲜的立场是核冻结、核不扩散，而美国要求的是朝鲜完全的、不可逆的弃核。朝鲜2018年以来的方案，是在不透明的前提下分阶段、对等地行动。美国的主流意见是朝鲜提交核目录清单、弃核，特朗普则主要从政绩考虑，与金正恩达成所谓的“完全的无核化”大原则，维持与朝鲜表面上的良好关系，尚未触及实质性的弃核问题。

二、朝鲜的“核保有国”姿态

从2018年的新年贺词、2018年4月的七届三次全会决议到2019年的新年贺词，朝鲜一以贯之的是“核保有国”姿态，期待以核冻结换取国际社会解除对朝制裁。2018年1月1日，朝鲜领导人金正恩发表新年贺词，强调在2017年朝鲜完成了“国家核力量的历史大业”，朝鲜“终于拥有了任何力量用任何方法都无法撤除的强有力的、可靠的战争遏制力”，“美国绝不敢向我和我国发动战争。美国必须明白，美国本土全境已进入我们的核攻击射程内，核按钮始终放在我办公室办公桌上，这并不是威胁，而是事实。”

朝鲜劳动党中央2018年4月20日举行第七届第三次全会发布的《关于宣布经济建设与核力量建设并举路线的伟大胜利》决议书指出：第一，庄严宣布在贯彻党的并举路线的斗争过程中，亚临界核试验、地下核试验、核武器小型化和轻量化、开发超大型核武器和运载手段工作依次完成，从而可靠地实现了核武器兵器化；第二，自主体107（公历2018）年4月21日起，停止核试验和洲际弹道火箭试射。为了透明地保证停止核试验，将废弃北部核试验场；第三，停止核试验是为实现全世界核裁军的重要过程，朝鲜将汇合争取全面停止核试验的国际性的志向和努力；第四，只要不受到核威胁或核挑衅，朝鲜将绝不使用核武器，在任何情况下都不会转移核武器和核技术；第五，将集中一切力量开展全部动员国家的人力和物力资源，建设强大的社会主义经济、划时代地提高人民生活的斗争；第六，为营造有利于进行社会主义经济建设的国际环境、维护朝鲜半岛和世界的和平与稳定，积极同周边国家和国际社会密切联系和进行对话。

2019年1月1日的新年贺词中，金正恩强调：“我们已向国内外宣布，不继续生产核武器，也不进行核试验，不使用和不扩散核武器，并采取了各种实际措施。只要美国采取可信赖的措施，以相应的实践行动来回答我们这样主动的、前期的努力，那么两国关系就会通过相互采取更加确实、更加重大的措施的过程，以很好的、更快的速度前进。”韩国峨山政策研究院相关研究分析指出，在金正恩2019年新年贺词中，“核”只有两次被提及，而在2018年的贺词中“核”被提及22次。在2019年新年贺词中，“和平”“经济”分别被提及25次和38次。这表明，金正恩关注的重点已经转向应对和平时期的经济建设问题，在他看来，核问题似乎已经“翻页”。

表1　金正恩2018—2019年新年贺词中关键词提及次数对比

关键词	2018年	2019年
核　Nuclear	22	2
和平　Peace	10	25
社会主义　Socialism	22	32
统一　Unification	16	8
前辈　Predecessors	7	0
经济　Economy	32	38

资料来源：Asan Institute for Policy Studies（韩国峨山政策研究院），*Asan Korea Perspective*, Vol. 4, No. 1, 2018.12.31-2019.01.13, http://en.asaninst.org/contents/46199/。

最高领导人的新年贺词和劳动党中央决议，是朝鲜对内对外宣示政治、经济和外交政策的重要文件。从中可以看出，朝鲜国家战略从“经济与核武并进”转向“集中一切力量发展经济”。积极同周边国家和国际社会进行对话的基础是核力量大业已经完成，以此为基础，朝鲜停止核试验，有条件地不使用核武器，维护核不扩散，致力于全面停止核试验的国际努力，营造适宜的国际环境，发展经济。2018年以来朝鲜在无核化问题上的表述，都没有“弃核”的表态，相关立场更接近“核冻结”而不是“弃核”。朝鲜认为国际社会对朝鲜的相关努力没有给予积极回应，尤其期待美国的对等行动。如果美国不对等行动，朝鲜将不再忍耐。

三、美国“完全的无核化”要求与可能的替代选择

从小布什政府开始美国就坚持认为，朝鲜的无核化应该是“完全的、可验证的、不可逆的废弃”（Complete, Verifiable, Irreversible Dismantlement, CVID）。尽管特朗普上台之后美国的表述变成了“永久性的、可验证的、不可逆的废弃”（Permanent, Verifiable, Irreversible Dismantlement, PVID）、“最终的、完全验证的废弃”（Final, Fully Verified Dismantlement, FFVD），实质内容还是CVID。从CVID到PVID、FFVD，美国都在强调“可验证”，

即，朝鲜采取了什么样的弃核措施，不能只是朝鲜说了算，要经过美国的验证才能算数。这里第一个关键问题就是核目录清单。围绕着核目录清单、如何验证、谁来验证等问题，美朝之间目前只是陷入僵局，冲突尚未真正开始。

与奥巴马时期的“战略忍耐”相比，特朗普政府表现出了积极的要解决朝核问题的姿态。对于有关各方而言，这是一个重要的契机。如果说特朗普政府时期美国的立场有其他什么变化的话，主要是在特朗普及蓬佩奥团队与传统建制派之间的立场有一些差异。与朝鲜有过多次交手的美国国内战略界和政府内专业技术官僚，或者说美国的传统建制派，倾向于认为朝鲜应首先提交完整的核目录清单，并对其实施验证。在验证后，才开始真正的可监控的弃核进程，并给予朝鲜相应的补偿。在他们来看，朝鲜到目前为止还没有什么实质性的举措，因此当然不可能放松对朝经济制裁。

但是，声称对金正恩有好感、特立独行的特朗普，主要是从国内政治的角度来看待朝核问题。他把朝鲜表态推进无核化进程作为自己任内的外交成绩。如果特朗普、蓬佩奥的意见占据上风，2019年半岛无核化问题上将可能取得一些进展。美国的专家、国际联合专家组、国际原子能机构（IAEA）专家、全面禁止核试验条约组织（CTBTO）的专家会对废弃的丰溪里核试验场、东仓里导弹引擎试验场等地进行验证。之后，如果特朗普政府采取一些相应的缓解对朝制裁措施，朝方还有可能进一步采取比较重要的步骤，比如永久废弃宁边核设施。

特朗普时期对朝政策的一个可能变化是，以美国的直接安全为中心。特朗普对核不扩散的认识不是很深刻，可能从美国的角度出发，将朝核问题进行“对美无害化”处理：销毁朝鲜的洲际弹道导弹，消除朝鲜对美国本土直接的安全威胁。如果特朗普认为只要对朝鲜核问题进行“对美无害化”处理就算大功告成的话，那他可能会采取一些非常规的手段，与朝鲜达成“大交易”。

四、朝鲜半岛未来走势

已完成“核力量历史大业”的朝鲜对于自身安全问题更加自信，因此，朝美关系缓和之后，政治性意义的朝鲜战争“终战宣言”的战略价值骤降。与此同时，朝鲜更看重实际利益，朝鲜的首要目标是国际社会放松对朝经济制裁。因此，2019年，朝美之间的博弈将集中在朝鲜的“核冻结”与美国的放松经济制裁之间的讨价还价上。如果特朗普、蓬佩奥不能说服战略界和业务界的官僚，后者仍要求朝鲜必须首先提交核目录清单，目前的僵持局面还会继续。在不能解除制裁的情况下，朝鲜会不会改变当前的行为模式？朝鲜有没有耐心？现在看来，朝鲜已经对外界“无视”它的“无核化努力”相当不满。

根据韩国《中央日报》网站2018年9月7日的报道“金正恩：朝鲜的无核化决心受到质疑倍感烦恼”，韩国特使团团长、青瓦台国家安全室室长郑义溶在9月6日公布访朝结果：“金正恩多次明确强调，自己的无核化决心非常坚定”，“他表示，（国际社会）对自己的无核化决心提出质疑，令自己非常烦恼”。金正恩在会面中表示“朝鲜一直在为实现无核化进行必要的前期准备，希望外界能善意地看待朝鲜这些善意举动”。金正恩一一列举了朝鲜最近采取的种种措施，并要求美国采取相应措施进行回应。也就是说，金正恩认为朝鲜已经采取了无核化行动，而美国却迟迟没有任何动作，金正恩并对这一情况表达了不满情绪。金正恩谈到2018年5月24日朝鲜邀请外媒记者现场观看引爆丰溪里核试验场的情况，表示“核试验场隧道的三分之二都已经完全爆破，永久无法使用”。金正恩还提到朝鲜拆除东仓里导弹引擎试验基地的情况，说“这是朝鲜唯一的试验基地，我们这样做就是为了表明朝鲜以后将会完全停止远程弹道导弹的试验活动”。这次金正恩亲自表态，等于朝鲜最高领导人向美国做出了完全停止洲际弹道导弹（ICBM）试验的承诺。金正恩还表示，“我们这些举措都非常实际，具有重大意义，而国际社会却不愿给予相应的肯定”。可以看出，金正恩希望韩国能够代替自己把这些感受传达给美国。郑义溶表示，“金正恩委员长重申了自己对于实现韩半岛全面无核化的坚定决心”。

朝鲜最想要的是解除经济制裁，目前看来，美国在2019年还不可能给予朝鲜其所期待的回报。朝鲜也很难维持2018年的对外善意和热度。在美国对韩国的相关提议给予分项目、个别的豁免之前，金正恩不可能回访首尔。

2019年朝鲜还是有不少牌可以出的。2018年，朝鲜停止核试验和洲际弹道导弹试验、炸毁丰溪里核试验场、永久废除东仓里引擎试验场等措施，都是在保持不透明和维持现有核能力的前提下主动采取的措施。未来，朝鲜还有可能采取永久废弃宁边核设施的举措，但是需要条件，即美国采取相应的措施。朝鲜可以邀请美国专家对上述措施实施验证，但不是全面的验证和核查。这是可以预测到的朝鲜的政策调整空间。保持现有核能力是朝鲜的底线，朝鲜不会“重蹈利比亚的覆辙”。

朝鲜最希望的就是在拥核的基础上突破外交关系的困局。而美国的立场是朝鲜要实现全面、可验证、不可逆转的无核化。美朝曾在1994年达成过《核框架协议》，六方会谈有关各方也曾在2005年达成过《9·19共同声明》，然而这两个重要协议都没有得到履行，各方都错过了解决问题的最佳时机。2018年的“双暂停”是半岛局势遏制住恶化的势头、走出对话解决朝核问题的重要一步，是一次变轨。在走出这一步之后，各方都需要面对一个新的问题：谁破坏了当前的和谈局面，谁就会受到更大的舆论压力。

未来，中国将积极参与朝鲜半岛对话进程，在期盼朝鲜半岛对话取得实质性成果的同时，也会做好未来危机管理的准备。中国在朝鲜半岛应谋求“损害最小化”、对中国无害化。在中国倡导的“双暂停”得到实质性贯彻后，中国正寻求在未来局势发展中发挥更大的影响。未来，中国需要更加积极地参与朝鲜半岛对话进程，在期盼朝鲜半岛对话取得实质性成果的同时，谋求对中国的“损害最小化”、对中国的无害化，并从核技术、核安全的层面来进行管控。比如，宁边核设施是相当危险的潜在冲突爆发点，如何实现宁边核设施的安全停运乃至永久废弃，应该成为中国关注的焦点。

第二章
中菲南海共同开发现状与前景展望

闫　岩

【内容提要】中菲南海问题双边磋商机制的设立、《中菲联合声明》的发布和《中菲油气合作开发谅解备忘录》的签署体现了两国政府良好的政治意愿，杜特尔特政府时期中菲海上油气合作开发以及共同开发的可能性明显提升。但菲律宾《宪法》《矿业法》和第556号行政令等国内法的困境、菲国内反对势力的对抗以及对“南海仲裁案”的影响仍是中菲南海油气共同开发难以跨越的障碍。中菲在突破障碍推进共同开发的同时，应更注重其他领域的海上合作，以共建互信，稳定局势。

【关键词】中菲关系　共同开发　南海问题　联合勘探

【作者简介】闫岩，中国南海研究院海洋法律与政策研究所所长。

海上油气共同开发不仅可以作为一种争议解决前的互信共建措施，推动争端国间建立和维护友好关系，也能使各国增强相互依赖度并从中获取经济利益。中菲在南海多年前已经开始尝试油气共同勘探与开发合作，但至今仍未真正实施。2016年罗德里戈·杜特尔特（Rodrigo Duterte）就任菲律宾总统后，中菲关系得到了全面改善，共同开发也出现了新的契机。中菲两国仍需共同努力，才能达成不影响各自南海权益主张且具有操作性的合作方案并予以推进实施。

一、中菲南海油气共同开发进展情况

（一）当前是推进中菲南海油气共同开发的最有利时机

自杜特尔特总统执政以来，中菲关系转圜并迅速进入健康发展的新阶段。自2017年5月建立了中菲南海问题双边磋商机制后，南海油气开发合作有了一个新的机制化的讨论平台。2018年7月的第二次磋商中，中菲双方就开展渔业、油气、海洋科研与环保等方面组建技术工作组达成一致。[①] 同年10月的第三次会议中，中菲双方在“不影响两国各自关于主权、主权权利和管辖权立场的前提下”，共同探讨了“海上油气联合勘探和开发合作”。[②]

中菲油气共同开发之路并不平坦，曾经的两次尝试都以失败告终。中国海洋石油总公司（以下简称中海油）和菲律宾国家石油公司2004年签署了《南海部分海域联合海洋地震工作协议》，2005年越南石油公司也参与进来，共同签署了为期三年的《南海协议区三方联合海洋地震工作协议》，但最后由于菲律宾国内政治问题和美国的干扰而失败。2012年5月，中海油和菲律宾富勒姆能源公司（Forum Energy）商讨礼乐滩附近海域的共同勘探，也由于协议内容无法达成一致而失败。[③]

2016年上任的菲律宾总统杜特尔特在当年10月首次访华期间就与中方签署了《中菲联合声明》以及13项合作协议。[④] 一方面声明中双方重申了南海争议应由直接有关的主权国家通过友好磋商和谈判，和平解决争议；另一方面对于菲律宾渔民在黄岩岛附近海域捕鱼也做出了安排。2017年8月，菲时任外交部长阿兰・彼得・卡耶塔诺（Alan Peter Cayetano）表示，杜特尔特总统已经批准中菲南海共同开发项目，菲政府已就如何确保不损

① 《中国—菲律宾南海问题双边磋商机制第二次会议》，新华网，2018年7月9日，http://www.xinhuanet.com/world/2018-02/13/c_1122416158.htm。

② 《中国—菲律宾南海问题双边磋商机制第三次会议联合新闻稿》，中国政府网，2018年10月18日，http://www.gov.cn/xinwen/2018-10/18/content_5332235.htm。

③ 李金明：《中菲南海油气资源“共同开发”的可行性研究》，《太平洋学报》2018年第5期。

④ 《中华人民共和国与菲律宾共和国联合声明》，新华网，2016年10月21日，http://www.xinhuanet.com//world/2016-10/21/c_1119763493.htm。

害菲律宾的领土与主权的问题与能源部和法律专家探讨。[①] 2018年4月，菲总统杜特尔特称愿意同中国共同勘探南海的自然资源，并提出“60—40”的分成建议。[②] 6月，卡耶塔诺表示如果没有法律障碍的话，中菲南海共同勘探工作可能于2019年通过已经在南海区域展开工作的菲中企业开展。10月，菲总统府发言人哈里·罗克（Harry Roque）透露，菲中共同开发南海的框架协议预计将在中国领导人访菲之前达成。[③]

11月习近平主席在菲律宾国事访问期间，中菲两国签署了29项协议，其中就包括《中华人民共和国政府与菲律宾共和国政府关于油气开发合作的谅解备忘录》[④]（以下简称《备忘录》），在油气共同勘探与开发合作方面翻开了新篇章。

（二）《备忘录》：为“合作开发”铺路，为“共同开发”留有余地

习近平主席访问菲律宾前夕，菲反对派参议员安东尼奥·特里兰尼斯（Antonio Trillanes）就对媒体公开了号称是中方提供给菲方的“框架协议”的部分文本内容。[⑤] 11月22日，菲外交部长特奥多罗·洛钦（Teodoro Lochen）在接受媒体采访时透露了《备忘录》部分内容，批评参议员所谓的中方建议“框架协议”完全是伪造的，但由于文本的保密条款，他并未公开全部内容。[⑥] 23日，中国外交部发言人在记者会上表示，中方对于菲律宾方面要求公开《备忘录》持开放态度，[⑦] 菲媒随即公开了中英文文本。

被菲媒公开的《备忘录》由政治基础、基本原则、工作机制、有关立

---

① Ellson Quismorio, “Duterte oks joint venture with china,” *Manila Bulletin*, 2017 Aug. 17th.

② “Duterte offers ‘60-40’ deal to China in West PH Sea joint exploration,” https://www.rappler.com/nation/201310-duterte-offers-60-40-deal-china-west-philippine-sea-joint-exploration.

③ “Welcome gift to Xi: oil exploration deal,” Oct. 3rd, 2018, https://globalnation.inquirer.net/170200/welcome-gift-xi-oil-exploration-deal.

④ 本文分析的文本来自于菲律宾媒体曝光的中英文签字文本：https://www.rappler.com/nation/217559-memorandum-understanding-philippines-china-oil-gas-development-deal。

⑤ “Draft deal on PH-China sea exploration for oil, gas leaked,” Nov. 20th, 2018, https://globalnation.inquirer.net/171485/draft-deal-on-ph-china-sea-exploration-for-oil-gas-leaked.

⑥ Teodoro Locsin Jr. appeared in a televised interview on CNN PHilippines.

⑦ 《外交部发言人耿爽主持例行记者会》，中国外交部网站，2018年11月23日，https://www.fmprc.gov.cn/web/fyrbt_673021/t1615497.shtml。

场、信息保密和其他事项六个条款组成。值得注意的是，这份《备忘录》名称是“关于油气开发合作”[①]，并非“油气共同开发”，因此含义应是更为广泛的包含油气勘探调查、合作开发和争议海域共同开发在内的油气开采合作。“共同开发”一词源于邓小平提出的“搁置争议、共同开发”这一政策。学界较普遍的理解是在争议海域和主张重叠的海域，争端国为了双方共同发展的需要，在共同协商的基础上对石油和天然气等海洋资源以某种方式进行共同勘探与开发的合作方式。因此，“共同开发”的前提是在争议海域，但“合作开发”则可以更广泛地包含非争议海域，是可以在任何海域适用的概念。

菲律宾能源部表示，菲方在南海提出了14个区块可以与中国开展合作，目前已有两个油气合作合同提交给杜特尔特总统等待签署，其中一个是在巴拉望西北海岸的卡拉棉的第57号服务合同，另一个尚未对外公布，但并非礼乐滩附近海域的第72号合同区块。[②] 第57号合同区块在巴拉望西北部近海区域，约7200平方千米。这是2006年开始商谈的由菲律宾国家石油公司PNOC-EC、玉石能源公司和中海油共同参与的合资开发项目。其中中海油将持有51%的股份，玉石能源公司占21%，菲律宾国家石油公司占28%。[③] 这个区块的合同由于菲律宾556号行政令[④] 的阻碍搁置至今。这个区块是在无争议的菲律宾专属经济区内，属于“合作开发”。

另外一个商谈中的项目，也就是中菲真正意义上的“共同开发”项目是在断续线内的礼乐滩附近海域的第72号服务合同区块。中菲在这片海域的油气开发合作阻碍不断，至今仍未达成协议。菲律宾在70年代发现这片海域的天然气资源丰富，并开始对外招标。2010年与英国弗勒姆能源

---

① 对应的英文文本为：Memorandum of Understanding on Cooperation on Oil and Gas Development between the Government of the Republic of the Philippines and the Government of the People's Republic of China。

② “Duterte to approve 2 more exploration deals,” Nov. 8th, 2018, https://www.manilatimes.net/duterte-to-approve-2-more-exploration-deals/464110/.

③ “No joint exploration deal during Xi's visit but discussion possible,” https://news.abs-cbn.com/news/11/07/18/no-joint-exploration-deal-during-xis-visit-but-discussion-possible-doe. 另外也有报道称中海油占51%股份，菲律宾国家石油公司占28%，米特拉能源公司占21%。

④ 第556号行政令具体内容见下文第二部分分析。

公司签署了第72号服务合同区的协议，覆盖了大约88万平方千米的礼乐滩附近海域，据初步估计，天然气蕴藏量约为3.4兆立方英尺。[①] 2012年开始弗勒姆公司已与中海油就这一区块的共同开发问题进行了沟通，但由于菲方要求协议中必须承认礼乐滩在菲律宾的专属经济区内而导致协议未能达成。

此外，《备忘录》文本还有几点值得关注之处。首先，第一条政治基础提及《联合国宪章》《联合国海洋法公约》（以下简称《公约》）和2002年的《南海各方行为宣言》。有菲律宾学者认为尽管《备忘录》把遵守《公约》作为前提，但并没有提及是否包含2013年菲方提起的所谓的中菲仲裁案的“裁决”，这是一种模糊处理的方式，[②] 这有可能成为日后隐患。其次，《备忘录》的第三条规定了双方将设立政府间指导委员会，负责谈判、达成合作安排及其适用的海域，并指定中海油和菲方企业进行工作层面的对接。2018年8月，菲方就表示已经成立了技术工作组，为争议海域内的联合勘探做筹备。菲方工作组包括来自环境部、能源部、国防部、国家安全委员会、国家情报协调局以及内政部的人员，还有一个司法部和检察署组成的法律小组，将提供相应的法律咨询和协助。[③] 相信在2019年的双边磋商中双方的工作组也将就具体问题深入探讨。第三，《备忘录》的第四条明确了该文本将不产生任何国际法或国内法上的权利和义务。这是一条在许多海上共同开发的协议中都存在的“无损害”条款，一方面体现出油气合作开发是争端解决前的临时性措施，另一方面也保护了争议双方各自的立场与主张。最后值得一提的是，《备忘录》并非油气开发合作协议，也不是服务合同，而是为了达成合作提出的路径与期望。第三条第四点明确地提出了12个月内达成协议的期限，但并未对无法达成提出任何惩罚性措施。此前菲方曾多次表示要在2018年达成协议或签署服务合同，到目前仍未实现。

---

① “PH to have control over China in Service Contract 57,” Mar. 5, 2018, https://news.mb.com.ph/2018/03/05/ph-to-have-control-over-china-in-service-contract-57/.

② Jay Batongbacal, The Philippines-China MOU on Cooperation in Oil and Gas Development, Dec. 5, 2018, https://amti.csis.org/philippines-china-mou-cooperation-oil-gas-development/.

③ 《菲律宾：已知会中国成立南海联合勘探工作组》，搜狐网，http://www.sohu.com/a/246689625_626685。

这12个月的软性期限可以看作是给菲律宾的延长期，体现了中方对菲律宾的诚意与耐心。

二、中菲关系改善无法完全消除海上共同开发的障碍

（一）国内反对派的压力使杜特尔特政府立场摇摆不定，尚未下定决心排除一切困难与中国进行共同开发

尽管杜特尔特总统就任后多次表示与中国开展海上油气共同开发与合作的诚意，也反复声明南海争议不是中菲关系的全部，但政府表态时有摇摆，共同开发的推进力度也显不足。2018年5月21日，菲律宾外交部发表的关于在南海开发活动的声明中强调，“我们将保护我国每一英寸的领土以及享有主权权利的区域”。① 总统发言人也多次表示，共同开发必须以遵守菲律宾宪法和相关法律为前提。7月23日杜特尔特总统在第三次国情咨文演讲中表示，中菲关系的改善并不意味着菲律宾将在“西菲律宾海”问题上有所让步，菲仍将捍卫“西菲律宾海”。② 据菲媒报道，中菲在卡拉棉57号服务区块的共同勘探项目合同6月已经报给总统签署，但截至2019年1月仍未有确切消息。此外，菲方多次表示希望2018年9月以前达成共同开发框架草案或协议，并于习主席访问菲律宾期间签署，但最后签署的仅是一份《谅解备忘录》，这与菲方一直以来的承诺并不一致。

（二）菲律宾国内法重重限制难以突破

一直以来明确反对中菲共同开发的菲律宾最高法院大法官卡皮奥始终坚持菲律宾与任何国家在专属经济区内进行共同开发都是违反宪法的。他认为菲律宾宪法已经明确了专属经济区的资源属于菲律宾人民所有。壳牌这种外资公司在非专属经济区的开采，是属于菲政府的承包商，这种合作

① “Statement of the Department of Foreign Affairs on Developments in the South China Sea,” https://dfa.gov.ph/dfa-news/statements-and-advisoriesupdate/16722-statement-of-the-department-of-foreign-affairs-on-developments-in-the-south-china-sea.

② “Duterte’s 2018 State of the Nation Address,” July 23, 2018 https://www.philstar.com/headlines/2018/07/23/1836195/full-text-dutertes-2018-sona-speech.

方式是合法的。但是两个主权国家以共同开发的形式共享资源则是宪法明确否定的。[①]

菲律宾宪法第12章第2条第2段明确规定："国家必须保护其群岛水域、领海和专属经济区的海洋财富，并将其利用和享有完全保留给菲律宾公民。"[②] 但在某些特定情况下，总统可以与外国公司签订协议，包括：1. 当事方必须是总统代表国家与公司签署有关协议；2. 协议内容必须涉及技术和资金协助协议；3. 必须是大规模开发和利用活动；4. 开发活动仅限于对矿物、油气以及其他矿物油的开发和利用；5. 必须符合有关法律和法规；6. 总统必须基于项目对经济发展和一般福利的实际贡献决定是否签署协议；7. 协议必须促进当地科学技术的发展与使用；8. 总统有在签署协议前通知国会的义务。[③]

上述第二点关于协议内容的规定，菲律宾政府强调必须遵守相关国内判例。菲总统府发言人洛克在2018年3月表示，中国若希望与菲律宾在57号合同区块联合勘探，必须遵守菲律宾法律包括《宪法》和《矿业法》，此外也必须遵守拉布加案的裁决。[④] 2004年菲律宾最高法院在此案中裁定外资企业可参与的油气、矿物等开发和利用活动仅限于技术和资金服务，不能扩展到其他领域的服务合同。[⑤] 因此，中菲若要在此区块推进合作，必须确保菲律宾对勘探和开发享有绝对控制权，所有收入属于菲律宾所有。

此外，菲律宾前总统格洛丽亚·马卡帕加尔·阿罗约（Gloria Macapagal Arroyo）任期内2006年签发的第556号行政令也是一大阻碍。

---

① "Joint Development in EEZ 'prohibited'-Carpio," https://www.rappler.com/nation/139695-carpio-joint-development-eez-constitution, July 14, 2016.

② "The Constitution of the Republic of the Philippines," https://www.officialgazette.gov.ph/constitutions/1987-constitution/.

③ 雷筱璐：《仲裁案后中菲海上油气主要障碍的国际法分析》，《亚太安全与海洋研究》2018年第5期。

④ "No joint exploration deal during Xi's visit but discussion possible," https://news.abs-cbn.com/news/11/07/18/no-joint-exploration-deal-during-xis-visit-but-discussion-possible-doe.

⑤ "Joint Development in EEZ 'prohibited'-Carpio"；裁决原文："The Supreme Court of the Philippines, La Bugal-Blaan Tribal Association," http://sc.judiciary.gov.ph/jurisprudence/2004/dec2004/127882.htm。

该行政令的第一条规定任何政府机构的合同，包括菲律宾国家石油公司（PNOC）在内都不能另外再签勘探权转让合同。[①]第七条规定了任何违反此行政令的政府机构包括菲律宾石油公司都必须立即停止或取消项目。在此项行政令颁发前菲律宾国家石油公司可以自行商谈与接洽合作伙伴，还可以安排股权转让，由董事会和国家能源部批准即可。这一行政令被认为是菲律宾上游石油企业中政府公司与外国公司合作最大的绊脚石。目前第57号区块的勘探权属于菲律宾国家石油公司，这一行政令也将掣肘与中海油的合作协议。尽管杜特尔特政府表示将修改第556号行政令，解决中菲油气开发合作法律层面的障碍，但目前仍未进入修订程序。

（三）菲律宾通过修宪固化仲裁裁决，南海主张和立场不会倒退

共同开发虽然是在争议未能解决时采取的增进互信的临时措施，但适用海域、适用法律、利润分成等现实问题与争端国的主权和海域主张密不可分。菲律宾前总统阿基诺三世坚决反对杜特尔特修复中菲关系并商讨油气共同开发，声称菲律宾没有任何义务与中国分享在其专属经济区内的资源，拒绝承认礼乐滩是中菲争议海域。[②]大法官卡皮奥多次在采访中表示，与中国在礼乐滩进行共同开发是菲律宾对于仲裁裁决立场的倒退，[③]也多次敦促菲律宾国家领导人应确保仲裁裁决得到执行，决不能放弃在南海的权利主张。

尤其值得关注的是，菲律宾在2018年通过修宪固化仲裁成果。7月4日，菲律宾修宪咨询委员会通过了《联邦宪法草案》(以下简称草案)，对

---

① Amending Executive Order No. 473 and Requiring the Exploration, Development and Production of Crude Oil from The Camago-Malampaya Reservoir to Be Undertaken Through Bidding, Executive Order No. 556, June 17, 2006, Section 1: There shall be no “farm-in” or “farm-out” contracts awarded by any government agency, including the Philippine National Oil Company (PNOC), including the contract for the exploration, development and production of crude oil from the Camago-Malampaya Reservoir. 全文见：https://lawphil.net/executive/execord/eo2006/eo_556_2006.html。

② “Nothing wrong with 60-40 joint exploration deal with China,” Aug. 7, 2018, http://philippine-resources.com/2018/08/07/palace-nothing-wrong-with-60-40-joint-exploration-deal-with-china/ .

③ “PH to have control over China in Service Contract 57,” Mar. 5, 2018, https://news.mb.com.ph/2018/03/05/ph-to-have-control-over-china-in-service-contract-57/.

1987年《宪法》中的“国家领土”一条进行了修改。草案明确规定了菲律宾的主权依据来源于“国内法、国际法以及国际性的法庭或仲裁庭做出的判决”。这意味着菲律宾不仅没有将仲裁裁决搁置和“翻篇”，反而明确地将仲裁裁决纳入国内法律体系，[①] 这将成为共同开发日后磋商的重要隐患。

三、前景展望与相关建议

（一）充分利用双边磋商机制和工作组会议，共同为当前存在的障碍寻求解决方案，争取达成双边协议或条约，为油气开发合作保驾护航。菲律宾方面目前国内法的限制是导致海上油气合作与共同勘探无法顺利推进的重要原因。共同开发的协议或合同本质上是协调争端国之间国内法在开发区的适用问题。从国际实践来看，对于两国法律共同适用已有先例，如澳大利亚—印尼的共同开发案。澳大利亚—印尼案中，两国税法在共同开发区同时适用，[②] 并对如何协调做了详细规定。中菲双方应在双边磋商机制和《备忘录》下设立的政府工作组与企业工作中的讨论中充分论证，力争达成在争议海域特殊的法律制度安排，突破菲律宾国内法限制，为共同开发保驾护航。

（二）中方可考虑适当让利，力推卡拉棉海域的油气合作开发，为共同开发探索铺路。南海争端由来已久并高度复杂，72号服务区块共同开发的合同会涉及刑事、民事、海关、检验检疫和税收等带有浓厚主权色彩的事项，即便在中菲关系当前健康良好的状态下也难以顺利达成。而且即便达成协议，在执行中也有可能因为外部压力或阻挠而无法实施。可考虑以先易后难、循序渐进为原则，适度让利以推动无争议海域的57号区块的合作开发，可以为共同开发探路，达到示范效应。

（三）共同开发并非中菲南海争端的解药，两国应着眼于更广泛的海上务实合作项目，增进互信，共同维护南海和平与稳定。一方面，应正视共同开发的利弊，不必过分夸大共同开发的实际效用，更不能因小失大。

---

① 丁铎：《菲宪法草案“国家领土”条款之解析》，中国南海研究院网站，2018年7月6日，http://www.nanhai.org.cn/review_c/290.html。

② 董世杰：《海上共同开发区的法律适用》，《武大国际法评论》2015年第2期。

推动中菲在争议海域的共同开发不能建立在承认菲律宾专属经济区和由此产生的主权权利和管辖权的基础上。这一南海争端根本性的矛盾无法解决，礼乐滩附近海域的共同开发就难以推进。另一方面，磋商的过程也有可能因为敏感问题谈不拢而加剧争端，尤其是管辖权的分配和法律的适用问题，而仲裁裁决也是一个重大隐患。中菲业已开展的其他海上合作项目如中菲海警培训、渔业养殖等合作项目才是真正建立中菲互信、互惠互利的基石。中菲两国应着眼未来，在具有共同利益的打击跨国犯罪、海上搜救、环境保护等领域全面开展务实合作，才是两国共同维护南海和平与稳定最坚实可行的路径。

第三章
南海行为准则磋商的进展与挑战

赵卫华

【内容提要】2018年，中国与东盟各国就“南海行为准则”单一磋商文本达成一致，这是有关各方在全面落实《南海各方行为宣言》和制定“南海各方行为准则”过程中取得的突破性进展。上述成果是中国与包括越菲等国在内的东盟各国共同努力的结果，为各方就行为准则最终达成一致奠定了基础。然而，在中国与东盟各方关系大为改善、南海形势不断缓和之时，以美国为首的域外大国却不断加大对南海的介入，使得南海呈现出缓和与紧张并存的复杂局面，也对南海行为准则的进一步磋商带来很大的不确定性。同时，对于未来的行为准则，东盟各国与中国，东盟各国内部的认知并不完全一致，要真正达成协议尚需付出巨大努力。

【关键词】南海行为准则　南海局势　中国　东盟　域外大国

【作者简介】赵卫华，广东国际战略研究院研究员。

2018年，南海局势依然持续成为中国周边的热点。一方面，中国与包括越南、菲律宾等南海争端国在内的东盟各国及整体之间的关系进一步改善。在南海问题方面，中国与东盟相关国家之间的争端已大大降温，双方就“南海行为准则”单一磋商文本业已达成一致，这是南海问题向着最终解决方向迈出的重要一步。2018年秋，在双方磋商获得重大突破的背景下，中国与东盟各国海军在南海举行了联合军事演习，重点就《海上意外相遇规则》(CUES)、联合搜救进行等项目进行了深入的演练。此举标志着双方政治信任进一步加强，是双边关系继续向着好的方面发展的重要表现。

另一方面，以美国为首的域外大国则继续在南海兴风作浪，不断加大挑衅的力度和范围。2018年，除了原有的日本和澳大利亚两国外，英国和法国也加入了所谓的“自由航行”的行列，追随美国，介入中国与东盟相关国家的争端，为南海地区的形势的演变增添了新的变数，恶化本已经缓和的南海形势，严重威胁着地区的和平稳定，也完全暴露了美国等西方国家介入南海的真实目的。

一、南海局势的最新演变

2018年的南海形势是2017年南海形势的继续和发展，一个最为突出的特点就是缓和与稳定得到了进一步的发展，区域内各国关于南海的争端进一步降温，分歧缩小，共识增加，关系进一步发展，政治互信达到了一个新的高度，为南海相关问题的解决争得了新的机遇。消极方面是以美国为首的域外国家，不顾中国和南海周边各国维护南海地区稳定、推动各国互利合作的共同愿望，不断违背各国人民的意愿，为谋一己之私，逆时而动，不断在南海兴风作浪，严重威胁着地区的和平，为中国维护主权和维持南海稳定的努力造成了严峻的挑战。

（一）中国与东盟诸国关系持续改善，南海问题在当事方之间继续降温

早在2016年，王毅外长在东盟峰会上便提出了解决南海问题的双规原则：即南海的和平稳定由中国东盟共同负责，南海的争端由中国和当事国双方通过政治谈判解决。[①] 这一提议得到了东盟大部分国家的赞同和支持，并在实践中发挥了积极的作用。2018年6月12日，王毅外长在北京会晤来访的文莱外交与贸易部常秘、东盟秘书长林玉辉（Lim Jock Hoi）时，就南海问题交换了意见。双方一致认为：通过中国和东盟国家的努力，南海形势明显趋稳。王毅强调，只要域外国家不兴风作浪，南海就会保持稳定，

---

① 石源华：《十八大以来中国周边外交研究报告》，北京：社会科学文献出版社，2015年，第242—243页。

"南海行为准则"磋商也将顺利推进。[①] 由部分域外势力暗中鼓动、支持的所谓南海仲裁案落幕后，中国和东盟有关国家依据双规机制的原则，积极推动南海问题当事各方以及东盟进行对话，使得南海问题在区域内相关国家之间大大降温，不仅中国与东盟整体之间的关系得到了进一步发展，中国与越南、菲律宾等南海问题当事国之间的关系大幅回升，并沿着友好稳定的轨道获得了持续的发展，维持南海形势的稳定已成为区域内各国的共识。在上述背景下，通过中国与东盟各方的共同努力，2017年8月，"南海行为规则框架"在马尼拉举行的中国—东盟外长会议上获得通过，成为各方进一步对话的基础。[②]

2018年，随着中国与东盟关系的全面推进和深入发展，有关各方维持南海稳定，促进各方合作共识的基础进一步扩大。1月12日，在李克强总理访问柬埔寨期间，中柬两国表示双方"对南海局势保持稳定并持续向好发展感到高兴，呼吁有关各方继续全面有效完整落实《南海各方行为宣言》，深化海上务实合作，推进'南海行为准则'磋商，推动在协商一致基础上早日达成'准则'，将南海建设成为和平之海、友谊之海、合作之海"。[③] 1月29日，东盟秘书长林玉辉对新到任的中国驻东盟大使黄溪连表示：东盟高度重视中国在维护本地区和平稳定、促进本地区发展与繁荣方面发挥的重要作用，愿与中国共同努力，不断增强政治互信，推动东盟—中国战略伙伴关系健康发展，为维护本地区和平、稳定与繁荣做出更大贡献。[④] 2月6日，在新加坡举行的东盟外长会上，新加坡外长维文发表主席国声明时指出："东盟各国认识到保障南海作为和平之海、稳定之海、繁荣之海的利益。"[⑤]

在中国和东盟整体关系不断密切发展的同时，中国与越南、菲律宾等

---

① 吴嘉琳：《王毅：中国愿与东盟建立更为紧密的命运共同体》，《人民日报》2018年6月13日，第3版。

② 吴黎明：《"单一磋商文本"勾勒南海"合和"未来"》，《解放军报》2018年8月4日，第4版。

③ 《中华人民共和国政府与柬埔寨王国政府联合公报》，《人民日报》2018年1月12日，第3版。

④ 习来旺：《东盟秘书长：中国为地区稳定发挥重要作用》，《人民日报》2018年1月30日，第3版。

⑤ 张志文：《东盟国家外长非正式会议在新加坡闭幕》，《人民日报》2018年2月6日，第3版。

直接争端当事国的关系则在上一年度不断改善、发展的良好趋势下继续沿着和平友好的轨道向前发展。纵观整个2018年，中越、中菲等国高层互访不断，双方的政治互信不断增强，为有关各方进行全方位的合作奠定了政治基础。据不完全统计，2018年，中越两国仅副总理级别以上的高层互访有达8次之多，其中首脑会晤3次；中菲高层互访虽然没有中越两国频繁，但习近平主席两次与杜特尔特总统会晤，双方就维持南海稳定，保持两国合作达成了高度的共识。除了越菲两国外，中国与印度尼西亚、柬埔寨、马来西亚、文莱等国均保持着密切的高层往来。上述不断增强的高层交往，标志南海争端当事方之间在管控分歧、推进合作方面继续延续2017年不断改善、发展的良好趋势。

2018年4月，在访问菲律宾时，习近平主席与杜特尔特总统就发展中菲关系、维护南海稳定，推进南海合作进行了深入交流，达成了重要共识。杜特尔特总统表示："菲方愿同中方一道努力，通过双边沟通协商，继续保持南海和平稳定，使南海成为菲中两国间一个合作领域。菲将接任中国—东盟关系协调国，愿积极促进深化东盟同中国的合作。"① 2018年11月5日，越南总理阮春福（Nguyen Xuan Phuc）在上海出席中国国际进口商品博览会时对习近平主席表示："越方愿意按照两国领导人达成的重要共识和原则，妥善处理海上问题。"② 11月20日，菲律宾总统杜特尔特在马尼拉会见了前来访问的习近平主席，这是一年之中中菲两国元首的第二次正式会晤。杜特尔特表示："菲方赞同本地区国家共同维护南海地区稳定，愿积极推动东盟国家与中国发展关系。在处理国际事务中，中国是站在历史的正确一方。"③

在中国和东盟各方的共同努力下，"南海行为准则"磋商取得突破性进展。2018年3月1—2日，中国—东盟11国在越南芽庄举行了落实《南海各方行为宣言》第二十三次工作组会议。6月25—27日，双方又在中国湖南

① 陈伟光等：《习近平会见杜特尔特》，《人民日报》2018年4月11日，第1版。

② 白洁：《习近平分别会见肯尼亚总统肯雅塔、越南总理阮春福、老挝总理通伦》，《人民日报》2018年11月5日，第1版。

③ 陈瑶等：《习近平与菲律宾总统杜特尔特举行会谈》，《解放军报》2018年11月21日，第1版。

省长沙市举行落实《南海各方行为宣言》第十五次高官会和第二十四次联合工作组会。[①] 8月2日，在新加坡举行的中国—东盟外长会议上，双方在上一年达成的规则框架的基础上终于就“南海行为准则”形成单一磋商文本草案，这是“南海行为准则”磋商取得的重大进展。这表明“只要中国与东盟国家继续齐心协力、相向而行，南海一定是和平之海、合作之海”。对此，菲律宾外长卡耶塔诺表示单一磋商文本草案的形成，表明东盟国家和中国可以维持睦邻友好关系，不让彼此关系中的一些敏感问题影响到关系大局。[②] 上述事实表明，中国是维护南海和平稳定的积极推动者，在“南海行为准则”的磋商过程中发挥着不可替代的作用，这种角色更是得到了东盟各国的认同。

（二）以美国为首的域外大国介入升级，南海地区的紧张局势依然难以完全消除

在2018年，美国不顾中国与包括越菲在内的东盟诸国关系不断改善发展、南海形势不断降温的事实，不断派遣军舰、飞机驶入中国南海岛礁12海里以内的水域和空域，借自由航行与自由飞越之名行挑衅和侵犯中国领土主权和海洋权益之实。纵观2018年全年，从年初到年末，美国从幕后跳到前台，几乎没有一个月不在南海问题上对中国进行明目张胆的挑衅，使本已在当事国之间降温的南海难以获得片刻的安宁。

1月17日，美国海军“霍珀”号导弹驱逐舰擅自进入中国黄岩岛附近海域，随后被中国军舰警告驱离。[③] 3月23日，美国海军“马斯廷”号导弹驱逐舰又擅自进入中国南海有关岛礁邻近海域。中国海军570舰、514舰迅即行动，依法对其进行警告后予以驱离。[④] 5月27日，美国海军“希金斯”

---

① 刘良桓:《落实南海各方行为宣言第十五次高官会举行》,《人民日报》2018年6月28日，第3版。

② 袁梦晨等:《非外长说形成单一文本磋商草案是南海行为准则磋商的重要突破》,《解放军报》2018年8月9日，第4版。

③ 《国防部发言人就美舰擅自进入我黄岩岛海域发表声明》,《解放军报》2018年1月22日，第4版。

④ 《国防部发言人就美国军舰进入南海岛屿临近水域发表声明》,《人民日报》2018年3月24日，第3版。

号和“安提坦”号军舰未经中国政府允许，擅自进入中国西沙群岛中国主权水域，严重侵犯我国主权，被我方军舰驱离。[①] 8月10日，美军又派遣一艘P8A“海神”反潜侦察机从冲绳闯入我南海上空进行挑衅。[②] 9月30日，美军“迪凯特”号驱逐舰未经中国允许擅自闯入中国南沙群岛赤瓜礁和南黛礁12海里以内海域，被我方170兰州舰警告驱离。[③] 11月16日，美国副总统迈克·彭斯（Mike Pence）在新加坡东盟峰会致开幕词时公然宣称:“南海不属于任何国家，而可以确定的是，美国将会继续在国际法允许的，并符合美国利益的地方航行和飞行。”他还表示“印太地区不能容忍帝国行为和侵略之举”。[④] 彭斯话锋直指中国，力图在中国和东盟诸国之间打入楔子，阻止中国—东盟关系的进一步改善。然而，彭斯的发言既不符合事实，也与美国之前在南海主权问题上的立场不符，更难说是依据国际法行事。

同时，除美国以外，日本、澳大利亚和印度在南海地区也积极配合美国所谓的“自由航行”政策，不断加强在南海存在的力度。2018年，由澳大利亚提议组成的“四国民主联盟”对南海的介入不仅没有随着中国和东盟及其他南海问题当事国关系的不断改善而收敛，反而愈加强烈。2018年9月，在中国与东盟各方就“南海行为准则”单一磋商文本达成共识后不久，日本却派出直升机航母“加贺”号以“自由航行”为由到南海挑衅。[⑤] 针对美日印澳对南海的介入以及对中国的防范，印度顶尖智库辨喜国际基金会（The Vivekananda International Foundation, VIF）高级研究员哈林德尔·赛孔（Harinder Sekhon）表示:“四国民主联盟的存在有助于维持印太特别是南海地区的力量平衡，印度不想围堵中国，但印度认为维持南海地

---

① 卢小琳:《国防部发言人就美舰擅自进入我西沙群岛领海答记者问》,《人民日报》2018年5月28日，第4版。

② 《菲律宾世界日报》2018年8月11日，第1版。

③ 《解放军报》2018年10月3日，第3版。

④ Malaysia-Today, “South China Sea does not belong to China Alone,” 16 Nov. 2018, https://www.malaysia-today.net/2018/11/16/south-china-sea-does-not-belong-to-china-alone-says-the-us/.

⑤ 郭伟民:《日媒:“加贺”号在南海被中国监视》,《环球时报》2018年9月10日，第3版。

区内的力量平衡对维护印度的利益至关重要。”[①] 更为严峻的是，继日澳印三国之后，法国和英国也于2018年加入了所谓“维护自由航海”的行列。法国表示其军舰将巡航南海以维护航行自由，英国也不甘示弱，于9月6日未经中国允许，直接将“海神之子”号船坞登陆舰开进了中国在西沙的领海和内水，以宣示所谓的“自由航行”。[②] 英法两国加入美国在南海挑衅的行列，使得本已降温的南海局势进一步增大了紧张和不稳定的一面。

二、南海行为准则”的未来前景与面临的挑战

（一）“南海行为准则”的未来前景与中国在磋商进程中的角色

为维护南海的和平与稳定，中国早在2002年就与南海周边的一些国家签署了《南海各方行为宣言》。经历一系列波折之后，在进一步共同落实《南海各方行为宣言》的基础上，“南海行为准则”框架于2017年8月在菲律宾马尼拉获得正式通过，各方就“南海行为准则”磋商的内容和范围达成了一致。而2018年8月单一磋商文本草案的形成，表明各方对基础性的磋商文本达成统一意见，从技术上保证准则的磋商向前迈出了重大一步。单一磋商文本是在中美贸易战和域外大国不断加大对南海介入的大背景下达成的，这一方面是由于东盟诸国对美国不断上升的单边主义倾向日益增加的担忧；另一方面则更是中国积极推动的结果。

由于域外势力的介入，同时也由于南海问题的错综复杂，从2002年南海周边各国签署《南海各方行为宣言》开始，中国就积极推动“南海各方行为准则”的制定，但一直没有达成实质性的成果。此次单一磋商文本草案的达成反映了中国和东盟各国对于基于规则的南海秩序的追求，也证明双方在没有域外势力干预的情况下有决心和能力解决好彼此的分歧，维护南海的和平和稳定，是南海问题走向最终解决的里程碑式的成果。王毅外

① 2018年11月23日，“变化中的中印关系研讨会”在广州举行，会议期间笔者问印方代表团团长库马尔·安纳达将军印方如何评价澳大利亚方面提出的“四国民主联盟”，安纳达将军交由哈林德尔·赛孔女士回答，以上内容即是印方对于中方提问的回应。

② 侯晓晨：《外交部回应英国军舰驶入西沙群岛领海，敦促英方停止挑衅》，《解放军报》2018年9月7日，第4版。

长在单一磋商文本形成后曾做过一个非常形象的比喻，他说："这好比中国和东盟国家一起建造一所房子，过去11个国家可能有11种设计方案，现在我们不仅统一为一个设计方案，打好了基础，同时我们还建起了四梁八柱。"[①] 这意味着"南海行为准则"的最终形成已经是指日可期，同时也与中国的引领作用和排除外部势力的干预是密不可分的。

（二）"南海行为准则"形成最终文本面临的挑战

虽然东盟各国在维护南海稳定，最终达成"南海行为准则"方面有着非常迫切的愿望，但各方，特别是越南、菲律宾、马来西亚、印度尼西亚和文莱等国与中国之间就最终形成一个什么样的文本尚存在诸多不尽一致的考虑，在许多方面依然存在着许多原则性的分歧。例如在对待域外大国的态度方面，中方和东盟方面的态度显然是不一致的。中国坚决反对域外大国介入南海问题，但东盟各国与中国的想法显然有很大的差别。在该问题上越南表现得非常突出。在阮晋勇时期，阮晋勇强烈主张域外大国介入南海问题。最近，越南在对待域外大国介入南海问题上的态度虽有所调整，但并非完全同意中国将域外大国完全排斥在外的主张。范平明认为南海问题主要表现为中美两国对于地区秩序的竞争，出于本国利益的考虑，中美都极力争取越南，同时又都拉拢越南排斥对方。范平明认为越南应该充分利用这种形势，既不能完全倒向中美任何一方，又要中美两国的势态充分为越南争取利益。[②]

另一方面，在对待现状、"准则"的约束对象方面，东盟各国也是采取选择性的态度，企图将"准则"作为约束中国、维护东盟各国既得利益的工具。例如，2018年12月3日，印尼外交政策协会主席、前副外长、驻美大使迪诺·帕迪·贾拉尔（Dino Patti Djalal）在广州表示："不同于美国，印尼一向对南海的领土争端持中立态度。我方希望中方能尽快就南海行为准则与相关各国达成最终协议，在海洋法公约和相关国际法的基础上尊重

① 吴黎明：《"单一磋商文本"勾勒南海"合和"未来》。

② Pham Binh Minh, "US-China Interwoven Interests in the Asia-pacific: Vietnam's Perception and Response Policy in Current National Defence," *International Studles*, No. 36, June 2017, pp. 31-32.

各国相应的海洋权利，以现状为基础指导解决南海问题。”[①] 在“南海行为准则”单一磋商文本形成后不久，越南方面既将其内容透露给了西方媒体，同时也暴露了中方与东盟各方之间在第三方介入、资源开采、岛礁的法理地位等诸多方面都存在不小的分歧。虽然在单一磋商文本中各方的关切都得以呈现，但如何在部分相互冲突的诉求中达成妥协，依然需要各方付出努力。

首先，东盟一方，特别是越、菲等南海争端当事方，希望未来达成的准则遵循有利于本国的游戏规则，成为一项可执行的、具有实际操作性的多边法律文件。然而，这样的结果可能与中国理解的规则并不完全相同，也不一定符合中国的利益。其次，菲律宾、越南等国希望将不以武力强制改变南海现状法律化，并且形成可操作和执行的机制，以维护其既得利益。但何为现状各方可能有不尽相同的理解，单纯按照一方的理解肯定不符合另一方的利益，这也就决定了准则达成的艰巨性。再次，菲律宾等国希望维护2017年南海仲裁的所谓“有效性”，这难以为中国所接受。第四，中国希望与越南和菲律宾达成一个没有第三方参与的双边解决机制，这不是越、菲等国愿意接受的选择。越南和菲律宾等国更希望在未来的准则里形成一个有第三方介入的、通过多边而不是双边解决问题的机制，这显然也难以为中国所接受。[②] 因此，虽然中国—东盟双方形成了单一磋商文本，但“南海行为准则”的最终达成将毫无疑问依然需要克服诸多障碍。

三、结语

“南海行为准则”单一磋商文本的达成是2018年南海问题取得的最具突破性的成果，其达成主要取决两方面的因素，一是中国释放善意和积极

① 2018年12月3日，“中国改革开放40周年与中国—印尼合作学术研讨会”在广东国际战略研究院举行。印尼前副外长、驻美国大使迪诺·帕迪·贾拉尔率领印尼代表团参加，上述表示是其在研讨会上与中方学者交流时的发言。

② 越南翰林院中国所前所长杜进森教授在谈到南海共同开发问题时表示：越南难以接受双边形式的共同开发。对海上资源进行共同开发，越方希望有第三方的参与，即使不引入域外第三方，也至少应该有诸如菲律宾等争议方的共同参与。

推动，二是东盟各方对美国单边主义倾向不断上升日益增加的担忧。单一磋商文本的达成显示中国和东盟相关各方完全有信心、有能力通过双方的友好、和平协商维护南海的稳定、解决彼此的分歧。然而，由于各方利益诉求的实质性差异，要将单一磋商文本最终变为正式行为准则，还需各方继续释放善意、付出不懈的努力。当前，中国和东盟各国正处于发展的关键期，均需要一个和平安定的环境，而域外大国的介入只能让南海局势动荡，损害各方和平发展的环境。因此，面对南海局势不断复杂化的趋势，从短期着眼，管控分歧，维持南海形势稳定，符合中国和东盟各方的根本利益。从长期而言，在实事求是、遵守国际承诺，全面、客观、善意地援引国际法的基础上，相向而行，摒弃借助外力打压的过时做法，通过和平协商的方式追求共赢，达成双方都能接受“南海行为准则”，才是最终解决南海争端的正确方向。

第四章
缅甸若开邦问题与中国的斡旋外交

贺嘉洁

【内容提要】缅甸若开邦罗兴亚穆斯林与政府之间的冲突由来已久。自2016年10月罗兴亚救世军袭击警察哨所引发军方大规模清剿以来，70多万难民越境从缅甸逃往孟加拉国，给后者造成极大的经济负担，也使缅孟边境成为了恐怖主义散播的基地。缅孟两国都是中国近邻，也是连接“丝绸之路经济带”和“21世纪海上丝绸之路”的重要节点国家。发生在若开邦的冲突以及随之产生的缅孟之间关于难民去向的争议不仅对地区安全稳定造成了影响，也直接关系到中国“一带一路”倡议在这一地区的顺利推进。面对不断升级的局势和国际社会的压力，中国在缅孟之间展开斡旋，强调对话沟通，坚持不干涉内政，成功避免了冲突的升级和国际化，并为难民问题的解决提供了标本兼治的建设性方案。本文围绕若开邦冲突，详解中国参与斡旋缅孟难民问题的动因、过程及原则。

【关键词】缅甸　孟加拉国　罗兴亚难民　中国　斡旋外交

【作者简介】贺嘉洁，复旦大学国际关系与公共事务学院讲师。

自2016年10月罗兴亚救世军（ARSA）袭击位于缅甸若开邦（Rakhine State）的警察哨所并造成伤亡以来，日益恶化的安全局势和缅甸军方的清剿先后迫使70多万罗兴亚难民越境从缅甸逃往孟加拉国；而在此之前，孟加拉国已经接收了40万罗兴亚难民。[①] 数以百万计的难民使本身就不富裕的孟加拉国不堪重负，[②] 难民安置点的食物供应、水、卫生和基本服务难以保证，难民的生活条件极其恶劣。更让人担忧的是，恐怖组织在难民安置点积极渗透，一方面招募武装分子，另一方面企图以此为基地，发动跨境袭击，给地区安全局势带来了新的隐患。[③] 面对日益严重的难民危机，孟加拉国多次向缅甸政府提议要求遣返难民，但缅甸不承认罗兴亚人（Rohingyas）的公民身份，认定他们本身就是孟加拉国的非法移民，从而使问题的解决陷入僵局。

缅甸和孟加拉国都是中国的山水近邻，也是连接“丝绸之路经济带”和“21世纪海上丝绸之路”的重要节点国家。发生在若开邦的冲突以及随之产生的缅孟之间关于难民去向的争议不仅对地区安全稳定造成了影响，也直接关系到中国“一带一路”倡议在这一地区的顺利推进。面对不断升级的局势，中国建设性地介入斡旋，为冲突的解决提供了“中国方案”，得到了缅孟双方的肯定。本文就将围绕若开邦冲突，详解中国斡旋外交的动因、原则和过程。

一、若开邦冲突：历史与现实

缅甸穆斯林与佛教徒之间的冲突植根于殖民时期英国政府拉拢穆斯林、打压佛教徒的分而治之政策。[④] 二战期间，阿拉干地区（即今天的若开邦）成为了英日军队对峙的前沿战场，穆斯林和佛教徒分别与英军和日

① Zachary Abuza, “Who are the Arakan Rohingya Salvation Army?” Radio Free Asia, Sep. 1, 2017, https://www.rfa.org/english/commentaries/arsa-commentary-09012017155658.html.

② 《罗兴亚难民危机爆发一周年：联合国机构呼吁国际社会加强声援》，联合国新闻，2018年8月24日，https://news.un.org/zh/story/2018/08/1016262。

③ Mayesha Alam, “How the Rohingya crisis is affecting Bangladesh — and why it matters,” *The Washington Post*, Feb. 12, 2018, https://www.washingtonpost.com/news/monkey-cage/wp/2018/02/12/how-the-rohingya-crisis-is-affecting-bangladesh-and-why-it-matters/?noredirect=on&utm_term=.c5488bcfe355.

④ David Steinberg, *Burma/Myanmar: What Everyone Needs to Know*, New York: Oxford University Press, 2010, p. 35.

军结盟，各自组织武装力量相互攻击，并制造了1942—1943年间的大屠杀。直至战争结束前的最后一刻，佛教徒才转投英方，从而使得盟军成功收复若开邦。①

缅甸独立后不久，阿拉干地区的穆斯林领导人找到巴基斯坦国父真纳，希望加入当时的东巴基斯坦（今孟加拉国），被真纳拒绝。② 他们随后又向缅甸政府要求在阿拉干地区成立自治的穆斯林邦，也遭到缅甸政府拒绝，双方随即爆发武装冲突。在此后的十几年间，罗兴亚人的主要武装在缅甸军方的铁腕清剿下被镇压，但没有彻底消灭。1961年，双方停火，但此后零星的武装冲突依然时有发生。③ 同时，缅甸政府也一直对罗兴亚人的分离主义倾向心存疑虑。

在关于罗兴亚人的争议中，最突出的无疑是他们在缅甸的公民权问题。依据缅甸1982年《公民身份法》(1982 Citizenship Law)，缅甸的公民分为三类：1. 完全公民（full citizens），即缅族人和其他缅甸原著族群，以及那些能够证明其祖先早在1823年第一次英缅战争前就已经居住在缅甸的人口。完全公民可以被选举为政府公职人员。2. 客籍公民（associate citizens），主要是印度人和华人。他们都是在1823年以后来到这个国家的。3. 归化公民（naturalized citizens），即移民缅甸并取得公民资格的人。④ 罗兴亚人不属于这三个类别中的任何一类。尽管他们中的一部分可能是若开邦的原住民或者早在英殖民时期就已经从临近的孟加拉地区来到缅甸，但因为无法提供书面材料证明，缅甸政府至今仍然声称他们是非法移民，不享有公民权利，在缅甸境内的工作、学习、婚姻、旅行、医疗和

---

① International Crisis Group, "Myanmar: a new muslim insurgency in Rakhine State," Dec.15, 2016, https://www.crisisgroup.org/asia/south-east-asia/myanmar/283-myanmar-new-muslim-insurgency-rakhine-state, p.3.

② Ibid.

③ 《罗兴亚难民危机：缅甸成为中印等国博弈新战场》，BBC中文网，2017年9月8日，https://www.bbc.com/zhongwen/simp/world-41192837。

④ David Steinberg, *Burma/Myanmar: What Everyone Needs to Know*, pp. 72-73.

宗教行为也因此受到限制。[①] 从这个意义上说，罗兴亚人是真正的无国籍人群。

二、2016—2017年的若开邦冲突与缅孟难民危机

经历了几十年持续不断但缺乏组织的反抗和冲突以后，流亡沙特的罗兴亚人于2014年左右组建了罗兴亚救世军，开始有计划地袭击缅甸政府机构和警察局。[②] 缅甸政府认定罗兴亚救世军为恐怖组织，但救世军方面否认了这项指控，并声称该组织的目标是在自卫的原则下保护罗兴亚人免遭政府的压迫。他们不发动针对平民的袭击。[③]

若开邦最近一轮武装冲突始于2016年10月9日。那天清晨，大约400名手持尖刀、弹弓和枪械的罗兴亚救世军武装分子向位于缅甸若开邦北部靠近孟加拉国边界的孟都镇（Maungdaw）和拉代当镇（Rathedaung）的3个边防警察站及其军火库同时发动袭击，造成9名警察被杀，8名武装分子在冲突中丧生，2人被抓。[④] 此后几天，冲突持续，又造成了4名缅甸军人丧生。相比之前持续几十年的无组织、零星的冲突，这一系列袭击标志着暴力向有预谋、有组织的方向发展。

面对这一局势，缅甸警察和军队迅速反应，封锁了武装分子活跃的区域，并中断了对当地的食物、资金供应，切断了信息和人员的流入。在军方的行动中，大量民房被烧、穆斯林财产被强行夺取，很多人因此流离失

---

① 在国际压力下，2012年缅甸政府同意，如果罗兴亚人愿意登记为孟加拉人（Bengalis），缅甸政府可以给予他们约化公民身份（reduced citizenship），前提是他们必须自己承认是孟加拉人，而非罗兴亚人。

② International Crisis Group, “Myanmar: a new muslim insurgency in Rakhine State,” Dec. 15, 2016, https://www.crisisgroup.org/asia/south-east-asia/myanmar/283-myanmar-new-muslim-insurgency-rakhine-state, p.1.

③ “Myanmar: who are the Arakan Rohingya Salvation Army?” BBC News, Sep 6, 2017, https://www.bbc.com/news/world-asia-41160679.

④ International Crisis Group, “Myanmar: a new muslim insurgency in Rakhine State,” Dec. 15, 2016, https://www.crisisgroup.org/asia/south-east-asia/myanmar/283-myanmar-new-muslim-insurgency-rakhine-state, p.10.

所，人道主义救援物资也难以进入。[①] 清剿行动很快造成了大量罗兴亚人逃离家园。据联合国估计，大约有8.7万名罗兴亚难民越过边境逃往孟加拉国。[②]

2017年8月25日，罗兴亚救世军再次行动，近1000名武装分子同时袭击了若开邦北部孟都镇和布迪当镇（Buthidaung）两地的30个警察哨所和一个军队营地，造成71人丧生，其中包括12名缅甸安全部队成员。[③] 面对更加严峻的安全形势，缅甸军队发起新一轮的“反恐”清剿，在半年内导致了65万—70万罗兴亚人逃往孟加拉国，沦为难民。[④] 按联合国的说法，罗兴亚人的这一流动速度和规模使其成为了世界上增长最快的难民危机和一个重大的人道主义紧急情况。[⑤]

与此同时，几十万滞留孟加拉国的难民成为了缅孟关系中的症结。孟加拉国没有能力安置这些难民。随着新难民源源不断地到来，他们的生存环境急剧恶化。难民们没有生活保障，也看不到未来出路，这就为恐怖主义的蔓延提供了温床，直接威胁到缅孟两国的安全与稳定。

随着若开邦人道主义危机的加剧，缅甸军队和政府面临着国际舆论的严厉批评和巨大压力。国际社会一方面指责缅甸军队在若开邦屠杀、强奸、纵火，并针对罗兴亚人进行“教科书式”的种族清洗；另一方面又批评缅甸政府和昂山素季在罗兴亚问题上不作为，拒绝给予罗兴亚人公民身份，从而导致冲突升级。美国多名参议员甚至提交议案，要求对缅甸领导人施加经济制裁和旅行限制；英国牛津市议会还剥夺了20年前授予昂山素

---

① International Crisis Group, “Myanmar: a new muslim insurgency in Rakhine State,” Dec. 15, 2016, https://www.crisisgroup.org/asia/south-east-asia/myanmar/283-myanmar-new-muslim-insurgency-rakhine-state, p.10.

② Zachary Abuza, “Who are the Arakan Rohingya Salvation Army?” Radio Free Asia, Sep. 1, 2017, https://www.rfa.org/english/commentaries/arsa-commentary-09012017155658.html.

③ Wa Lone, Shoon Naing, “At least 71 killed in Myanmar as Rohingya insurgents stage major attack,” Reuters, Aug 25, 2017, https://www.reuters.com/article/us-myanmar-rohingya/at-least-71-killed-in-myanmar-as-rohingya-insurgents-stage-major-attack-idUSKCN1B507K.

④ “ARSA claims recent attack in Northern Rakhine,” *The Irrawaddy*, Jan. 8, 2018, https://www.irrawaddy.com/news/burma/arsa-claims-recent-attack-northern-rakhine.html.

⑤ 《联合国人权高级专员扎伊德：缅甸难民危机或许可以被界定为种族灭绝》，联合国网站，2017年12月5日，https://news.un.org/zh/story/2017/12/311262。

季的“荣誉市民”称号。但是除了不断向缅甸政府施压以外，国际社会并没有提供解决难民问题的有效方案，在人道主义危机的处理上也缺乏实际行动，相反却给缅甸民众造成了偏见和双重标准的印象。①

三、中国参与若开邦问题斡旋的动因

针对缅孟之间因为罗兴亚难民而不断紧张的双边关系，中国实行了建设性介入的政策，于2017年4月正式提出斡旋两国之间的冲突。在此后一年多的时间内，中国外长王毅和外交部亚洲事务特使孙国祥多次与缅孟双方领导人会谈，敦促双方以对话解决分歧，并为化解危机提供物质和人道主义帮助；同时在联合国，中国也数次表态支持双方为解决冲突所做的努力，并推动包括联合国在内的国际社会在这一过程中发挥积极作用。那么，什么促使中国积极参与若开邦问题的斡旋？在这背后，中国有怎样的政治考量？

首先，发生在缅孟之间的难民危机与中国的利益密切相关。缅甸和孟加拉国地处东南亚和南亚的交汇处，是中国从陆路进入印度洋的最近通道，也是连接“丝绸之路经济带”和“21世纪海上丝绸之路”的重要节点国家。位于若开邦的皎漂港（Kyaukpyu）不仅是中缅油气管道的起点，也是中国投资建设的深水港（也是缅甸唯一深水港）和工业园区项目的所在地，未来可能成为中国西南省份货物进出口的新通道。如果难民危机在缅孟边境持续蔓延，难民的生存条件得不到改善，恐怖主义就会在这一地区生根发芽，地区安全局势也会进一步恶化。那样，不仅规划和进行中的工程将受到影响，中国的能源安全也难以保障。因此，坐视若开邦冲突的发展不符合中国的利益。

第二，中国对缅甸和孟加拉国有一定的影响力，具备成功斡旋冲突的条件和能力。中国与缅孟两国长期保持着友好关系，双边高层往来密切、互访频繁。“一带一路”倡议提出以后，中国更是加大了对两国的基础设施

① 《罗兴亚危机：国际压力下，中国对缅甸的支持有多重要？》，BBC中文网，2017年9月21日，https://www.bbc.com/zhongwen/simp/chinese-news-41344086。

投资和经济援助力度，两对双边关系进一步巩固和深化。作为对双方有影响力且被信任的第三国，中国不仅能在双方之间传递信息、协调立场，也可以提供人道主义援助，在物质上保障难民遣返的顺利进行，并通过经济投资和援助协助缅甸解决后续的难民安置和生计问题。可以说，中国在缅孟两国中的影响力使得中国有意愿也有能力参与外交斡旋。

第三，若开邦冲突引起了国际社会的高度关注，当事国面临着巨大的压力，但又缺乏解决问题的渠道和资源。中国一方面希望缅孟双方尽快缓和冲突，恢复地区稳定局势；另一方面又担忧国际社会对缅甸国内族群政治的干涉会树立不好的先例，使其国内其他与政府有冲突的少数民族也寻求问题的国际化，进而影响到缅甸整体的和平进程。因此中国的斡旋外交有两个指向，一来通过中国的努力促成危机的解决，在控制暴力的同时安置好难民，防止人道主义灾难的扩散；二来帮助缅孟建立双边沟通渠道，避免问题的进一步国际化，减少它对缅甸其他族群冲突的影响。因此，斡旋若开邦冲突也是中国对西方国家以人道主义危机为名寻求将冲突国际化的一种反应。

第四，危机虽然复杂，但并非不可解决。在若开邦的难民危机中，孟加拉国担心难民的持续增加造成沉重的经济负担，并带来社会与安全问题，因此希望难民尽快返回缅甸。缅甸尽管不承认罗兴亚人的公民身份，也对其社区内恐怖主义的蔓延心存疑虑，但在巨大的国际压力下也希望恰当地安置难民，减少国际社会对这一问题的关注，并促进若开邦的稳定和经济发展。可以说，缅孟两国对于冲突的解决有一致的目标，缺乏的只是沟通的途径和解决问题的资源。[①] 在这样的背景下，中国投入外交资源参与斡旋可以在短期内促成双方达成妥协，也有助于提升中国在地区事务中的影响力和作为负责任大国的国际形象。这对于中国来说也是有意义且有成效的外交努力。

---

① 朱诺:《中国为什么出面斡旋缅甸罗兴亚人问题?》，VOA中文网，2017年4月30日，https://www.voachinese.com/a/china-rohingya-20170429/3831190.html。

四、中国斡旋若开邦问题的过程与“中国方案”的提出

中国最早提出愿意出面斡旋罗兴亚问题是在2017年4月。当时，外交部亚洲事务特使孙国祥对孟加拉国进行了为期四天的访问，期间与多名孟国的政策制定人士会晤，要求他们不要将罗兴亚问题国际化，而是把重点放在与缅甸进行双边对话，中国可以为此提供帮助。[①]

2017年8月新一轮暴力冲突在若开邦爆发以后，中国外交部明确表示支持缅甸政府的立场。[②] 9月27日和28日，载有中国援助物资的两架包机先后抵达孟加拉国吉大港国际机场，送去了2000顶救灾帐篷和3000条毛毯，用以协助孟加拉国安置罗兴亚难民。[③] 10月16日和17日，孙国祥特使又在内比都分别会见了缅甸国务资政兼外交部长昂山素季（Aung San Suu Kyi）与国防军总司令敏昂莱（Min Aung Hlaing），就缅甸和平进程、若开邦问题及两国合作等交换意见。[④]

除了特使以外，中国外长也在缅孟两国间穿梭访问，积极斡旋。11月18日，在赴缅甸参加第十三届亚欧外长会议前，王毅外长先去了孟加拉国，与孟总理哈西娜见面，就中国设想的解决方案征询孟方意见，得到了肯定的答复。同时，王毅在记者会上再次强调，罗兴亚问题应该由缅孟通过双边渠道妥善处理。[⑤] 次日，王毅又在内比都分别与缅甸总统吴廷觉、国务资政兼外交部长昂山素季和国防军总司令敏昂莱会谈，就中方对缅甸若开邦局势的看法以及三阶段解决方案向缅方做了解释。缅方对此积极响应。[⑥] 在得到当事双方的认同和支持后，王毅在内比都正式对外公布了这

---

① 同上。

② 《罗兴亚危机：国际压力下，中国对缅甸的支持有多重要？》，BBC中文网，2017年9月21日，https://www.bbc.com/zhongwen/simp/chinese-news-41344086。

③ 刘乐凯：《罗兴亚问题陷入僵局之际，王毅应昂山素季之邀访缅》，澎湃网，2017年11月17日，https://www.thepaper.cn/newsDetail_forward_1869175。

④ 同上。

⑤ 刘乐凯、吴挺：《王毅穿梭孟缅促若开邦问题解决，展现积极外交姿态》，澎湃网，2017年11月21日，https://www.thepaper.cn/newsDetail_forward_1873164。

⑥ 同上。

个三阶段解决冲突的方案，即第一阶段先实现现地停火，恢复稳定秩序，使民众得享安宁，不再流离；第二阶段各方及国际社会共同鼓励缅孟双方保持和加强沟通，通过平等友好协商尽快找到解决问题的可行途径；第三阶段直面问题根源，探讨治本之策。① 作为第三阶段方案的落实，王毅还提出了建设“人字形”中缅经济走廊的设想，希望通过帮助若开邦发展，从根本上解决贫困和资源短缺问题，使在若开邦生活的不同族群都能够安居乐业，这一设想也受到了缅甸方面的欢迎。② 在中国的努力下，11月23日，缅甸和孟加拉国就遣返若开邦流离失所者签署谅解备忘录，并同意在两个月内启动相关工作。③

2018年1月15—16日，孟加拉国与缅甸关于罗兴亚难民遣返问题的联合工作小组在缅甸召开了第一次会议。双方讨论和形成了关于罗兴亚难民的安置方案，表示将加快难民遣返速度，在遣返工作开始后的两年内完成相关人员的遣返。缅方还重申了防止缅甸居民再次流入孟加拉国的承诺。④ 同时，中国援助缅甸的100套活动板房到位，用于安置若开邦流离失所的民众。⑤

然而，双方虽然签署了协议，但是对遣返的标准和具体措施存在分歧，致使遣返工作并没有按预期顺利展开。⑥ 为了解决分歧，中国又多次派外交部亚洲事务特使孙国祥赴缅孟两国进行访问，就难民问题深入沟

---

① 《王毅：中方提出分三阶段解决缅甸若开邦问题设想》，中国外交部网站，2017年11月20日，https://www.fmprc.gov.cn/web/wjbz_673089/xghd_673097/t1512004.shtml。

② 《王毅与缅甸国务资政兼外长昂山素季举行会谈》，中国新闻网，2017年11月20日，http://www.chinanews.com/gn/2017/11-20/8380577.shtml。

③ 《2017年11月24日外交部发言人耿爽主持例行记者会》，中国外交部网站，2017年11月24日，https://www.fmprc.gov.cn/web/wjdt_674879/fyrbt_674889/t1513788.shtml。

④ 《孟缅计划在遣返开始后两年内完成罗兴亚难民遣返工作》，中国新闻网，2018年1月17日，http://www.chinanews.com/gj/2018/01-17/8425796.shtml。

⑤ 《驻缅甸大使洪亮出席中国政府向缅甸政府援助100套活动板房交接仪式》，中国外交部网站，2018年1月8日，https://www.fmprc.gov.cn/web/zwbd_673032/wshd_673034/t1524151.shtml。

⑥ 《危机爆发一周年孟边境难民营罗兴亚人示威讨“公道”》，联合早报网，2018年8月26日，https://www.zaobao.com.sg/znews/international/story20180826-885964。

通，推动双方建立互信，通过双边渠道寻求共识。[①] 6月，王毅外长在北京与到访的缅甸国务资政府部部长觉丁瑞和孟加拉国外长阿里举行非正式的三边会谈，就缅孟双方分歧进行协商，并最终达成了四点共识，即第一，应继续按照“止暴、遣返、发展”三阶段设想，推动若开邦局势尽快改善，并在此基础上通过缅孟双方协商，寻求妥善解决办法；第二，当务之急是解决入孟避乱民众遣返问题，应尽快采取切实措施，迈出实质步伐，实现首批遣返；第三，中方愿根据缅孟双方意愿，为双方改善避乱民众生存和安置条件提供进一步帮助，包括紧急物资援助和相关设施建设；第四，发挥各自优势，加大在缅孟边境地区的发展合作，切实改善当地民生。[②] 此后，中国又分别向两国提供了人道物资援助，用于帮助改善流离失所者的居住条件。[③]

9月，中缅双方政府签署了关于共建中缅经济走廊的谅解备忘录，希望通过经济走廊的建设，带动包括若开邦在内的缅甸经济落后地区发展经济、缓解贫穷，从根本上解决冲突爆发的原因。中国还在联合国纽约总部主持召开了有关缅甸罗兴亚难民的会议，缅甸国务资政府部部长觉丁瑞和孟加拉国外长阿布·阿里与会，联合国秘书长安东尼奥·古特雷斯应邀出席。在会上，王毅再次表示若开邦问题本质上属于缅孟之间的问题，中方不赞成把这一问题复杂化、扩大化、国际化。这次会议再次达成三点共识，即缅孟双方同意通过友好协商妥善解决若开邦问题；孟方表示已做好遣返第一批避乱民众的准备，缅方也表示已做好接收首批避乱民众的准备；双方同意尽快召开联合工作组会议，形成遣返路线图和时间表，尽快实现首批遣返。[④] 10月30日，缅孟两国磋商后对外宣布，双方已就遣返难

① 《2018年8月29日外交部发言人华春莹主持例行记者会》，中国外交部网站，2018年8月29日，https://www.fmprc.gov.cn/web/fyrbt_673021/t1589283.shtml。

② 《2018年6月29日外交部发言人陆慷主持例行记者会》，中国外交部网站，2018年6月29日，https://www.fmprc.gov.cn/web/fyrbt_673021/jzhsl_673025/t1572824.shtml。

③ 《中国代表呼吁国际社会以建设性行动帮助若开邦实现长期和平与稳定》，人民网，2018年8月30日，http://world.people.com.cn/n1/2018/0830/c1002-30261356.html。

④ 《中缅孟非正式会晤达成三点重要共识》，中国外交部网站，2018年9月28日，https://www.fmprc.gov.cn/web/wjdt_674879/gjldrhd_674881/t1600037.shtml。

民的具体计划达成共识，第一批的2000人将在11月中旬被遣返回缅甸。[①]

五、中国斡旋外交的原则与立场

正如王毅外长所说，中国参与解决热点问题有着鲜明的特色，“始终坚持有所为也有所不为”。[②] 在若开邦问题的斡旋上也不例外。这既与中国的外交传统有关，也是中国从现实出发，寻找解决问题最有效途径的实践。不同于西方社会的谴责和施压，中国的方案是建设性的，也为冲突当事国所接受。

首先，中国在建设性地介入缅孟之间围绕若开邦难民所产生的冲突时，始终坚持不干涉缅甸国家的内政。若开邦冲突造成了大量难民的跨国界流动，给孟加拉国带来了巨大的难民安置压力；而缅孟两国对于难民的去向缺乏共识，导致双边关系出现紧张。中国作为两国的近邻和有影响力的第三方，通过外交努力给双方营造谈判的平台和条件，并为难民问题的最终解决提供必要的物质支持和保障。但与此同时，若开邦冲突本质上是缅甸的内政，是缅甸处理殖民遗产、进行民族国家建构过程中遇到的具体问题和挑战。中国在斡旋缅孟之间的冲突时对缅甸在处理这一问题上的具体政策不予干涉。

其次，在斡旋过程中，中国始终反对将罗兴亚问题国际化和过度政治化，坚持在缅孟双边对话的框架下解决难民危机。中国认为，西方通过谴责和对抗向缅甸政府施压，将罗兴亚问题国际化，无助于解决问题，相反会卷入大国竞争的因素，使事态复杂化。[③] 解决难民危机，最终需要缅孟两国贯彻具体的遣返、安置等措施。只有通过双边渠道达成的协议，才有

① 《孟加拉下月遣返罗兴亚难民首批将有2000人回缅甸》，8频道，2018年10月31日，https://www.channel8news.sg/news8/world/20181031-wld-myanmar-rohingya/4168436.html。

② 《王毅谈缅甸孟加拉斡旋：始终坚持有所为也有所不为》，环球网，2018年3月8日，http://china.huanqiu.com/article/2018-03/11650436.html。

③ 《罗兴亚危机：国际压力下，中国对缅甸的支持有多重要?》，BBC中文网，2017年9月21日，https://www.bbc.com/zhongwen/simp/chinese-news-41344086。

执行力和可持续性，才能得到两国国内各界的理解和支持。[①] 国际社会应该做的不是施加压力甚至制裁，而是为双方谈判提供有利条件，营造良好环境。在国际社会的支持协助下，缅孟双方才能通过协商，找到解决问题的办法。[②]

再次，中国坚持标本兼治，在解决眼前冲突的同时，也要消除导致冲突的根本原因。正如王毅外长在接受记者采访时提到的，中国承认罗兴亚问题的产生有着深刻的历史背景，牵涉民族、宗教、政治等方方面面的利益和关系，要彻底解决并非一朝一夕的事；但同时也认为“贫困是造成动荡和冲突的重要根源”，要“通过脱贫促发展，通过发展谋求和平”。[③] 因此在中国提出的解决罗兴亚问题的“中国方案”中，经济发展是重要一环，中国也将对此做出自己的贡献。

2018年8月29日，联合国安理会就缅甸罗兴亚危机举行了公开会。中国驻联合国副代表吴海涛在会议上表示：“中方谴责近期在若开邦发生的暴力袭击事件，支持缅甸维护国内稳定的努力，真诚希望当地尽快恢复正常秩序，无辜平民不再受到伤害，缅甸保持社会稳定、民族团结和经济发展。”[④] 同时，考虑到若开邦问题有着复杂的历史、民族和宗教背景，国际社会应坚持循序渐进和持之以恒的原则，避免一味打压，通过建设性行为推动解决实际问题，以实现若开邦长期和平与稳定。[⑤] 这一讲话很好地诠释了中国在斡旋罗兴亚问题上所坚持的原则。

---

① 《王毅介绍中方在“罗兴亚人”问题上立场》，中国外交部网站，2017年11月19日，https://www.fmprc.gov.cn/web/wjbz_673089/zyhd_673091/t1511957.shtml。

② 同上。

③ 同上。

④ 《罗兴亚人危机：中国为何支持缅甸政府？》，德国之声中文网，2018年9月29日，https://www.dw.com/zh/%E7%BD%97%E5%85%B4%E4%BA%9A%E4%BA%BA%E5%8D%B1%E6%9C%BA%E4%B8%AD%E5%9B%BD%E4%B8%BA%E4%BD%95%E6%94%AF%E6%8C%81%E7%BC%85%E7%94%B8%E6%94%BF%E5%BA%9C/a-40746467。

⑤ 《中国代表呼吁国际社会以建设性行动帮助若开邦实现长期和平与稳定》，人民网，2018年8月30日，http://world.people.com.cn/n1/2018/0830/c1002-30261356.html。

六、结语

参与周边冲突的管理与斡旋是中国对周边建设性介入的重要尝试。中国的外交斡旋为缅孟之间围绕难民去向所产生的冲突提供了双边沟通的渠道，也成功避免了这一问题的国际化和进一步升级。尽管难民的遣返和安置仍需时日，缅孟之间的分歧也不会马上消失，但是中国的斡旋努力为冲突的政治解决奠定了基础，“也为解决当今世界的各种冲突和挑战提供了正确导向和积极借鉴”。按王毅外长的话来说，“这既是我们应该做的，也是各方的普遍期待”。[①]

① 《王毅谈缅甸孟加拉斡旋：始终坚持有所为有所不为》，环球网，2018年3月8日，http://china.huanqiu.com/article/2018-03/11650436.html。

第五章
阿富汗和平进程新进展及中国作用

王世达

【内容提要】2001年至今，阿富汗战争已经持续18年之久，各方均认识到单凭军事手段无法解决阿富汗问题，对于和平进程寄予更大期望，希望促成美国、阿富汗政府与塔利班等武装反对派的谈判，实现阿富汗与整个地区的持久和平与稳定。2018年以来，美国总统特朗普授意国务院高官与塔利班直接谈判，阿富汗和平进程再现曙光。然而，阿富汗和平进程仍面临如何弥合各方不同利益诉求以及避免地缘博弈干扰等难题。作为阿富汗近邻，中国近年来加大对阿投入，尤其是着力劝和促谈并取得积极效果，未来将坚定支持"阿人主导、阿人所有"的和平进程，推动阿富汗早日实现持久和平、稳定与发展。

【关键词】阿富汗　和平进程　中国作用

【作者简介】王世达，中国现代国际关系研究院南亚所副所长，副研究员。

2001年"9·11"事件发生后，同年年底美国以武力摧毁阿富汗塔利班政权，但阿富汗安全形势并未就此尘埃落定。以塔利班为代表的各股反叛势力依托普什图部落区持续反对美军长期在阿富汗驻扎及阿富汗当局。美国小布什、奥巴马、特朗普等历任政府虽然反复调整对阿富汗政策，但整体而言其收效不彰。尤其是2014年底以美为首的外国军队向阿富汗安全部队移交防务责任之后，阿富汗安全形势持续恶化，2018年更是2014年以来安全形势最为糟糕的一年。美国国防部数据显示，2018年阿富汗政府

“有效控制与影响区域”占阿国土总面积的56%，相比2015年11月的72%大幅下降。美国追踪阿富汗战争的《长期战争杂志》(*Long War Journal*)评估称，截至2018年11月，在阿富汗共397个地区中，政府控制地区143个，占总数36%；塔利班控制地区52个，占总数13%；双方争夺中地区201个，占总数51%。以人口衡量，政府控制地区人口约1587万，占总数49%；塔利班控制地区人口约302万，占总数9%；双方争夺地区人口约1384万，占总数42%。[①] 截至2019年8月，政府控制地区140个，占总数35%；塔利班控制地区66个，占总数17%；双方争夺中地区191个，占总数48%。以人口衡量，政府控制区人口约1577万，占总数48%；塔利班控制地区人口约370万，占总数11%；双方争夺地区人口约1348万，占总数41%。此外，还有一个未经证实的塔利班宣称控制的地区，人口约4万。[②] 简言之，当前阿富汗问题的症结在于塔利班虽然频繁发动袭击和扩大影响范围，但因为美军空中打击等因素而无法赢得战场胜利和控制人口中心。美国和阿富汗政府方面虽能够控制人口中心，但也无法彻底消灭塔利班，进而稳定阿富汗安全形势。

阿富汗问题久拖不决，包括阿富汗政府、美国及其盟友在内的阿富汗问题多方都在寻找军事手段之外的解决思路，阿富汗和平进程逐渐浮出水面。阿富汗和平进程起步于2010年左右。2010年，塔利班派遣和谈代表前往阿联酋，经德国驻阿联酋大使等人牵线与美国当时的阿巴问题特使霍尔布鲁克直接会面。美国与塔利班由此建立了直接沟通渠道，此后进行多轮会谈。2012年初，美国与塔利班的接触曾经因为塔利班拒绝保证获释囚犯不再与美国为敌以及驻阿富汗美军传出“滥杀无辜”“焚烧《古兰经》”等丑闻而一度中断。2013年6月，在经过多轮接触之后，美国、阿富汗政府与塔利班就开设塔利班驻多哈政治办公室达成一致。然而，塔利班坚持使

① Bill Roggio and Alexandra Gutowski, “Mapping Taliban Control in Afghanistan,” *Long War Journal*, https://www.longwarjournal.org/mapping-taliban-control-in-afghanistan，访问时间：2018年11月8日。

② Bill Roggio and Alexandra Gutowski, “Mapping Taliban Control in Afghanistan,” *Long War Journal*, https://www.longwarjournal.org/mapping-taliban-control-in-afghanistan，访问时间：2019年8月1日。

用“阿富汗伊斯兰酋长国政治办公室”的名称以及悬挂“阿富汗伊斯兰酋长国”的旗帜，阿富汗政府认为这无异于承认塔利班作为“流亡政权”的合法性，为此拒绝派代表前往多哈与塔利班接触。然而，塔利班与美国的接触并未因此停止。例如，2014年，在卡塔尔政府的斡旋下，塔利班高层命令驻多哈代表与美国就交换囚犯达成协议，即释放1名美军士兵换取5名塔利班囚犯获释。

2015年7月7—8日，在巴基斯坦当局的积极斡旋下，阿富汗政府与塔利班在巴基斯坦首都伊斯兰堡附近的穆里镇举行首次正式谈判，中国和美国作为观察员列席。塔利班高层代表，如“奎达苏拉”成员拉提夫·曼苏尔以及前政府部长阿巴斯·阿肯德参会，“哈卡尼网络”派遣易卜拉欣等人参会。阿富汗政府也派高官参会，包括外交部副部长哈克马特·卡尔扎伊以及“高级和平委员会”高级成员哈吉·穆罕默德等人。各方决定，将在月底举行第二轮正式谈判。然而，7月底，阿富汗政府方面传出消息，塔利班大头目奥马尔已经于数年前身亡。塔利班随后承认奥马尔身亡，第二轮谈判由此泡汤。各方寄予厚望的和平进程再度陷入停滞。

一、2018年阿富汗和平进程出现新进展

为尽快重启阿富汗和平进程，中国和美国两大联合国安理会常任理事国积极介入，于2015年底斡旋启动了中、美、巴、阿“四方协调小组”机制，着力恢复阿政府与塔利班之间的直接谈判。截至2018年年底，“四方协调小组”机制已经举办了六轮会议。四方就阿富汗政府与塔利班的和谈路线图进行磋商，并取得积极进展。路线图着眼于制订具体措施，为推动“阿人主导、阿人所有”的和平进程准备条件，并最终在阿富汗和整个地区实现持久和平、稳定和繁荣。会议发表联合声明，呼吁塔利班所有派别尽早加入与阿富汗政府的对话，通过对话解决政治分歧。

鉴于2017年下半年出台的对阿富汗新战略未能发挥预期效应，美国特朗普政府急于在阿富汗问题上取得积极进展，大幅度调整此前不与塔利班直接谈判的立场，转而授权国务院等部门高官与塔利班直接谈判。2018年7月，美国国务院负责中亚和南亚事务的副助理国务卿爱丽丝·威尔

斯（Alice Wells）在多哈与塔利班驻多哈政治办公室代表会晤，此举是美国政府高官首次与塔利班进行直接谈判。据称，会议主要涉及谈判程序问题，并未探讨太多实质内容。塔利班发言人穆贾希德表示，对话“正面且富有成效”。[①] 10月12日，美国阿富汗和解事务特使扎尔梅·哈利勒扎德（Zalmay Khalilzad）与塔利班多哈政治办公室主任谢尔·穆罕默德·阿巴斯·斯塔尼克扎伊（Sher Mohammad Abbas Stanikzai）在多哈会晤，这是7月爱丽丝·威尔斯与塔利班在多哈直接会晤后双方的第二次接触。斯塔尼克扎伊表示，美国在阿富汗驻军是阿富汗实现真正和平的主要障碍；阿富汗是一个伊斯兰国家，拥有伊斯兰文化和价值观，这在寻求阿富汗问题包容性解决方案中必须予以充分考虑。[②] 11月14—16日，哈利勒扎德带领的美方高级代表团与塔利班方面在多哈再次举行会谈。18日，哈利勒扎德公开表示希望在2019年4月20日阿富汗举行总统选举之前达成和平协议。次日，塔利班发言人扎比乌拉·穆贾希德（Zabihullah Mujahid）就此回应称，塔利班只是与美国进行了初步谈判，并未达成任何协议，更不认为和谈存在时间表；外界关于在阿富汗总统选举之前建立临时政府等谣言是敌人宣传策略；希望未来在阿富汗建立“伊斯兰政府”，要求美方拿出真正解决问题的办法。[③] 同时，塔利班多哈政治办公室发言人索希尔·沙欣（Sohail Shaheen）表示，塔利班与美国对话的目的是为美国及北约部队撤离阿富汗制定时间表。一旦双方就撤军时间达成一致，那么就会进入和谈第二阶段，即阿富汗内部势力之间就如何恢复和平和组建政府进行对话；要求美国释放所有塔利班囚犯，解除针对其高级领导人的国际旅行禁令等制裁，

---

① “Taliban, US Agree to Sustain Direct Dialogue on Afghan Peace,” https://www.voanews.com/a/taliban-say-general-discussions-held-with-us-special-envoy/4612059.html，访问时间：2018年12月6日。

② “Taliban, US Agree to Sustain Direct Dialogue on Afghan Peace,” https://www.voanews.com/a/taliban-say-general-discussions-held-with-us-special-envoy/4612059.html，访问时间：2018年12月6日。

③ “Taliban say no pact struck with U.S. over deadline to end Afghan war,” https://in.reuters.com/article/usa-afghanistan-taliban/taliban-say-no-pact-struck-with-u-s-over-deadline-to-end-afghan-war-idINKCN1NO0SG，访问时间：2018年11月28日。

并以此作为双方建立信任措施。[①] 12月17日，哈利勒扎德与斯塔尼克扎伊在阿布扎比举行新一轮会晤。除了美国与阿富汗塔利班代表之外，巴基斯坦、沙特阿拉伯和阿联酋官方代表参加会晤，阿富汗国家安全顾问莫希卜领衔的阿富汗政府代表团也赴阿布扎比参会。

此外，随着阿富汗安全形势持续恶化，“伊斯兰国”等国际暴恐势力在阿富汗境内频繁活动，包括地区国家在内的阿富汗问题各方更加积极介入阿富汗问题，探寻和平进程出路，尤其是俄罗斯启动由其主导的阿富汗和平会议，即“莫斯科进程”。2018年11月9日，莫斯科进程举行新一轮会议，并且取得重大成果。中国、印度、巴基斯坦、伊朗和中亚五国均派代表参会，美国派驻俄罗斯使馆外交官作为观察员与会。阿富汗政府虽然拒绝派遣外交代表与会，但也派遣其负责和平事务的“高级和平委员会”代表参会。塔利班多哈政治办公室派遣5人代表团参会。塔利班和谈代表称，理解与协商的大门始终敞开，提出结束对塔利班国际制裁和释放在押塔利班囚犯等要求；公开呼吁美国撤出阿富汗，以符合伊斯兰原则、阿富汗国家利益和历史传统以及体现社会公正的方式修改阿富汗宪法。[②]

二、阿富汗和平进程若想突破，尚需克服若干障碍

整体看来，各方在阿富汗和平进程问题上的分歧并未减少，在某些方面甚至还有所强化。

首先是美国等外国军队撤军问题。奥巴马2009年就任总统之初承诺要在任内结束阿富汗战争，后虽迫于阿富汗战场形势而调整政策，向阿富汗增兵数万，但其也表示增兵是为了通过加大武力施压而扭转战场形势，迫使塔利班与阿富汗政府签署内部和平协议，进而实现“在阿富汗境内没有

① “Taliban ‘Optimistic’ About Dialogue With US on Afghan Peace,” https://www.voanews.com/a/taliban-optimistic-about-dialogue-with-u-son-afghan-peace/4662953.html，访问时间：2018年11月28日。

② “Moscow shows it’s back in the ‘Great Game’ by hosting Taliban-Afghan peace talks,” https://www.washingtonpost.com/world/europe/in-a-first-moscow-prepares-to-host-afghan-talks-between-taliban-and-kabul-envoys/2018/11/08/1adffc42-e2a4-11e8-b759-3d88a5ce9e19_story.html?utm_term=.254071e3c779，访问时间：2018年12月7日。

美国驻军”的长期目标。特朗普在2017年就任总统之前曾表示，“阿富汗战争是巨大的错误”，“若当选总统，将立即撤出在阿富汗军队”，[①] 但其上台后对阿富汗的政策则与其之前的表态并不一致。例如，2017年8月，特朗普出台对阿富汗及南亚新战略，认为美国在阿富汗存在若干重要利益：第一，美军在阿富汗付出了巨大代价和牺牲，必须在阿富汗寻求“与牺牲相匹配的，体面且可以持续的结果”；第二，从阿富汗仓促撤军将带来巨大的不确定性，“基地”组织、“伊斯兰国”等国际恐怖组织可能趁机填补由此产生的安全真空，甚至重演“9・11”恐怖袭击。此前，美国从伊拉克撤军导致其安全形势迅速恶化，美国必须避免在阿富汗重蹈覆辙；第三，包括阿富汗在内的整个地区面临广泛安全威胁。美国认定的全球恐怖组织中有多达20个位于阿富汗和巴基斯坦境内。印度和巴基斯坦都是事实上的核国家，两国关系紧张甚至产生冲突会带来难以想象的后果，必须采取有效措施避免恐怖组织以任何形式获得核武器。为此，特朗普宣布向阿富汗增派大约3000名士兵，驻阿美军人数达到1.4万；向阿富汗战场增派F–16战斗机，增加B–52轰炸机出动次数。[②] 然而，特朗普对阿富汗新战略并未发挥预期效果，其对阿态度再度回摆。例如，2018年12月20日，特朗普突然宣布将在未来数月内从阿富汗撤出7000名士兵，这一消息让包括美国和阿富汗高层在内的多方措手不及，彰显特朗普政府在阿富汗问题上的巨大不确定性。塔利班则认为“将所有外国侵略军赶出阿富汗”是其与美军等血战17年的根源所在，坚持要求美国等外国军队彻底撤出或者制定明确的撤军时间表，强调撤军是塔利班与阿富汗政府和谈的前提，强烈反对美

---

① “What Donald Trump said about Afghanistan before he was President - and what he’s saying now,” https://www.telegraph.co.uk/news/2017/08/22/donald-trump-said-afghanistan-president-saying-now/，访问时间：2018年12月18日。

② “Remarks by President Trump on the Strategy in Afghanistan and South Asia,” https://www.whitehouse.gov/briefings-statements/remarks-president-trump-strategy-afghanistan-south-asia/，访问时间：2018年7月22日。

国与阿富汗政府签署的《双边安全协议》。[①] 除此之外，阿富汗问题各方还在未来阿富汗宪法和政治安排等议题上分歧巨大。

其次，和平主导权之争仍在。阿富汗政府高层坚持和平进程必须由其主导，任何与塔利班的谈判都必须由其进行，而且越来越倾向于在阿富汗境内举行和平谈判。塔利班则认为阿富汗问题久拖不决之根源在于美国的军事干预，阿富汗政府只是美国扶持的傀儡，任何旨在解决阿富汗问题的谈判都必须在美国政府与塔利班之间展开。换言之，如果得不到塔利班的许可，即使美国与阿富汗政府达成了和平条约也无法落实，因此，塔利班始终坚持与美国政府直接谈判，拒绝承认阿富汗政府地位。美国在2018年以前一直强调和平进程必须在阿富汗人之间进行，自身并非阿富汗和平进程的主体。2018年以来，特朗普授意美国国务院高官与塔利班展开直接谈判，在很大程度上满足了塔利班的谈判诉求，但又引起了阿富汗政府方面的不满。例如，11月17日，阿富汗总统加尼就美国阿富汗和解事务特使哈利勒扎德与塔利班代表接触表态称，阿富汗政府致力于推动建立在国家共识基础上的和平进程，同时强调美国与塔利班的接触旨在确保最终谈判是在阿富汗政府与塔利班之间进行，而非美国与塔利班。[②] 阿富汗前国家安全局长萨利赫等人更是公开指责哈利勒扎德无法代表阿富汗人民与塔利班进行和谈。此外，阿富汗政府还因为担心和平主导权旁落而拒绝派正式代表参加11月9日举办的“莫斯科进程”会议。

最后，区内外国家地缘政治博弈强化。随着阿富汗局势演进以及不确定性持续增强，区内外国家纷纷强化对阿介入力度，地缘博弈日渐激烈，各方在阿和平进程上不仅更难形成合力，甚至相互掣肘。具体说来，特朗普政府在阿富汗问题上“重印轻巴”可谓南辕北辙。特朗普不仅不尊重巴基斯坦在阿富汗的安全关切与利益诉求，且公开鼓励巴基斯坦宿敌印度加

---

① 该观点来源于笔者与美国纽约大学国际中心执行主任巴内特·鲁宾（Barnett Rubin）的长期交流总结所得。鲁宾是美国乃至世界范围内研究阿富汗问题的知名专家，其对阿富汗问题的研究始于20世纪80年代，21世纪以来曾先后担任联合国阿富汗问题特使以及美国阿巴特使的高级顾问，参与阿富汗问题“波恩进程”和制定阿富汗宪法。

② “Taliban ‘Optimistic’ About Dialogue With US on Afghan Peace,” https://www.voanews.com/a/taliban-optimistic-about-dialogue-with-u-son-afghan-peace/4662953.html，访问时间：2018年11月28日。

大对阿介入力度，这导致巴基斯坦在阿富汗问题上立场更趋保守。鉴于阿巴存在漫长共同边界、普什图人在两国跨界居住等客观现实，巴基斯坦始终是阿富汗问题上仅次于美国的最重要外部力量。美国疏离巴基斯坦无疑将进一步消解巴助美推动阿和平进程的可能性及效果。例如，巴强烈回应特朗普的公开施压，前外长阿西夫公开称“美国从不可信”，巴军表态为了和平而反恐，而非美元驱动。巴还密切与俄罗斯、中国、土耳其等国关系，对冲美国压力。[①]

俄罗斯着眼未来涉阿政治安排及相关地缘格局变动、避免“伊斯兰国”在阿坐大威胁中亚乃至本土安全，空前强化在阿介入力度，除了继续提供各类援助、与阿体制内外重要人士加强联系之外，更将讨论阿和平的“莫斯科进程”作为重要着力平台。2018年11月9日俄罗斯召开新一轮“莫斯科进程”会议，塔利班多哈政治办公室派5人代表团参会，这是2015年巴基斯坦穆里和谈以来塔利班首次正式派代表参加此类会议并较详细阐述和谈立场，此举对提升俄在阿问题的话语权意义巨大。此外，俄罗斯还持续密切与巴基斯坦在阿问题上的配合，如将巴视作“具有地缘战略重要性的国家”，[②] 公开称赞巴反恐贡献与牺牲、与巴连续举行反恐对话和联合军事演习等，对冲美印在阿问题上的抱团趋势。

伊朗始终对在阿美军保持高度警惕。2018年11月，伊朗外长扎里夫称，“伊斯兰国”分子在阿存在及阿本土武装组织极端化构成新的安全挑战，但外国军队（尤其指美军）驻扎更是导致不稳定，直接提供极端分子的滋生温床。[③] 印度出于在西线挤压巴基斯坦乃至掣肘中巴经济走廊等企图，加之希望以阿为契机打通沟通中亚的通道，在美鼓励下对阿投入不断

① “History teaches us not to trust the United States, says Khawaja Asif,” https://www.telegraph.co.uk/news/2017/08/22/donald-trump-said-afghanistan-president-saying-now/，访问时间：2018年2月21日。

② “Russia and Pakistan: A Durable Anti-American Alliance in South Asia,” https://thediplomat.com/2018/04/russia-and-pakistan-a-durable-anti-american-alliance-in-south-asia/，访问时间：2018年12月16日。

③ “Afghan president forms team to talk peace, sees five-year process,” https://in.reuters.com/article/afghanistan-politics/afghan-president-forms-team-to-talk-peace-sees-five-year-process-idINKCN1NX0ZB，访问时间：2018年12月18日。

加码。经济上，印对阿援助已经超过30亿美元，[①] 广泛介入阿民生、基建等领域；政治上，印阿领导人频繁指责巴为阿安全恶化负责，联手制巴态势更加明显；安全上，印持续为阿提供军事援助和人员培训，巴指责印利用在阿东部领事馆扶植阿境内反巴力量，尤其是俾路支分离势力。此外，印还加速开发伊朗恰巴哈尔港，推动关税、签证等相关转运程序，旨在绕开巴通过阿直通中亚乃至俄罗斯。

上述区内外国家出于自身利益纷纷加大在阿投入，竞相扶植代理人，彼此政策目标和做法并不一致，甚至相互冲突。各方强化博弈，相互掣肘，彼此抵消，进一步分散了国际社会合作解决阿问题的合力，导致阿局势更趋复杂，和平进程不可测因素持续攀升。

三、中国将继续在阿富汗和平进程中发挥积极作用

中国在阿富汗存在安全、政治和经济等多重利益。安全上，主要是维护西部边陲的安全稳定，确保中巴经济走廊和中国—中亚—西亚经济走廊的安全。避免“东伊运”等国际和地区极端组织趁阿富汗混乱之际在阿富汗招募人手、发展壮大，进而策划针对新疆等地的恐怖袭击。同时，确保中方在阿人员、项目的安全。政治上，随着中国加速崛起，西方和地区国家在阿富汗问题上希望我发挥更大作用的意愿和呼声更趋强烈。中国作为联合国安理会常任理事国和迅速发展中的大国，有能力和必要承担一定的国际和地区责任，回应少数国家有关中方“搭便车”等指控。阿富汗问题既是国际热点问题，更是与中国直接接壤的邻国问题，在该问题上发挥作用可以提升中方与国际和地区国家的协同能力，营建“负责任大国”的形象。经济上，阿矿产资源丰富，具备巨大开发价值。同时，地理位置极为优越，若充分发挥潜力有望成为沟通亚欧大陆东西南北的陆桥，特别是从转运角度看经济潜力巨大。

未来中方可以采取以下方式推动阿富汗和平进程。首先，坚持倡导

① “India keen to do more than $3 billion development to Afghanistan: Top US general,” https://www.timesnownews.com/international/article/india-keen-to-do-more-than-3-billion-development-to-afghanistan-top-us-general/96803，访问时间：2018年12月19日。

以“阿人主导、阿人所有”为基本原则的阿富汗和平进程，推动阿族群内部就和解问题充分交流看法，寻求共识。阿问题久拖不决的核心在于外部势力在阿竞相扶持代理人，导致阿成为区内外大国的博弈场，更深层因素则在于由于其独特的地理、人文等因素，在阿制造破坏的成本远远小于在阿发挥建设性作用的成本。这导致了阿问题各方都无力按照自己意愿引导阿局势未来演进，因此和平进程不仅成为唯一出路，而且必须在阿富汗人的主导下。但阿富汗人并不只限于阿政府和塔利班，必须在阿四大族群之间以及内部进行充分的讨论，并呼吁各族群以阿国家和整体民族利益为重，寻求和平进程的最大公约数。其次，充分发挥阿各族群和政治势力都不以中方为敌的独特政治优势，提供平台供各方直接接触。鉴于中国历史上和现在都未曾在阿动武，从未支持一派势力打击另外一派，因此拥有各派势力均不以中国为敌的独特政治优势，可以向各方提供充分安全保障，为阿问题各方深度探讨和谈实质性和细节问题提供平台。第三，在阿和平进程问题上与巴充分沟通。阿和平进程涉及区内外多方，但关键外部力量则主要是美国和巴基斯坦，巴基斯坦在阿问题上的诉求又与印度因素乃至南亚整体地缘格局密切相关。中国观察阿问题应该宏观着眼，考虑整体地缘稳定和中巴利益，在阿问题上与巴多做沟通，确保阿和解进程不失控不走偏。

附录一
2018年中国周边外交大事记

赵卫华　编制

1月2日　外交部发言人耿爽在例行记者会上表示，中方欢迎并支持朝韩双方以平昌冬奥会为契机，为改善相互关系、推动缓和半岛局势、实现半岛无核化作出切实努力。[①]

1月4日　哈萨克斯坦总统纳扎尔巴耶夫撰写的《独立时代》一书电子版4日在其个人网站刊登。纳扎尔巴耶夫在书中表示，哈萨克斯坦一直高度重视与中国发展全面战略伙伴关系，哈中两国在经济和政治层面都是友好邻居、可靠朋友和建设性伙伴。[②]

1月9日　澜沧江—湄公河合作第六次高官会在柬埔寨金边召开，对澜湄合作第二次领导人会议将要发表的几项重要成果进行审议，为领导人会议的召开做准备。本次高官会由澜湄合作中方代理高官、外交部亚洲司副司长黄溪连与柬埔寨高官、柬政府顾问索西帕纳共同主持，老挝、缅甸、泰国、越南高官或高官代表与会。[③]

1月10日　国务院总理李克强于当地时间下午乘专机抵达金边，与柬埔寨、老挝、泰国、越南、缅甸领导人共同出席将在这里举行的澜沧江—湄公河合作第二次领导人会议。李克强表示，澜沧江—湄公河把六国联通在一起，也

---

① 闫子敏:《中方支持朝韩以昌平冬奥会为契机改善关系》,《解放军报》2018年1月3日，第4版。

② 新华社:《哈萨克斯坦总统表示高度重视与中国关系》,《人民日报》2018年1月6日，第3版。

③ 卢娟等:《澜沧江—湄公河第六次高官会在柬埔寨金边举行》,《人民日报》2018年1月10日，第3版。

将六国的命运连接在一起。澜湄合作机制启动以来，因应了本地区求发展、谋团结、促合作的共同心愿，发展迅速，硕果累累。中方愿同各方共同回顾合作进展，规划未来发展，推动机制从培育期顺利进入成长期，为区域发展繁荣注入源头活水。①

1月11日　国家主席习近平应约同韩国总统文在寅通电话。习近平指出，中方对中韩关系改善发展感到满意。中方愿同韩方一道，加强战略沟通，推动务实合作，妥善处理敏感问题，推动两国关系实现更大发展，共同努力促进地区和平稳定。文在寅表示期待韩中战略合作伙伴关系保持发展势头，并在新的一年取得更大进展。文在寅通报了近日韩朝高级别会谈成果，表示韩方高度重视中方在朝鲜半岛问题上的重要作用，感谢中方支持南北对话，感谢中方为推动通过对话谈判解决问题、维护朝鲜半岛和平稳定所作努力。韩方愿同中方一道，致力于通过对话谈判解决问题，维护本地区和平稳定。习近平强调，中方一贯支持韩朝双方改善关系、和解合作。我们支持双方推进南北对话和交流，逐步推动朝鲜半岛问题解决。当前，朝鲜半岛形势挑战和机遇并存。中方愿同包括韩方在内各方加强沟通和合作，争取形势进一步向好发展。②

国务院总理李克强在金边同柬埔寨首相洪森举行会谈。李克强表示，中国始终尊重柬埔寨的主权和独立，坚定支持柬埔寨走符合本国国情的发展道路。中方愿以两国建交60周年为契机，继续同柬方密切高层交往，深化各领域务实合作，携手打造中柬具有战略意义的命运共同体。李克强强调，中方愿同柬方更好对接发展战略，以共建"一带一路"为契机，抓好产能与投资合作重点项目。加强经济特区、交通基础设施建设、农业及农产品深加工、旅游等合作，共同办好中柬建交60周年系列庆祝活动，让中柬友好的民意基础更加牢固。李克强祝贺柬埔寨成功主办澜沧江—湄公河合作第二次领导人会议，指出中柬友好合作造福两国人民，也惠及地区。中方愿同柬方继续密切在澜湄合作机制和中国—东盟合作框架内的协调沟通，继续为地区的发展繁荣作出贡献。洪森表示，巩固和发展柬中友好是柬政府和人民的共识，柬方将在中方的核心利益问题上继续坚定支持中方的正当立场，会谈后，李克强和洪森共同见证了

① 陈恃雷、毛鹏飞：《李克强出席澜沧江—湄公河合作第二次领导人并对柬埔寨进行访问》，《光明日报》2018年1月11日，第3版。

② 新华社：《习近平应约同文在演通电话》，《人民日报》2018年1月12日，第1版。

两国政治、经贸、卫生、林业、农业、人文等领域19项双边合作文件的签署。双方还发表了中柬联合公报。①

日本海上自卫队2艘舰艇11日上午先后进入赤尾屿东北侧毗连区活动，外交部发言人陆慷表示，中方敦促日方停止在钓鱼岛问题上制造事端，以实际行动为两国关系改善发展作出努力。②

1月12日 国务委员兼国防部长常万全在八一大楼会见缅甸海军司令丁昂山。常万全说，习近平主席和贵国领导人为两国两军关系发展指明了方向。中国尊重缅甸主权和领土完整，支持缅甸走符合自身国情的发展道路。当前，中缅两军关系处于历史最好水平，中方愿同缅方一道，继续深化务实合作，共同维护边境稳定，推动两军各领域交流合作不断取得更大发展。丁昂山说，缅军愿与中国军队一道，加强务实合作，推动两国两军关系不断迈上新台阶。③

1月13日 斐济政府举行隆重仪式，庆祝由中国政府援建的斯廷森桥和瓦图瓦卡桥顺利通车。斐济总理姆拜尼马拉马和中国驻斐济使馆临时代办谷雨出席仪式并致辞。斐济政府内阁成员，澳大利亚、新西兰、欧盟等驻斐济使团代表，在斐中资企业代表和当地民众等300余人出席仪式。④

1月15日 针对澳大利亚官员指责中国对太平洋岛国的援助加重了岛国财政负担的谬论，外交部发言人陆慷表示：发表上述言论的人心态有问题。他们对中方进行无中生有的指责，实际上是不愿看到太平洋岛国实现自主可持续发展。长期以来，中国在充分尊重太平洋岛国政府和人民意愿、充分考虑太平洋岛国发展需要的基础上，向岛国提供了力所能及、不附带任何政治条件的援助，有力促进了这些国家的经济社会发展，受到岛国政府和人民的热烈欢迎。⑤

1月16日 国家主席习近平应约同美国总统特朗普通电话。习近平指出，

---

① 张慧中、张志文:《携手打造具有战略意义的中柬命运共同体》,《人民日报》2018年1月12日，第1版。

② 闫子敏:《敦促日方停止在钓鱼岛问题上制造事端》,《解放军报》2018年1月12日，第4版。

③ 梅世雄:《常万全会见缅甸海军司令》,《人民日报》2018年1月13日，第3版。

④ 李峰:《架设中斐“未来”之桥》,《人民日报》2018年1月14日，第3版。

⑤ 闫子敏:《我外交部评澳外交部官员言论：心态有问题》,《解放军报》2018年1月16日，第4版。

保持中美关系健康稳定发展，符合两国和两国人民利益，也是国际社会共同期待。双方要保持高层及各级别交往，充分发挥4个高级别对话机制作用并适时举办第二轮对话。中美经贸合作给两国人民带来许多实实在在的利益。双方应该采取建设性方式，通过对彼此开放市场、做大合作蛋糕，妥善解决双方关切的经贸问题。要积极推进两军、执法、禁毒、人文、地方等合作，就重大国际和地区问题保持密切沟通协调。双方要相向而行、相互尊重、聚焦合作，以建设性方式处理敏感问题，尊重彼此核心利益和重大关切，维护中美关系健康稳定发展势头。习近平应询介绍了对当前朝鲜半岛局势的看法，指出各方应该共同努力把来之不易的缓和势头延续下去，为重启对话谈判创造条件。实现朝鲜半岛无核化，维护朝鲜半岛和平稳定符合各方共同利益，维护国际社会在这个问题上的团结十分重要。中方愿继续同包括美方在内的国际社会一道，密切沟通、相互信任、相互尊重、加强合作，推动朝鲜半岛问题朝着妥善解决的方向不断取得进展。①

中共中央政治局委员、国务委员杨洁篪在京会见以国会议员朴炳锡为团长的韩国国会议员代表团时表示，中韩双方要共同落实好习近平主席和文在寅总统达成的重要共识，推动中韩关系持续发展。中方支持朝韩双方改善关系，并将继续为对话协商解决半岛问题作出积极努力。朴炳锡表示，韩国国会和各党派都高度重视韩中关系，愿为发展两国关系和维护半岛和平稳定发挥积极作用。②

针对杜特尔特总统允许中国与菲律宾大学在“宾汉隆起”进行科学研究的有关报道，外交部发言人陆慷表示，中国“科学号”科学考察船将于今年1月至2月赴菲律宾群岛以东菲方管辖海域开展海洋科考活动。中方赞赏菲方同意中方有关科考活动并提供便利，欢迎菲方科研机构参与联合科考，并愿与菲方一道，继续推进包括海洋科考在内的各领域海上务实合作，为双边关系的持续健康稳定发展营造良好氛围。③

1月17日　中缅外交国防2+2高级别磋商第三次会议在缅甸内比都举行。

---

① 新华社:《习近平应约同特朗普通电话》,《人民日报》2018年1月17日，第1版。

② 潘洁:《杨洁篪会见韩国议员代表团》,《人民日报》2018年1月17日，第3版。

③ 闫子敏:《指责中方对桑吉号求援不力的说法不符合事实》,《解放军报》2018年1月17日，第4版。

中国外交部副部长孔铉佑、军委联合参谋部副参谋长邵元明与缅甸国际合作部部长觉丁、国防军第一特战局局长吞吞南共同主持。缅甸国务资政昂山素季、国防军总司令敏昂莱分别会见了中方代表团。双方围绕落实高层共识、推进全面合作深入交换了意见，一致同意用好现有机制，保持沟通协调，加强边境管理，共同维护缅北地区及中缅边境和平稳定，为中缅关系平稳发展和缅甸和平进程顺利推进创造有利条件。中方重申支持缅方推进国内和平进程，愿根据缅方需要继续发挥劝和促谈作用。缅方对中方所做工作表示感谢，并希望中方继续协助办好第三次21世纪彬龙会议暨联邦和平大会。①

1月16日，美国和加拿大召集一些当年朝鲜战争“联合国军”出兵国，在温哥华共同举办朝核问题外长会，呼吁国际社会对朝进行最大程度的施压。针对此举，外交部发言人陆慷18日表示：

众所周知，“联合国军”是冷战时期的产物，早已不合时宜。美国和加拿大作为会议发起国，以所谓“联合国军”参与国名义办会明显是冷战思维，只会在国际社会制造分裂，损害推动妥善解决朝鲜半岛核问题的共同努力。在没有半岛核问题重要参与方与会的情况下召开此类会议，无法推动问题的妥善解决。处理、解决半岛核问题主渠道仍应是六方会谈的框架和联合国安理会。正因如此，这个会议的合法性和代表性遭到国际社会广泛质疑。中方多次说过，朝鲜半岛核问题的本质是安全问题。只有通过对话平衡解决各方的合理安全关切，才能找到和平解决半岛问题的有效途径。为此，中方提出了“双轨并行”思路和“双暂停”倡议。当前半岛北南双方正逐步恢复对话接触，同时半岛局势仍十分复杂敏感。各方应珍惜当前朝鲜半岛局势出现的难得缓和局面，支持朝韩改善关系的努力，在缓和局势、推动对话方面多下功夫。实践证明，一味施压和孤立的做法只会适得其反。中方在朝鲜半岛核问题上立场没有变化。我们始终坚持实现半岛无核化、坚持维护半岛和平稳定，坚持通过对话协商解决半岛问题。②

1月19日　1月18日在印度新德里举行的会议上，美国、印度、日本的与

---

① 庄北宁:《中缅举行外交国防2+2高级别磋商第三次会议》,《解放军报》2018年1月18日，第4版。

② 闫子敏:《美加以所谓“联合国军”名义办会是冷战思维》,《解放军报》2018年1月18日，第4版。

会代表称对中国在印太地区和其他国际海域越来越强硬感到不安。美军太平洋司令部司令哈里斯把中国称为“破坏性力量”及“信任赤字”国家。一名日本自卫队高级军官也称中国正试图单边改变东海现状。针对此事，外交部发言人陆慷表示：

这不过是三个国家的个别人发表的评论，而且其中某些人士也不是第一次发表类似的言论了。中国走的是和平发展道路。我们是这么说的，也是这么做的。从正常的逻辑来说，寻求建立这样一个新型国际关系的努力，不应当使任何热爱和平、寻求共同发展的国家或人士感到不安。如果有人对此感到不安，认为这样的努力是一种破坏性力量，其实倒可以反过来问问，他们担心被“破坏”的是什么？随着自身的发展，中国在国际社会中发挥着越来越积极的作用，提供越来越多的建设性国际公共产品，比如，中方本着共商共建共享原则提出了“一带一路”倡议。希望大家多关注一下国际社会绝大多数成员的反应是什么，评价是什么。当然，是有个别国家的个别人始终对中国有这样那样的不安。上述美国军方人士在其表态中还点了三个东盟国家的名字，称这些国家也对中国的发展感到不安。遗憾的是，我们并没有听到这三个国家自己说有什么不安。我认为，不要随随便便替其他国家说话，这种习惯不是特别好。[①]

1月20日　外交部发言人陆慷表示1月17日晚，美国“霍珀”号导弹驱逐舰未经中国政府允许，擅自进入中国黄岩岛12海里内海域。中国海军依法对美舰进行了识别查证，予以警告驱离。美方军舰有关行为损害中国的主权和安全利益，对中方在有关海域开展正常公务活动的船只和人员安全造成严重威胁，违背国际关系基本准则。中方对此表示强烈不满，将采取必要措施，坚定维护中国主权。中国对黄岩岛及其附近海域拥有无可争辩的主权。中方一向尊重和维护各国依据国际法在南海享有的航行和飞越自由，但坚决反对任何国家以航行和飞越自由为名，损害中国的主权和安全利益。我们强烈敦促美方立即纠正错误，停止此类挑衅行为，以免损害中美关系和地区和平稳定。[②]

1月23日　针对日本首相安倍晋三、外相河野太郎近日关于希望改善日中

---

① 闫子敏：《中国走和平发展道路，主张建立新型国际关系》，《解放军报》2018年1月20日，第4版。

② 新华社：《外交部发言人就美国导弹驱逐舰进入黄岩岛12海里范围答记者问》，《解放军报》2018年1月21日，第4版。

关系的积极表态，外交部发言人华春莹表示：

中方在改善和发展中日关系方面的立场是一贯的。中日关系稳定健康发展，符合两国人民的利益，也有利于地区和平与发展。希望日方同中方相向而行，在中日四个政治文件和四点原则共识基础上，以中日和平友好条约缔结40周年为契机，加强沟通、增进互信，妥善管控分歧，推动中日关系沿着正确方向改善和发展。中方愿与包括日方在内的各方一道，本着共商、共建、共享的原则，共同推进“一带一路”建设，实现地区国家的共同发展繁荣。我们也注意到日方有关东海问题的表态，希望日方言行一致，将改善中日关系的积极表态切实落实到政策和行动中去。①

1月25日 中共中央政治局常委、中央纪委书记赵乐际在北京会见了由越共中央政治局委员、中央组织部部长范明政率领的越南共产党代表团。赵乐际说，习近平总书记与阮富仲总书记去年实现年内互访，为中越关系发展作出顶层设计。中越两党应加强对双边关系的政治引领，深化战略沟通，增进政治互信，坚定不移地推动构建中越命运共同体。中国共产党愿同越南共产党进一步加强管党治党经验交流，分享中共十九大理论成果，相互学习借鉴，共同提高党的建设质量，为推动中越全面战略合作伙伴关系健康稳定发展作出新贡献。范明政表示，越方再次祝贺中共十九大取得重大成果，愿同中方共同努力，推动两党两国关系健康稳定务实发展。②

1月28日 国务院总理李克强在中南海紫光阁会见来华进行正式访问的日本外相河野太郎。李克强表示当前中日关系改善的积极势头来之不易，需要双方倍加珍惜，共同努力，相向而行，在今年中日和平友好条约缔结40周年之际，重温条约精神，处理好历史等敏感问题，妥善管控分歧，使今年成为中日关系重返正常发展轨道的机遇之年。李克强指出，中日关系不仅事关两国，对本地区和世界也有重要影响。中日经济互补性强，合作空间广阔。希望日方本着以史为鉴、面向未来的精神，努力营造良好氛围，给两国民众和企业以良好预期，为拓展互利合作、重启有关对话机制以及推动东亚地区合作夯实基础。河野太郎表示，日本各界对全面改善日中关系充满期待。日方愿以日中和平友

① 闫子敏：《外交部回应日本政府高层对改善日中关系积极表态》，《解放军报》2018年1月24日，第4版。

② 杨晔：《赵际乐会见越南共产党代表团》，《人民日报》2018年1月26日，第1版。

好条约缔结40周年为契机，同中方相向而行，共同努力，进一步改善和深化日中关系。日方期待尽早举行新一轮日中韩三国领导人会议，欢迎李克强总理正式访问日本。日中两国经济发展高度互补，愿在战略互惠关系指引下，进一步加强两国企业间交流，重启日中高层经济对话，深化人民之间的友谊，使两国关系重回健康发展轨道并持续前行。①

1月29日　巴基斯坦瓜达尔自由区开园仪式暨瓜达尔2018国际商品展销会在该国西南部俾路支省瓜达尔港举行。瓜达尔自由区旨在进一步推动中巴经贸合作，促进地区及全球贸易发展。巴基斯坦总理阿巴西在致辞中说，瓜达尔自由区有助于加快推动港口发展，将巴基斯坦同周边国家联系起来，并将通过自由区的建设释放瓜达尔的发展潜力。中国驻巴基斯坦大使姚敬表示，中方将一如既往支持瓜达尔港建设，同时鼓励中国工商界积极参与这一项目。中方致力于将瓜达尔港建设成为造福当地民众、环境友好的发展项目。②

1月29日　东盟秘书长林玉辉在雅加达东盟秘书处接受中国新任驻东盟大使黄溪连递交任命书时表示，中国是东盟最重要的对话伙伴之一，也是东盟最大的贸易伙伴。东盟方高度重视中国在维护本地区和平稳定、促进本地区发展与繁荣方面发挥的重要作用。东盟方愿与中方共同努力，不断增强政治互信，加强发展战略对接，深化经贸往来及各领域合作，推动东盟—中国战略伙伴关系健康发展，为维护本地区和平、稳定与繁荣作出更大贡献。黄溪连说，中国—东盟关系发展势头良好，前景广阔。中方将一如既往地坚定支持东盟共同体建设，支持东盟在区域合作中的中心地位，支持东盟在国际地区事务中发挥更大作用。③

2月1日　民政部副部长高晓兵会见了来访的韩国国防部国防政策室长余奭周一行。双方就在韩志愿军烈士遗骸交接等共同关心的问题进行了深入交流，并表示愿意推动两部在相关领域的交流合作。④

---

① 谭晶晶:《李克强会见日本外相河野洋平》,《光明日报》2018年1月28日，第3版。

② 徐伟:《巴基斯坦瓜达尔自由区举行开园仪式》,《人民日报》2018年1月30日，第3版。

③ 新华社:《中国高度重视中国在本地区的重要作用》,《解放军报》2018年1月30日，第4版。

④ 任欢:《中韩双方将将于清明节前交接第五批在韩中国人民志愿军烈士遗骸》,《光明日报》2018年2月2日，第3版。

2月4日 国防部新闻发言人任国强就美公布《核态势审议报告》发表谈话。他指出：

北京时间2月3日，美国国防部发布《核态势审议报告》，妄加揣测中国发展意图，渲染中国核力量威胁，中方对此表示坚决反对。中国坚定走和平发展道路，坚定奉行防御性国防政策，始终恪守在任何时候、任何情况下不首先使用核武器政策，明确承诺无条件不对无核武器国家和无核武器区使用或威胁使用核武器。中国在核武器发展方面始终采取极为克制的态度，始终把自身核力量维持在国家安全需要的最低水平。核态势审议首先要正确看待时代大势。和平与发展是不可逆转的世界潮流，美方是拥有世界最大核武库的国家，应主动顺应这一潮流，而非背道而驰。我们希望美方摒弃冷战思维，切实承担自身核裁军特殊、优先责任，正确理解中方战略意图，客观看待中国的国防和军队建设，同中方相向而行，使两军关系成为中美关系的稳定因素，共同维护好世界与地区的和平、稳定与繁荣。①

2月5日 2月2日，新加坡外长维文在接受《海峡时报》采访时表示，当前南海形势已经平静许多，东盟和中国都有善意和信心开启“南海行为准则”案文磋商，这本身就是十分积极的一步。针对此事，外交部发言人耿爽5日表示，中国古话讲，“春江水暖鸭先知”，地区形势如何，地区国家心里最清楚。中方积极评价维文外长有关表态，认为这客观反映了当前南海企稳向好的真实形势。中方有信心与东盟国家继续全面有效落实《南海各方行为宣言》，积极推进“南海行为准则”磋商，共同维护地区和平稳定。②

2月6日 第八次中国—东盟防长非正式会晤在新加坡举行。会议由东盟轮值主席国新加坡国防部长黄永宏和中国国务委员兼国防部长常万全共同主持。常万全说，中国笃定和平发展道路，始终把东盟作为周边外交的优先方向，坚持与东盟做兴衰相伴、安危与共、同舟共济的好邻居、好朋友、好伙伴。中方愿与东盟各国携手团结，不忘合作初心，坚定合作信心，找准合作重心，推动把开展海上联演、反恐合作等蓝图变为现实，为打造更加紧密的中

---

① 梅常伟:《国防部发言人就美公布〈核事态审议报告〉发表谈话——中方对此表示坚决反对》,《解放军报》2018年2月5日，第3版。

② 闫子敏:《有信心与东盟国家推进南海行为准则磋商 美〈核态势审议报告〉背离和平发展的时代主题》,《解放军报》2018年2月6日，第4版。

国—东盟命运共同体作出更大贡献。黄永宏等东盟各国防务部门领导人高度评价习近平主席提出的打造东盟—中国命运共同体的倡议，赞赏中国坚持走和平发展道路，表示愿以东盟—中国建立战略伙伴关系15周年为契机，与中方继续保持密切沟通，加强防务交流合作，深化睦邻友好和政治互信，维护地区安全发展繁荣。①

2月8日　中共中央总书记、国家主席习近平与越共中央总书记阮富仲互致新年贺信。习近平在贺信中表示，刚刚过去的2017年是中越关系发展进程中具有重要意义的一年。我同总书记同志再次实现历史性互访，我们达成的广泛共识已经转化为两国交流合作的累累硕果。2017年中越“一带一路”与“两廊一圈”战略对接迈出重要步伐，双边贸易额实现1000亿美元目标，人员往来近1000万人次，两国人民从双边关系发展中有了更多的获得感。习近平指出，2018年是中越建立全面战略合作伙伴关系的第十个年头。展望未来，中国共产党愿同越南共产党一道，加强对中越关系发展的政治引领，弘扬传统友谊，深化全面合作，不断拓展中越关系发展广度和深度，更好为两国和两国人民谋幸福、为社会主义事业谋发展、为人类社会进步事业作贡献。两党两国高层特别是最高领导人保持经常接触，对双边关系发展发挥着关键的战略引领作用。我愿同总书记同志保持密切沟通，携手推动中越关系行稳致远、更上层楼。②

2月9日　国务院总理李克强在中南海紫光阁会见来华正式访问的印度尼西亚外长蕾特诺。李克强表示，中国和印尼同为发展中大国，也是隔海相望的邻国，在维护地区和平、促进共同发展方面拥有广泛共同利益。两国经济互补性强，经贸合作潜力巨大。中方高度重视发展同印尼的关系，愿同印尼密切高层交往，将“一带一路”倡议同印尼发展战略更好衔接，推动基础设施等重点领域合作取得更多成果，为中国同印尼关系的发展注入新动力。李克强强调，中方愿以中国—东盟建立战略伙伴关系15周年为契机，同包括印尼在内的所有东盟伙伴一道努力，推动中国东盟关系迈上新台阶，为本地区的和平稳定与发展繁荣贡献力量。蕾特诺表示，印尼同中国的关系取得长足发展，合作成果

① 新华社:《第八次中国—东盟防长非正式会晤在新加坡举行》,《解放军报》2018年2月8日，第1版。

② 新华社:《习近平与阮富仲互致新年贺词》,《光明日报》2018年2月7日，第1版。

丰硕。印尼方愿同中方加强高层互访，扩大经贸合作，深化人文交流，推进雅万高铁建设。欢迎中方积极参与印尼“三北综合经济走廊”建设。[①]

据报道，美国国会参议院外委会日前审议通过“与台湾交往法案”，其中有关条款主张解除美政府对美台高层交往的限制。此前美国国会众院已审议通过该议案。对此，外交部发言人耿爽表示，上述议案有关条款尽管没有法律约束力，但严重违反一个中国原则和中美三个联合公报规定，如获通过实施，将对中美关系及台海局势造成严重干扰。一个中国原则是中美关系的政治基础。我们敦促美方信守在台湾问题上向中方作出的承诺，停止审议有关议案，妥善处理涉台问题，维护两国关系和台海局势稳定。[②]

2月8日　应邀出席韩国平昌冬奥会开幕式的习近平主席特别代表、中共中央政治局常委韩正在首尔青瓦台会见韩国总统文在寅。韩正转达了习近平主席对文在寅总统的问候，预祝平昌冬季奥运会圆满成功。韩正表示，中方愿同韩方一道，沿着两国元首共识指明的方向，坚持相互尊重和支持，全面开展各层级沟通与对话，进一步活跃交流与合作，妥善处理好敏感问题，增进相互理解与信任，共同推动中韩关系不断向前发展。中方支持韩朝双方和解合作，希望有关各方相向而行，为进一步缓和半岛形势、推动半岛问题政治解决进程共同作出努力。文在寅表示，韩中互为重要邻邦和合作伙伴，两国关系正站在新的起点上，韩方愿同中方积极努力，增进政治互信和友好，密切各层级交往，深化务实合作，加强国际和地区事务中沟通协调，推动韩中战略合作伙伴关系取得新发展。韩方赞赏中方在朝鲜半岛问题上发挥的积极作用，愿同中方保持沟通协调，通过和平手段解决半岛问题，实现本地区可持续和平与繁荣。[③]

2月13日　中国—菲律宾南海问题双边磋商机制第二次会议（以下简称BCM）13日在菲律宾马尼拉举行。中国外交部副部长孔铉佑和菲律宾外交部主管政策的副部长马纳罗分别率团与会。双方强调此次会议十分重要，磋商机制有利于促进双边关系稳定发展。在2017年5月19日于中国贵阳举行的BCM第一次会议基础上，双方就南海有关关切问题坦率、亲切地交换了意见。以维

---

① 杨晔:《李克强会见印度尼西亚外长雷特诺》,《人民日报》2018年2月10日，第1版。

② 闫子敏:《就美参议院外委会通过相关涉台法案外交部提出严正交涉》,《解放军报》2018年2月10日，第4版。

③ 陈尚文:《韩正会见韩国总统文在寅》,《人民日报》2018年2月10日，第3版。

护和促进地区和平与稳定为目标，双方探讨了管控和防止海上意外事件、加强海上对话合作以及增进相互信任和信心的方法。会议取得积极丰硕成果。根据2017年11月发布的《中华人民共和国政府和菲律宾共和国政府联合声明》，双方认为海上争议问题不是中菲关系的全部。双方重申维护及促进地区和平稳定、在南海的航行和飞越自由、商贸自由及其他和平用途的重要性，根据包括《联合国宪章》和1982年《联合国海洋法公约》在内公认的国际法原则，不诉诸武力或以武力威胁，由直接有关的主权国家通过友好磋商谈判，以和平方式解决领土和管辖权争议。双方同意继续商谈建立信任措施，提升互信和信心，并承诺在南海保持自我克制，不采取使争议复杂化、扩大化及影响地区和平与稳定的行动。双方重申全面有效落实2002年《南海各方行为宣言》，根据第20次中国—东盟领导人会议共识，将于下月初开始“南海行为准则”案文磋商。双方就加强包括海洋环境保护、渔业、海洋科学研究和油气等合作的方式进行了富有成效的交流，有关合作不影响两国各自关于主权、主权权利和管辖权的立场。双方密切探讨了有关互利合作倡议，就在BCM框架下启动渔业、油气、海洋科研与环保、政治安全等技术工作组达成一致。工作组确认了一系列潜在合作倡议。①

2月25日　中共中央政治局委员、国务委员杨洁篪在京会见柬埔寨国王西哈莫尼和太后莫尼列。杨洁篪欢迎两位陛下在中国传统节日春节期间来华，转达了习近平主席和夫人的亲切问候和良好祝愿。杨洁篪说，2016年习近平主席和西哈莫尼国王实现互访，有力推进了两国关系的发展。中方将同柬方以今年中柬建交60年为契机，推动两国关系取得更大发展。西哈莫尼国王和莫尼列太后请杨洁篪转达对习近平主席和夫人的诚挚问候和良好祝愿，表示两国关系发展面临广阔前景。②

2月26日　中国国防部援助柬埔寨王家军总医院医疗设备交接仪式26日在柬埔寨首都金边举行。③

① 新华社:《中国—菲律宾南海问题双边磋商机制第二次会议举行》,《解放军报》2018年2月14日，第4版。

② 崔文毅:《杨洁篪会见柬埔寨国王西哈莫尼和太后莫列尼》,《人民日报》2018年2月26日，第3版。

③ 王鹏飞:《我国向柬埔寨援助医疗设备》,《解放军报》2018年2月26日，第4版。

2月28日 外交部发言人陆慷在例行记者会上说，中国与东盟国家将于3月1日至2日在越南芽庄举行落实《南海各方行为宣言》第二十三次联合工作组会。陆慷说，这是联合工作组本年度首次会议。根据会议安排，各方将就落实宣言、推进海上务实合作以及“南海行为准则”磋商等深入交换意见。陆慷表示，当前，在中国和地区国家的共同努力下，南海局势稳中向好。中国和东盟国家有意愿有信心继续保持对话和合作势头，争取更多积极进展和成果，并进一步巩固当前地区的良好形势。①

3月1日 国家主席习近平在人民大会堂同汤加国王图普六世举行会谈。两国元首一致同意，在新的历史起点上，推动中汤战略伙伴关系得到新的更大发展。习近平欢迎图普六世在中汤建交20周年之际来华进行国事访问，并对汤加不久前遭受严重飓风灾害表示诚挚慰问。习近平指出，20年前，图普六世国王曾以外交和国防大臣身份来华签署中汤建交公报，为建立和发展中汤关系作出了历史性贡献。希望汤加王室在推动中汤关系发展方面继续发挥积极作用。习近平强调，中国同包括汤加在内的太平洋岛国是同呼吸、共命运、齐发展的好朋友、好伙伴。中共十九大提出要推动建设相互尊重、公平正义、合作共赢的新型国际关系，推动构建人类命运共同体，强调中方将秉持正确义利观和真实亲诚理念，加强同发展中国家团结合作。上述理念和方针将为中汤关系和两国合作开辟更加广阔的前景。习近平指出，中汤要加强高层和各级别交往，增进政治互信，继续在涉及彼此主权、领土完整、国家尊严等问题上相互理解和支持。要扩大两国政府部门、立法机构对话、交流、合作，深挖潜力，积极拓展各领域务实合作，共同推进“一带一路”框架下合作，实现共赢共享发展。中方深知汤加作为小岛屿发展中国家，在经济社会发展过程中面临特殊挑战，愿继续在力所能及范围内为汤方提供不附加任何政治条件的经济技术援助。中国的援助不是单方面给予和简单的输血式援助，而是“授人以渔”。只要中方作出的承诺，都会不折不扣地落实，使当地人民从中汤合作中有更多获得感。中方愿同汤方加强气候变化南南合作，密切同太平洋岛国的交流

---

① 张惠中:《落实〈南海各方宣言〉第二十三次工作会议将在越南芽庄举行》,《人民日报》2018年3月1日，第3版。

合作。[①]

国务院总理李克强在人民大会堂会见来华进行国事访问的汤加国王图普六世。李克强表示，汤加是中国在太平洋岛国地区的好朋友、好伙伴。习近平主席同国王陛下举行富有成果的会谈，有力推动两国关系发展。我们赞赏汤方坚定奉行一个中国政策，愿以两国建交20周年为契机，巩固政治互信，将“一带一路”倡议同汤加发展战略更好对接，扩大各领域务实合作，密切人文交流，推动两国关系不断迈上新台阶。中方支持汤加重大生产项目、基础设施和民生工程建设，愿同汤加开展农业技术交流，也欢迎汤加优质农渔业产品进入中国市场。李克强对汤加前不久遭遇严重飓风灾害表示慰问，相信汤加人民能够克服困难、重建家园，重申中方愿提供力所能及的帮助。图普六世表示，汤中两国虽相距遥远，但建交20年来双边关系持续稳定健康发展。汤加坚定奉行一个中国政策，愿继续深化双方政治互信，拓展经贸合作和人文交流，加强在教育、基础设施、农业食品等领域的合作，更好实现互利共赢。[②]

3月6日　国防部新闻发言人吴谦就日本防卫研究所发表2018年版《中国安全战略报告》答记者问。吴谦说，中国始终不渝走和平发展道路、奉行互利共赢的开放战略，始终是世界和平的建设者、全球发展的贡献者、国际秩序的维护者。日本防卫省智库的有关报告对中国军队现代化建设以及中国同其他国家关系妄加评论，其言论不负责任，也是站不住脚的。吴谦表示，今年是中日和平友好条约缔结40周年，我们希望日方客观理性看待中国内外政策，同中方相向而行，切实将改善中日关系的意愿落实到政策和行动中去。[③]

3月8日　十三届全国人大一次会议在两会新闻中心举行记者会，邀请外交部长王毅就中国外交政策和对外关系回答中外记者提问，有关周边外交摘录如下：

路透社记者：中国可以发挥什么作用鼓励朝美进行直接谈判？中方是否认为美方应该撤离驻韩的美军？

王毅：半岛问题是当前国际社会最关注的一个话题。朝韩双方抓住冬奥会

① 白洁、崔文毅：《习近平与汤加国王图普六世举行会谈》，《解放军报》2018年3月1日，第1版。

② 李伟红：《李克强会见汤加国王图普六世》，《人民日报》2018年3月2日，第3版。

③ 《国防部新闻发言人答记者问》，《解放军报》2018年3月7日，第2版。

契机，展开一系列密集互动，南北关系迅速解冻，为冰封已久的半岛局势注入了久违的暖流。发生这样的变化有人似乎感到困惑，其实是情理之中。冬奥会期间，朝鲜没有进行新的核导试验，美韩也暂停了针对朝方的军演。事实证明，中方提出的“双暂停”倡议是一剂对症下药的良方，为南北改善关系营造了最基本的条件。现在，半岛问题的解决终于朝着正确方向迈出了重要一步。我们对朝韩双方为此作出的努力予以充分肯定和支持。接下来的关键，是各方积极呼应，形成合力，共同把半岛局势重新纳入和平稳定的轨道，把半岛核问题重新纳入对话解决的轨道。为此，我们呼吁各方尤其是美朝双方尽快进行接触和对话。各方沿着“双轨并进”的思路，既坚持半岛无核化目标，又积极构建半岛和平机制。在推进无核化的进程中同步对等解决各方包括朝方的合理安全关切。这既是中方的一贯立场，也是联合国安理会决议中确定的目标。冰冻三尺非一日之寒。尽管隧道的尽头已经显露曙光，但前行的道路不可能一帆风顺。历史经验告诉我们，每当半岛局势出现缓和时，各种干扰就会如影随形，接踵而来。现在又到了检验各方是不是真心希望解决半岛核问题的关键时刻。和平必须争取，机遇需要把握。各方应以半岛和平大局为重，以本地区人民安危为重，拿出政治勇气，作出政治决断，尽快开展一切必要和有益的双多边接触，全力推动重启和平解决半岛核问题的对话谈判。中方将为此继续作出不懈努力。

俄罗斯国际通讯社记者：俄罗斯将于3月18日举行总统选举，你对选举结果有何预期？如何看待中俄关系前景？

王毅：俄罗斯总统选举是俄罗斯国家和人民的大事。我们看到，在普京总统领导下，近年来俄罗斯的国家发展取得了重要成就，普京总统始终得到俄罗斯人民的坚定支持。我们相信，俄罗斯人民一定会再次作出正确的选择，俄罗斯民族也一定会在国家振兴道路上继续阔步前行。俄罗斯民族是一个有韧性、有坚持、能抗压的民族。我们祝福俄罗斯，祝福俄罗斯人民。

至于中俄关系的前景，我们充满信心。我们的信心来自于两国元首结下的深厚友谊和互信，这将是继续引领两国关系发展的根本保障。我们的信心还来自于双方各领域务实合作的不断深化，来自于在彼此核心利益上坚定的相互支持，来自于在国际事务中的密切协作以及两国各界日益频繁的交流往来。总之，中俄全面战略协作伙伴关系稳如泰山。请你向俄罗斯的朋友们转达一句话，中俄深化合作没有止境，中俄关系没有最好只有更好。

哈萨克通讯社记者：5年来，“一带一路”倡议取得了很大进展。但有个别西方人也对倡议透明度及是否符合国际规则有疑虑。请问中方如何回应？

王毅：“一带一路”是中国提出的阳光倡议，共商、共建、共享是推进“一带一路”的黄金法则。这六个字决定了“一带一路”合作具有鲜明的平等性、开放性和普惠性。也就是说，无论是规划合作蓝图还是实施具体项目，都由参与方商量着办，一切都在阳光下运行。没有一家独大，而是各方平等参与；没有暗箱操作，而是坚持公开透明；没有赢者通吃，而是谋求互利共赢。

去年5月，140多个国家的代表出席“一带一路”国际合作高峰论坛，这是国际社会对“一带一路”投出的“信任票”和“支持票”。迄今已有80多个国家和国际组织与中方签署了共建“一带一路”合作协议，一大批合作项目正在全面推进，为当地经济社会发展发挥了雪中送炭作用。比如，中国在巴基斯坦开工建设的十余座电站，将彻底解决巴国内缺电限电的历史困境，仅其中一座电站就满足了上千万民众的日常需求。中国企业收购陷入困境的塞尔维亚钢厂，不到一年就扭亏为盈，不仅保住了5000多人的就业，还使整个城市浴火重生。中国企业接手希腊最大港口的经营，货物吞吐量迅速回升，重新跻身欧洲大港行列。中国和法国联手在英国建设核电站，成为“一带一路”高新技术项目合作的典范。

“一带一路”是全球公共产品，当然遵守国际规则；“一带一路”是国际合作平台，自然按照市场规律行事。去年高峰论坛发表的联合公报已对此作出公开承诺，并且强调要统筹好经济、社会、金融和环境之间的关系，增强合作项目的可持续性。我们真诚欢迎各方为“一带一路”建言献策，共同把“一带一路”建设好，推进好。不仅加强各国基础设施的“硬联通”，也要开展政策、规则和标准的“软联通”；不仅接地气，还要高标准；不仅效益好，而且高质量；不仅惠及中国，更要造福世界。

澎湃新闻记者：今年是中国—东盟建立战略伙伴关系15周年，中方对发展中国—东盟关系有什么设想？

王毅：今年是中国—东盟建立战略伙伴关系15周年，具有继往开来的重要意义。15年来，中国—东盟合作从小到大，硕果累累。中国连续9年保持东盟第一大贸易伙伴地位。去年双方贸易额突破5000亿美元，人员往来突破

4000万人次，为中国和东盟各国近20亿民众带来了实实在在利益。中国—东盟合作已经成为亚太区域合作中最为成功和最具活力的典范。2018年，我们将继续把东盟放在对外合作议程的首页，打造更高水平的战略伙伴关系，构建更紧密的命运共同体。我们将推进三项重点任务：一是规划新蓝图。制定《中国—东盟战略伙伴关系2030年愿景》，实现“一带一路”倡议和东盟发展规划更好的对接。二是培育新亮点。在政治安全、经贸、社会人文三大支柱下开辟更多合作领域，增加更多合作项目，取得更多合作成果。三是打造新高地。进一步培育澜湄流域经济发展带，构建同东盟东部增长区的合作框架，支持东盟共同体建设，推动区域全面经济伙伴关系协定早日达成。

新加坡《海峡时报》记者：南海形势平静，但也有人担心中国在南海岛礁建设导致军事化。中国和东盟国家今年年内达成“南海行为准则”的可能性大吗?

王毅：中国维护南海和平稳定的决心不可动摇，诚意始终如一。我们处理南海问题的立足点，是对中国人民负责，对历史事实负责，对地区和平负责，对国际法治负责。这一立场坚如磐石，一以贯之。当前南海面临的首先是机遇。南海形势明显趋稳向好。中国和东盟国家达成高度一致，愿意通过制定“南海行为准则”，共同维护目前得来不易的安定局面。几天前，中国与东盟国家就准则的案文进行了首次磋商，取得积极进展，并且商定年内至少再举行3次磋商。中国和东盟国家有意愿，也有能力以自主方式制定出符合地区实际、各方共同遵守的地区规则。当前南海面临的主要挑战是，一些外部势力反而对南海风平浪静心有不甘，总想挑动是非，唯恐天下不乱，说到军事化，动辄把全副武装的舰船飞机派到南海炫耀武力，这才是影响南海和平稳定的最大干扰因素。青山遮不住，毕竟东流去。新的一年里，我们将同东盟国家一起，抓住机遇，拓展合作，排除干扰，化解挑战，珍惜双方努力取得的成果，加快准则的磋商进程，积极探索构建南海沿岸国合作机制，共同把南海建设成和平之海、合作之海。

日本共同社记者：今年是中日和平友好条约缔结40周年，中日领导人是否实现互访？中方希望今后的中日关系如何发展？

王毅：这段时间，日本方面采取了更为清晰、更为积极的对华政策，中日关系出现难得的改善势头，中方对此表示欢迎。只要日方不犹豫、不折腾、不倒退，客观对待和认同中国的发展，中方愿意与日方相向而行，共同推动两国关系回到健康、稳定的发展轨道。今年是中日和平友好条约缔结40周年。40年前的条约，以法律形式确认了正确对待历史、坚持一个中国等中日关系正常化时规定的各项政治原则，明确了两国和平共处、世代友好的大方向。不忘初心，方得始终。40年后，站在承前启后的历史关口，希望日方能够政治上讲信用，行动上守规矩，切实维护好两国关系的政治基础，并且把“互为合作伙伴、互不构成威胁”的政治共识真正落到实处。我相信，只要中日关系持续改善，两国高层往来自然水到渠成，和平友好也将重新成为两国关系的主旋律。

凤凰卫视记者：中国如何看待美、日、印、澳四国加强合作的“印太战略”？是否认为这是针对中国的“围堵”？

王毅：这个世界上，各种话题层出不穷，花样翻新。就像太平洋和印度洋上的浪花，一时引人注目，转瞬归于平寂。有些学者和媒体渲染所谓“印太战略”是为了围堵中国，但四国官方立即表示无意针对任何国家。我希望他们说的是实话，也希望他们能言行一致。在当今时代，再挑起冷战已不合时宜，再搞小圈子对抗更没有市场。

印度报业托拉斯记者：去年中印关系非常困难，中方希望如何塑造今年的中印关系？

王毅：中印关系保持着发展势头，也经历了你提到的困难和考验。在此过程中，中方既坚定维护了自身的正当权益，也积极顾全了两国关系大局。对于中印关系的发展前景，两国领导人已经达成了重要战略共识，那就是中印要龙象共舞，而不是龙象争斗；中印1+1不仅等于2，更等于11。面对当前国际局势的百年变局，越来越多的有识之士认识到，两个超过10亿人口规模的发展中大国相继走向现代化，最重要的是相互理解，相互支持，最应避免的是相互猜忌，相互消耗。从这个意义上讲，中印之间迫切需要解决的问题就是互信。建立起政治互信，喜马拉雅山也阻挡不了相互加强友好交往。缺乏互信，一马平川也难使双方走到一起。我要告诉印度朋友的是，中印之间共识远多于分歧，利益远大于摩擦。中方愿意同印度继承弘扬友好传统，同印度人民交朋友、做伙伴。希望双方打开心结，相向而行。用信任代替猜忌，以对话管控分歧，靠合作开创未来。

俄通—塔斯社记者：中方希望通过今年主办上合组织青岛峰会实现什么

目标？

王毅：上合组织是在中国诞生的，青岛峰会是扩员后的首次峰会。我们欢迎上合峰会再次在中国举行，期待上合组织从青岛再出发。我们愿与各成员方共同努力，推动峰会实现三大目标：

一是增强凝聚力。互信、互利、平等、协商、尊重多样文明、谋求共同发展的“上海精神”，是上合组织创立时的初心所在。我们将与各成员一道，高举“上海精神”这一旗帜，增进成员间的互信与团结，构建更加紧密的上合命运共同体。

二是提升行动力。务实高效、互利共赢的合作是上合组织发展的动力源泉。我们将和各成员一道，制定《上合组织成员国长期睦邻友好合作条约》未来5年实施纲要，签署批准一系列涉及安全、经贸、环保和人文等领域的决议与合作文件，助力成员国参与“一带一路”建设，实现上合组织的全方位发展。

三是扩大影响力。维护本地区乃至世界的和平稳定，是上合组织义不容辞的国际责任。我们将和各成员一道，积极回应国际社会期待，就重大国际和地区问题发出更响亮的上合声音，为区域合作和全球经济治理发挥更积极的上合作用。

总之，青岛峰会将成为上合组织发展进程中一座新的里程碑，开启这一新型区域组织的新时代。[①]

3月9日　国家主席习近平应约同美国总统特朗普通电话，着重就当前朝鲜半岛局势和两国关系深入交换意见。习近平指出，中方坚定致力于实现朝鲜半岛无核化、维护朝鲜半岛和平稳定，坚持通过对话协商解决问题。希望有关各方能多释放一些善意，避免做可能影响和干扰朝鲜半岛局势持续走向缓和的事情，努力把目前出现的积极势头保持下去。我相信，只要各方坚持政治外交解决的大方向，就一定能推动朝鲜半岛问题朝着国际社会共同期待的方向不断取得进展。两国元首还就中美关系交换了看法。习近平指出，希望双方共同努力，在相互尊重、互惠互利基础上，聚焦合作、管控分歧，推动中美经济合作共赢，推动两国关系在新的一年取得更大进展。[②]

---

① 新华社：《王毅就中国外交政策和对外关系答记者问》，《人民日报》2018年3月9日，第3版。

② 新华社：《习近平应约同美国总统特朗普通电话》，《解放军报》2018年3月10日，第1版。

3月9日　国家主席习近平就巴布亚新几内亚强烈地震向巴新总督鲍勃·达达埃致电表示慰问。习近平在慰问电中表示，获悉贵国中部地区连续发生强烈地震，造成重大人员伤亡和财产损失，我谨代表中国政府和中国人民，并以我个人的名义，对不幸遇难者表示沉痛的哀悼，对遇难者家属和受伤人员表示诚挚的慰问。对贵国当前的处境，中国人民感同身受。中方愿向巴布亚新几内亚提供力所能及的支持和帮助。我相信，在贵国政府领导下，巴新人民一定能够早日克服困难、重建家园。[①]

3月12日　国家主席习近平在人民大会堂会见韩国总统特使、国家安保室长郑义溶。习近平指出，文在寅总统委派特使先生专程来华通报你访问朝鲜和赴美国推动朝美对话的情况，中方对此表示赞赏。作为朝鲜半岛近邻，中方一向支持半岛南北双方改善相互关系、推进和解合作，支持美朝接触对话、协商解决各自关切。半岛无核化、不战不乱是中方的一贯立场。当前，半岛形势正面临重要的缓和对话机遇，中方积极评价韩方为此所作努力，愿同包括韩方在内国际社会一道，进一步做有关各方工作，结合中方“双轨并进”思路及各方有益建议，推进半岛问题政治解决进程。同时，各方要保持耐心和细心，发挥政治智慧，妥善应对和化解复谈进程中的各种问题和干扰。我们期待南北首脑会晤和朝美对话顺利举行，并在推动半岛无核化进程和相互关系正常化方面取得实质性进展。郑义溶转达了文在寅总统对习近平的诚挚问候，表示韩方愿同中方共同努力推进双边关系发展。当前朝鲜半岛局势出现积极变化，中方发挥了重要的引领作用。中方始终坚持半岛无核化目标，坚持和平解决朝核问题，支持半岛南北对话，主张美朝直接对话，推动南北关系迈出重要一步，使半岛问题出现积极进展。韩方向中方表示衷心感谢，期待中方继续发挥重要作用，并愿同中方密切协调，维护当前半岛局势缓和势头，推动以和平手段解决朝核问题，实现本地区和平、稳定与发展。[②]

3月13日　国家主席习近平分别致电孟加拉国总统哈米德、尼泊尔总统班达里，就孟加拉国客机在尼泊尔失事表示慰问。习近平在慰问电中表示，惊悉客机失事造成重大人员伤亡。我谨代表中国政府和中国人民，并以我个人的名

① 新华社:《习近平向巴布亚新几亚总督致慰问电》,《人民日报》2018年3月10日，第1版。

② 李忠发:《习近平会见韩国总统特使郑义溶》,《光明日报》2018年3月13日，第1版。

义，对遇难者表示深切的哀悼，向遇难者家属表示诚挚的慰问。同日，国务院总理李克强也就此分别向孟加拉国总理哈西娜、尼泊尔总理奥利致慰问电。[①]

3月13日 外交部发言人陆慷在当天例行记者会上说，中方将继续为解决朝鲜半岛核问题发挥独特作用。陆慷表示：

中方坚定致力于半岛无核化目标，坚定致力于半岛和平稳定，坚定致力于通过对话谈判解决问题。我们会继续发挥自己的独特作用，推动各方谈起来、谈下去，谈出好成果，谈出一个和平、稳定、无核的朝鲜半岛。韩国总统特使郑义溶12日访华，就他访朝访美的情况同中方进行了深入沟通。习近平主席会见了他，国务委员杨洁篪同他进行了会谈，外交部长王毅也会见了他。习近平主席9日应约同美国总统特朗普通话，中美元首就半岛最新形势密切沟通了情况。[②]

国家主席习近平同俄罗斯总统普京通电话。习近平祝贺俄罗斯总统选举成功举行，祝贺普京连任俄罗斯总统。习近平指出，总统先生顺利当选连任，是俄罗斯人民作出的正确选择。相信在总统先生领导下，俄罗斯人民一定会继续凝神聚力、团结奋进，在国家发展建设中不断取得新成就。当前，中俄都处在国家发展振兴的关键阶段。今年是中国贯彻落实中共十九大精神开局之年，也是改革开放40周年。同往年相比，今年中国全国“两会”具有更加重要的意义。除选举产生新一届国家机构和全国政协领导人外，我们还审议了宪法修正案、监察法草案等重要议案，启动了新一轮国务院机构改革。这有利于更好团结激励全国人民为实现中华民族伟大复兴的中国梦而奋斗。总统先生不久前发表的国情咨文，就俄罗斯国家建设、改善民生、科技创新等提出重要理念，我十分赞同。相信我们两国都会沿着既定方向，坚定走自己的路，取得新的成绩。习近平强调，中俄是风雨同舟的全面战略协作伙伴，我同总统先生多次会晤，共同引领中俄关系经受住国际风云变幻的考验，达到历史最好时期。作为两个世界大国，中方愿同俄方继续携手努力，密切联系，深化合作，共同规划

---

① 新华社：《习近平分别向孟加拉国总统哈米德、尼泊尔总统班达里致慰问电》，《解放军报》2018年3月14日，第1版。

② 张惠中：《中方将继续为解决朝鲜半岛核问题发挥建设性作用》，《人民日报》2018年3月14日，第3版。

两国关系下一步发展，引领中俄关系走进新时代。[①]

3月20日　国家主席习近平应约同印度总理莫迪通电话。莫迪首先再次热烈祝贺习近平当选连任中国国家主席。莫迪表示，印方愿同中方密切高层交往，深化双边关系，加强在国际事务中协调合作，推动印中更加紧密的发展伙伴关系取得更大进展，推动世界和地区和平与发展。习近平感谢莫迪来电祝贺。习近平指出，中国将进一步深化改革、扩大开放，在实现自身发展的同时，为促进世界共同发展进步作出更大贡献。习近平强调，中国和印度同为发展中大国和主要新兴市场国家，是推进世界多极化和经济全球化的中坚力量。过去几年来，我同总理先生多次会晤，确定中印要构建更加紧密的发展伙伴关系，推动两国各领域合作取得长足发展。一段时期以来，中印关系呈现积极发展势头，务实合作走向深入，民间友好交往日益活跃。中方愿同印方共同努力，将这一良好势头保持下去。我愿同总理先生就两国关系全局性、长期性、战略性问题和国际地区形势加强沟通，以增进两国政治互信，为两国关系发展提供重要指导，不断提升两国关系发展水平。[②]

3月20日　十三届全国人大一次会议在人民大会堂举行记者会，国务院总理李克强应大会发言人张业遂的邀请会见中外记者，并回答记者提问。现将有关中国周边的问题摘录如下：

韩联社记者：随着韩朝双方商定下月举行首脑会谈，朝鲜表明无核化意愿，美国总统特朗普同意同朝鲜领导人会晤，近来朝鲜半岛局势出现较大变化。在此情况下，中方对解决半岛问题有何期待？将为此发挥何种作用？中方是否还会继续推进六方会谈以解决半岛问题？

李克强：我们乐见半岛出现缓和的趋势，也支持一切有利于通过对话谈判解决半岛核问题的努力，中方会尽最大努力来推动和实现半岛无核化、维护和保持半岛和平稳定。我们希望看到各方拿出诚意，付诸行动，尽快把半岛核问题拉回到谈判桌上来，使半岛无核化与半岛和平稳定能有新的进展，这对有关各方、对世界都是好事。半岛是我们的近邻，直接和中国的利益攸关，我们的关注度是可想而知的。

---

① 新华社：《习近平同俄罗斯总统普京同电话》，《解放军报》2018年3月20日，第1版。

② 新华社：《习近平应约同印度总理莫迪通电话》，《人民日报》2018年3月21日，第1版。

新加坡《联合早报》记者：随着中国经济崛起，一些批评指出，中国越来越多地使用资本和中国市场的吸引力作为政治工具，影响他国的外交政策，甚至进行某种政治渗透。请问对此您有什么评价？您认为外界对于中国的崛起和战略扩张应该感到担忧吗？

李克强：中国这些年对世界经济增长的贡献率超过30%，这不仅有利于促进世界经济复苏，而且对世界和平也是贡献。因为扩大了合作和贸易，就有了更多协商和谈判，从而避免冲突。中国文化历来主张“己所不欲、勿施于人”，我们希望的是和为贵。我们要维护国家的领土完整，绝不会也不能丢失自己的一寸土地，也不会侵占别人的一寸土地，这是同理，我们走的是和平发展道路。

中国过去的发展是在和平的国际环境下取得的，今后要实现现代化，也需要和平的国际环境。这里我想强调两点：

第一，中国永远不会搞扩张。中国是发展中国家，我们无意搞扩张，即使将来强大了，也不会走国强必霸的道路。我们愿意和各国在相互尊重、平等互利的基础上发展关系，共同构建人类命运共同体。我们和其他国家的经贸合作都是按照市场规则、商业原则去推进的。我们倡导“一带一路”，也是要共商共建共享。我们对于发展中国家特别是欠发达国家的援助是力所能及的，不附加任何政治条件，谈不上政治渗透。至于国际社会在有些方面希望中国承担更多国际责任，我们能承担的是与发展中国家地位相当的国际责任。如果把这些看成是战略扩张的话，那就是误读或者是误解。

第二，我们会集中精力做好自己的事。这些年来，作为总理，我深知中国发展中还有诸多困难和挑战，在民生方面还有诸多难题和痛点，政府每天要应对的是大量这类难题。我们出访和国际交往都是为了赢得和平稳定的国际与周边环境，为中国发展赢得更多的共赢机遇，这一点我们是清醒的。

美国全国广播公司记者：最近越来越多的人担心中国会取代美国的全球领导地位。因此有不少人认为，应该对华打贸易战，来惩戒中国在国家主导模式下采取的不公平贸易和产业政策。您认为应该采取什么措施来解决美方关切，防止贸易战？您是否还认为对话可以解决迫在眉睫的威胁？如果打贸易战，中国能做什么？比如中国是否会考虑动用巨额外汇储备和持有的美国国债？

李克强：最近一段时间关于中美要打贸易战的议论比较多，但是我认为中美打贸易战对双方都没有好处，没有赢家。而且如果用“打仗”这个词来形容贸易的话，也有悖于贸易的原则。因为贸易就是要通过协商、谈判、对话来解决争端。我希望双方要保持理性，不要感情用事，避免打贸易战。

去年中美贸易的规模已经达到5800多亿美元，能走到这一步是靠市场，是按照商业规则来推进的，否则也不可能有这么大的量。当然，我们不愿意看见有比较大的贸易赤字，不仅是对美国。我们希望贸易总体平衡，否则的话难以持续。

刚才我已经讲了一些中国继续推进扩大开放的具体措施，包括在服务业、制造业、商品等领域。美方企业是可以抓住机遇的。但同时我们也希望美方能够放宽对华高技术、高附加值产品的出口。我们会严格保护知识产权。希望美方不要丢了这个平衡中美贸易的重器，否则就是丢了赚钱的机会。

中国有巨额的外汇储备。运用外汇储备进行投资，我们从来都是按照市场规律进行多元化、市场化操作，而且中国是负责任的长期投资者。中美关系是最大的发展中国家和最大的发达国家之间的关系，两国经济有很强的互补性。中美关系稳定发展对两国、对世界都是好事。至于对中国发展的一些担忧，我认为那是过虑了。

今日俄罗斯国际通讯社记者：两年前，我曾经向您提过关于中俄经贸合作的问题。两年过去了，仍然有人说中俄关系政治热、经济冷。俄罗斯刚刚进行总统大选，将组建新政府。作为同样新上任的中国总理，您希望新一届俄罗斯政府实施哪些行动来改善中俄经贸合作？同时，中国政府又将会采取哪些措施？另外，您想向俄罗斯释放怎样的政治信号？

李克强：19日下午习近平主席和普京总统通了电话，习近平主席对普京总统当选连任表示了祝贺。

你刚才提到的中俄经贸关系，前几年走了一个“马鞍形”，这是世界贸易形势变化、国际大宗产品价格下跌等客观原因造成的。去年中俄经贸关系有了新的发展，贸易规模增加了20%以上。现在中俄两大经济体的年贸易规模是800多亿美元，我觉得还有很大潜力。我们完全可以通过创新机制，挖掘潜力，朝1000亿美元的目标迈进。如果说要向俄罗斯人民发出什么样的信号，那就是：中俄互为最大的邻国，中俄全面战略协作伙伴关系稳定发展对双方、对世界都有利。

日本东京广播公司记者：今年是《中日和平友好条约》缔结40周年。您在1月会见到访的日本外相河野太郎时曾经表示，中日关系可谓“乍暖还寒”。您认为双方还应该采取哪些措施，使两国关系真正复苏？您是否考虑接受日方邀请，结合出席今年中日韩领导人会议，对日本进行首次正式访问，开启中日两国领导人互访？

李克强：一段时间以来，中日关系确实出现了改善的势头，安倍首相多次邀请我访问日本。我愿意在中日关系保持持续改善势头的氛围中，积极考虑今年上半年结合出席中日韩领导人会议正式访问日本。

我认为中日关系改善不仅需要氛围，更需要远见和定力。中日两国领导人互访有利于让中日关系回归正常轨道，但更重要的是要夯实中日关系的基础，我们不能搞“一锤子买卖”，要让中日关系持续向好。今年是《中日和平友好条约》缔结40周年，应该遵守和坚持《中日和平友好条约》等中日之间四个政治文件的精神和共识。如果说两国关系现在出现了“小阳春”，就要防止出现“乍暖还寒”，要让中日关系向着持续稳定的方向发展。我们对日方有期待。[①]

3月23日 国家副主席王岐山在中南海紫光阁会见菲律宾外长卡耶塔诺。王岐山说，刚刚举行的中国全国“两会”选举产生了新一届国家机构和全国政协领导人员，我们将在习近平新时代中国特色社会主义思想指引下，为实现中华民族伟大复兴的中国梦而努力。菲律宾是中国的传统友好邻邦。在习近平主席和杜特尔特总统的共同关心和引领下，中菲关系持续巩固深化、不断向好发展。新的一年，双方应继续相向而行，从战略高度和长远角度规划两国关系，全面落实两国元首共识，加强高层交往、深化务实合作、妥善处理分歧，不断增进两国人民友好感情，共同推动构建更为紧密的中国—东盟命运共同体。卡耶塔诺热烈祝贺中国全国“两会”成功召开，表示菲方愿同中方一道，推动菲中关系持续深入发展。[②]

国防部新闻发言人任国强就美国军舰进入中国南海岛礁邻近海域发表谈话。任国强说，3月23日，美国海军“马斯廷”号导弹驱逐舰擅自进入中国南

---

① 新华社：《李克强总理会见采访两会的记者并回答问题》，《人民日报》2018年3月21日，第2版。

② 杨迅：《王岐山会见菲律宾外长卡耶塔诺》，《人民日报》2018年3月24日，第1版。

海有关岛礁邻近海域。中国海军570舰、514舰迅即行动，依法依规对美舰进行识别查证，并予以警告驱离。任国强指出，中国对南海诸岛及其附近海域拥有无可争辩的主权，美方一再派军舰擅自进入中国南海岛礁邻近海域，其行为严重损害中国的主权和安全，违背国际关系基本准则，危害地区和平稳定。美方这种做法破坏中美两国两军关系氛围，造成双方海空兵力近距离接触，极易引发误判甚至海空意外事件，这是对中方的严重政治和军事挑衅。中国军队对此坚决反对。任国强强调，中国一贯尊重并致力于维护各国依据国际法在南海享有的航行和飞越自由，但坚决反对任何人借"航行自由"之名行违法挑衅之实，损害沿岸国主权和安全，危害地区和平与稳定。我们要求美方切实尊重中国的主权和安全，尊重地区国家维护和平、稳定与安宁的强烈共同愿望，不要无事生非、兴风作浪。美方的挑衅行动只会促使中国军队进一步加强各项防卫能力建设，坚定捍卫国家主权和安全，坚定维护地区和平稳定。①

针对美国总统特朗普签署备忘录将对中国商品大规模征收关税，商务部23日表示坚决反对，指出这是典型的单边主义和贸易保护主义。中方已做好充分准备，坚决捍卫自身合法利益。希望美方悬崖勒马，慎重决策。②

3月26日　国家主席习近平就俄罗斯克麦罗沃市发生重大火灾向俄罗斯总统普京致慰问电。习近平在慰问电中表示，惊悉贵国克麦罗沃市发生火灾，造成重大人员伤亡和财产损失。我谨代表中国政府和中国人民，并以我个人的名义，对所有遇难者表示沉痛的哀悼，向受伤者和遇难者家属致以深切的同情和诚挚的慰问。同日，国务院总理李克强也就此向俄罗斯总理梅德韦杰夫致慰问电，向遇难者表示深切哀悼，向遇难者家属致以诚挚慰问。③

国务委员兼国防部长魏凤和在八一大楼会见了来访的泰国军队最高司令探猜亚。魏凤和说，中国将在以习近平同志为核心的党中央坚强领导下，为世界和平发展作出更大贡献。中泰两国是传统友好近邻。中国军队愿与泰国军队一道，保持战略沟通，加强务实合作，推动两军关系深入发展。探猜亚说，泰方

---

① 卢晓琳：《国防部发言人就美国军舰进入中国南海岛礁临近海域发表谈话》，《人民日报》2018年3月24日，第3版。

② 于佳欣：《中国已经做好充分准备捍卫自身合法权利》，《解放军报》2018年3月24日，第3版。

③ 新华社：《习近平向俄罗斯总统普京致电慰问》，《解放军报》2018年3月27日，第1版。

愿与中方深化两军在联演联训、装备技术、人员培训、多边安全等领域合作，不断提升双方军事合作水平。[①]

3月28日 应中共中央总书记、国家主席习近平邀请，朝鲜劳动党委员长、国务委员会委员长金正恩于3月25日至28日对我国进行非正式访问。在会谈中，习近平代表中共中央对金正恩首次访问中国表示热烈欢迎。习近平强调，中国党和政府高度重视中朝友好合作关系，维护好、巩固好、发展好中朝关系始终是中国党和政府坚定不移的方针。我们愿同朝鲜同志一道，不忘初心，携手前进，推动中朝关系长期健康稳定发展，造福两国和两国人民，为地区和平稳定发展作出新的贡献。一是继续发挥高层交往的引领作用。高层交往在中朝关系发展中历来发挥着最重要的引领和推动作用。新形势下，我愿同委员长同志通过互访、互派特使、互致信函等多种形式保持经常联系。二是充分用好战略沟通的传统法宝。经常就重大问题深入交换意见，是中朝两党的光荣传统。要充分发挥党际交往的重要作用，促进两国各领域的交流合作，加强沟通与互信。三是积极促进和平发展。当前，中国特色社会主义已经进入新时代，朝鲜社会主义建设也进入了新的历史时期。我们愿同朝方共同努力，顺应时代潮流，高举和平、发展、合作、共赢旗帜，不断增进两国人民福祉，为本地区和平、稳定、发展作出积极贡献。四是夯实中朝友好的民意基础。双方应该通过各种形式，加强两国人民交流往来，巩固两国友好关系民意基础，特别是加强两国青年一代交流，继承和发扬中朝友好的优良传统。双方领导人就国际和朝鲜半岛形势深入交换意见。习近平指出，今年以来，朝鲜半岛形势发生积极变化。朝方为此作出了重要努力，我们对此表示赞赏。在半岛问题上，我们坚持实现半岛无核化目标、维护半岛和平稳定、通过对话协商解决问题。我们呼吁各方支持半岛北南双方改善关系，共同为劝和促谈作出切实努力。中方愿在半岛问题上继续发挥建设性作用，同包括朝方在内的各方一道努力，共同推动半岛形势走向缓和。金正恩表示，当前朝鲜半岛形势开始向好发展。我们主动采取了措施缓和紧张局势，提出了和平对话建议。按照金日成主席和金正日总书记的遗训，致力于实现半岛无核化，是我们始终不变的立场。“我们决心将北南关系转变为和解合作的关系，举行北南首脑会晤，愿意同美方对话，

---

① 梅常伟:《魏凤和会见泰国军队最高司令》,《人民日报》2018年3月27日，第3版。

举行朝美首脑会晤。如果南朝鲜和美国以善意回应我们的努力，营造和平稳定的氛围，为实现和平采取阶段性、同步的措施，半岛无核化问题是能够得到解决的。”金正恩同时表示，在这一进程中，我们希望同中方加强战略沟通，共同维护协商对话势头和半岛和平稳定。①

国家主席习近平向缅甸当选总统温敏致贺电。习近平在贺电中指出，中缅是传统友好邻邦，两国人民“胞波”情谊深厚。近年来，两国高层接触频繁，务实合作扩大，人文交流活跃，多边协调密切，给两国人民带来了实实在在的利益，也为地区和平繁荣作出了积极贡献。我高度重视中缅关系发展，愿同你一道努力，巩固传统友谊，深化互利合作，推动中缅全面战略合作伙伴关系迈向更高水平，给两国和两国人民带来更多福祉。②

3月30日　习近平主席特别代表、中共中央政治局委员、中央外事工作委员会办公室主任杨洁篪在首尔青瓦台会见韩国总统文在寅。杨洁篪向文在寅转达习近平主席的亲切问候，表示习主席派我作为特别代表访问韩国，旨在推动落实两国元首共识，加强中韩双边关系和战略合作。今年是中韩建立战略合作伙伴关系10周年，中方愿同韩方共同努力，继续发挥好两国元首会晤的引领和指导作用，加强政治沟通，夯实战略互信，深化互利合作，加快“一带一路”合作对接，推动两国关系健康稳定向前发展。杨洁篪向文在寅通报了日前朝鲜最高领导人金正恩访华情况，表示中方始终坚持朝鲜半岛无核化，维护半岛和平稳定，致力于通过对话协商解决问题。目前半岛形势处在缓和转圜的重要时期。各方要抓住时机，共同努力，推动南北和朝美领导人会晤顺利举行并取得积极成果，并适时重启半岛问题实质性政治解决进程。中方愿同韩方一道，为实现半岛无核化与和平稳定作出努力。文在寅请杨洁篪转达对习近平主席当选连任中国国家主席的热烈祝贺，表示韩中战略合作伙伴关系保持良好发展势头，期待两国关系在新的一年取得更大进展。韩方积极评价中方成功接待金正恩访华并举行中朝领导人会谈的重要意义，高度赞赏中方在半岛问题上的建设性作用，感谢中方为近来半岛局势缓和所作贡献。韩方愿同中方加强沟通

---

① 新华社:《习近平会见金正恩》,《解放军报》2018年3月29日，第1版。

② 新华社:《习近平向当选缅甸总统温敏至贺电》,《人民日报》2018年3月29日，第1版。

协调，共同为维护半岛和平稳定、推动通过对话谈判解决问题作出努力。[①]

3月31日 国务委员兼外交部长王毅在越南河内出席大湄公河次区域经济合作（GMS）第六次领导人会议。王毅在致辞中表示，大湄公河次区域经济合作已走过25年历程，成长为亚洲增长动能最强、合作势头最好的次区域。我们应总结经验，把握机遇，开辟次区域发展新局面。要推动更加强劲的经济增长，在挖掘增长新动能方面闯出新路，向创新要动力，向变革要效益。要构建更加开放的合作格局，不断促进贸易和投资自由化和便利化，支持多边贸易体制，推动经济全球化朝着开放、包容、普惠、平衡、共赢的方向发展。要打造更加联动的互联互通网络，重点推进重大项目建设，充分释放互联互通振兴经济、改善民生的潜力。要深化更加紧密的伙伴关系，坚持相互尊重、平等相待，包容互信，在合作中谋求双赢、共赢，走共同发展、共同繁荣的道路。王毅表示，根据中共十九大作出的部署，新时代的中国将全力追求高质量发展，进一步深化改革开放，不断深化同周边国家互利合作。次区域国家是“一带一路”建设的天然伙伴，也是首要受益对象。我们将推动次区域合作与“一带一路”倡议对接，实现协同联动发展。我们要把政策对接做实，把经济走廊走活，把经贸纽带拉紧，把民心相通做深，打造更为紧密的次区域命运共同体，开辟次区域发展更加光明的未来。[②]

日本文部科学省30日公布了修订后的高中“学习指导纲要”，要求在高中教育中加入钓鱼岛是日本“固有领土”、不存在领土争议等内容。外交部发言人陆慷表示，中方已就日本高中“学习指导纲要”涉钓鱼岛问题向日方提出严正交涉，要求日方切实正视历史和现实，以正确历史观教育年轻一代，停止在有关问题上制造事端。陆慷说，钓鱼岛及其附属岛屿自古以来就是中国固有领土，中方坚决捍卫领土主权，任何企图染指中国钓鱼岛主权的言行都是徒劳的。[③]

---

① 王婧嫱、陆睿：《习近平特别代表杨洁篪会见韩国总统》，《解放军报》2018年3月29日，第3版。

② 刘刚：《王毅出席大湄公河次区域经济合作第六次领导人会议》，《人民日报》2018年4月1日，第3版。

③ 新华社：《就日本高中“学习指导纲要”涉钓鱼岛问题外交部发言人答记者问》，《解放军报》2018年4月1日，第4版。

4月3日　国务院副总理胡春华在中南海紫光阁会见了吉尔吉斯斯坦第一副总理沙季耶夫一行。双方就深化双边关系和经贸合作、共建“一带一路”、扩大产能与投资合作、加强上海合作组织框架内合作等问题深入交换了意见。[①]

国务委员兼外交部长王毅会见正在北京过境的朝鲜外相李勇浩。王毅表示，金正恩委员长日前成功访华，习近平总书记同金正恩委员长就发展中朝关系和推进半岛核问题的和平解决达成重要共识。两国外交部门应加强各层级交流，尽快将两国最高领导人北京会晤的成果落到实处。王毅表示，中方赞赏朝方致力于半岛无核化立场以及为缓和半岛形势所作的努力，支持朝韩、朝美首脑举行会晤。中方将继续劝和促谈，为推动实现半岛无核化目标、建立半岛和平机制作出积极努力。李勇浩表示，朝方将就半岛相关问题与中方保持密切战略沟通。[②]

4月4日　国务院副总理孙春兰在中南海紫光阁会见泰国公主诗琳通。孙春兰表示，中泰一家亲，两国关系发展顺利，这同泰国王室的关心和推动密不可分。诗琳通公主殿下长期致力于促进中泰友好和务实合作，是名副其实的中泰友好使者。中方高度重视发展对泰关系，愿同泰方共同努力，深化传统友谊，加强“一带一路”合作，推动两国关系取得更大发展。诗琳通高度评价中国发展成就，表示泰方高度重视发展同中国的友好合作关系，她愿继续为两国关系和各领域合作的不断发展贡献力量。[③]

4月6日　针对美方发布的或再对1000亿美元中国商品加征关税，商务部发言人高峰发表谈话指出，对美方声明我们将听其言观其行。如果美方不顾中方和国际社会反对，坚持搞单边主义和贸易保护主义行径，中方将奉陪到底，必定予以坚决回击，必定采取新的综合应对措施，不惜付出任何代价，坚决捍卫国家和人民的利益。高峰说，这次中美经贸冲突，是美方一手挑起，本质上是美单边主义对全球多边主义、美保护主义对全球自由贸易的挑衅。中方将继

---

① 新华社:《胡春华会见吉尔吉斯斯坦第一副总理沙季耶夫》,《人民日报》2018年4月4日，第3版。

② 新华社:《王毅会见朝鲜外相李勇浩》,《人民日报》2018年4月4日，第3版。

③ 崔文毅:《孙春兰会见泰国公主诗琳通》,《光明日报》2018年4月5日，第2版。

续扩大改革开放，维护多边贸易体制，推动全球贸易投资自由化和便利化。①

4月8日 国务院总理李克强在京同来华进行工作访问的新加坡总理李显龙举行会谈。李克强表示，当前中新关系持续稳步发展，各领域合作深度和广度不断拓展。中方愿同新方进一步夯实政治互信，加强在国际和地区事务中的协调配合，推动双方关系和务实合作再深入、上台阶。李克强指出，中新要发挥互补优势，深挖合作潜力，引领双边务实合作向更高层次、更高质量发展。中方愿将“一带一路”倡议同新方发展战略对接，共同推进“南向通道”建设，巩固现有合作机制，深化基础设施、互联互通、金融等重大项目和重点领域合作，拓展第三方市场合作，推进防务与执法安全合作，扩大教育、媒体、智库等领域交流，便利人员往来，给两国人民带来更多实实在在的利益。李克强强调，今年是中国改革开放40周年，也是东盟第二个50年的起步之年和中国—东盟建立战略伙伴关系15周年。展望未来，中国将继续深化改革、扩大开放，维护以世界贸易组织规则为基础的全球自由贸易体系，促进贸易和投资自由化便利化，以自身发展惠及周边，同包括新加坡在内的东盟国家共同建设利益共同体和命运共同体。希望新加坡作为东盟轮值主席国和中国—东盟关系协调国，继续为促进中国—东盟关系发挥建设性作用，共同反对各种形式的保护主义，推进区域合作，为实现地区和平稳定繁荣贡献力量。李显龙表示，新中关系友好，双边交往密切，经贸合作成果丰硕，人员往来频繁。新方愿加强同中国“一带一路”等发展倡议对接，促进互联互通，加强第三方市场合作，共同促进区域发展。作为东盟轮值主席国，新方愿发挥建设性作用，积极推进新中双边关系以及东盟—中国关系取得新进展。贸易是新加坡立国之本，新方将继续支持多边贸易体制，支持以规则为基础的国际秩序。双方还就共同关心的国际和地区问题交换了意见。会谈后，两国总理共同见证了第三方市场合作、人文等领域双边合作文件的签署。②

4月9日 国务院总理李克强在京会见日本国际贸易促进协会会长河野洋平及该会代表团成员。李克强表示，近一段时间，中日关系总体保持改善向好势头，两国之间有不少积极互动，但也仍然存在一些挑战。要珍惜出现的好的

① 王珂:《中方必定坚决予以大力度回击》,《人民日报》2018年4月7日，第2版。

② 杜一菲:《中国将坚定不移推进改革开放，愿同东盟建设利益和命运共同体》,《人民日报》2018年4月9日，第1版。

势头，保持远见和定力，为双边高层交往以及两国关系重回健康轨道营造有利氛围。李克强指出，今年适逢中日和平友好条约缔结40周年，希望日方同中方相向而行，遵循中日四个政治文件的原则，以史为鉴，面向未来，重温条约精神，维护两国关系的政治基础，着眼两国人民的利益和福祉，推动中日关系持续改善并朝着正确方向发展。李克强强调，在当前国际形势复杂变化背景下，中国倡导多边主义，支持维护多边贸易体系、促进贸易和投资自由化便利化。中国将持续推进改革，对外开放的大门会越开越大。我们将办好自己的事，努力保持中国经济当前稳中向好的势头。欢迎包括日本在内的外国企业来华投资，共创发展机遇，实现互利双赢。河野洋平表示，今年是日中和平友好条约签署40周年，也是中国改革开放40周年，具有非常重要的意义。日本工商企业界欢迎日中关系持续改善，愿为两国友好作出积极贡献，期待李克强总理正式访问日本并出席日中韩领导人会议。①

国防部新闻发言人吴谦就美国务院公告对台潜艇“营销核准证”回答了记者提问。吴谦说，中方坚决反对美国售台武器的立场是明确的、一贯的。台湾是中国的一部分。一个中国原则是中美关系的政治基础。中方要求美方恪守一个中国政策和中美三个联合公报规定，停止一切形式的美台军事联系，停止一切形式的对台售武。中国军队有能力、有决心挫败一切分裂祖国的企图，将采取一切必要措施坚定捍卫国家主权安全和领土完整。②

4月10日　博鳌亚洲论坛2018年年会在海南省博鳌开幕。国家主席习近平出席开幕式并发表题为《开放共创繁荣 创新引领未来》的主旨演讲，强调各国要顺应时代潮流，坚持开放共赢，勇于变革创新，向着构建人类命运共同体的目标不断迈进；中国将坚持改革开放不动摇，继续推出扩大开放新的重大举措，同亚洲和世界各国一道，共创亚洲和世界的美好未来。习近平指出，博鳌亚洲论坛成立以来，为凝聚亚洲共识、促进各方合作、推进经济全球化、推动构建人类命运共同体作出积极贡献。本届年会以“开放创新的亚洲，繁荣发展的世界”为主题，顺应时代潮流，符合各方期待。习近平宣布，中国决定在扩大开放方面采取一系列新的重大举措。

① 李伟红:《李克强会见日本客人》,《人民日报》2018年4月10日，第2版。

② 《就美国国务院公告对台潜艇“营销核准证”国防部新闻发言人答记者问》,《解放军报》2018年4月10日，第2版。

第一，大幅度放宽市场准入。确保放宽银行、证券、保险行业外资股比限制的重大措施落地，同时加大开放力度，加快保险行业开放进程，放宽外资金融机构设立限制，扩大外资金融机构在华业务范围，拓宽中外金融市场合作领域。尽快放宽汽车行业等制造业外资股比限制。

第二，创造更有吸引力的投资环境。加强同国际经贸规则对接，增强透明度，强化产权保护，坚持依法办事，鼓励竞争、反对垄断。今年上半年将完成修订外商投资负面清单工作，全面落实准入前国民待遇加负面清单管理制度。

第三，加强知识产权保护。重新组建国家知识产权局，完善执法力量，加大执法力度，把违法成本显著提上去。保护在华外资企业合法知识产权，希望外国政府加强对中国知识产权的保护。

第四，主动扩大进口。中国不以追求贸易顺差为目标，真诚希望扩大进口，促进经常项目收支平衡。今年将相当幅度降低汽车进口关税，同时降低部分其他产品进口关税，加快加入世界贸易组织《政府采购协定》进程。希望发达国家对正常合理的高技术产品贸易停止人为设限，放宽对华高技术产品出口管制。欢迎各国朋友来华参加11月在上海举办的首届中国国际进口博览会。

习近平强调，共建“一带一路”倡议源于中国，但机会和成果属于世界。只要各方秉持和遵循共商共建共享原则，就一定能把“一带一路”打造成为顺应经济全球化潮流的最广泛国际合作平台。让我们坚持开放共赢，勇于变革创新，向着构建人类命运共同体的目标不断迈进，共创亚洲和世界的美好未来。①

国家主席习近平在海南省博鳌国宾馆会见菲律宾总统杜特尔特。习近平指出，杜特尔特总统就任以来，中菲关系翻开新篇章。中方愿同菲方一道，坚持睦邻友好的大方向，确立共同发展的大目标，发扬妥处分歧的大智慧，确保中菲关系始终沿着正确方向健康稳定发展。习近平强调，中国对菲律宾睦邻友好政策是坚定的，支持菲律宾发展的意愿是真诚的。中方支持菲律宾政府积极探索适合本国国情的发展道路。习近平指出，中菲关系过去两年从“转圜”到“巩固”，连上了两个台阶，今年的任务应该是“提升”。为此，两国领导人要

---

① 刘华等:《习近平出席亚洲博鳌论坛2018年年会并发表主旨演讲》,《解放军报》2018年4月11日，第1版。

密切沟通，对中菲关系加强战略引领和顶层设计。要加大两国发展战略对接，推进“一带一路”框架内和各领域互利合作。要深化安全合作，中方支持菲方推进反恐和“扫毒灭罪”行动。双方新闻主管部门和媒体要加强交流，充分调动民间力量参与中菲友好事业，扩大人文交流，夯实民意基础。我们要继续妥善处理好南海问题，适时探讨联合勘探、共同开发合作，使南海成为合作之海、友谊之海。习近平强调，中方始终将东盟作为周边外交优先方向，今年是中国和东盟建立战略伙伴关系15周年和中国—东盟创新年，菲律宾将接任中国—东盟关系协调国，中方愿同菲方密切沟通和配合，推动中国—东盟关系和东亚区域合作不断发展。杜特尔特表示，当前菲中关系保持良好发展势头。菲律宾感谢中国对菲经济社会发展、提高反恐维稳能力给予的帮助和支持。菲方愿积极参与共建21世纪海上丝绸之路，密切同中方在经贸、渔业、旅游、教育、基础设施、执法、安全等领域合作。菲方愿同中方一道努力，通过双边沟通协商，继续保持南海和平稳定，使南海成为菲中两国间一个合作领域。菲将接任中国—东盟关系协调国，愿积极促进深化东盟同中国的合作。会见后，两国元首共同见证了合作文件的签署。①

4月12日　国务院总理李克强在京会见印度尼西亚总统佐科特使、海洋统筹部长卢胡特。李克强表示，中国和印尼隔海相望，拥有广泛共同利益。今年适逢两国建立全面战略伙伴关系5周年，中方愿同印尼密切高层往来，加强“一带一路”倡议同印尼发展战略对接，发挥双方经济互补优势，推进基础设施、投资、产能等领域合作，使中国同印尼关系的发展不仅造福两国人民，而且有利于促进地区的和平、稳定与繁荣。卢胡特表示，我此次作为佐科总统特使访华，目的是推进中方“一带一路”同印尼“区域综合经济走廊”等的战略对接，深化双方务实合作，实现互利共赢。欢迎李克强总理访问印尼，进一步推动两国关系与合作持续健康向前发展。②

4月13日　中共中央政治局委员、中央外事工作委员会办公室主任杨洁篪在上海同印度国家安全顾问多瓦尔举行会谈。双方一致认为，去年9月习近平主席和莫迪总理厦门会晤后两国关系又取得新的进展。全面深入推进中印关

① 侯丽君、李军红：《习近平会见菲律宾总统杜特尔特》，《解放军报》2018年4月11日，第1版。

② 崔文毅：《李克强会见印度尼西亚客人》，《光明日报》2018年4月13日，第3版。

系，是两国人民的期待，符合双方根本利益，也有利于亚洲和世界的稳定、发展和繁荣。双方要继续按照两国领导人达成的共识精神，牢牢把握双边关系正确方向，更多积累正能量，拓展新合作，开创两国关系美好未来。①

国务委员兼外交部长王毅在京与到访的巴布亚新几内亚外长帕托举行会谈。王毅说，中国支持巴新办好今年亚太经合组织（APEC）领导人非正式会议，愿同巴新加强APEC框架下的协调合作。习近平主席11月将赴巴新出席APEC领导人非正式会议，双方应以此为契机，加快推进各领域交流，深化“一带一路”框架下合作，共同维护多边贸易体制，推动两国战略伙伴关系迈入新时代。帕托表示，巴新人民热切期待习近平主席今年11月赴巴新出席APEC领导人非正式会议，愿同中国一道加快共建“一带一路”，积极推进各领域交流与务实合作，使之成为太平洋岛国地区“一带一路”建设的样板。②

4月15日 朝鲜劳动党委员长、国务委员会委员长金正恩在劳动党中央委员会总部会见了中共中央对外联络部部长、中国艺术团团长宋涛。金正恩首先转达他对习近平总书记的亲切问候和良好祝愿，热烈欢迎宋涛率中国艺术团来朝鲜参加“四月之春”国际友谊艺术节。宋涛向金正恩转达了习近平总书记的亲切问候和良好祝愿。宋涛表示，习近平总书记同金正恩委员长在北京实现历史性会晤，达成重要共识，掀开了中朝关系的新篇章。双方就加强中朝两党两国交流合作和共同关心的国际和地区问题交换了意见。金正恩表示，我访华期间亲眼看到中国取得的令人惊叹的发展成就，为兄弟的中国人民感到由衷的高兴，希望学习借鉴中国共产党的经验，全面加强两党两国各个领域的交流合作。宋涛表示，维护好、巩固好、发展好中朝关系是中国党和政府坚定不移的方针。我们愿与朝方一道，贯彻落实好两党最高领导人的重要共识，共同为推动新时期中朝关系不断发展、增进两国人民福祉、维护半岛和平稳定作出贡献。③

4月16日 日本首相安倍晋三在东京会见国务委员兼外交部长王毅。王毅表示，中日互为重要邻国。近年来两国关系历经波折，各领域交流合作受到影

① 徐晓青:《杨洁篪同印度国家安全顾问进行会谈》,《人民日报》2018年4月14日，第4版。

② 伍岳:《王毅与巴新外长举行会谈》,《人民日报》2018年4月14日，第4版。

③ 新华社:《金正恩会见中联部部长、中国艺术团团长宋涛》,《解放军报》2018年4月16日，第4版。

响。首相先生去年以来多次就改善中日关系发出积极信息，中方对此予以重视。希望在双方共同努力下，此次应邀访日能够成为两国关系重回正常轨道的重要一步。中日关系改善势头来之不易，值得珍惜。只要把中日关系改善好、稳定住，双方就可以开展更密切的交往和更广泛的合作，这符合两国人民和地区各国的共同利益。为此，要严格遵循中日四个政治文件确定的各项原则，妥善处理涉及两国关系政治基础的敏感问题，把互为合作伙伴、互不构成威胁的共识落到实处，并使之成为日本社会各界的共识。要挖掘经贸合作新动能，实现中日经贸关系在新起点上提质升级。中方重视首相先生就"一带一路"建设作出的积极表态，日方参与共建"一带一路"将为中日经济合作开辟新的空间。我们愿同日方探讨参与的适当方式和具体途径。双方要加强沟通协调，反对保护主义，维护以世界贸易组织为核心的全球自由贸易体系，构建开放型世界经济。安倍晋三表示，日方高度重视对华关系，愿以日中和平友好条约缔结40周年为契机推动两国关系全面改善，实现高层交往，在战略互惠关系框架下开展更广泛的合作。日方高度关注习近平主席在博鳌亚洲论坛2018年年会开幕式上宣布的中国扩大开放新举措，相信将有利于促进日中经济关系。我十分期待并欢迎李克强总理赴日本出席中日韩领导人会议并正式访问日本。期待"一带一路"建设能够有利于地区经济的恢复和发展。日本同样重视世界贸易组织规则，主张按世贸组织规则处理经贸问题。双方就朝鲜半岛形势等地区问题交换了看法。王毅15日至17日应邀访问日本并同日本外相河野太郎共同主持第四次中日经济高层对话。访日期间，王毅还会见了日本内阁官房长官菅义伟，同外相河野太郎举行会谈，并会见自民党干事长二阶俊博等政要及日中友好七团体和日本经团联负责人。[①]

4月17日　国家副主席王岐山在京会见越共中央政治局委员、中央书记处书记、中央经济部部长阮文平率领的越南共产党代表团。王岐山表示，中国特色社会主义进入新时代，必须坚持党的领导，坚定不移贯彻创新、协调、绿色、开放、共享的新发展理念，统筹处理好生存与发展、效率与公平的关系，实现经济由高速增长转向高质量发展，这符合最广大人民的根本利益。中越是山水相连的社会主义邻邦，是具有战略意义的命运共同体，双方合作潜力巨

① 刘国军:《日本首相安倍晋三会见王毅》,《人民日报》2018年4月17日，第3版。

大。要落实好两国领导人达成的重要共识，营造良好环境，有效对接“一带一路”和“两廊一圈”，使中越全面战略合作伙伴关系不断取得新进步。阮文平表示，中国改革开放取得巨大成就，为越南提供了有益借鉴，愿继续深化双方各领域务实合作。[①]

外交部发言人华春莹表示，当前中美经贸摩擦的本质是多边主义同单边主义、全球自由贸易同贸易保护主义的斗争。她说，正如习近平主席16日在会见世界经济论坛主席施瓦布时所指出的，现在世界上的问题这么多，挑战这么多，还是要通过平等协商，加强多边合作来应对。历史一再证明，封闭最终只能走进死胡同，只有开放合作，道路才能越走越宽。大国在这方面承担着重要而特殊的责任。中国作为负责任的大国，愿同国际社会一道，在开放中合作、以合作求共赢，为给世界带来光明、稳定、美好的前景发挥积极作用，作出更多建设性贡献。最近在第四次中日经济高层对话和第五次中印战略经济对话期间，日本和印度方面都表示支持基于规则的多边贸易体制，要维护以世贸组织为核心的全球自由贸易体制。许多外国领导人和国际组织负责人也表达了类似的观点。华春莹说，连日来，国际社会多方纷纷呼吁美方尊重世贸组织，遵守多边规则。美国内也有越来越多的人，包括107家商贸协会联名反对美方这种损人害己的行为。如果美方任性妄为，继续逆潮流而动，我们必将严阵以待，毅然亮剑，打赢这场多边主义和自由贸易的保卫战。这不仅是为了维护中方正当合法权益，也是为了维护世界多边贸易体制和规则。[②]

美国商务部于美东时间16日发布公告称，美国政府禁止中兴通讯向美国企业购买敏感产品，声称中兴通讯曾向美国官员作虚假陈述。商务部新闻发言人表示，中方一贯要求中国企业在海外经营过程中，遵守东道国的法律政策，合法合规开展经营。中兴公司与数百家美国企业开展了广泛的贸易投资合作，为美国贡献了数以万计的就业岗位。希望美方依法依规，妥善处理，并为企业创造公正、公平、稳定的法律和政策环境。商务部新闻发言人表示，商务部将密切关注事态进展，随时准备采取必要措施，维护中国企业的合法权益。[③]

① 李伟红：《王岐山会见越南共产党代表团》，《人民日报》2018年4月18日，第1版。

② 闫子敏：《如美方恣意妄为 中方必然依然亮剑》，《人民日报》2018年4月18日，第3版。

③ 王珂：《随时准备采取必要措施维护中方合法权益》，《人民日报》2018年4月18日，第3版。

4月18日　国务委员兼国防部长魏凤和今天在京会见巴基斯坦海军参谋长阿巴西。魏凤和说，在以习近平同志为核心的党中央坚强领导下，中国人民正在为实现中国梦而努力奋斗。在习近平强军思想指引下，中国人民解放军将努力建设世界一流军队，坚决捍卫国家主权、安全、发展利益，为维护世界和地区和平作出积极贡献。魏凤和说，中巴两国是好邻居、好朋友、好伙伴、好兄弟，在两国元首的正确指引下，中巴全天候战略合作伙伴关系健康发展。中方愿与巴方一道，着眼构建人类命运共同体，巩固全天候友谊，深化两军各领域务实合作，为共建"一带一路"提供有力安全保障。阿巴西对中国军队建设取得的举世瞩目的成就表示祝贺。他说，巴方高度珍视巴中传统友谊，愿与中方不断深化两军在高层交往、实战化训练、装备技术等领域的交流合作，推动两国两军关系不断深入发展。[①]

4月19日　在回应关于"美国对华1000亿美元商品征税清单"的提问时，商务部新闻发言人高峰表示，希望美方不要错判形势。中国改革开放前进的脚步是坚定的，反对单边主义和贸易保护主义的决心和信心也是坚定的。贸易战不仅保护不了美国工人的利益，还会损害美国普通消费者的利益，更会损害全球各经济体共同发展的利益。我们不希望中美贸易摩擦升级。但是我们也说过，中方已经做好应对各种可能的准备。如果美方坚持在错误的道路上走下去，我们将奉陪到底，坚决予以回击。[②]

中共中央政治局委员、中央政法委书记郭声琨在京会见了阿富汗总统国家安全顾问阿特马尔。郭声琨说，习近平主席倡导构建人类命运共同体，开启了中国同世界交融发展的新篇章，为中阿关系发展开辟了更广阔的前景。中方将继续为阿富汗和平重建与和解进程发挥建设性作用。希望双方按照两国元首作出的战略规划，不断深化反恐、禁毒、边境安全等合作，共同维护两国安全、发展利益，促进地区和平稳定。阿特马尔表示，愿同中方持续提升合作水平。[③]

4月20日　中共中央对外联络部部长宋涛20日在北京会见了缅甸前总统、

① 《魏凤和会见巴基斯坦海军参谋长》,《解放军报》2018年4月19日，第1版。

② 王珂:《希望美方不要低估中方的决心》,《人民日报》2018年4月20日，第3版。

③ 王卓伦:《郭声琨会见阿富汗总统国家安全顾问》,《人民日报》2018年4月21日，第3版。

巩发党名誉主席吴登盛。[①]

4月21日 据朝中社报道，20日召开的朝鲜劳动党第七届中央委员会第三次全体会议决定，从2018年4月21日起朝鲜将中止核试验与洲际弹道导弹发射试验。中国外交部发言人陆慷就朝鲜决定停止核导试验，全力发展经济发表谈话。陆慷说，朝鲜劳动党七届三中全会作出决定，停止核和导弹试验，集中力量发展经济，提高人民生活水平，中方对此表示欢迎。中方认为，朝方有关决定有助于进一步缓和半岛局势，有助于推动半岛无核化和半岛问题政治解决进程。实现半岛无核化和本地区持久和平，符合半岛及本地区人民的共同利益，也是国际社会的共同期待。我们祝愿朝鲜在发展经济，提高人民生活水平的道路上不断取得成果，支持朝方通过对话协商同有关各方解决各自关切，改善相互关系。陆慷表示，希望有关各方相向而行，采取切实行动，为实现本地区的持久和平和共同发展作出应有努力。中方将继续为此发挥积极作用。[②]

4月22日 国务委员兼外交部长王毅在北京与印度外长斯瓦拉吉举行会谈。王毅表示，今年以来，在两国领导人关心引领下，中印关系保持积极发展势头。习近平主席即将与莫迪总理举行非正式会晤。双方要抓紧筹备，确保会晤取得圆满成功，并以此为契机，增进战略互信，深化务实合作，妥善处理分歧，实现共同发展，为促进地区和世界的和平发展作出贡献。斯瓦拉吉表示，印方愿与中方一道，推动会晤深化领导人友谊，增进两国互信，将印中战略合作伙伴关系提升到新的高度。双方还就当前国际和地区形势交换了看法。[③]

国务委员兼外交部长王毅在京会见缅甸前总统吴登盛。王毅表示，在中缅领导人共同推动下，两国全面战略合作取得长足发展。中方愿同缅方合作推进中缅经济走廊建设，抓好重大项目落实，为缅甸经济发展注入新动力。中方乐见缅国内和平与和解进程不断取得进展，愿根据缅方意愿，继续发挥劝和促谈建设性作用。吴登盛表示，真诚感谢中方长期以来为缅推进国内和平进程、促进经济社会发展提供的帮助，期待缅中全面战略合作迈向更高水平。[④]

---

① 新华社：《宋涛会见缅甸前总统吴登盛》，《 人民日报 》2018年4月21日，第3版。

② 新华社：《朝鲜宣布终止核试验与洲际导弹发射试验》，《人民日报》2018年4月22日，第3版。

③ 张惠中：《王毅与印度外长斯瓦拉吉举行会谈》，《人民日报》2018年4月23日，第3版。

④ 郑明达：《王毅会见缅甸前总统登盛》，《人民日报》2018年4月23日，第3版。

4月23日　国家主席习近平在人民大会堂集体会见来华出席上海合作组织成员国外长理事会会议的俄罗斯外长拉夫罗夫、印度外长斯瓦拉吉、哈萨克斯坦外长阿布德拉赫曼诺夫、吉尔吉斯斯坦外长阿布德尔达耶夫、巴基斯坦外长阿西夫、塔吉克斯坦外长阿斯洛夫、乌兹别克斯坦外长卡米洛夫、上海合作组织秘书长阿利莫夫、上海合作组织地区反恐怖机构执委会主任瑟索耶夫。习近平指出，上海合作组织成立近17年来，走过了不平凡的发展历程，成为具有广泛影响的综合性区域组织。成员国全面推进各领域合作，在国际和地区事务中积极发挥建设性作用，树立了相互尊重、公平正义、合作共赢的新型国际关系典范。当前，上海合作组织政治、经济、安全、人文、对外交往、机制建设六大领域合作稳步推进，整体合作水平不断提升。习近平强调，中方一贯将推动上海合作组织发展作为外交优先方向之一。新形势下，我们一要不忘初心，坚定弘扬“上海精神”；二要发挥优势，充分释放扩员潜力；三要开拓进取，锐意推进全面合作。中方愿同各成员国一道，政治上继续相互支持，贡献“上合智慧”和“上合方案”；安全上维护地区安全稳定，提升协调水平和行动能力；经济上深化“一带一路”合作，逐步建立区域经济合作制度性安排；扩大人员往来和人文交流，促进民心相通。[①]

4月24日　国家副主席王岐山在中南海会见巴基斯坦外长阿西夫。王岐山表示，习近平新时代中国特色社会主义思想是中国党和国家发展的指导思想，我们将统筹推进“五位一体”总体布局，坚定“四个自信”，保持冷静清醒，实现建设社会主义现代化国家的宏伟蓝图。构建人类命运共同体符合时代潮流，巴基斯坦是中国全天候战略合作伙伴，中巴关系应走在建设人类命运共同体前列。中方将继续将巴基斯坦作为周边外交的优先方向，推动两国关系发展到新高度。阿西夫表示，巴方很高兴看到中国在习近平主席英明领导下取得历史性成就。愿继续深化巴中各领域合作，在涉及中方核心利益问题上坚定支持中国。[②]

上海合作组织成员国第十五次国防部长会议今天在北京举行，国务委员兼国防部长魏凤和主持会议并作主旨发言。上合组织成员国俄罗斯、印度、哈

① 白洁:《习近平集体会见上海合作组织成员国外长理事会会议外方代表团团长》,《光明日报》2018年4月24日，第1版。

② 李伟红:《王岐山会见巴基斯坦外长阿西夫》,《人民日报》2018年4月25日，第1版。

萨克斯坦、吉尔吉斯斯坦、巴基斯坦、塔吉克斯坦、乌兹别克斯坦防务部门和军队领导人，上海合作组织秘书处和地区反恐怖机构执行委员会代表参加会议。白俄罗斯国防部长作为特邀嘉宾列席会议。魏凤和在主旨发言中说，习近平主席和各国元首高度重视上合组织防务安全领域合作，达成一系列重要共识，推动一系列重要合作，引领上合组织成为维护世界和地区和平稳定的重要力量。此次会议的主题是，构建命运共同体，创新合作谋发展。我们要认真落实各国元首达成的共识，不断提升防务安全合作水平。魏凤和指出，构建人类命运共同体的理念大道至简，是中国着眼解决人类发展问题、改善全球治理环境贡献的中国智慧、中国方案。前不久，习近平主席在博鳌亚洲论坛上，再次倡导各国人民要努力构建人类命运共同体，共创和平、安宁、繁荣、开放、美丽的亚洲和世界。这一倡议与建立上合组织的宗旨高度契合，作为当今世界上最大的综合性地区组织，我们在防务安全合作领域，一定要树立平等相待、守望相助、休戚与共、安危共担的命运共同体理念，努力打造共建共享的安全格局。站在新的历史起点上，我们要继续秉持“上海精神”，加强在高层交往、联合演习、军事文化、教育训练等方面的务实合作，特别是要在打击恐怖主义上建立统一战线，共同维护地区和世界和平安宁。会上，各国国防部长总结了2017年国防部长会议以来合作取得的成果，分别就国际和地区安全形势、加强上合组织防务安全合作等问题发言，强调在当前国际形势发生复杂变化的背景下，上合组织成员国防务部门和军队应进一步加强合作，并肩携手共同应对面临的威胁和挑战。各国国防部长还共同签署会议纪要、联合公报。乌兹别克斯坦国防部长签署《上海合作组织成员国国防部合作协定》。会上，颁发了上合组织成员国国防部“加强友谊与合作”奖章。①

中共中央政治局委员、中宣部部长黄坤明在北京会见由老挝人革党中央委员、中联部部长顺通率领的老挝人革党代表团。黄坤明说，中老是具有战略意义的命运共同体。习近平总书记和本扬总书记的高度重视和战略引领，为新时期中老关系发展指明了方向、规划了蓝图。中方愿同老方共同努力，加强两党两国交流合作，推动中老全面战略合作伙伴关系深入发展。顺通说，在以习近平同志为核心的中共中央坚强领导下，中国取得了举世瞩目的发展成就，老挝

① 欧阳浩:《上海合作组织国防部长会议在京举行》,《解放军报》2018年4月25日，第1版。

人革党愿深入学习借鉴中共执政经验，推动两党两国各领域务实合作。[①]

4月25日 国务委员兼国防部长魏凤和在八一大楼会见了来访的柬埔寨王家军副总司令兼陆军司令密索皮。魏凤和说，中柬是亲密近邻，由两国老一辈领导人共同缔造和精心培育的中柬友谊历久弥坚。习近平主席和洪森首相多次会见，达成许多重要共识，推动中柬关系高水平发展。今年是中柬建交60周年，我们愿与柬方共同努力，继续打造中柬具有战略意义的命运共同体，更好造福两国人民。中国军队愿与柬埔寨军队一道，全面落实两国元首重要共识，保持战略沟通，深化务实合作，推动两军关系深入发展。密索皮说，感谢中方长期以来对柬埔寨军队建设给予的大力支持。柬方高度珍视柬中友好关系，愿与中方加强团结协作，增进两国陆军各领域务实交流合作，推动两国两军关系不断迈向前进。陆军副司令员周松和等参加会见。[②]

4月25日 国务委员兼外交部长王毅在京与吉尔吉斯斯坦外长阿布德尔达耶夫举行会谈。王毅表示，中方一贯尊重吉方选择符合自身国情的发展道路，坚定支持吉新政府带领人民加快国家发展建设。中方愿在“一带一路”框架下，与吉方加强发展战略对接，扩大各领域合作，推动两国关系迈上新台阶。中方支持吉方在青岛峰会后接任上合组织轮值主席，愿配合吉方办好2019年峰会。阿布德尔达耶夫表示，吉方将全力配合中方，确保上合组织青岛峰会取得圆满成功。[③]

4月27—28日 中国国家主席习近平同印度总理莫迪在中国湖北省武汉市举行非正式会晤。两位领导人在友好气氛中，就国际格局和双边关系中的全局性、长期性、战略性问题以及各自国家发展愿景和内外政策深入交换意见，达成广泛共识。双方认为，世界格局正经历深刻演变，国际力量对比更趋平衡，和平发展大势不可逆转，同时世界面临的不稳定性和不确定性突出。中国和印度都是文明古国、最大的发展中国家、10亿以上人口级别的新兴经济体和具有战略自主性的重要国家。两国保持和平、稳定和平衡的关系，是世界稳定的重要积极因素。两国要共同致力促进大国关系稳定和均衡发展，打造稳定、发

---

① 《黄明坤会见老挝人民革命党代表团》，《人民日报》2018年4月25日，第3版。

② 欧阳浩：《魏凤和会见柬埔寨客人》，《解放军报》2018年4月26日，第1版。

③ 张惠中：《王毅与吉尔吉斯斯坦外长阿布德尔达耶夫举行会谈》，《人民日报》2018年4月26日，第3版。

展、繁荣的21世纪亚洲，促进东方文明复兴，为世界和平与发展做作积极贡献。双方认为，中印是邻居、是朋友、是伙伴。中印各自的发展壮大是历史必然，大势所趋，对对方是重要机遇。中印都奉行独立自主、和平发展的政策。双方同意，中印要不断增进互信，发扬共同倡导和平共处五项原则的优良传统，走出一条符合时代要求的两个伟大邻邦友好合作的大道。双方同意，中印要推进全方位合作，以平等互利和可持续的方式构建更加紧密的发展伙伴关系，支持各自国家现代化进程。在两国领导人引领下，加强政治、安全等领域对话，及时就双方关心的重大问题充分沟通，增进理解，扩大共识，把握中印关系发展的正确方向。充分挖掘经贸、投资合作潜力，推出新的合作目标，调动积极因素，创新合作模式，实现互利共赢。依托中印两大东方文明的深厚底蕴，利用两国26亿人口的雄厚资源，释放两大新兴经济体的蓬勃活力，大力促进人员往来，形成中印文化交流新高潮。为此，双方同意建立某种形式的高级别人文交流机制。双方同意，中印要妥善处理和管控分歧，在尊重彼此关切和愿望的基础上，以成熟和智慧的方式、通过和平协商处理分歧问题。要通过两国边界问题特别代表会晤机制，寻求公平合理以及双方都能接受的边界问题解决方案。两国军队将加强信任措施建设和边防交往合作，保持边境地区和平与安宁。双方同意，中印要推动更积极的国际和区域合作。共同应对流行性疾病、自然灾害、气候变化、恐怖主义等全球性挑战，提供创新性和可持续的解决方案。发挥中印两个亚洲大国的政治影响力和经济驱动力，带动地区经济发展。共同推进国际关系民主化，提高发展中国家和新兴市场国家的代表性和发言权，支持多边贸易体制，反对保护主义，推进开放、包容、普惠、平衡、共赢的经济全球化。双方同意，将指示两国相关部门就落实上述共识进行研究，提出具体的规划和实施步骤，以此次非正式会晤为契机，打开中印关系新局面。双方同意，两国领导人将以不同形式继续保持战略沟通。①

5月2日　亚洲基础设施投资银行在北京宣布其理事会已批准2个意向成员加入，成员总数增至86个。这一轮包括域内成员巴布亚新几内亚和域外成员肯尼亚。据了解，这2个意向成员加入获批后，还需走完国内法定程序并将首笔资本金缴存银行后，才能成为正式成员。这些意向成员的股份将从亚投行

① 新华社：《中印领导人非正式会晤达成广泛共识》，《人民日报》2018年4月29日，第3版。

尚未分配的预留股份中获得。从2016年1月亚投行成立时有57个成员签署亚投行协议加入至今，亚投行已于2017年3月、5月、6月、12月批准了27个意向成员加入。亚投行表示，今后继续欢迎新的成员加入。[①]

5月2—3日　应朝鲜外务相李勇浩邀请，王毅访问朝鲜。访问期间，王毅同李勇浩举行了会谈。5月3日，朝鲜劳动党委员长、国务委员会委员长金正恩在党中央总部会见了正在朝鲜访问的国务委员兼外交部长王毅。王毅首先转达了习近平主席对金正恩委员长的亲切问候。王毅表示，朝方审时度势，果断决策，引导朝鲜半岛局势出现积极变化。中方支持和祝贺北南领导人成功会晤并发表划时代的《板门店宣言》。会晤为半岛问题政治解决带来了有利契机。中方支持半岛终止战争状态、实现停和机制转换，支持朝方战略重心转向经济建设，支持朝方在推进无核化进程中解决自身正当安全关切。中方愿就此同朝方保持沟通，加强协调。金正恩请王毅转达他对习近平主席的亲切问候。金正恩表示，朝中友谊是两国老一辈领导人留下的宝贵遗产，弥足珍贵。巩固和发展朝中友好合作是朝方坚定不移的战略方针。不久前我对中国进行了历史性访问，同习近平主席广泛深入交流，达成重要共识，取得丰硕成果。朝方愿同中方一道，推动朝中友好关系迈向新的更高阶段。朝方高度评价中方为朝鲜半岛和平稳定所作出的积极贡献，愿同中方加强战略沟通。金正恩说，实现半岛无核化是朝方的坚定立场。一段时间以来，半岛局势出现的积极变化是有意义的，有利于半岛问题的和平解决。朝方愿通过恢复对话，建立互信，探讨消除威胁半岛和平的根源。[②]

5月3日　全国人大常委会委员长栗战书在京会见了日本文部科学大臣林芳正率领的日中友好议员联盟代表团。栗战书表示，中日两国是一衣带水的邻邦，谁也离不开谁。两国长期交往的历史证明，互利合作符合双方根本利益，长期友好是唯一正确选择。我们牢记历史，但不是为了延续仇恨；日本也应牢记历史，汲取教训，避免重蹈历史覆辙。双方要客观理性看待彼此发展，落实好中日互为合作伙伴、互不构成威胁的政治共识，以史为鉴，面向未来，推动中日关系重回正轨。栗战书说，立法机构交流是中日关系的重要组成部分。双

---

① 郁琼源:《亚投行“朋友圈”增至86个》,《解放军报》2018年5月3日，第4版。

② 莽九晨:《朝鲜最高领导人金正恩会见王毅》,《人民日报》2018年5月4日，第3版。

方要进一步加强立法和治国经验交流，引领带动社会各界和民众客观理性看待中日关系，加强重点领域的合作，推动中日务实合作提质升级。欢迎日方参与“一带一路”建设，努力实现合作共赢。日方表示，日中两国互为邻国，日中关系对双方都是最重要的双边关系。今年是日中和平友好条约缔结40周年。日中议联愿继承优良传统，为两国关系全面改善贡献力量。[①]

最高人民法院院长周强在最高人民法院会见了越南共产党中央书记处书记、最高人民法院院长阮和平，并共同签署了《中华人民共和国最高人民法院与越南社会主义共和国最高人民法院合作协议》。[②]

5月3—4日 中共中央政治局委员、国务院副总理刘鹤与美国总统特使、财政部长姆努钦率领的美方代表团就共同关心的中美经贸问题进行了坦诚、高效、富有建设性的讨论。双方均认为发展健康稳定的中美经贸关系对两国十分重要，致力于通过对话磋商解决有关经贸问题。双方就扩大美对华出口、双边服务贸易、双向投资、保护知识产权、解决关税和非关税措施等问题充分交换了意见，在有些领域达成了一些共识。双方认识到，在一些问题上还存在较大分歧，需要继续加紧工作，取得更多进展。双方同意继续就有关问题保持密切沟通，并建立相应工作机制。[③]

5月4日 国家主席习近平应约同韩国总统文在寅通电话。习近平指出，当前，中韩关系保持良好发展态势，我同总统先生达成的各项共识正在逐步得到落实。中方高度重视中韩关系，愿同韩方加强沟通，深化务实合作，推进人文交流，使中韩关系朝着符合双方共同利益的方向稳步前进。文在寅表示，我对我同习主席达成的重要共识正逐步得到落实感到高兴。韩方致力于推动韩中战略合作伙伴关系持续发展，期待同中方密切高层交往，就朝鲜半岛形势和重大国际问题保持密切沟通。文在寅通报了近日韩朝领导人会晤成果，表示此次韩朝领导人成功会晤，就改善南北关系、推动实现朝鲜半岛无核化、建立朝鲜半岛和平机制达成广泛共识，共同发表《板门店宣言》。韩方感谢中方为促成朝鲜半岛形势积极变化发挥的重要作用，感谢中方坚定支持南北对话，以及为推动通过对话谈判解决问题所作出的重要贡献。韩方愿同中方加强协调，继

① 崔文毅:《栗战书会见日本客人》,《人民日报》2018年5月4日，第1版。

② 新华社:《周强会见越南最高人民法院院长阮和平》,《人民日报》2018年5月4日，第3版。

③ 于佳欣:《中美经贸就不分问题达成共识》,《人民日报》2018年5月5日，第3版。

续致力于通过对话谈判解决朝鲜半岛问题，为本地区和世界和平、稳定、繁荣作出贡献。习近平指出，不久前，总统先生同金正恩委员长举行了历史性会晤，在改善南北关系、缓解朝鲜半岛紧张局势、推动实现朝鲜半岛持久和平方面取得重要成果，中方对韩朝双方为此所作积极努力予以高度评价。国际社会和有关各方对此应该多支持、多鼓励。当前，地区形势正处在重要关头，朝鲜半岛和平面临历史性机遇。中方支持朝鲜半岛南北双方继续积极互动、改善关系，切实履行双方共识。中方愿同包括韩朝双方在内的国际社会一道，为全面推进朝鲜半岛问题政治解决进程、最终实现本地区持久和平发挥应有的积极作用。[①]

国家主席习近平应约同日本首相安倍晋三通电话。习近平指出，一段时期以来，日本方面在对华关系上持续释放正面信息并采取积极举措，中方对此表示肯定。今年是中日和平友好条约缔结40周年，中日关系处在承前启后的重要节点。双方要重温和平友好条约精神，恪守中日四个政治文件各项原则，落实四点原则共识，信守承诺，按规矩办事，管控好矛盾和分歧，确保中日关系重回正轨并得到新的发展。希望日方同中方一道，着眼大局和长远，作出符合两国根本利益、有利于地区发展的选择，确保两国关系始终沿着正确方向前进。安倍晋三表示，日方高度重视发展对华关系，愿以日中和平友好条约缔结40周年为契机，推动两国关系全面改善和发展。习近平应询就当前朝鲜半岛局势阐述中方看法和主张。习近平指出，不久前，朝韩领导人在板门店会晤并发表共同宣言。中方对此表示欢迎。作为朝鲜半岛近邻，中方坚持维护朝鲜半岛和平稳定、通过对话协商解决问题，愿同各方一道，通过对话协商寻求全面均衡解决各自关切，合力推动实现朝鲜半岛和本地区长治久安。希望日方也为此发挥建设性作用。安倍晋三表示，日方欢迎朝鲜半岛形势出现的积极变化，支持通过对话和平解决问题。日方高度重视中方在解决朝鲜半岛问题上的重要作用，希望同中方加强沟通。[②]

商务部新闻发言人应询答记者问时表示，在3日至4日举行的中美经贸磋商中，中方就中兴公司案与美方进行了严正交涉。美方表示，重视中方交涉，

① 新华社:《习近平应约同韩国总统文在寅通电话》,《光明日报》2018年5月5日，第1版。

② 新华社:《习近平应约同安倍晋三通电话》,《人民日报》2018年5月5日，第1版。

将向美总统报告中方立场。①

5月7日　有记者问，据共同社报道，日本首相安倍晋三和李克强总理将就海空联络机制达成协议，以避免海空意外事件。中方对此有何评论？外交部发言人耿爽说，中日双方在东海危机管控问题上的目标是一致的。建立海空联络机制有助于双方增进互信，管控分歧，维护东海和平稳定。当前两国相关部门正为启动该机制加快相关准备工作。②

5月7—8日　中共中央总书记、国家主席习近平同朝鲜劳动党委员长、国务委员会委员长金正恩在大连举行会晤，就中朝关系及共同关心的重大问题全面深入交换意见。习近平指出，委员长同志在当前朝鲜半岛局势深刻复杂演变的关键时刻，时隔40多天再次专程来华同我举行会晤，体现了委员长同志和朝党中央对中朝两党两国关系的高度重视，对两党两国战略沟通的高度重视，我予以高度评价。我同委员长同志首次会晤以来，中朝关系和朝鲜半岛形势均取得积极进展，我对此感到高兴，愿同委员长同志再次举行会晤，共同为推动中朝关系健康稳定发展、实现朝鲜半岛长治久安、促进地区和平稳定繁荣作出努力。金正恩表示，今年3月以来，朝中友谊和朝鲜半岛形势都取得了富有意义的进展，这是我同总书记同志历史性会晤的积极成果。在当前地区形势快速发展的关键时期，我再次来到中国同总书记见面并通报情况，希望同中方加强战略沟通和合作，推动朝中友谊深入发展，促进地区和平稳定。习近平强调，今年3月，我同委员长同志在北京实现了历史性首次会晤，进行了长时间深入交流，就发展新时代中朝关系达成了四方面原则共识。第一，中朝传统友谊是双方共同的宝贵财富，发展好中朝友好合作关系是双方坚定不移的方针，也是唯一正确选择。第二，中朝同为社会主义国家，双边关系具有重大战略意义，要加强团结合作、交流互鉴。第三，两党高层交往对于引领双边关系具有不可替代的重大作用，双方应保持经常往来，加强战略沟通，增加理解互信，维护共同利益。第四，夯实民间友好基础是推进中朝关系发展的重要途径，应通过多种形式，加强两国人民交流往来，为中朝关系发展营造良好民意基础。在双方共同努力下，各项共识正在得到良好的贯彻落实。一个多月时间内，我同委

① 《商务部发言人应询答记者问》，《人民日报》2018年5月5日，第3版。

② 闫子敏：《中日为启动海空联络机制加快工作》，《解放军报》2018年5月8日，第4版。

员长同志两度会晤，保持着密切沟通。我愿同委员长同志一道，继续指导双方有关部门落实好我们达成的共识，推动中朝关系不断向前发展，造福两国和两国人民，为本地区和平稳定作出积极贡献。习近平还对朝鲜发生重大交通事故造成中朝两国公民伤亡后金正恩的高度重视和真诚态度表示诚挚谢意。金正恩表示，朝中两党两国老一辈领导人同志式的相互信任和情义，是朝中传统友谊的亲密纽带和坚实根基。我同总书记同志继承这一良好传统，举行卓有成效的历史性会晤，推动朝中关系迎来了前所未有的活跃发展。相信时隔一个多月的再次会晤将加深彼此互信，推动朝中友好合作关系顺应新时代的要求，取得更为密切的全面发展。谈到朝鲜半岛形势时，习近平指出，我同委员长同志首次会晤时就此深入交换了意见，达成重要共识。近段时间，委员长同志在推动半岛对话缓和方面作出了积极努力，取得积极成果。在有关各方共同努力下，半岛对话缓和势头正不断巩固，朝着有利于推动政治解决的方向发展。中方支持朝方坚持半岛无核化，支持朝美对话协商解决半岛问题，愿继续同有关各方一道，为全面推进半岛问题和平对话解决进程、实现地区长治久安发挥积极作用。金正恩高度评价习近平总书记的远见卓识，感谢中方长期以来为实现半岛无核化、维护地区和平稳定作出的重要贡献。他表示，实现朝鲜半岛无核化是朝方始终如一的明确立场。只要有关方面消除对朝敌视政策和安全威胁，朝方没有必要拥核，无核化是可以实现的。希望通过朝美对话建立互信，有关各方负责任地采取分阶段、同步性的措施，全面推进半岛问题政治解决进程，最终实现半岛无核化和持久和平。金正恩向习近平通报了近期朝鲜国内发展和党的建设情况。习近平指出，朝鲜劳动党七届三中全会提出了全党全国集中一切力量进行社会主义经济建设的战略路线，宣布停止核试验和洲际弹道导弹试射、废弃北部核试验场，体现了委员长同志对发展经济、改善民生的高度重视和维护地区和平稳定的坚定意志。我们对此表示赞赏，支持朝方战略重心转向经济建设，支持朝鲜同志走符合本国国情的发展道路。[①]

5月8日　国家主席习近平应约同美国总统特朗普通电话。习近平指出，当前，中美关系发展处在一个重要阶段。我高度重视发展两国关系，珍视同总

① 李忠发：《习近平同朝鲜劳动党委员长金正恩在大连举行会晤》，《人民日报》2018年5月9日，第1版。

统先生的良好工作关系。希望双方认真落实我同总统先生在北京会晤时达成的共识，保持高层及各级别交往，相互尊重、互利互惠，聚焦合作、管控分歧，推动两国关系健康稳定向前发展。经贸合作一直是中美关系的压舱石和推进器。上周，中美双方在北京就经贸问题进行了坦诚、高效、建设性的磋商。双方团队可以保持沟通，争取找到妥善解决存在问题的办法，取得互利双赢的成果。特朗普表示，美方高度重视美中关系，我期待同习近平主席继续保持密切联系。美方愿同中方共同努力，加强各领域务实合作，妥善处理好经贸问题，推动美中关系取得更大发展，造福两国人民。两国元首并就朝鲜半岛局势交换意见。习近平重申了中方在朝鲜半岛问题上的立场，强调中方支持美朝领导人会晤，希望美朝双方相向而行，建立互信，分阶段行动，通过会晤协商解决各自关切，考虑朝方合理安全关切，共同推进朝鲜半岛问题政治解决进程。中方愿继续为实现半岛无核化和地区长治久安发挥积极作用。特朗普表示，美方高度重视中方在朝鲜半岛问题上的立场，赞赏中方发挥的重要作用，愿同中方加强沟通协调，共同推动通过谈判协商解决半岛问题。①

5月10日 国务院总理李克强在东京同日本首相安倍晋三共同出席中日和平友好条约缔结40周年纪念活动暨欢迎李克强总理访日招待会并发表演讲。李克强表示，今年是中日和平友好条约缔结40周年，40年来中日关系走过了一段不平凡的历程，既有累累硕果，又有风雨曲折。条约以法律形式确认了《中日联合声明》的各项原则，包括日方深刻反省战争责任及坚持一个中国原则的重要表态，明确宣示中日两国要持久友好下去，为中日关系确立了政治基础和法律规范，指明了正确方向。李克强指出，中日四个政治文件是中日关系健康发展必须牢牢坚持的指针和遵循。只要双方始终不渝恪守四个政治文件，相向而行，中日关系就能够行稳致远。李克强强调，此次访日期间，我同日方领导人在回顾总结过去经验教训基础上，就推动中日关系重回正常轨道、实现长期健康稳定发展的目标达成一系列重要共识。政治上，我们都同意以史为鉴，面向未来，保持高层交往，全面恢复两国各领域对话合作机制，增进政治互信，妥处矛盾分歧。经济上，我们都同意着眼两国发展和民生改善，把中日务实合作提高到新的层次，更好实现互利共赢。人文领域，我们同意进一步加

① 新华社：《习近平应约同美国总统特朗普通电话》，《人民日报》2018年5月9日，第1版。

强交流，拉近民心距离，夯实民意基础，壮大推动中日关系发展的积极力量。李克强表示，中日关系改善和发展面临新的机遇。双方应积极有为，不断推出改善发展两国关系的新举措，增强两国人民和国际社会对中日关系的良好预期和信心。

——铭记历史，汲取深刻教训。以互信为本，悉心维护双方达成的共识，夯实政治基础。视对方发展为机遇，将互不构成威胁的理念转化为具体政策和行动。

——对接发展战略，深化务实合作。创新思路和方式，发挥互补优势，深化重点领域合作，拓展中日务实合作新空间，造福两国人民。

——加强民间交往，促进世代友好。用好缔约40周年和两国相继举办奥运会的契机，广泛开展各领域人文交流，增进民心相通。

——履行责任，共担时代使命。中日作为世界主要经济体，针对保护主义、单边主义抬头倾向，有责任共同维护多边贸易体制，推进贸易和投资自由化便利化，维护世界经济来之不易的向好局面。

李克强指出，中日间有着广泛的共同利益，作为重要近邻，我们只要遵循条约精神，坚持和平友好的大方向，拿出远见、勇气和智慧，就一定能够推动中日两国和平友好合作的航船再起航，而且行稳致远，共同开创中日关系新的未来。安倍晋三在致辞中表示，衷心祝贺日中和平友好条约缔结40周年。40年前，两国老一辈政治家展现出远见和智慧，缔结日中和平友好条约，其中第一条就是发展两国间持久的和平友好关系。条约像指南针一样，引领我们克服各种困难，不断前行。李克强总理此访实现了两国关系重回正常轨道，在新的起点再次起航。在日中关系重新扬帆起航时，双方有责任把竞争转为协调，从今天开始进入协调的时代。只要双方携手共进，就没有克服不了的困难。[①]

5月11日　“第五届亚太地区海上武装冲突法研讨班”学习交流活动今天在上海闭幕，这是该研讨班首次在中国举办。本次活动由国防大学和红十字国际委员会共同主办，在为期4天的活动中，来自亚太地区19个国家的高级军官代表围绕“海上交战规则”“海上目标定位”等问题展开讨论交流。活动中，

---

① 白阳、刘军国：《李克强出席中日和平友好条约缔结40周年纪念活动暨访日招待会并发表演讲》，《人民日报》2018年5月12日，第1版。

红十字国际委员会还对外正式发布了《日内瓦第二公约修订版》。[①]

5月11日 柬埔寨首相洪森在金边会见国务委员、公安部部长赵克志。赵克志说，去年以来，习近平主席同洪森首相两度会晤，就推进新时期中柬关系更好发展达成重要共识。中柬是具有战略意义的命运共同体。中方将一如既往支持柬埔寨走符合本国国情的发展道路，支持柬埔寨为促进经济发展、维护国家安全稳定所作的努力。中方愿与柬方一道，以中柬建交60周年为契机，深化务实合作，扩大人文交流，共同落实好“一带一路”建设合作规划纲要，加强重大项目安保和执法安全合作，推动中柬全面战略合作伙伴关系不断深入发展。洪森表示，在习近平主席和中国政府的高度重视下，柬中全面战略合作伙伴关系迈上了新台阶。柬方将进一步加强与中方各领域务实合作，给两国人民带来更多实实在在的利益。[②]

中国驻美国大使崔天凯在参加美国智库战略与国际问题研究中心举办的“中美关系40年”研讨会时说，如果一国的外交政策被敌意、恐惧和猜疑主导，那将非常危险。崔天凯说，值得警惕的是，美国有些人正试图在中美之间设置一道“玻璃幕墙”，对中美之间正常的经济、科技、人文交流合作设置障碍，甚至对中国在美留学生和学者疑神疑鬼。崔天凯希望这种危险倾向不要成为美国社会的主流。他说，中美双方应加强沟通对话，共同努力消除“理解赤字”。崔天凯表示，明年中美两国将迎来建交40周年。40年前，中美因共同的战略利益走到一起。我们希望与美方共同构建不冲突不对抗、相互尊重、合作共赢的新型大国关系，成为合作伙伴，与世界各国一道共同构建人类命运共同体。崔天凯说，世界各国无论大小，都希望在高科技领域争取领先优势，中国也不例外，这是完全正常的。“中国制造2025”是中国为自身产业发展设定的目标，但并不意味着中国实现这些目标是以排除其他国家为代价的。事实上这一计划对中国企业、美国和世界各国企业都是开放的。崔天凯说，中国目前很多高科技领域还处在追赶态势，我们深知只有坚持对外开放、和其他国家学习互鉴才能取得更大发展。当今世界，一个国家可能在一段时间在某些领域处于领先地位，但不可能在所有领域长期保持领先优势。随着时间推移，只要有公

---

① 徐连宗、倪大伟：《第五届亚太地区海上武装冲突法研讨班举办》，《解放军报》2018年5月12日，第4版。

② 毛鹏飞：《柬埔寨首相洪森会见赵克志》，《人民日报》2018年5月12日，第2版。

平竞争，总会有别的国家追赶上来。今天，美国仍然对中国实行高科技产品出口管制。如果美国既不卖给中国高技术产品，又不让中国自己研发制造，那么中国产业的出路何在。①

5月12日　应柬埔寨公民社会联盟论坛邀请，中国民间组织国际交流促进会协调20家中国社会组织8日至12日赴柬埔寨访问，与当地社会组织交流对接并签署一系列合作协议，双方合作迈出重要一步。柬埔寨副首相本钦说，相信两国社会组织合作将为柬中关系发展奠定更坚实的基础，期待更多民众从柬中友好中受益。②

5月14日　国务委员兼外交部长王毅在京会见博鳌亚洲论坛新任理事长潘基文。王毅祝贺潘基文当选论坛理事长并表示，博鳌亚洲论坛成立17年来取得了长足进步。希望论坛在新一届理事会带领下，从立足亚洲、面向世界向代表亚洲、走向世界发展，为探讨解决亚洲和全球面临的问题作出更大贡献。中国作为论坛东道国，将一如既往支持论坛发展。潘基文表示，近年来，国际形势发生巨大变化，中国影响力跃居世界前列。论坛将充分发挥政商学对话平台作用，为促进亚洲和世界发展提出“博鳌方案”。③

5月15日　国家主席习近平在人民大会堂会见博鳌亚洲论坛理事长潘基文。习近平指出，博鳌亚洲论坛成立于本世纪初，其初心就是亚洲国家联合自强、共迎挑战、提升亚洲影响。论坛的使命和宗旨，就是推动亚洲经济一体化，促进地区国家同世界各国交流合作，实现互利共赢。论坛的成立和发展同中国改革开放进程相生相伴。希望论坛与时俱进，聚焦亚洲和新兴市场经济体，关注世界发展重大现实问题，为破解发展难题、完善经济治理、实现可持续发展提供新理念、新思路、新办法，为推动中国和世界共同发展繁荣发挥积极作用。作为东道国，中国将一如既往支持论坛理事会工作，支持论坛不断提升影响力。习近平强调，当前国际上不稳定不确定因素日益增多，新问题新挑战层出不穷。是开放还是封闭？是创新还是守旧？是共赢还是零和？亚洲各国和国际社会需要作出正确抉择。我在博鳌亚洲论坛2018年年会上明确告诉大

---

① 刘晨、朱东阳：《中美应加强理解，努力消除“理解赤字”》，《解放军报》2018年5月14日，第4版。

② 张志文：《中柬社会组织开展合作交流》，《人民日报》2018年5月13日，第3版。

③ 《王毅会见博鳌亚洲论坛新任理事长潘基文》，《人民日报》2018年5月15日，第3版。

家，经济全球化是不可逆转的时代潮流，世界各国的前途命运从来没有像今天这样息息相关、紧密相连。面对经济全球化中出现的问题，因循守旧不是办法，多边协调才是出路。

习近平指出，中国开放的大门不会关闭，只会越开越大。我们将在开放的环境中适应开放，在开放的环境中赢得发展。我们将坚定支持多边主义，维护多边贸易体制，构建开放型世界经济，致力于推动经济全球化朝着更加开放、包容、普惠、平衡、共赢的方向发展。我在今年论坛年会上宣布了中国自主扩大开放新一轮举措。这些举措将尽快落地，为亚洲和世界带来更大发展机遇。潘基文表示，感谢中国政府对博鳌亚洲论坛的大力支持。当前形势下，论坛需要发出支持全球化、支持自由贸易的明确信息，要充分借助中方“一带一路”倡议，推动亚洲保持开放和创新，实现更好发展。从长远看，论坛还要在立足亚洲基础上超越亚洲，成为一个促进世界人民和谐共处的重要平台，为构建人类命运共同体作出努力。①

老挝人民革命党中央委员会总书记、国家主席本扬和总理通伦在万象分别会见国务委员、公安部部长赵克志。赵克志表示，去年习近平总书记、国家主席成功访老，两党两国领导人就共同打造中老具有战略意义的命运共同体达成重要共识。中老是社会主义友好邻邦，传统睦邻友好历久弥坚。中方愿同老方共同努力，以两党两国领导人共识为遵循，加强战略沟通，深化战略对接，拓展务实合作，共同维护“一带一路”建设重大项目安全，不断提升中老执法安全合作水平，推动中老全面战略合作伙伴关系深入发展，为两国人民带来更大福祉。本扬和通伦祝贺中国在以习近平同志为核心的中共中央领导下取得的发展成就，表示愿携手推进各领域务实合作，不断深化老中全面战略合作伙伴关系。②

5月16日 中共中央总书记、国家主席习近平在北京会见了由朝鲜劳动党中央政治局委员、中央副委员长朴泰成率领的朝鲜劳动党友好参观团。朴泰成首先转达金正恩对习近平总书记的亲切问候。习近平请朴泰成转达对金正恩委员长的诚挚问候。习近平表示，今年3月金正恩委员长成功访华，我同他举行

---

① 李伟红:《王毅会见博鳌亚洲论坛新任理事长潘基文》,《人民日报》2018年5月16日，第1版。

② 章建华:《老挝领导人会见赵克志》,《人民日报》2018年5月16日，第3版。

了历史性会晤，上星期我又同金正恩委员长在大连成功会晤，就双方共同关心的重大问题进行深入沟通，为新时代中朝关系发展指明了方向。这次朝鲜所有道、市委员长共同组团访华，既是落实我同金正恩委员长两次会晤重要共识的具体举措，也是两党开展的一次重要交往，体现了金正恩委员长和朝党中央对加强两党两国交流互鉴、深化中朝友好合作的高度重视。相信双方将以此访为契机，深化交流合作，推动中朝友好合作关系不断向前发展。[①]

国家主席习近平就印尼发生恐怖袭击事件致电印尼总统佐科表示慰问。习近平表示，惊悉印尼东爪哇省泗水市发生恐怖袭击事件，我代表中国政府和中国人民，并以我个人的名义，对事件中的无辜遇难者表示深切的哀悼，对无辜伤者及遇难者的家属表示诚挚的慰问。恐怖主义是人类的共同敌人。中方坚决反对一切形式的恐怖主义，愿同包括印尼在内的国际社会一道，共同打击恐怖主义，维护世界和地区和平稳定。[②]

5月16日　正在对美国进行访问的习近平主席特使、中共中央政治局委员、国务院副总理、中美全面经济对话中方牵头人刘鹤在华盛顿分别会见美国前国务卿基辛格，临时参议长、参议院财委会主席哈奇以及众议院筹款委员会主席布雷迪等议员。在会见基辛格时，刘鹤祝贺基辛格即将迎来95岁生日，对他长期致力于中美友好表示高度赞赏。刘鹤表示，在习近平主席和特朗普总统引领下，中美关系取得重要、积极进展。我这次访美，是按照两国元首共识，继续就中美经贸问题同美方进行深入沟通，积极寻找妥善解决办法，维护两国经贸关系健康发展。基辛格表示，美中关系至关重要，事关世界和平与繁荣。处理美中关系需要有战略思维和远见。双方应加强战略沟通，不断扩大共同利益，妥善管控分歧，同时在处理重大国际和地区问题上展现领导力。在会见美国参众两院重要议员时，刘鹤指出，中美发展长期健康稳定的合作关系符合两国人民根本利益，也是国际社会的普遍期待。中美共同利益远大于分歧，合则两利、斗则俱伤。中美经贸关系本质上是互利共赢的。双方要全面、客观地看待经贸关系中的问题，本着相互尊重、平等互利的原则妥善处理有关问题。中方重视美国国会的作用，愿同美国国会加强交往。美国参众议员表示，

① 李忠发:《习近平会见朝鲜劳动党友好参观团》,《解放军报》2018年5月17日，第1版。

② 新华社:《习近平向印尼总统佐科致慰问电》,《人民日报》2018年5月17日，第1版。

美国愿意同中国保持良好关系。当前，两国经贸领域存在一些问题，但美中双方不应打贸易战。希望双方通过协商，积极寻找符合两国利益的解决办法。[①]

5月17日 巴基斯坦总理阿巴西在总理府会见了访问巴基斯坦的中央军委副主席张又侠。张又侠首先转达习近平主席、李克强总理对阿巴西的亲切问候和良好祝愿。阿巴西表示感谢，他说，长期以来，巴中两国关系密切，防务合作广泛深入。巴一直致力于打击恐怖主义，坚定坚持一个中国政策。巴方愿与中方加强战略合作和各领域务实交流，确保中巴经济走廊建设顺利推进，为地区发展繁荣作贡献。张又侠说，习近平主席非常重视中巴关系，与巴方领导人共同推动两国全天候战略合作伙伴关系深入发展。中方感谢巴方在涉及中国核心利益问题上给予的坚定支持。中巴两军应落实好两国领导人重要共识，加强战略沟通，深化务实合作，在新的历史时期全面提升防务关系水平，维护好两国的共同利益，维护好地区乃至世界的和平稳定。访问期间，张又侠还拜会了巴代总统、参议院主席桑吉拉尼，会见了参联会主席祖拜尔、陆军参谋长巴杰瓦、空军参谋长穆贾希德、海军参谋长阿巴西，就地区安全形势和两军在反恐、联演联训、装备技术等领域开展合作深入交换意见。[②]

中国文化和旅游部与柬埔寨旅游部共同主办的“2018中国—柬埔寨旅游合作论坛”在柬埔寨首都金边举行。论坛以“拥抱丝绸之路旅游发展机遇”为主题，设有产品开发与投资、旅游服务品质、市场推广与开发、旅行便利化4个专题，吸引了中柬两国政府、研究机构及旅游行业代表约400人参加。柬埔寨副首相贺南洪在开幕式上说，旅游是柬埔寨的优先发展行业，在创造就业机会、增加国民收入、扶贫减贫、实现联合国2030年可持续发展目标等方面发挥着重要作用。他期待柬中两国进一步加强旅游合作关系，共同促进两国经济社会可持续发展。[③]

5月19日 中美两国在华盛顿就双边经贸磋商发表联合声明。声明内容如下：

根据习近平主席和特朗普总统的指示，2018年5月17日至18日，由习近

① 朱东阳、高攀：《习近平主席特使、中美全面经济对话中方牵头人刘鹤会见基辛格和美国参众议员》，《光明日报》2018年5月18日，第3版。

② 新华社：《巴基斯坦总理阿巴西会见张又侠》，《人民日报》2018年5月19日，第3版。

③ 毛鹏飞：《中柬旅游合作论坛在金边举行》，《人民日报》2018年5月19日，第3版。

平主席特使、国务院副总理刘鹤率领的中方代表团和包括财政部长姆努钦、商务部长罗斯和贸易代表莱特希泽等成员的美方代表团就贸易问题进行了建设性磋商。

双方同意，将采取有效措施实质性减少美对华货物贸易逆差。为满足中国人民不断增长的消费需求和促进高质量经济发展，中方将大量增加自美购买商品和服务。这也有助于美国经济增长和就业。

双方同意有意义地增加美国农产品和能源出口，美方将派团赴华讨论具体事项。

双方就扩大制造业产品和服务贸易进行了讨论，就创造有利条件增加上述领域的贸易达成共识。

双方高度重视知识产权保护，同意加强合作。中方将推进包括《专利法》在内的相关法律法规修订工作。

双方同意鼓励双向投资，将努力创造公平竞争营商环境。

双方同意继续就此保持高层沟通，积极寻求解决各自关注的经贸问题。①

5月21日　国务委员、公安部部长赵克志在京分别会见率团来华出席上海合作组织成员国安全会议秘书第十三次会议的吉尔吉斯斯坦安全会议秘书萨根巴耶夫、乌兹别克斯坦安全会议秘书马赫穆多夫、塔吉克斯坦安全会议秘书卡霍罗夫、哈萨克斯坦总统助理兼安全会议秘书叶尔梅克巴耶夫、巴基斯坦总理国家安全顾问詹朱阿、印度副国家安全顾问康纳。赵克志在会见时表示，中共十九大和中国全国两会将习近平新时代中国特色社会主义思想确立为长期坚持的指导思想，描绘了中国发展新蓝图，也为上合组织各成员国关系发展注入了新动力。中方将秉持习近平主席提出的构建新型国际关系、构建人类命运共同体的理念，与各成员国携手并肩，深化包括执法安全在内的各领域务实合作，全力做好上合组织青岛峰会筹备工作，推动上海合作组织不断发展。各代表团团长分别表示，愿进一步与中方加强执法安全务实合作，切实维护双方和地区的安全稳定。②

5月22日　国家主席习近平在人民大会堂集体会见来华出席上海合作组织

---

① 新华社:《中美就经贸磋商发表联合声明》,《解放军报》2018年5月20日，第2版。

② 张洋:《赵克志分别会见来华出席上海合作组织成员国安全会议秘书第十三次会议的六国代表团团长》,《人民日报》2018年5月22日，第3版。

成员国安全会议秘书第十三次会议的外方代表团团长。习近平指出，上海合作组织成立以来，成员国始终把维护地区安全稳定作为优先方向，拓展合作领域，丰富合作实践，严厉打击“东突”等“三股势力”，积极防范热点问题负面影响扩散外溢，为确保地区长治久安和发展繁荣作出了重要贡献。扩员之后，上海合作组织安全合作潜力更大，肩负的责任更重，承载着地区各国人民和国际社会更多期待。安全会议秘书会议机制要积极适应形势变化，切实履行职责，为成员国维护国家安全和社会稳定提供更有力支持。习近平强调，当前，本地区安全形势总体稳定，同时仍面临“三股势力”、毒品走私、跨国有组织犯罪等严峻挑战。这需要我们加强忧患意识，冷静思考，准确判断，妥善应对。要把握安全合作战略方向，继续巩固战略互信，加强政策沟通和协调，坚持公平正义，共同推动以政治外交手段和平解决热点问题。要继续秉持共同、综合、合作、可持续安全观，推行综合施策、标本兼治的安全治理模式，推动上海合作组织安全合作迈上新台阶。要加强安全合作行动能力，构建更加严密健全高效的执法合作网络，继续推进安全领域合作，共同加强维稳能力建设。习近平指出，中方将继续把自身安全同地区国家安全融合起来，同成员国携手建设相互尊重、公平正义、合作共赢的新型国际关系，推动构建人类命运共同体。①

5月23日 中共中央政治局委员、中央外事工作委员会办公室主任杨洁篪在北京会见巴基斯坦总理国家安全顾问詹朱阿。杨洁篪表示，习近平主席2015年访巴以来，中巴全天候战略合作伙伴关系取得长足发展。新形势下，中巴要保持高层交往势头，加强战略沟通协调，深化全方位合作，推进中巴经济走廊建设，推动两国关系不断取得新的积极成果，造福两国人民。詹朱阿表示，巴方始终与中方坚定站在一起，愿同中方一道努力，以中巴经济走廊建设为契机，深化各领域合作，推动巴中全天候战略合作伙伴关系向前发展。②

5月24日 国防部新闻发言人任国强发表谈话称，近日，美方罔顾事实炒作所谓南海“军事化”，并以此为借口取消邀请中方参加“环太－2018”联合

---

① 侯丽君：《习近平集体会见上海合作组织成员国安全会议秘书会议外方代表团团长》，《解放军报》2018年5月23日，第1版。

② 孙奕：《杨洁篪会见巴基斯坦总理国家安全顾问詹朱阿》，《人民日报》2018年5月24日，第3版。

军演。美方这一决定不具建设性。任何时候关上交流的大门都无助于促进中美两军的互信与合作。任国强说，中国对南海诸岛及其附近海域拥有无可争辩的主权。中方在自己的领土上开展建设活动，部署必要的防卫设施，是主权国家的正当权利，是坚定捍卫国家主权安全、维护地区和平稳定的必要举措，与“军事化”完全无关。美方无权对此说三道四。任国强指出，邀不邀请，都不可能改变中国为维护亚太地区和平与稳定发挥作用的意志，更不可能动摇中国坚定捍卫自身主权和安全利益的决心。发展健康稳定的中美两军关系，符合双方的共同利益，需要双方共同努力加以维护。我们希望美方着眼大局，摒弃“零和”思维，妥善处理分歧，努力让两军关系成为中美关系的稳定因素。①

5月25日 中央军委副主席许其亮、国务委员兼国防部长魏凤和分别在京与蒙古国国防部长恩赫包勒德会见、会谈。许其亮在会见时说，中方愿在新时代大背景下同蒙方共同努力，落实好习近平主席与蒙古国领导人达成的重要共识，尊重彼此核心利益，对接好“一带一路”倡议和“发展之路”战略，不断丰富两国关系内涵和合作领域。希望两国军队保持高层交往，深化务实合作，加强战略沟通，增进战略互信，推动两军关系走深走实，为两国友好合作提供有力支撑。恩赫包勒德说，蒙方始终把加强对华合作作为蒙对外政策的优先方向，愿加强蒙中发展战略对接，不断拓展各领域交流合作。

魏凤和在会谈时说，中蒙是山水相连的友好邻邦。中方奉行和平外交政策，践行亲诚惠容的周边外交理念，愿与蒙方一道，不断推进中蒙全面战略伙伴关系，相互尊重，共同发展，造福两国人民。中国军队愿与蒙方进一步加强两军在人员培训、联演联训、国际维和、反恐和边境管控等领域的务实合作，推动两军关系再上一个新台阶。恩赫包勒德说，蒙方愿与中方加强包括国防领域在内的各领域务实交流合作，推动两国两军关系持续深入发展。②

5月26日 首届上海合作组织政党论坛在广东深圳闭幕，与会各国政党围绕“凝聚政党智慧，弘扬上海精神，推动构建人类命运共同体”主题达成四点共识。

---

① 《就美方取消邀请中方参加环太军演，国防部新闻发言人发表谈话》,《解放军报》2018年5月25日，第4版。

② 梅常伟:《许其亮魏凤和分别与蒙古国防部长会谈》,《人民日报》2018年5月26日，第3版。

一、各国政党将继续弘扬“上海精神”，始终做地区持久和平的引领者，始终做地区共同发展的推动者，始终做地区文明交流互鉴的维护者。

二、各国政党表示愿发挥政治引领作用，不断凝聚政党智慧和政治共识，致力于构建平等相待、守望相助、休戚与共、安危共担的“上合命运共同体”。

三、各国政党表示将根据成员国领导人业已达成的共识，进一步加强行动协调，全力支持上海合作组织多边经济合作，继续加强“一带一路”等合作倡议同各国发展战略对接，加强政策沟通，增进民心相通，为地区国家共同繁荣发展增添新动力。

四、各国政党积极支持上海合作组织政党论坛机制化，为政党交流合作创造更多机会和条件，共同推动上海合作组织健康稳定发展。

中共中央对外联络部部长宋涛出席论坛并发表主旨演讲。来自上合组织成员国、观察员国和对话伙伴等18个国家、30多个政党、近200位中外代表应邀出席。[①]

5月27日　外交部发言人陆慷就美国军舰擅自进入中国西沙群岛领海答记者问时表示，中方对美方有关行径表示强烈不满和坚决反对，强烈敦促美方立即停止此类侵犯中国主权、威胁中国安全的挑衅行动。陆慷说，西沙群岛是中国固有领土。根据《中华人民共和国领海及毗连区法》，中国政府于1996年公布了西沙群岛的领海基线。中国有关法律对外国军舰进入中国领海有关事宜作出了明确规定。陆慷说，美方再次派遣军舰擅自进入中国西沙群岛领海，违反中国法律及相关国际法，严重侵犯中国主权，破坏有关海域的和平、安全和良好秩序。中方对美方有关行径表示强烈不满和坚决反对，强烈敦促美方立即停止此类侵犯中国主权、威胁中国安全的挑衅行动。中方将继续采取一切必要措施捍卫国家主权和安全。

国防部新闻发言人吴谦就美舰擅自进入中国西沙群岛领海表示，5月27日，美国“安提坦”号、“希金斯”号军舰未经中国政府允许，擅自进入中国西沙群岛领海。中国军队当即行动，派遣舰机依法对美舰进行识别查证，并予以警告驱离。吴谦表示，西沙群岛是中国固有领土。根据《中华人民共和国领海及

① 朱超、王攀：《首届上海合作组织政党论坛达成四点共识》，《解放军报》2018年5月27日，第4版。

毗连区法》，中国政府于1996年公布了西沙群岛的领海基线。美方再次派军舰擅自进入中国西沙群岛领海挑衅，违反中国法律及相关国际法，严重侵犯中国主权，损害中美两军战略互信，破坏有关海域的和平、安全和良好秩序。中方对此坚决反对。吴谦强调，中国军队加强海空战备建设，提高防卫水平，捍卫国家主权和安全，维护地区和平稳定的决心意志是坚定不移的。[①]

5月29日　中共中央政治局委员、中央组织部部长陈希在北京会见了以越共中央书记处书记、胡志明国家政治学院院长阮春胜为团长的越南共产党代表团。陈希表示，在习近平总书记和阮富仲总书记的亲自引领下，中越全面友好合作不断深化。中越两党都是马克思主义执政党，希望双方将两党总书记关于加强治国理政经验交流的重要共识落到实处，加强团结合作，携手应对前进道路上的风险挑战。阮春胜表示，越方希望学习借鉴中共治党治国经验，提升执政能力，促进本国发展。[②]

5月30日　中共中央总书记、国家主席习近平在北京同来华访问的老挝人民革命党中央总书记、国家主席本扬举行会谈，一致强调要推动中老命运共同体建设取得新成果，更好造福两国和两国人民。习近平指出，我和本扬总书记同志过去几年经常见面，2017年还实现了年内互访，所达成的诸多共识正在得到积极有效落实，给两国人民带来实实在在的利益。2013年我首次提出中老是具有广泛共同利益的命运共同体，得到了老方的高度赞同。我同本扬总书记同志就中老共同构建具有战略意义的命运共同体达成重要共识，并写入两国联合声明，在两党两国和两国人民当中得到广泛认同，展现出对两党两国关系的重要引领作用，推动中老关系步入历史最好时期。习近平强调，随着中老关系进入新的发展阶段，双方应在巩固命运共同体共识基础上，聚焦命运共同体建设，推动其由理念转化为行动、由愿景转变为现实，让中老命运共同体落地生根、开花结果。一要加强战略沟通，巩固命运共同体政治基础。中老双方应开展全方位、多层次、机制性对话交流，不断提升互信水平。二要深化务实合作，拉紧命运共同体利益纽带。双方应着力推动“一带一路”框架下大项目合作，加强民生和扶贫合作，上下联动，形成中老合作新格局。三要加强安全合

---

① 新华社：《就美舰擅自进入中国西沙群岛领海外交部国防部发言人分别答记者问》，《解放军报》2018年5月28日，第4版。

② 许可：《陈希会见越南共产党代表团》，《人民日报》2018年5月30日，第3版。

作，筑牢命运共同体安全防线。双方应加强在联合国、东亚合作、澜湄合作等多边机制中的协调配合，有效维护两国共同利益。四要活跃人文交流，夯实命运共同体民意基础。通过民间往来和人文交流，让命运共同体意识真正扎根到民间、深植在基层。五要重视生态保护，推动命运共同体持续发展。双方应就生态和环保加强交流互鉴，探索打造绿色共同体的新路。

本扬表示，习近平总书记同志是老挝党、政府和人民信赖的亲密朋友。习近平总书记同志去年访问老挝期间同我达成的各项共识，正在得到积极全面地落实，引领老中两党两国关系提升到新的高度。我完全赞同习近平总书记同志对推动老中命运共同体建设的指导意见，愿进一步发挥两党关系对老中关系的政治引领作用，保持两党高层定期会晤，加强党的建设、治国理政经验交流和政府各领域务实合作，加快推进老中"一带一路"框架下大项目合作，密切在国际和地区事务中的协调配合，共同建设好老中牢不可破的社会主义命运共同体，造福两国和地区人民。双方还相互通报了各自党的建设和国内发展情况。习近平对老挝党十大以来，以本扬总书记为首的老挝党中央团结带领全国人民取得的新成就表示祝贺，并介绍了中国改革开放的成就和经验，强调中方将以更加积极有为的行动，推进更高水平的对外开放，为亚洲和世界的繁荣发展作出更大贡献。本扬表示，在以习近平同志为核心的中共中央领导下，中国经济发展、社会和谐，改革开放事业和全面建成小康社会进程不断取得新成就，在国际和地区事务中发挥着重要作用，为东北亚和世界的和平发展作出突出贡献。老方衷心感谢中方长期以来的无私支持和帮助。会谈结束后，两国元首共同出席了有关合作文件的签字仪式。①

中俄两军第二十轮战略磋商在北京举行。磋商期间，中央军委委员、军委联合参谋部参谋长李作成会见了俄方代表团。中央军委联合参谋部副参谋长邵元明和俄罗斯武装力量副总参谋长兼总参作战总局总局长鲁茨科伊共同主持了磋商。双方就当前国际和地区热点问题、新形势下进一步深化中俄军事合作交换意见，达成广泛共识。双方表示，将坚定落实习近平主席与普京总统的重要共识，进一步提升两军合作水平，为两军战略协作迈出新步伐做出积极

① 杨晔：《习近平同老挝人民革命党总书记、国家主席本扬举行会谈》，《人民日报》2018年5月31日，第1版。

努力。[①]

5月31日　中共中央政治局常委、国务院总理李克强在中南海紫光阁会见老挝人民革命党中央总书记、国家主席本扬。李克强表示，中老互为友好邻邦。昨天，习近平总书记、国家主席同你举行富有成果的会谈，推动两党两国关系再上新台阶。当前中老政治互信不断深化，务实合作积极推进，我们对此感到高兴。中方愿同老方相互尊重、相互支持，持续增进两党两国间的长期友谊，携手打造中老命运共同体。李克强指出，中方愿同老方密切配合，推进交通基础设施、农业、教育、旅游等重点领域合作，共同推动中老全面战略合作伙伴关系在多领域、多层次取得新进展。我们支持有实力、有信誉的中国企业赴老投资兴业，更好实现互利双赢。本扬表示，老中是全面战略合作伙伴。老方为中方取得的巨大发展成就感到高兴，感谢中方长期以来为老经济社会发展提供的真诚帮助和宝贵支持，愿继续秉持"四好"精神，推进双方在基础设施、农业、教育、卫生等领域的互利合作，进一步密切两国人民之间的交流，推动两党两国关系与合作取得更大更新成果。

中共中央政治局常委、中央纪委书记赵乐际在北京会见了来华访问的老挝人民革命党中央总书记、国家主席本扬。赵乐际表示，习近平总书记同本扬总书记举行成功会谈，为推动中老命运共同体建设指明了方向。两党交流合作、反腐败合作是中老命运共同体建设的重要内容，取得了显著成效。中方愿同老方继续努力，围绕党的建设、党内监督等深入交流互鉴，增强各自管党治党能力，提升两国反腐败质量和水平，为中老关系发展作出积极贡献。本扬表示，老方高度评价中国共产党的全面从严治党成就，对两党反腐败工作交流合作表示满意，希望进一步学习借鉴中共党建经验，共同建设好老中命运共同体。[②]

国防部举行例行记者会，新闻发言人任国强就中印两军关系和辽宁舰作战能力等问题回答了记者提问。

---

① 《中俄两军第二十轮战略磋商在京举行》,《解放军报》2018年5月31日，第1版。

② 杨晔:《李克强赵际乐分别会见老挝人民革命党总书记、国家主席本扬》,《人民日报》2018年6月1日，第1版。

共同推进中印两军关系健康稳定发展

在回答有关中印两军关系的提问时，任国强说，中印两国是亚洲大国、互为重要邻国。中方高度重视发展中印两军关系，愿与印方一道，以两国领导人重要共识为指引，扩大交流，拓展合作，增进互信，妥处分歧，推动两军关系健康稳定发展，共同维护边境地区和平安宁，共同维护地区和平稳定。任国强介绍，中印双方正就中国人民解放军西部战区边防代表团近期访问印度事进行沟通。两军开展各层级涉边会晤和交流，有利于切实加强边境管控，增进一线部队互信，把两国领导人的重要共识落到实处。任国强说，双方还将就其他交往合作项目进行沟通协调。

辽宁舰航母编队初步形成体系作战能力

任国强说，辽宁舰入列以来，按计划有序组织了包括远海作战运用演练在内的一系列综合演练，有效检验了航母编队综合攻防体系的建立和保持。航母编队训练向远海作战运用深化拓展，已经初步形成了体系作战能力。任国强表示，歼–15舰载机成功在夜间进行滑跃起飞和阻拦着舰，标志着辽宁舰舰载机具备了夜间起降能力。①

6月1日　上海合作组织首届媒体峰会在中国北京举行，出席会议的上海合作组织成员国、观察员国、对话伙伴等16个国家的110多家媒体，就共同加强上合组织框架内新闻媒体交流与合作充分交换意见，形成广泛共识，联合发布了《上海合作组织首届媒体峰会关于加强媒体交流合作的倡议》。《倡议》说，上合组织成立17年以来，各国新闻媒体以互信、互利、平等、协商、尊重多样文明、谋求共同发展的“上海精神”为指引，不断密切沟通联系，深入开展交流合作，为促进人民相互了解信任，巩固各国世代友好作出了应有贡献。我们决定，以即将在青岛举行的上海合作组织成员国元首理事会第十八次会议为契机，进一步深化上合组织框架内媒体合作，共同倡议：

坚定弘扬“上海精神”，积极传播上合信息，深入报道青岛峰会，展示上海合作组织国家新型国际关系的成功实践，呼吁国际社会进一步树立“人类命

① 《国防部新闻发言人答记者问》,《解放军报》2018年6月1日，第4版。

运共同体”观念，携手建设和平、安全、繁荣、开放、美丽的世界。

密切关注国际和地区安全形势新挑战，聚焦上海合作组织维护地区和平稳定的努力，围绕各方为打击“三股势力”、毒品犯罪和网络犯罪等开展的执法安全合作进行联合采访报道，为加强地区安全营造良好舆论氛围。

及时报道上海合作组织务实合作新进展，广泛传播上海合作组织在促进贸易投资便利化等方面的新举措，推动形成支持经济全球化、反对贸易保护主义的舆论共识，促进地区经济融合发展。

积极支持上合组织人文交流与合作，发挥不同媒体的优势和特点，讲好各国民间友好交往故事，支持文明对话与交流互鉴，为上海合作组织未来发展厚植民意基础。

共同构建跨国传播网络，加强国际新闻报道合作，努力排除意识形态等因素干扰，客观公正报道国际事务，推动建设更加公正、合理的国际传播秩序。

深入开展各国媒体专业领域合作，加大新闻信息产品互换，深化媒体合作项目对接，举办新闻从业人员培训，加强新媒体技术交流，共同提升媒体报道能力和水平。①

6月1—3日 第十七届亚洲安全会议暨香格里拉对话会新加坡举行。中国人民解放军军事科学院副院长何雷率团出席会议。来自40多个国家和地区的600多名代表参会。本届对话会就不同议题设置了5场全体会议和6场特别会议。中方代表团将参加全部全体会议，并在特别会议中围绕“亚太地区军事力量发展的战略影响”等议题阐述中方主张。在1日晚中国代表团举办的新闻发布会上，何雷就中国军队在维护亚太地区安全所作的贡献等问题回答了记者提问。②

6月2日 外交部发言人华春莹就朝美领导人会晤筹备最新进展答记者问时表示，中方希望并支持朝美双方继续相向而行、互释诚意，积极推进领导人会晤准备工作。华春莹说：“我注意到有关报道。朝美双方近期围绕两国领导人会晤密切沟通并取得积极进展，在政治解决半岛问题的正确道路上又迈出重

① 新华社：《上合组织首届媒体峰会关于加强媒体交流合作的倡议》，《解放军报》2018年6月2日，第4版。

② 丁子等：《第十七届亚洲安全会议暨香格里拉对话会举行》，《人民日报》2018年6月3日，第3版。

要一步，我们为此感到高兴。”她表示，中方多次强调，当前半岛形势面临难得的历史机遇，下步能否找到实现半岛无核化与持久和平之路，朝美领导人会晤是关键。我们希望并支持朝美双方继续相向而行、互释诚意，积极推进领导人会晤准备工作，争取实现双方和国际社会都希望看到的结果，为开启半岛无核、和平、繁荣的新时代作出积极贡献。[①]

第17届香格里拉对话会中国代表团团长、中国人民解放军军事科学院副院长何雷表示，希望中美加强合作，提升两国两军关系，为地区和世界的和平稳定作出贡献。何雷对马蒂斯当天讲话中有关台湾问题和南海问题的表态进行了回应。在台湾问题上，何雷表示，台湾问题是中国的核心利益，是不容触碰的底线和不能挑战的红线，中国人民、中国政府决不允许任何人、任何政党、任何组织以任何名义、在任何时候、以任何手段将中国的任何领土从中国版图割裂出去，中国人民解放军有决心、有信心、有能力维护祖国的主权安全、统一和发展利益。对于南海问题，何雷表示，在中国和东盟有关国家的共同努力下，南海局势稳定向好，没有发生大的冲突和争议。就所谓南海岛礁军事化的问题，何雷说，某些国家打着所谓“航行自由”的旗号，用军舰军机到中国岛礁临近海域和上空进行抵近侦察和军事活动，甚至到中国岛礁12海里以内耀武扬威。中方认为，这些行径不仅是对中国安全稳定的影响和破坏，也是对中国主权的挑衅，实际上是南海军事化的根源。中国政府和中国人民坚决反对这种行径，也会采取必要的措施和手段坚决予以制止。[②]

6月3日　上海合作组织秘书长阿利莫夫在北京表示，经过中国与东盟国家的共同努力，南海地区局势得到了逐步缓和，这符合各方利益。阿利莫夫在接受记者采访时说，中国与东盟国家保持密切和积极的接触，全面有效落实《南海各方行为宣言》，加强海上互信与合作，积极推进“南海行为准则”磋商。他指出，2016年，上合组织成员国在塔什干峰会宣言中专门就南海问题阐明了立场。成员国确认，应在包括《联合国海洋法公约》在内的国际法原则基础上维护海洋法律秩序。所有有关争议应由当事方通过友好谈判和协商和平

① 《中方希望并支持朝美双方继续相向而行》，《人民日报》2018年6月3日，第3版。

② 林昊、李晓渝：《提升中美两国两军关系有利于世界和平与稳定》，《解放军报》2018年6月3日，第4版。

解决，反对国际化和外部势力干涉。[①]

6月4日　国务委员兼外交部长王毅在南非出席金砖国家外长正式会晤期间会见印度外长斯瓦拉吉。王毅说，中印拥有广泛共同利益，共识远大于分歧。中印携手合作，将加快两国共同发展，惠及整个世界，并为人类文明进步作出贡献。为此，双方应时刻从两国关系大局和人民根本利益出发，把问题和分歧放到双边关系的恰当位置加以妥善处理，不让局部利益影响全局利益。双方要按照两国领导人达成的共识，切实维护好边境地区的和平与安宁，避免采取使事态复杂化扩大化的行动。中印应该加强协调，为推动金砖国家合作、上海合作组织等多边机制向前发展发挥建设性作用。斯瓦拉吉表示，印中领导人武汉非正式会晤增进了两国互信，深化了双方合作，提升了彼此舒适度，取得空前成功。印度坚定奉行一个中国政策，将妥善处理台湾、涉藏等涉及中方核心利益的问题。印中作为两个最大的新兴市场和发展中国家，在维护国际政治经济秩序，推动改善全球治理等方面有着共同立场，双方应在多边机制内进一步加强协调与合作，为维护发展中国家的共同利益作出贡献。[②]

6月6日　国家主席习近平在人民大会堂同吉尔吉斯斯坦总统热恩别科夫举行会谈。两国元首一致同意建立中吉全面战略伙伴关系，翻开两国友好合作新篇章。习近平欢迎热恩别科夫对中国进行国事访问并出席上海合作组织青岛峰会。习近平强调，中吉两国建立全面战略伙伴关系，是两国关系史上又一件具有里程碑意义的大事，为两国关系发展注入了新的动力。站在新的历史起点上，中方愿同吉方一道，弘扬两国世代友好精神，致力于发展全方位友好合作，共同奋斗实现发展振兴，更好造福两国人民。习近平指出，吉尔吉斯斯坦是最早支持和参与“一带一路”建设的国家之一。中方愿同吉方开拓思路，挖掘潜力，推动双方合作不断迈上新台阶。要加强发展战略对接和政策协调，寻找更多利益交汇点和增长点，共同规划好两国合作重点领域和项目，要扩大经贸投资，加快推动大项目合作；要扩大人文和地方合作，增进睦邻友好；要提升安全合作水平，打击“三股势力”和跨国有组织犯罪。习近平高度评价吉尔吉斯斯坦对中国担任上海合作组织主席国工作给予的大力支持，表示中方愿与

---

① 温馨:《南海局势的逐步稳定符合各方的利益》,《人民日报》2018年6月4日，第3版。

② 李志伟、李莹嫣:《王毅会见印度外长斯瓦拉吉》,《人民日报》2018年6月6日，第3版。

吉方共同努力，推动上海合作组织沿着健康稳定轨道向前发展。

热恩别科夫表示，吉方钦佩中国经济社会发展成就，感谢中方长期以来给予的宝贵帮助。今天吉中建立全面战略伙伴关系，使两国关系掀开崭新的一页。吉尔吉斯斯坦把对华关系置于优先方向，过去、现在和将来都是中国的最可靠的邻居、伙伴和朋友。吉方将坚定奉行一个中国政策，愿同中方加强经贸、人文等领域务实合作，协力打击“三股势力”，共同维护本地区和平、稳定与安全。吉方支持“一带一路”伟大倡议，相信它一定会有力推动本地区共同发展。吉方将保持两国各项合作协议的延续性。吉尔吉斯斯坦坚信，在中国领导下，上海合作组织青岛峰会一定会圆满成功。

会谈后，两国元首共同签署了《中华人民共和国和吉尔吉斯共和国关于建立全面战略伙伴关系联合声明》，并见证了双边各项合作文件的签署。[①]

6月7日　国家主席习近平在人民大会堂同哈萨克斯坦总统纳扎尔巴耶夫举行会谈。两国元首一致决定，巩固中哈传统友谊，在民族复兴征途上携手前行。习近平指出，哈萨克斯坦是中国重要邻国，也是有影响力的地区大国。中哈关系已成为邻国友好关系的典范。中国愿同哈萨克斯坦在构建人类命运共同体道路上先行一步，为开创人类更加光明的未来凝聚智慧和力量。我愿同你一道，为中哈友好事业这艘巨轮掌舵领航。

习近平强调，中国梦和哈萨克斯坦梦都体现了以人民为中心的发展理念以及我们对美好未来的追求。中哈要携手前行，相互助力，交相辉映。中方将一如既往坚定支持哈方的内外政策，愿同哈方深化打击“三股势力”等方面合作，密切在国际和地区事务中沟通协调。习近平指出，5年前，我第一次访问哈萨克斯坦时，正是在总统先生陪同下，在纳扎尔巴耶夫大学首次提出丝绸之路经济带倡议。5年来，“一带一路”倡议得到国际社会积极响应。“一带一路”倡议之所以能取得积极成果，关键在于顺应了世界和平与发展的潮流，符合沿线国家发展合作的现实需求。“一带一路”倡议已成为推动构建人类命运共同体的重要实践。中哈两国5年来围绕共建“一带一路”的合作已进入深度融合、相互促进的新阶段。双方要加强政策协调力度，落实好丝绸之路经济带建设同

① 李忠发:《习近平同吉尔吉斯斯坦总统热恩别科夫会谈》,《解放军报》2018年6月7日，第1版。

“光明之路”新经济政策对接合作规划，推进产能、投资、经贸、能源、金融、互联互通建设、农业、创新合作，开辟人文合作新局面。中方愿同哈方加强协调配合，推动上海合作组织各领域合作不断迈上新台阶，不断提升亚洲相互协作与信任措施会议整体合作水平，使其更好服务地区安全和发展需要。

纳扎尔巴耶夫表示，中国是哈萨克斯坦友好邻国和重要合作伙伴。哈方十分珍惜哈中传统友谊，感谢中方长期以来给予的大力支持。中国的发展给哈萨克斯坦带来机遇。哈方支持新时代中国特色社会主义事业，相信它的成功也符合哈萨克斯坦自身利益。哈方坚持一个中国政策，坚定打击“三股势力”，愿继续同中方在国际事务中相互支持，密切在上海合作组织和亚信会议框架内沟通协调。习近平主席5年前在哈萨克斯坦首倡的丝绸之路经济带倡议将造福本地区国家。哈方愿加强“光明之路”新经济政策同“一带一路”建设对接，深化哈中各领域合作。会谈后，两国元首共同签署了《中华人民共和国和哈萨克斯坦共和国联合声明》，并见证了有关双边合作文件的签署。[①]

附件：
中华人民共和国和哈萨克斯坦共和国联合声明

应中华人民共和国主席习近平邀请，哈萨克斯坦共和国总统努尔苏丹·纳扎尔巴耶夫于2018年6月7日至8日对中华人民共和国进行国事访问。

两国元首在亲切友好的气氛中举行会谈，高度评价中华人民共和国和哈萨克斯坦共和国（以下简称“双方”）建交26年来各领域合作取得的显著成就，就双边关系以及共同关心的国际和地区问题深入交换意见，达成广泛共识。

双方重申共同遵守2002年12月23日签订的《中华人民共和国和哈萨克斯坦共和国睦邻友好合作条约》、2011年6月13日签订的《中华人民共和国和哈萨克斯坦共和国关于发展全面战略伙伴关系的联合声明》、2013年9月7日签订的《中华人民共和国和哈萨克斯坦共和国关于进一步深化

① 杨晔：《习近平同哈萨克斯坦总统纳扎尔巴耶夫会谈》，《人民日报》2018年6月8日，第1版。

全面战略伙伴关系的联合宣言》、2015年8月31日签订的《中华人民共和国和哈萨克斯坦共和国关于全面战略伙伴关系新阶段的联合宣言》、2017年6月8日签订的《中华人民共和国和哈萨克斯坦共和国联合声明》以及其他双边条约和协议。为继续加强政治互信和互利合作，加深两国人民相互了解和友谊，促进地区和世界和平与可持续发展，声明如下：

一

双方指出，中哈都处在国家发展和深化两国关系的关键阶段。哈方认为，习近平新时代中国特色社会主义思想为中国未来发展指明了方向，具有划时代的重大意义。中方高度评价哈萨克斯坦共和国独立27年来在纳扎尔巴耶夫总统英明领导下在国家发展建设和实施独立和平外交政策方面取得的重大成就。

作为友好邻邦和全面战略伙伴，双方都将对方稳定、发展视为自身发展的良好机遇，加强相互支持、深化全面合作是双方共同愿望。新形势下，双方将继续把发展中哈关系置于各自外交政策的优先方向，巩固中哈传统友谊。

双方重申，政治互信是中哈全面战略伙伴关系的重要基础。双方将继续在涉及国家主权、安全和领土完整等核心利益问题上相互支持。不参加任何损害对方主权、安全和领土完整的联盟或集团，也不同第三国缔结此类条约。不允许第三国、任何组织、团体或人员在本国领土上从事损害对方国家主权、安全和领土完整的活动。双方致力于保护对方国家在本国的公民的合法权益。

中方坚定支持哈萨克斯坦在由国际法认定并符合联合国基本原则边界上的主权和领土完整。

哈方坚定奉行一个中国政策，重申中华人民共和国政府是代表全中国的唯一合法政府，台湾、西藏是中国领土不可分割的一部分。哈方反对任何形式的“台湾独立”，支持两岸关系和平发展和中国政府为实现国家和平统一所作的一切努力。中方坚定支持哈萨克斯坦自主选择的发展道路和哈萨克斯坦政府为保持国内稳定、促进社会经济发展所采取的措施。

两国元首将继续对双边关系发展作出战略规划。双方将继续保持密切的高层交往，就双边关系和国际形势中的重大问题深入交换意见。

双方将充分发挥中哈总理定期会晤机制在统筹规划和推动两国务实合作方面的重要作用，保持中哈合作委员会高效运转，推动两国务实合作提质升级。

双方将认真落实两国领导人达成的各项共识，进一步推动两国政府部门、立法机关、社会团体、企业和金融机构等开展合作，加强在完善政府部门职能领域的经验交流。

二

双方指出，中国新发展理念和“两个一百年”奋斗目标同哈萨克斯坦第四次工业革命条件下的发展理念对中哈各自发展具有重要指导意义，愿通过深化合作实现共同发展和繁荣。

双方指出，务实合作是中哈全面战略伙伴关系发展的推动力。双方愿共同努力推动建设开放型世界经济。双方重申致力于促进经济全球化和贸易自由化，努力确保公平竞争环境，推动实现更加开放、包容、平衡、互利共赢的经济政策。

双方高度评价中哈共建“一带一路”合作取得的丰硕成果，上述合作对推动双边关系发展具有重要意义。双方指出，中国建设“丝绸之路经济带”倡议和哈萨克斯坦“光明之路”新经济政策对接合作意义重大，并将本着开放、透明的精神促进两国各领域合作发展。

双方欢迎阿斯塔纳国际金融中心于2018年1月开始运行。双方支持丝路基金、中国—欧亚经济合作基金与阿斯塔纳国际金融中心建立战略合作伙伴关系，欢迎丝路基金成为阿斯塔纳国际交易所股东。阿斯塔纳国际金融中心将同亚洲基础设施投资银行开展合作。

哈方支持中方2019年举办第二届“一带一路”国际合作高峰论坛。双方强调，论坛将对推动世界经济的稳定发展作出积极贡献。

中方支持哈方2018年秋天在阿斯塔纳举办中哈商务论坛，庆祝“一带一路”倡议提出五周年。

中方欢迎哈方参加2018年11月在上海举办的首届中国国际进口博览会。

双方同意继续提高合作水平，拓展以下领域合作：

（一）扩大双边贸易规模，丰富两国贸易商品结构，发掘双边贸易新增长点，积极探索创新合作，促进高附加值和高新技术产品贸易，努力推动双边贸易平衡发展。

（二）深化产能与投资合作，推动更多产能合作项目落地开工。充分发挥产能与投资合作对话机制的信息交换和协调作用，做好《中哈产能与投资合作规划》编制工作。

（三）扩大能源合作，深化油气田勘探开发、原油贸易和加工、和平利用核能等领域合作，推进天然气贸易稳步发展。

（四）拓展两国金融领域合作，扩大本币结算在贸易和投融资领域的使用规模，继续落实包括两国央行本币互换协议等已签署的双边协议，创新融资和担保方式，用好各类投资平台，做好投贷结合。

（五）加强跨境电商合作，建立电商合作机制，打造合作新业态和新模式，促进两国"数字经济"发展规划对接。

（六）同步加强口岸等跨境基础设施建设、海关、检验检疫和边境口岸、信息互换、监管互认、执法互助和开展国际贸易"单一窗口"等方面合作，进一步促进贸易安全与便利，不断提升口岸运行管理效率和互联互通水平。

（七）加强农业合作，双方将在农产品贸易取得积极成果的基础上，继续加强农产品准入、农业投资、"种养加"、畜牧兽医和技术交流合作，不断拓展现代农业合作产业链。

（八）探索科技、信息技术合作新模式、新项目，推动相关科研机构和高校合作。

（九）发展军工军贸合作，积极落实合作项目。

（十）加强航天领域合作，定期举行专家磋商，开展经验交流和人员培训合作。

（十一）加快发展国际铁路货运班列，包括发展中国—哈萨克斯坦—中亚、中国—哈萨克斯坦—欧洲、中国—哈萨克斯坦—海湾国家方向的集装箱运输，采取措施降低物流费用，提升铁路换装效率，简化通关手续，为中国货物过境哈萨克斯坦运输创造有利条件。

（十二）共同运营好中哈霍尔果斯国际边境合作中心，建立部级协调机制，加强双方规划和政策协调，提升共同运营和管理水平。

（十三）积极开展地方合作，推动建立友好城市，拓展合作区域和领域。

（十四）加强人文交流和民间交往，拓展媒体合作，促进中外学者学术交流，加强两国文学作品和影视作品互译合作，密切文艺团体互访，继续开展教育、卫生、体育、旅游和青年领域合作。

（十五）双方将继续加强“丝绸之路”文化遗产交流合作与保护传承，并鼓励在古迹修复、联合考古等领域扩大合作。

（十六）加强并拓展环保领域合作。

三

双方高度评价中哈利用和保护跨界河流联合委员会的工作成果。双方将在平等、睦邻和互利原则基础上，巩固和深化两国跨界河流领域的保护和利用合作。

双方将尽快完成苏木拜河联合引水工程改造，加快霍尔果斯河阿拉马力（楚库尔布拉克）联合泥石流拦阻建设，继续共同做好霍尔果斯河友谊联合引水枢纽工程的管理和运行，造福跨界河流沿岸两国人民。

双方将力争尽早完成中哈跨界河流水量分配技术工作重点实施计划，扎实做好并尽快完成中哈额尔齐斯河、伊犁河、额敏河等主要跨界河流全流域水资源评价工作，愿积极开展《中华人民共和国政府和哈萨克斯坦共和国政府关于跨界河流水量分配协定》草案研究协商工作，以便下一步签署该文件。

四

双方指出，安全合作是中哈全方位合作重要组成部分，积极评价两国执法安全和防务合作成果。

双方一致认为，“三股势力”、贩毒、网络犯罪和各种形式的跨国有组织犯罪给两国安全与稳定造成威胁。

为有效应对上述威胁和挑战，双方将进一步深化执法部门合作，加强对口部门交流，加大情报信息共享、维护国家边境安全，共同打击“三股势力”、毒品走私、网络犯罪以及跨国有组织犯罪活动，维护两国安全和稳定。

双方愿进一步深化在军事领域的务实合作，继续开展团组互访、人员培训、军事情报、联演联训联赛等领域交流与合作，共同参与上海合作组织框架内多边防务安全领域合作。

双方认为，腐败威胁国家和地区稳定，阻碍社会经济发展进程。双方愿开展包括经验交流、信息互换、追逃追赃执法合作在内的反腐败领域国际合作。

五

双方认为，在当前国际形势复杂深刻演变的背景下，应加强在联合国、上海合作组织、亚洲相互协作与信任措施会议（以下称亚信）、亚欧会议等多边机制内的协调与合作，共同应对全球和区域性挑战，维护两国共同利益，保障本地区乃至世界的和平与安全。

双方一致认为，国际社会只有共同努力才能有效应对新的威胁和挑战。中国和哈萨克斯坦愿在国际和地区事务中开展更加密切有效的协作，共同促进地区及世界的和平稳定和繁荣发展。中华人民共和国积极评价哈萨克斯坦共和国担任2017至2018年度联合国安理会非常任理事国期间为维护国际和平与安全发挥的积极作用。

双方支持联合国在国际事务中发挥核心作用，将加强两国在联合国等多边框架内的协作，推动国际秩序和国际体系朝着更加公正合理的方向发展。双方认为，安理会改革涉及联合国未来和全体会员国切身利益，需要通过充分民主协商，寻求兼顾各方利益和关切的“一揽子”解决方案，并达成最广泛共识，反对强行推动各方尚存巨大分歧的改革方案。

双方满意地指出，上海合作组织已成为国际关系的重要建设性力量。该组织在有效应对新的跨境挑战与威胁方面潜力巨大。双方将秉持“上海精神”，尽最大努力不断深化和发展上海合作组织框架内政治、安全、经贸、人文等领域合作。

中国担任2017年至2018年上海合作组织轮值主席国期间，根据上海合作组织宪章中规定的任务和原则，为进一步巩固和发展该组织框架内的合作注入了新动力。哈方祝愿上海合作组织青岛峰会取得圆满成功。双方将在上海合作组织框架内进一步加强协调配合，共同推动上海合作组织在维护地区安全稳定，促进成员国发展繁荣方面发挥更大作用。

双方将继续加强在亚信框架内的合作，共同推进亚信进程。

双方愿在亚欧会议框架下加强协调，共同促进亚欧经贸领域及互联互通务实合作。

双方强调，政治解决是化解叙利亚危机的唯一正确出路。中方高度评价哈萨克斯坦为调解叙利亚危机所作努力。叙利亚问题阿斯塔纳对话会是冲突和解进程的重要平台。哈方高度评价中方一直以来为推动叙利亚问题政治解决发挥的建设性作用。

双方支持国际社会在尊重阿富汗独立、主权、统一和领土完整的基础上，为阿富汗政府和平重建与“阿人主导、阿人所有”的和解进程提供帮助。

哈萨克斯坦共和国总统努尔苏丹·纳扎尔巴耶夫感谢中华人民共和国主席习近平对哈方代表团的热情友好接待，并邀请习近平主席在双方方便的时候对哈萨克斯坦进行国事访问。[①]

6月8日　国家主席习近平在人民大会堂同俄罗斯总统普京举行会谈。两

① 《中华人民共和国和哈萨克斯坦共和国联合声明》,《人民日报》2018年6月8日，第3版。

国元首一致同意，秉持世代友好理念和战略协作精神，拓展和深化各领域合作，推动新时代中俄关系在高水平上实现更大发展。习近平再次祝贺普京开始新一届总统任期，赞赏普京选择中国作为新任期首个进行国事访问的国家。习近平指出，中俄全面战略协作伙伴关系成熟、稳定、牢固。无论国际形势如何变幻，中俄始终坚定支持对方维护核心利益，深入开展各领域合作，共同积极参与全球治理，为推动建设新型国际关系、构建人类命运共同体发挥了中流砥柱作用。中方愿同俄方一道努力，久久为功，巩固高水平互信，拓展各领域合作，深化人文交流互鉴，密切国际协调配合，把中俄世代友好理念一代代传承下去，不断充实两国协作战略内涵，推动中俄关系与日俱进，与日俱新，造福两国人民。习近平强调，在双方共同努力下，当前中俄各领域合作保持强劲势头，利益融合不断深化，“一带一路”建设同欧亚经济联盟对接取得重要早期收获。双方要认真研究各领域合作新思路新举措，将两国高水平政治关系优势转化为更多实际合作成果。要加强两国人文合作，增进人民友谊。习近平指出，中俄同为联合国安理会常任理事国，坚定维护以联合国宪章宗旨和原则为核心的国际秩序和国际体系，倡导国际关系民主化，促进热点问题政治解决进程，继续为维护世界和平和国际战略稳定发挥积极作用。中方愿同包括俄方在内的上海合作组织各成员国一道，以青岛峰会为契机，进一步弘扬“上海精神”，确保上海合作组织继续健康稳定发展。普京表示，深化俄中全面战略协作伙伴关系是俄罗斯外交的优先方向。俄中双方相互照顾彼此核心利益和重大关切，积极推进政治、经济、人文各领域对话合作，密切在国际事务中沟通协调。双方关系达到了历史最好水平，成为当今世界国与国关系的典范，为维护国际和平、安全与稳定发挥了重要作用。俄方愿加强同中方经贸、投资、能源、基础设施合作。俄方赞赏中方担任上海合作组织主席国为推动成员国合作所作努力，支持中方成功举办青岛峰会，愿密切双方在国际地区事务及联合国、金砖国家、二十国集团等多边框架内的协调合作。两国元首听取了中俄各领域合作委员会负责人及两国外长的汇报，并就朝鲜半岛局势、伊朗核问题等共同关心的问题深入交换了意见。会谈后，两国元首共同签署了《中华人民共和国和俄罗斯联邦联合声明》，见证了多项双边合作文件的签署，并共同会见了中外记者。[①]

附件：
中华人民共和国和俄罗斯联邦联合声明

应中华人民共和国主席习近平邀请，俄罗斯联邦总统弗·弗·普京于2018年6月8日对华进行国事访问。两国元首在北京举行会谈，访问天津并于2018年6月9日至10日在青岛出席上海合作组织成员国元首理事会第十八次会议。

中华人民共和国和俄罗斯联邦（以下称“双方”），声明如下：

一

在双方多年共同努力下，中俄全面战略协作伙伴关系已成为内涵丰富，战略意义突出的一组大国关系，为促进两国各自发展振兴、捍卫世界和平与稳定作出重要贡献。中俄关系建立在政治领域高度互信、相互尊重、平等，相互支持和照顾彼此核心利益，尊重主权和领土完整及对方选择的发展道路，互不干涉内政、不以意识形态划线，恪守国际法等原则基础上。两国和两国人民发展世代友好和互利合作的愿望坚定不移，为双边关系健康稳定发展提供了强大动力。双方重申，将继续视中俄关系为各自外交政策的关键优先方向之一，共同致力于将两国关系提升至新的更高水平。

双方强调，2001年7月16日签署的《中华人民共和国和俄罗斯联邦睦邻友好合作条约》是中俄关系现阶段和长期发展的理念基础。双方高度评价中俄边境地区的友好合作氛围，两国边界线已成为双方和平与多领域合作的纽带，这为中俄平等信任的战略协作伙伴关系持续稳步发展提供了保障。

双方将继续发展和深化各领域合作，为此将开展具有战略意义和高度

① 白洁、吴嘉琳：《习近平同俄罗斯总统普京举行会谈》，《光明日报》2018年6月9日，第1版。

互信的高层对话，进一步完善双方政府、立法机关、政党、各部门、地区间合作机制。

双方强调，两国元首的密切交往是双边关系高水平的标志，将继续保持两国元首互访惯例，延续在各类国际会议框架内举行两国元首会晤的传统。

中俄双方认为，两国总理定期会晤及其框架下的5个政府间副总理级委员会、相应分委会和工作组的工作富有成效，将致力于深化该机制发展，提高工作效率。

中俄高度评价中共中央办公厅和俄联邦总统办公厅之间开展的合作，支持两办及相关部门在两办合作议定书框架内保持定期交往，以便确保高质量筹备两国元首定期会晤，落实两国元首达成的各项共识。

在世界面临的不稳定不确定性突出的背景下，双方将继续深入开展战略安全磋商，保持两国外交部密切沟通，加强在各相关国际平台的协调配合。

双方将充分利用中俄执法安全合作机制，进一步加强执法安全合作，共同维护两国安全与稳定。

中俄双方愿继续加强两军战略沟通协调，完善两军现有合作机制，拓展军事和军事技术领域务实合作，携手应对地区和全球安全挑战。

二

双方相信，中俄务实合作为巩固两国关系基础作出了实质性贡献，并指出上述合作在多个领域取得显著进展，诸如双边贸易额持续提升，贸易结构不断优化，高科技等领域大型合作项目推进落实，两国科技、教育、卫生健康、大众传媒、体育、文化、旅游领域合作和人员往来不断扩大。

根据两国元首达成的共识，中俄于2018—2019年举办地方合作交流年。这一新的大型合作项目延续了两国举办主题年的传统，有利于促进中国各省、自治区、直辖市和俄罗斯各联邦主体间加强互利交往。双方将在地方合作交流年框架内举办投资推介会，贸易、工业和农业展，研讨会，艺术节以及考察参观等数百项活动。此外，圣彼得堡国际经济论坛、东方经济论坛、中俄博览会也将为两国各地方提供积极交流平台。

双方强调，应继续共同努力，以确保两国务实合作真正具有全面性。双方商定落实下列任务：

（一）巩固中俄贸易增长势头，进一步优化贸易结构，深化服务贸易合作，支持跨境电子商务发展，探索两国经贸合作的新增长点和新合作形式。

（二）持续深化两国投资合作，充分发挥中俄投资合作委员会统筹协调作用，加强两国经济和具体领域发展战略、规划和措施协调，为两国企业营造良好的外部环境，按照“企业主体、市场导向、商业运作、国际惯例”的原则共同推动重大项目，不断提升两国投资合作规模和水平。

（三）继续加强中俄金融领域合作，推动增加本币在贸易和投融资领域的比重，在支付系统、保险等领域开展合作。

（四）密切两国在新开发银行、亚洲基础设施投资银行等多边开发机构内的合作，为两国境内的基础设施建设和现代化改造吸引资金。

（五）进一步加强会计审计合作，为跨境发行债券提供便利，并积极推进会计审计互认。

（六）深化在油气、煤炭、电力、可再生能源、能源设备和能效、资源型城市转型等领域的合作。

（七）根据两国总理发表的联合声明，本着互利互惠和利益均衡原则，继续在和平利用核能领域开展合作。

（八）推动在工业及高科技领域的合作，重点落实大型合作项目，建立稳固的产业链。

（九）在《中华人民共和国国家航天局与俄罗斯联邦国家航天集团公司2018—2022年航天合作大纲》框架下深化双方协作，共同推动金砖国家开展航天合作。

（十）加大在知识产权保护和执法方面的合作力度，防止和减少知识产权侵权，为两国创新者和知识产权制度用户提供更好的创新环境。

（十一）在消费维权领域交流信息，加强双方主管部门在该领域的沟通合作。

（十二）支持两国高校、研究机构及企业在科技优先领域开展密切科技交流，包括落实联合科研项目。

（十三）充分利用中俄创新对话机制，深化在创新领域的互利合作。

（十四）扩大两国在信息和通信技术、数字经济等方面的交流，提升信息通信基础设施互联互通水平，加强无线电频率和卫星轨道资源管理领域合作。促进两国信息网络空间发展，深化两国在网络安全领域的互信。

（十五）深化两国在农业领域的合作，逐步相互开放农产品市场，加强在检验检疫领域的合作，确保动植物卫生和食品安全。鼓励和支持企业参加在两国举办的各类农业展会和论坛活动，积极推动在农业投资、农产品贸易与加工、渔业、农业科技等方面的务实合作，共同编制好《中国东北地区与俄罗斯远东及贝加尔地区农业发展规划》。

（十六）新建和改造现有跨境交通基础设施，推进通关便利化。加大从中国经俄罗斯的过境运输量，发展经过两国境内的国际运输线路和走廊。

（十七）加强中俄北极可持续发展合作，包括支持双方有关部门、机构和企业在科研、联合实施交通基础设施和能源项目、开发和利用北方海航道潜力、旅游、生态等方面开展合作。

（十八）提升在灾害防治和紧急救灾领域，包括自然灾害和生产事故后续处理方面合作的水平和质量。

（十九）通过共同实施2018年5月17日在阿斯塔纳签署的《中华人民共和国与欧亚经济联盟经贸合作协定》等，继续推进“一带一路”建设和欧亚经济联盟对接；将在开放、透明和考虑彼此利益的基础上，探讨构建“欧亚伙伴关系”，促进地区一体化进程。

双方欢迎签署关于完成欧亚经济伙伴关系协定联合可行性研究的联合声明，期待有关后续工作尽快取得积极进展。

（二十）保持两国尤其是两国边境地区在环境和生态保护方面的沟通协作。

（二十一）继续扩大并提升两国人文交流至新水平，巩固两国关系的社会基础，深化两国人民的相互理解和友谊，落实中俄人文合作行动计划。

（二十二）推动两国在教育、文化、卫生、体育、电影、大众传媒、旅游、青年和档案等领域的合作和相互配合。

（二十三）提高地方合作在两国经贸、科技、人文和其他各领域总体合作中的分量；推动中国东北地区和俄罗斯远东及贝加尔地区政府间合作委员会及中国长江中上游和俄罗斯伏尔加河沿岸联邦区地方合作理事会框架下相关工作。

（二十四）为进一步促进人员相互往来创造便利条件，全方位支持提升旅游服务质量和安全性。

（二十五）继续致力于落实“上海—圣彼得堡”双边馆舍问题两国政府间协议，尽早向对方移交建馆用地；推动中国驻喀山总领馆尽快全面履行职能、俄罗斯驻哈尔滨总领馆尽快开馆。

（二十六）推动两国在社会组织、社会救助、养老服务、社会福利、社区治理等领域的交流与合作。

中方邀请俄方积极参与首届中国国际进口博览会，为双边贸易发展创造新机遇。

双方支持尽快召开中俄能源合作论坛，讨论深化两国能源领域具体合作。

双方相信，即将在俄罗斯开幕的世界杯足球赛将成为全世界的体育盛会和各大洲运动员的友谊联欢。双方认为，国际体育赛事和活动不应受非体育因素的干扰。

俄方愿为中方筹备2022年北京冬季奥运会提供必要支持。

三

中俄伙伴关系是当今国与国关系的典范，中俄协作是维持世界战略平衡与稳定的关键因素。当今世界冲突高发，地缘政治矛盾激化，建设性协作空间压缩，经济保护主义抬头。

双方主张坚定维护以《联合国宪章》宗旨和原则为核心的国际秩序和国际体系，推动建设相互尊重、公平正义、合作共赢的新型国际关系，推动构建人类命运共同体，在各国平等参与全球治理、遵循国际法、保障平等和不可分割的安全、相互尊重和考虑彼此利益、摒弃对抗和冲突的基础上，促进更加公正合理的世界多极秩序的形成。

面对复杂多变的国际形势，中俄将进一步加强双方在国际事务中的战略协作，深入探讨广泛的国际和地区问题，将两国外交部门协作和在国际事务中的相互支持提升至新水平。

鉴此，双方将：

（一）坚持多边主义，捍卫联合国作为最具普遍性、权威性和代表性国际组织在全球治理中发挥的核心作用。

（二）为提高联合国及其安理会的运转效率，根据《联合国宪章》，协同支持对联合国及其安理会进行必要、合理的改革，以更好地履行《联合国宪章》。继续将通过广泛、民主的磋商作为探讨改革的唯一方式，在不人为设置时限和强推不成熟方案前提下，寻求兼顾各方利益和关切的“一揽子”解决方案。安理会改革应优先增加发展中国家的代表性和发言权，使广大中小国家有更多机会轮流进入安理会并参与决策。

（三）主张维护联合国安理会对维护世界和平与安全承担的主要责任，反对任何国家在未获得联合国安理会相应授权或未经一国合法政府同意的情况下在该国境内采取单边军事行动。

（四）在地区和全球范围内，积极参与构建平等和不可分割的安全架构，不使用或威胁使用武力、不干涉别国内政、完全通过政治外交手段解决国际争端。

（五）高度关注保障全球和地区战略平衡与稳定，特别是考虑到，某些国家以所谓导弹威胁为借口，单方面发展并在欧洲和亚太地区部署反导系统，严重损害包括中俄在内的域内国家战略安全利益，为国际和地区战略平衡与安全稳定带来消极影响。

（六）考虑到在外空部署武器的威胁正在上升，将破坏战略稳定，损害国际安全，欢迎第72届联合国大会通过《防止外空军备竞赛的进一步切实措施》决议，在中俄《防止在外空放置武器、对外空物体使用或威胁使用武力条约》新草案基础上，推动制定有关法律文书。

（七）充分重视拟在第73届联合国大会上讨论的“外空作为可持续发展的驱动因素”议题，支持联合国和平利用外层空间委员会工作朝着加强国际外空法及其适用、规范管理外空事务方向发展，确保由联合国主导在真正的国际基础上对外空事务进行全球治理。

（八）支持国际社会共同应对恐怖主义、极端主义及其他传统和新威胁、新挑战。重申中俄两国决心开展反恐合作，摒弃政治化和“双重标准”，主张建立国际反恐统一战线，坚持国际社会应巩固联合国及其安理会的核心协调作用，严格遵守《联合国宪章》及国际法准则和原则，包括各国主权平等和不干涉纯属别国内政的事务。

（九）根据2016年6月25日签署的《中华人民共和国和俄罗斯联邦关于促进国际法的声明》，要求所有国际关系参加者全面遵守国际法准则及坚持所有国家一律平等原则，反对诉诸武力或以武力相威胁。

（十）反对绕开联合国安理会采取单边经济制裁，反对破坏公平诚信竞争原则和损害世界经济的讹诈、施压。

（十一）共同采取措施，促进世界经济可持续增长，确保全球金融体系稳定，促进贸易和投资自由化便利化，反对单边主义和一切形式的贸易保护主义，维护和巩固以世界贸易组织为核心的多边贸易体制，在世贸组织框架下坚持和完善兼顾各方利益的非歧视多边规则，保障国际金融机构的合法性与有效性，提升发展中国家和新兴市场国家的代表性和发言权，保持国际货币金融体系改革动力。

（十二）共同推进落实《变革我们的世界：2030年可持续发展议程》，加强全球发展伙伴关系，支持联合国在全球落实进程中发挥核心作用，推动联合国发展领域改革取得积极成果，继续支持扩大新兴市场和发展中国家共同发展。

（十三）通过多边及双边合作加强全球能源、粮食安全。

（十四）尊重彼此在第三国、世界各地及国际组织的利益。当双方利益冲突时，从两国关系的特殊性出发，通过对接双方利益，找到彼此都能接受的解决方案。

（十五）为进一步发展中俄共同参与的地区及国际组织而努力，特别是上海合作组织、金砖国家、中俄印机制、东亚峰会、二十国集团、亚太经合组织。为此，要加强双方在上述机制框架下的配合与协调。

（十六）推动深化金砖国家战略伙伴关系，共同支持南非办好金砖国家领导人第十次会晤，促进金砖合作第二个“金色十年”良好开局，继续通过“金砖+”模式同其他新兴市场和发展中国家及其所在一体化组织扩大共识合作。

（十七）加强两国在解决地区热点问题上的协调与务实协作，包括：

——共同主张应维护叙利亚领土完整，尊重叙利亚主权，在联合国支持和日内瓦和谈、阿斯塔纳进程平台促进下，并考虑到2018年1月30日在索契召开的叙利亚全国对话大会成果，推动叙利亚人民自主实现国内和解进程；为保证叙利亚冲突后有效重建，中俄就有关计划和具体措施开展协调。

——就和平全面解决朝鲜半岛问题继续协作努力。

——就促进阿富汗国内和平进程和国家重建同本地区其他国家开展协作，并对加强打击阿境内恐怖主义和毒品贩运给予持续关注。

——美国单方面退出伊朗核问题全面协议令人失望，为此要尽全力维护全面协议，注意到维护各方同伊朗经贸合作利益免受单边长臂管辖制裁极其重要。

双方表示将继续深化在双边各领域的中俄全面战略协作伙伴关系，大力提升双方在国际事务中的协作和相互支持水平。双方呼吁世界其他国家，在不对抗、相互尊重、平等和遵守国际法准则基础上，同中国与俄罗斯就地区及全球问题开展建设性对话。[①]

6月9日　国家主席习近平在青岛会见巴基斯坦总统侯赛因。习近平祝贺巴基斯坦首次以正式成员身份参加上海合作组织峰会。习近平指出，近年来，中巴关系发展势头良好。中巴全天候战略合作不仅是中巴两国宝贵财富，也为构建新型国际关系提供了范例。中方高度重视中巴关系，愿同巴方密切高层交往和战略沟通，加强各领域友好往来，稳步推进中巴经济走廊建设以及“一带一路”框架下能源和交通基础设施等领域合作，提升反恐安全合作水平，推动两国关系得到更大发展。习近平强调，中方将继续坚定支持巴基斯坦维护国家独立、主权、领土完整，支持巴基斯坦自主选择发展道路。中方会一如既往同巴基斯坦在涉及彼此核心利益问题上相互坚定支持，维护两国乃至发展中国家共同利益。侯赛因表示，中国是巴基斯坦可靠朋友和坚定伙伴，巴中关系不可动摇。巴方恪守一个中国政策，坚定支持中国核心利益，愿继续同中方保持高

① 《中华人民共和国与俄罗斯联邦联合声明》,《人民日报》2018年6月9日，第3版。

层交往，深化经贸、安全等各领域合作，推进中巴经济走廊建设，在国际和地区问题上密切协调。巴基斯坦支持中国在国际事务中发挥更大作用，相信这对维护全球安全和稳定至关重要。[①]

国家主席习近平同俄罗斯总统普京、蒙古国总统巴特图勒嘎在青岛举行中俄蒙三国元首第四次会晤。习近平主持会晤。三国元首全面总结三方合作进展和成果，共同规划下一阶段优先任务和方向。习近平指出，中俄蒙三国元首举行首次会晤3年多来，三国围绕中方“一带一路”建设、俄方发展战略特别是跨欧亚大通道建设、蒙方“发展之路”倡议相互对接这条主线，依托互为邻国的地缘优势，推动合作逐步深入，取得阶段性成果。中俄蒙三国毗邻而居，互为传统战略伙伴，开展合作有天然优势和良好基础。在经济全球化和区域经济一体化深入推进的今天，三方要合力走出互利共赢、融合发展的普惠之路，塑造邻国之间的合作典范。习近平强调，下阶段，中俄蒙三方要深化政治互信和战略协作，加大相互支持，尊重各自核心利益，照顾彼此重大关切，在国际和地区事务中加强协调和配合，从政治上把握好三方合作大方向。要以推动重点合作事项为龙头，带动全面合作，围绕落实《建设中蒙俄经济走廊规划纲要》，着力推动经济走廊建设，积极探讨基础设施互联互通等领域合作，推进三国毗邻地区次区域合作。要扩大在上海合作组织框架内协调和配合，提升蒙方同上海合作组织关系水平，欢迎蒙方更加深入参与上海合作组织合作。普京表示，俄中蒙深化合作很重要。很高兴俄中蒙三方合作正稳步推进。俄方赞同加强三方交通运输、基础设施、海关和旅游等合作，便利贸易和人员往来。三国应当更加密切人文交流。巴特图勒嘎表示，与中、俄两个永远的邻国发展友好合作是蒙古国首要方针。蒙方愿同中、俄共同努力，落实三方合作共识，尽快启动中蒙俄经济走廊建设，推进基础设施、能源运输等合作。[②]

6月10日　上海合作组织成员国元首理事会第十八次会议10日在青岛国际会议中心举行。中国国家主席习近平主持会议并发表重要讲话。上海合作组织成员国领导人、常设机构负责人、观察员国领导人及联合国等国际组织负责

① 侯丽君、苏万明:《习近平会见巴基斯坦总统侯赛因》,《解放军报》2018年6月10日，第2版。

② 刘华、张志龙:《习近平主持中俄蒙元首第四次会晤》,《解放军报》2018年6月10日，第2版。

人出席会议。与会各方共同回顾上海合作组织发展历程，就本组织发展现状、任务、前景深入交换意见，就重大国际和地区问题协调立场，达成了广泛共识。习近平随后发表题为《弘扬“上海精神”构建命运共同体》的重要讲话。习近平指出，上海合作组织成立17年来，走过了不平凡的发展历程，取得了重大成就。我们以《上海合作组织宪章》《上海合作组织成员国长期睦邻友好合作条约》为遵循，构建起不结盟、不对抗、不针对第三方的建设性伙伴关系。这是国际关系理论和实践的重大创新，开创了区域合作新模式，为地区和平与发展作出了新贡献。今天，上海合作组织是世界上幅员最广、人口最多的综合性区域合作组织，国际影响力不断提升，已经成为促进世界和平与发展、维护国际公平正义不可忽视的重要力量。习近平指出，上海合作组织始终保持旺盛生命力、强劲合作动力，根本原因在于它创造性地提出并始终践行“上海精神”，主张互信、互利、平等、协商、尊重多样文明、谋求共同发展。当今世界，国际关系民主化已成为不可阻挡的时代潮流，安全稳定是人心所向，合作共赢是大势所趋，不同文明交流互鉴是各国人民共同愿望。我们要进一步弘扬“上海精神”，提倡创新、协调、绿色、开放、共享的发展观，践行共同、综合、合作、可持续的安全观，秉持开放、融通、互利、共赢的合作观，树立平等、互鉴、对话、包容的文明观，坚持共商共建共享的全球治理观，破解时代难题，化解风险挑战。习近平强调，“上海精神”是我们共同的财富，上海合作组织是我们共同的家园。我们要继续在“上海精神”指引下，同舟共济，精诚合作，齐心协力构建上海合作组织命运共同体，推动建设新型国际关系，携手迈向持久和平、普遍安全、共同繁荣、开放包容、清洁美丽的世界。

第一，凝聚团结互信的强大力量。我们要尊重各自选择的发展道路，兼顾彼此核心利益和重大关切，不断增强组织的凝聚力和向心力。

第二，筑牢和平安全的共同基础。我们要强化防务安全、执法安全、信息安全合作，促进阿富汗和平重建进程。未来3年，中方愿为各方培训2000名执法人员，强化执法能力建设。

第三，打造共同发展繁荣的强劲引擎。我们要促进发展战略对接，推进“一带一路”建设，加快地区贸易便利化进程。中方将在上海合作组织银行联合体框架内设立300亿元人民币等值专项贷款。

第四，拉紧人文交流合作的共同纽带。我们要扎实推进教育、科技、文化、旅游、卫生、减灾、媒体、环保、青少年等领域交流合作。未来3年，中方将为各成员国提供3000个人力资源开发培训名额，愿利用风云二号气象卫星为各方提供气象服务。

第五，共同拓展国际合作的伙伴网络。我们要强化同观察员国、对话伙伴等地区国家交流合作，密切同联合国等国际和地区组织的伙伴关系，同国际金融机构开展对话，为推动化解热点问题、完善全球治理作出贡献。

习近平最后强调，中方愿同各成员国一道，本着积极务实、友好合作的精神，全面落实本次会议的共识，支持下一任主席国吉尔吉斯斯坦的工作，携手创造上海合作组织更加光明的美好未来。

印度总理莫迪、哈萨克斯坦总统纳扎尔巴耶夫、吉尔吉斯斯坦总统热恩别科夫、巴基斯坦总统侯赛因、俄罗斯总统普京、塔吉克斯坦总统拉赫蒙、乌兹别克斯坦总统米尔济约耶夫，上海合作组织秘书长阿利莫夫、上海合作组织地区反恐怖机构执委会主任瑟索耶夫，阿富汗总统加尼、白俄罗斯总统卢卡申科、伊朗总统鲁哈尼、蒙古国总统巴特图勒嘎，联合国常务副秘书长阿明娜先后发言。他们高度评价中方为推动上海合作组织发展所作贡献和在担任主席国期间所作工作，积极评价上海合作组织接收印度、巴基斯坦加入的重要意义。各方一致表示，将继续遵循“上海精神”，不断巩固政治、安全、经济、人文等领域务实合作，完善全球经济治理体系，巩固和发展多边贸易体制，在国际法准则框架内解决地区热点问题，推动构建人类命运共同体。“一带一路”倡议再次受到了广泛欢迎和支持。

会议发表了《上海合作组织成员国元首理事会会议新闻公报》《上海合作组织成员国元首关于贸易便利化的联合声明》《上海合作组织成员国元首致青年共同寄语》《上海合作组织成员国元首关于在上海合作组织地区共同应对流行病威胁的声明》。①

6月10日　国家主席习近平在青岛会见阿富汗总统加尼。习近平指出，中国和阿富汗是传统友好邻邦，两国始终相互理解、信任、支持。巩固和发展中阿传统友好关系是中国政府坚定不移的方针。双方要保持高层交往，密切政府部门、立法机构、政党、军队各层级交流，加强地方合作。要深化经贸务实合

① 徐锦庚等:《上海合作组织青岛峰会举行》,《人民日报》2018年6月11日，第1版。

作，中方愿继续为阿富汗经济社会发展提供力所能及的帮助，支持阿富汗参与“一带一路”建设，加快实现同地区国家互联互通。要加强反恐安全合作，中方将继续坚定支持阿富汗政府维护国内安全的努力。要促进人文交流，增进两国人民相互了解和友谊。习近平强调，阿富汗实现长治久安的关键在于坚持“阿人主导，阿人所有”的政治和解进程。我赞赏总统先生今年年初向塔利班发出和平倡议，近日又宣布临时停火。中方支持阿富汗政府推进和解进程，通过政治对话解决阿富汗问题。加尼表示，祝贺中国成功主办上海合作组织青岛峰会，此次峰会为上海合作组织发展规划了美好愿景。阿富汗钦佩中国经济社会发展成就，感谢中方长期以来对阿富汗的大力帮助，特别感谢中方对阿富汗和平和解进程的宝贵支持。阿富汗支持中方“一带一路”倡议和加强区域合作的重要主张，愿深化阿中双边各领域及地区事务中合作。[1]

6月14日　国家主席习近平在人民大会堂会见美国国务卿蓬佩奥。习近平指出，中美两国在维护世界和平稳定、促进全球发展繁荣方面拥有广泛共同利益、肩负重要责任。中美合作可以办成有利于两国和世界的大事，希望双方团队按照我同特朗普总统北京会晤达成的共识，加强沟通，增进互信，管控分歧，扩大合作，推动中美关系沿着正确轨道向前发展，更好造福两国人民和世界各国人民。习近平强调，中美建交近40年来两国关系发展历程给我们的重要启迪就是，要始终正确看待彼此战略意图，尊重和照顾彼此核心利益和重大关切。中方一直致力于同美国发展相互尊重、平等相待、互利共赢的合作关系。双方要加强高层交往及机制性对话，拓展各领域合作，扩大地方和人文交流，不断夯实两国关系基础。希望美方慎重妥善处理台湾、经贸摩擦等敏感问题，防止中美关系受到大的干扰。双方要就重大国际地区和全球性问题加强沟通和协调，共同做世界和平建设者、国际秩序维护者。

蓬佩奥首先转达特朗普总统对习近平主席的问候，特别是感谢习近平主席在朝鲜半岛问题上提供的重要意见和帮助。蓬佩奥表示，在两国元首共同引领下，美中关系不断发展。美方重视发展对华关系，愿与中方加强沟通，处理好突出问题，深化各领域务实合作，并协力应对国际和地区挑战。美方赞赏中方在政治解决朝鲜半岛核问题方面发挥的重要作用，愿同中方共同努力，推动实

---

① 徐隽、肖新新:《习近平阿富汗总统加尼》,《人民日报》2018年6月11日，第2版。

现朝鲜半岛无核化和持久和平。习近平请蓬佩奥转达对特朗普总统的问候。习近平强调，此次特朗普总统同金正恩委员长实现历史性会晤并取得积极成果，这是半岛核问题政治解决进程的重要一步，中方向双方表示衷心祝贺。半岛问题错综复杂，解决起来必然是一个循序渐进的过程。希望美朝双方坚持相互尊重、相向而行，继续为政治解决半岛问题作出不懈努力。中方坚定致力于半岛无核化，坚持维护半岛和平稳定，坚持通过对话协商解决问题。中方愿继续发挥积极、建设性作用，同包括美方在内的有关各方一道，推进半岛问题政治解决进程。[①]

第五届中国—南亚博览会暨第二十五届昆明进出口商品交易会在昆明开幕。中共中央政治局委员、国务院副总理胡春华出席开幕式并致辞。胡春华指出，南亚是中国的近邻，是共建“一带一路”的重要伙伴。习近平主席2013年提出共建“一带一路”倡议、首届中国—南亚博览会2013年在昆明举办以来，中国与南亚各国借助博览会平台，深化各领域务实合作，特别是加强“一带一路”框架下的合作，取得了丰硕的成果。胡春华强调，中国和南亚是世界经济版图中最具发展动能和成长潜力的地区，未来合作有着光明的前景。中方愿意与南亚各国不断增进政治互信，加强在“一带一路”框架下的互利合作。我们欢迎南亚国家积极参加首届中国国际进口博览会，发挥互补优势，激发贸易活力。中方愿扩大与南亚国家的相互投资，加强产能合作，加快推进互联互通，壮大合作后劲。各方应拓展文化、教育、旅游、体育、媒体等领域合作，深化人文交流。中国将坚定不移全面深化改革和扩大开放，促进贸易和投资自由化便利化，欢迎南亚、东南亚各国企业抓住机遇，与中国企业携手共进，共享发展红利。开幕式结束后，胡春华考察了中国—南亚博览会部分参展国家和企业展区。13日，胡春华分别会见了来华出席博览会的阿富汗第二副首席执行官穆罕默德·穆哈齐克、越南副总理武德担、老挝副总理宋赛·西潘敦。参加会见的政要积极评价各自国家与中国双边关系取得的进展，表示愿与中方一道，落实好本国和中方最高领导人达成的共识，在“一带一路”倡议框架下加强贸易、投资和互联互通等领域务实合作，推动双边关系进一步发展。[②]

① 赵成:《习近平会见美国国务卿蓬佩奥》,《人民日报》2018年6月15日，第1版。

② 新华社:《中国南亚合作有着光明前景》,《人民日报》2018年6月15日，第2版。

外交部发言人耿爽说，中方对日方参与“一带一路”建设一直持开放态度，支持两国企业围绕“一带一路”和第三方市场取得更多合作成果。耿爽表示，不久前，中日双方签署了《关于中日第三方市场合作事项的备忘录》，决定设立跨部门的“推进中日第三方市场合作工作机制”，相信这将为两国企业开展第三方市场合作提供更好的制度保障和有效的合作平台。[①]

6月15日 国家主席习近平应约同俄罗斯总统普京通电话。习近平指出，总统先生刚刚成功对中国进行国事访问并出席上海合作组织青岛峰会，取得丰硕成果。我倍加珍视同总统先生的深厚友谊，倍加珍视中俄关系的大好局面。在中俄各自国家发展的关键时刻，在世界大势和热点问题纷繁变化的重要节点，我们两人及时保持沟通，中俄两国彼此互为牢固稳定依托，相互给予坚定有力支持，维护了两国主权、安全、发展利益，捍卫了地区及世界和平稳定和公平正义。我愿继续同总统先生一道，引领中俄全面战略协作伙伴关系持续、稳定、高水平发展。普京再次祝贺上海合作组织青岛峰会在习近平主席主持下取得圆满成功，感谢中方给予的热情接待。普京表示，不久前，我对中国进行了成功的国事访问，同习近平主席就推动俄中全面战略协作伙伴关系实现更大发展达成重要共识。我非常珍视同习近平主席的个人友谊，愿继续同习近平主席保持密切联系。我真诚祝愿在习近平主席领导下，中国发展取得更伟大的成就。[②]

外交部发言人陆慷就美方公布对华贸易措施回答记者提问。陆慷说，我必须强调，中美双方曾就经贸问题开展多轮磋商，力图解决分歧，实现双赢。令我们深感遗憾的是，美方置双方已经形成的共识于不顾，反复无常，挑起贸易战。此举既损害双边利益，又破坏世界贸易秩序，中方对此坚决反对。他说，中方并不想打贸易战，但面对美方损人不利己的短视行为，中方不得不予以强有力回击，坚决捍卫国家利益和人民利益，坚决捍卫经济全球化和多边贸易体制。我们将立即出台同等规模、同等力度的征税措施，双方此前磋商达成的所有经贸成果将同时失效。陆慷指出，当今时代，发起贸易战不符合全球利益。我们呼吁各国采取共同行动，坚决制止这种过时和倒退的行为，坚定捍卫人类

① 闫子敏：《外交部发言人表示对日本参与一带一路持开放态度》，《解放军报》2018年6月15日，第3版。

② 新华社：《习近平应约同俄罗斯总统普京通电话》，《人民日报》2018年6月16日，第1版。

共同利益。

针对美方15日公布的对华贸易措施，商务部新闻发言人当日表示，中美双方曾就经贸问题开展多轮磋商，力图解决分歧，实现双赢。令我们深感遗憾的是，美方置双方已经形成的共识于不顾，反复无常，挑起贸易战。此举既损害双边利益，也破坏世界贸易秩序，对此中方坚决反对。发言人说，中方并不想打贸易战，但面对美方损人不利己的短视行为，中方不得不予以强有力回击，坚决捍卫国家利益和人民利益，坚决捍卫经济全球化和多边贸易体制。我们将立即出台同等规模、同等力度的征税措施，双方此前磋商达成的所有经贸成果将同时失效。发言人指出，当今时代，发起贸易战不符合全球利益，我们呼吁各国采取共同行动，坚决制止这种过时和倒退的行为，坚定捍卫人类共同利益。①

6月15日　缅甸国务资政昂山素季在总统府会见了到访的中国国务委员兼国防部长魏凤和。魏凤和首先转达习近平主席和李克强总理对昂山素季的亲切问候和良好祝愿。昂山素季表示衷心感谢并请转达对习近平主席和李克强总理的亲切问候和良好祝愿。昂山素季说，缅中是友好邻邦，两国人民友谊源远流长。缅方赞赏中国在习主席领导下取得的卓越成就，感谢中方在缅经济建设与和平进程等问题上给予坚定支持。愿与中方密切沟通，积极参与“一带一路”合作，切实维护边境稳定，保持两国关系良好发展势头。魏凤和说，中缅两国山水相连，“胞波”情谊深厚。近年来，在习主席和资政阁下的领导推动下，中缅全面战略合作伙伴关系取得积极发展。中方愿与缅方一道，增进战略互信，继续在涉及彼此核心利益问题上相互坚定支持，推动“一带一路”建设取得积极进展，加强两军务实合作，维护好边境的和平稳定，为中缅两国两军关系发展作出新的贡献。同日上午，魏凤和与缅军总司令敏昂莱举行会谈。中国驻缅甸大使洪亮及缅国防部长盛温等参加上述活动。②

6月18日　柬埔寨首相洪森在金边会见到访的中国国务委员兼国防部长魏凤和。魏凤和转达习近平主席和李克强总理对洪森的亲切问候。洪森表示感谢并转达对习主席和李总理的问候和祝愿。洪森说，中国是柬的好朋友、真朋

---

① 《中国坚决捍卫国家利益和人民利益》,《人民日报》2018年6月16日，第3版。

② 《缅甸国务资政昂山素季会见魏凤和》,《解放军报》2018年6月18日，第1版。

友，柬中友谊历久弥坚。衷心感谢中方对柬经济社会发展和国防军队建设等的大力支持。柬高度赞赏在习主席领导下中国建设取得的巨大成就，坚定支持习主席关于构建人类命运共同体、共建“一带一路”等重大合作倡议，愿以两国建交60周年为契机，推动柬中全面战略合作伙伴关系向更高水平发展。魏凤和说，中柬是传统友好邻邦、铁杆朋友。在习主席和洪森首相有力引领下，中柬全面战略合作伙伴关系深入发展。中方坚定支持柬走符合本国国情的发展道路。中国军队愿与柬方一道，落实两国领导人共识，深化务实合作，为两国关系的发展作出积极贡献。①

6月19日　中共中央总书记、国家主席习近平同当日抵京对中国进行访问的朝鲜劳动党委员长、国务委员会委员长金正恩举行会谈。两国领导人就当前中朝关系发展和朝鲜半岛局势坦诚深入交换了意见，一致表示要维护好、巩固好、发展好中朝关系，共同推动朝鲜半岛和平稳定面临的良好势头向前发展，为维护世界和地区和平稳定、繁荣发展作出积极贡献。习近平指出，我们高兴地看到，金正恩委员长同志同特朗普总统在新加坡举行重要会晤，就实现半岛无核化、建立半岛持久和平机制达成原则共识，取得积极成果，中方对此高度评价。金正恩委员长同志专程来华访问，体现了对中朝两党两国战略沟通的高度重视，我对此高度评价。习近平强调，在不到3个月时间内，我同委员长同志3次会晤，为两党两国关系发展指明了方向，开启了中朝关系发展新篇章。中国党和政府高度重视中朝友好合作关系，无论国际和地区形势如何变化，中国党和政府致力于巩固发展中朝关系的坚定立场不会变，中国人民对朝鲜人民的友好情谊不会变，中国对社会主义朝鲜的支持不会变。我愿同委员长同志一道，继续落实好双方达成的重要共识，推动中朝关系长期健康稳定发展，造福两国和两国人民。习近平指出，今年是中国改革开放40周年。改革开放以来，中国人民立足国情、放眼世界，勇于自我革命、自我革新，探索出一条符合自身国情的发展道路。我们高兴地看到，朝鲜作出了将工作重心转向经济建设的重大决定，朝鲜社会主义事业发展进入新的历史阶段。我们支持朝鲜经济发展、民生改善，支持朝鲜走符合本国国情的发展道路。金正恩表示非常高兴时隔不久再次见到习近平总书记。他强调，中国是我们伟大的友好邻邦，习近

① 毛鹏飞:《柬埔寨首相洪森会见魏凤和》,《人民日报》2018年6月19日，第3版。

平总书记同志是我们非常尊敬和信赖的伟大领导人。感谢习近平总书记同志和中国党、政府、人民一直以来对我本人和朝鲜党、政府、人民的真挚友好情谊与宝贵支持。我将带领劳动党全体党员和朝鲜人民认真落实好我同总书记同志所达成的重要共识，把牢不可破的朝中关系提升到新的水平。习近平指出，一段时间以来，在有关各方共同努力下，半岛问题重新回到对话协商解决的正确轨道，半岛形势朝着和平稳定的方向发展。金正恩委员长同志为实现半岛无核化、维护半岛和平作出了积极努力。这次朝美首脑举行会晤，迈出了半岛核问题政治解决进程的重要一步。希望朝美双方落实好首脑会晤成果，有关各方形成合力，共同推进半岛和平进程。中方将一如既往发挥建设性作用。金正恩表示，前不久举行的朝美首脑会晤取得符合各方利益和国际社会期待的积极成果。如果双方能一步步扎实落实首脑会晤共识，朝鲜半岛无核化将打开新的重大局面。朝方感谢并高度评价中方在推动半岛无核化、维护半岛和平稳定方面发挥的重要作用，希望同中方及有关各方一道，推动构建朝鲜半岛持久牢固和平机制，为实现半岛持久和平共同努力。①

6月20日　国家主席习近平在人民大会堂会见尼泊尔总理奥利。习近平指出，中国和尼泊尔是患难与共的友好邻邦。习近平强调，当前中尼两国关系正面临新的发展机遇。双方要密切高层交往，加强战略沟通，继续坚持和平共处五项原则，尊重和照顾彼此核心利益和关切，巩固中尼关系政治基础，提升中尼关系政治站位。中方愿同尼方加强“一带一路”框架下基础设施互联互通、灾后重建、经贸投资等领域合作，构建全方位互利合作格局。双方要加强文化交流，打造中尼人文合作新亮点，筑牢中尼友好民意基础。要加强执法能力建设合作，共同打击跨国犯罪，维护好中尼共同安全。中尼要加强在国际重大问题上沟通协调。奥利表示，尼方高度评价习主席提出的人类命运共同体主张，并愿积极参与“一带一路”建设。②

6月21日　国家主席习近平在钓鱼台国宾馆会见巴布亚新几内亚总理奥尼尔。习近平指出，巴布亚新几内亚是太平洋岛国地区具有重要影响的国家。中巴新建交42年来，两国关系得到了历史性发展。特别是2014年我同总理先生

---

① 李忠发:《习近平同朝鲜委员长金正恩举行会谈》,《光明日报》2018年6月20日，第1版。

② 侯丽军:《习近平会见尼泊尔总理奥利》,《解放军报》2018年6月21日，第1版。

就建立战略伙伴关系达成共识以来，两国关系进入发展快车道，双方政治互信和互利合作都达到了历史新水平。中方赞赏巴布亚新几内亚坚定奉行一个中国政策，愿同巴新方共同努力，加强沟通，深化合作，扩大交流，推动两国关系不断迈上新台阶。习近平强调，两国要坚持增进政治互信，秉持相互尊重、平等相待原则，在涉及主权、领土完整、国家尊严问题上相互支持、相互照顾，不断夯实两国关系政治基础。要坚持拓展互利合作，不断做大合作“蛋糕”，开拓合作新领域。巴布亚新几内亚不久前已正式加入亚洲基础设施投资银行，并成为太平洋岛国地区首个与中方签署“一带一路”建设谅解备忘录的国家，双方要以此为新起点，积极拓展“一带一路”框架内务实合作，为双边关系持续稳定发展提供强劲动力。要坚持深化人民友谊，扩大两国民间交往和地方合作，增强两国人民对发展双边关系的参与感、获得感。中方愿同巴新方加强在多边机制中的协调配合，支持巴新办好今年的亚太经合组织领导人非正式会议，共同建设开放型亚太经济。奥尼尔表示，巴布亚新几内亚致力于深化同中国战略伙伴关系，坚定奉行“一个中国”政策，高度评价并积极支持习近平主席提出的伟大的“一带一路”倡议，期待在经贸、投资、农业、旅游、基础设施等领域同中方扩大合作。巴布亚新几内亚感谢中国对巴新筹办今年亚太经合组织领导人非正式会议的大力支持，赞赏中方在应对气候变化等方面发挥的领导作用，愿密切双方在多边和地区事务中沟通协调。①

国务院总理李克强在人民大会堂同来华进行正式访问的尼泊尔总理奥利举行会谈。李克强表示，中尼是山水相连的好朋友、好伙伴，和睦相处，守望相助，友好交往跨越千年。建交以来，两国始终在和平共处五项原则基础上发展友好合作关系。20日，习近平主席同你举行了亲切友好的会见。中方愿同尼方共同努力，为双边关系与合作发展不断增添新动力。李克强指出，中尼关系发展不仅有利于双方，也有利于地区和平、稳定与繁荣。中方赞赏尼方坚定奉行一个中国政策，尊重尼自主选择社会制度和发展道路，支持尼维护国家独立、主权和正当权益。中方愿同尼方尽快恢复和提升现有口岸功能，通过口岸、公路、铁路、航空、通信等联通工程，构建跨越喜马拉雅立体互联互通网络，提升联通水平。发挥互补优势，深化经贸、产能、投资、农产品等领域合

① 李伟江：《习近平会见巴新总理奥尼尔》，《人民日报》2018年6月22日，第1版。

作，支持中国企业赴尼投资兴业，希望尼方提供便利。争取早日启动自贸协定谈判，更好实现互利共赢。李克强强调，中尼双方都主张维护多边主义和自由贸易，在当前国际地区形势不确定性增加的背景下，用多边主义维护国际秩序稳定。中方愿同尼方密切在联合国、上海合作组织、南亚区域合作联盟等多边组织内的沟通协调，维护共同利益。奥利表示，尼中两国有长期持久紧密的联系，都奉行和平共处五项原则，尊重彼此核心利益和重大关切。尼方坚定奉行"一个中国"政策，保证尼国土不会被用于任何反华活动。尼方钦佩中方在国际政治经济事务中发挥的积极作用，赞赏中方亲诚惠容的周边外交政策和构建人类命运共同体的主张。尼方愿进一步同中方加强双边关系，扩大务实合作，加强口岸、道路、铁路、通信及跨喜马拉雅合作，密切在地区和国际问题上的沟通协调，推动两国关系取得更大发展。两国总理达成原则共识，尽早就签署中尼过境运输议定书开展事务性磋商。会谈后，两国总理共同见证了中尼政治、交通、基础设施、产能、经济技术等十余项双边合作文件的签署。①

6月22—23日　中央外事工作会议在北京召开。中共中央总书记、国家主席、中央军委主席习近平在会上发表重要讲话强调，我国对外工作要坚持以新时代中国特色社会主义外交思想为指导，统筹国内国际两个大局，牢牢把握服务民族复兴、促进人类进步这条主线，推动构建人类命运共同体，坚定维护国家主权、安全、发展利益，积极参与引领全球治理体系改革，打造更加完善的全球伙伴关系网络，努力开创中国特色大国外交新局面。②

6月26日　国家副主席王岐山在会见缅甸联邦议会议长兼民族院议长曼温凯丹时表示，在继承传统友谊基础上发展好中缅全面战略合作伙伴关系符合两国人民根本利益。习近平主席同缅甸领导人为推进新时代中缅关系指明了方向，双方要保持高层交往势头，加强沟通、加深了解、巩固互信、加强合作，实现互利共赢和多赢。中方支持缅方为保持国内和平稳定、实现国家发展所做努力，愿在"一带一路"框架下积极推进中缅经济走廊建设，加强中缅各领域特别是农业水利、基础设施、能源等重点领域务实合作。曼温凯丹表示，缅中胞波情谊源远流长，缅方很高兴看到中国发展建设取得巨大成就，感谢中方给

① 赵成：《李克强同尼泊尔总理奥利举行会谈》，《人民日报》2018年6月22日，第1版。

② 《共建人类命运共同体，同塑全球治理新局面》，《解放军报》2018年6月25日，第3版。

予的宝贵支持，希望加强缅中经济走廊建设及各领域合作。[①]

亚洲基础设施投资银行（亚投行）理事会26日在此间举行的年会上宣布，已批准黎巴嫩作为意向成员加入，其成员总数将增至87个。据悉，作为意向成员加入亚投行获批后，黎巴嫩还需走完国内法定程序并将首笔资本金缴存银行后，才能成为正式成员。亚投行创始成员国为57个，此次宣布黎巴嫩的加入，是亚投行成立以来的最新一次扩容。亚投行第三次年会25日至26日在印度孟买召开。[②]

6月27日　国家主席习近平在人民大会堂会见了来访的美国国防部长马蒂斯。习近平说，当今世界正处在大发展大变革大调整时期，世界多极化、经济全球化深入发展，国与国相互依存更加紧密。中国人民要建设社会主义现代化强国，但我们坚持走和平发展道路，不会走扩张主义和殖民主义道路，更不会给世界造成混乱。中美关系是世界上最重要的双边关系之一。中美建交近40年的历史和现实表明，中美关系发展得好，可以造福两国人民和各国人民，有利于世界和地区的和平、稳定、繁荣。中美在广泛领域存在共同利益，双方的共同点远远大于分歧。宽广的太平洋可以容纳中美两国和其他国家。中美双方应该本着相互尊重、合作共赢的原则推进两国关系发展。在看到中美存在共同利益的同时，我们也不回避双方之间存在的分歧。在涉及中国主权和领土完整问题上，我们的态度是坚定的也是明确的，老祖宗留下来的领土一寸也不能丢，别人的东西我们一分一毫也不要。习近平说，两军关系是两国关系的重要组成部分。近年来，两军关系保持良好发展势头。自古知兵非好战，加强两军各层次的交往和机制建设，有利于消除疑虑，防止误解误判和意外事件。希望两军加强沟通，增进互信，深化合作，管控风险，推动两军关系成为两国关系的稳定器。马蒂斯感谢习近平的会见，表示美方高度重视两国两军关系，两军关系在两国关系中的地位作用至关重要。美方愿以美中两国元首重要共识为引领，加强战略沟通，扩大互利合作，管控分歧风险，避免冲突对抗，使两军关系成为推动两国关系发展的建设性因素。[③]

---

① 潘洁：《王岐山会见缅甸联邦议会议长兼民族院议长》，《人民日报》2018年6月27日，第1版。

② 张兴军：《亚投行成员将增至87个》，《解放军报》2018年6月27日，第4版。

③ 梅世雄：《习近平会见美国国防部长马蒂斯》，《人民日报》2018年6月28日，第1版。

6月25—27日　中国与东盟国家11国在中国湖南省长沙市举行落实《南海各方行为宣言》第十五次高官会和第二十四次联合工作组会。外交部副部长孔铉佑作为中方高官率团出席。会议就落实《宣言》、加强海上务实合作以及“南海行为准则”磋商等议题坦诚、深入交换意见，取得了积极成果。[①]

6月28日　中央军委副主席许其亮在八一大楼会见来访的美国国防部长马蒂斯。许其亮说，中美建交近40年的实践充分说明，合则两利、斗则俱伤。希望双方进一步增进互信，深化合作，妥处分歧，管控风险，共同促进两军关系的发展，努力使两军关系成为两国关系的稳定器，为维护地区和世界的和平与安宁作出贡献。双方还就亚太形势、台湾等问题深入交换了意见。许其亮强调了南海问题的历史经纬，表明南海诸岛自古以来就是中国领土，老祖宗留下来的领土一寸也不能丢。希望美方尊重历史事实和中方主权权益。双方要加强沟通对话，妥善管控分歧，共同维护南海地区的和平与稳定。[②]

国务委员兼外交部长王毅在北京会见缅甸国务资政府部部长吴觉丁瑞。王毅说，中缅全面战略合作深入发展。中方愿同缅方保持高层接触，深化合作，推进中缅经济走廊建设。王毅表示，中方支持缅方推进国内和平进程，愿继续发挥劝和促谈作用。双方要切实维护好边境地区的和平与稳定。中方支持缅甸和孟加拉国通过友好协商妥善解决若开邦问题，并将继续提供必要帮助。吴觉丁瑞表示，缅方愿同中方加强战略沟通，维护边境地区的稳定。[③]

6月29日　外交部发言人陆慷在回答有关提问时说，一个中国原则是中美关系的政治基础，不容谈判和磋商。在当日例行记者会上，有记者问：据报道，美国驻华使馆28日发表声明称，中方已拒绝美方有关就中国要求美航空公司将“台湾”称谓改为“中国台湾”进行磋商的请求。中方对此有何评论？陆慷说，世界上只有一个中国，台湾是中国的一部分，这是客观事实、基本常识，也是国际社会的普遍共识。中国民航局下发的有关通知，体现了中国政府在一个中国原则问题上一贯、坚定的立场，有关要求完全合法合理。“我们欢

---

① 刘良桓:《落实南海各方行为宣言第十五次高官会举行》,《人民日报》2018年6月28日，第3版。

② 欧阳浩:《许其亮会见美国国防部长马蒂斯》,《解放军报》2018年6月29日，第1版。

③ 王卓伦:《王毅会见缅甸国务资政府部部长吴觉丁瑞》,《人民日报》2018年6月29日，第3版。

迎外国企业来华投资兴业，同时在华经营的外国企业必须尊重中国主权和领土完整，遵守中国法律，尊重中国人民的民族感情。”陆慷说。他强调，一个中国原则是中美关系的政治基础，不容谈判和磋商。美国政府理应敦促有关企业恪守一个中国原则，尽快对网站作出整改。[①]

6月29日 国家副主席王岐山在中南海会见孟加拉国外长阿里。王岐山表示，中孟是传统友好近邻，两国发展愿望契合、民族梦想相通。习近平主席和孟加拉国领导人共同将中孟关系提升为战略合作伙伴关系，为促进两国加深了解、增进互信、共同发展、实现互利共赢提供了新机遇。当今世界和平发展、经济全球化、构建人类命运共同体是大势所趋。中孟关系是中国亲诚惠容周边外交理念的生动体现，中方为孟发展取得的突出成就而欣喜，愿以共建“一带一路”为契机加强各领域合作，将两国领导人达成的重要共识落实在行动中。阿里表示，孟中人民友好情谊深厚，两国合作发展势头令人高兴。愿不断巩固和加强孟中各领域合作，在“一带一路”框架下推动双边关系迈上新台阶。[②]

7月2日 老挝人民革命党中央总书记、国家主席本扬在万象会见率中共代表团访老并出席第七次中老两党理论研讨会的中共中央政治局委员、中宣部部长黄坤明。黄坤明向本扬转达了习近平总书记的亲切问候和良好祝愿。他说，中老两国理想信念相通，发展道路相近，前途命运相关，是具有战略意义的命运共同体。在习近平总书记和本扬总书记的亲自关心和推动下，中老命运共同体内涵不断拓展、根基不断巩固、活力不断增强。我们将继续同老方密切配合，进一步发展互信互助互惠的中老全面战略合作伙伴关系。本扬请黄坤明转达对习近平总书记的问候，热烈祝贺中国共产党成立97周年。他高度赞赏中国改革开放40年特别是中共十八大以来取得的巨大成就，表示当前老中关系处于历史最好时期，希望同中方深化传统友好，加强治国理政交流和各领域务实合作，携手打造牢不可破的老中命运共同体。在老期间，黄坤明还会见了老挝党中央政治局委员、中央书记处书记、中央纪委书记、政府副总理本通，同老挝党中央书记处书记、中宣部部长吉乔举行会谈，出席以“中国改革开放和老挝革新事业的实践和经验”为主题的第七次中老两党理论研讨会并作主旨

---

① 闫子敏:《一个中国原则不容谈判和磋商》,《解放军报》2018年6月30日，第4版。

② 郑明达:《王岐山会见孟加拉国外长阿里》,《光明日报》2018年6月30日，第2版。

报告，出席2018澜湄合作媒体峰会并致辞。[①]

中共中央政治局委员、中央政法委书记郭声琨在京会见新加坡副总理兼国家安全统筹部长张志贤。郭声琨说，习近平外交思想是习近平新时代中国特色社会主义思想的重要组成部分。中方将在习近平外交思想指引下，同新方一道落实好两国领导人共识，大力推进"一带一路"框架下合作。希望双方执法安全部门加强禁毒、反恐、追逃追赃、打击电信诈骗等跨国犯罪方面的合作，为维护两国及地区安全稳定、构建人类命运共同体作出新贡献。张志贤表示，愿同中方深化包括执法安全在内的各领域合作。[②]

7月3日　国务委员兼国防部长魏凤和今天上午在八一大楼会见了来访的俄罗斯陆军总司令萨柳科夫。[③]

7月5日　外交部发言人陆慷在例行记者会上回应中美是否仍就贸易问题保持沟通时说，中方的立场，美方十分清楚。陆慷说，当前挑起这场摩擦、甚至有可能导致摩擦升级为贸易战的一方，并不是中国。"我们从一开始就表明了立场，并且这一立场到现在没有变化，这一点大家非常清楚。"他说，不只是中国，包括美国国内消费者、业界、所有其他经济体和全世界各国人民在内，没有人希望打贸易战。贸易战对任何国家都是不利的，损害的只能是各国产业界和消费者的利益。"我们当然不希望贸易战打起来。但是，任何国家的正当权益如果受到片面伤害，都有权利坚定捍卫自己的利益，这是毋庸置疑的。"[④]

越共中央总书记阮富仲在河内会见率中共代表团访越并出席第十四次中越两党理论研讨会的中共中央政治局委员、中宣部部长黄坤明。黄坤明向阮富仲转达了习近平总书记的亲切问候。他说，近年来，中越关系保持良好发展势头，各领域交流合作取得积极成果。新形势下，中方愿同越方一道，落实好两党总书记达成的重要共识，继承发扬中越传统友谊，深化治国理政经验交流，拓展文化、媒体、旅游等各领域合作，不断夯实中越友好的思想基础、民意基

① 孙广永、赵益普：《老挝人民革命党总书记、老挝国家主席本扬会见黄坤明》，《人民日报》2018年7月3日，第3版。

② 郑明达：《郭声琨会见新加坡副总理张志贤》，《人民日报》2018年7月3日，第3版。

③ 尹航：《魏凤和会见俄罗斯陆军司令》，《解放军报》2018年7月4日，第1版。

④ 闫子敏：《美方非常清楚中方的立场》，《解放军报》2018年7月6日，第4版。

础。黄坤明还介绍了中国共产党加强党的建设有关情况。阮富仲请黄坤明转达对习近平总书记的良好祝愿。他高度评价中共十八大以来以习近平同志为核心的党中央带领全党全国人民奋斗取得的巨大成就，表示愿同中方加强互学互鉴更好推进党的建设和社会主义事业。越方高度重视越中传统友谊，希望充分发挥两党关系的关键引领作用，推动越中全面战略合作伙伴关系持续健康稳定发展。在越期间，黄坤明还同越共中央政治局委员、中央书记处书记、中央宣教部部长武文赏举行会谈，会见越共中央政治局委员、胡志明市市委书记阮善仁，在胡志明市出席以“中国改革开放和越南革新事业的实践和经验”为主题的第十四次中越两党理论研讨会并作主旨报告。①

国务委员、公安部部长赵克志在京与乌兹别克斯坦内务部部长博博约诺夫举行会谈。赵克志表示，在习近平主席和米尔济约耶夫总统的战略引领下，中乌全面战略伙伴关系不断深入发展。希望双方认真落实两国元首共识，进一步健全“一带一路”建设项目安保合作机制，加强在打击“三股势力”和跨国犯罪、执法培训等方面的务实合作，为两国共同繁荣发展创造安全稳定环境。博博约诺夫表示，愿进一步加强执法安全合作，切实维护两国安全稳定。②

7月6日　商务部新闻发言人就美国对340亿美元中国产品加征关税发表谈话。发言人说，美国7月6日开始对340亿美元中国产品加征25%的关税。美国违反世贸规则，发动了迄今为止经济史上规模最大的贸易战。这种征税行为是典型的贸易霸凌主义，正在严重危害全球产业链和价值链安全，阻碍全球经济复苏步伐，引发全球市场动荡，还将波及全球更多无辜的跨国公司、一般企业和普通消费者，不但无助、还将有损于美国企业和人民利益。发言人指出，中方承诺不打第一枪，但为了捍卫国家核心利益和人民群众利益，不得不被迫作出必要反击。我们将及时向世贸组织通报相关情况，并与世界各国一道，共同维护自由贸易和多边体制。同时，中方再度重申，我们将坚定不移深化改革、扩大开放，保护企业家精神，强化产权保护，为世界各国在华企业创造良好营商环境。我们将持续评估有关企业所受影响，并将努力采取有效措施

① 刘刚：《越共中央总书记会见黄坤明》，《人民日报》2018年7月8日，第4版。

② 倪弋：《赵克志与乌兹别克斯坦内务部长举行会谈》，《人民日报》2018年7月6日，第3版。

帮助企业。[①]

7月9日　由中共中央宣传部、缅甸联邦政府宣传部共同主办的《习近平谈治国理政》缅文版首发式暨中缅治国理政研讨会在缅甸首都内比都举行。缅甸人民院副议长吞吞亨、民族院副议长埃达昂，联邦政府宣传部部长佩敏、自然资源和环境保护部部长翁温，以及中缅两国各界代表300多人出席此次首发式和研讨会。[②]

7月11日　外交部发言人华春莹在回应美方公布拟对中国2000亿美元输美产品加征关税清单时说，这是一场单边主义与多边主义，保护主义与自由贸易，强权与规则之战。中方将和国际社会一道，站在历史正确一边，共同维护多边贸易体制和规则。华春莹在当日例行记者会上答问时说，美方行为是典型的贸易霸凌主义，中方将作出必要反制，坚决维护自身正当合法权益。华春莹说，当今时代，各国经济不同程度融入全球产业链、价值链，彼此之间相互依存、兴衰相伴。立己达人方是正确选择。如果固守"零和博弈"的过时思维，任性挑起贸易战，不仅损害当事双方利益，也伤及全球产业链上的各方利益，不会有赢家。中国货物出口的40%，高科技产品出口的2/3都是在华外资企业实现的。"美方是在向全世界开火，也在向自己开火。多位国际经济界权威人士的有关表态也充分表明，美方失去理性的行为十分危险，害人害己，不得人心。"华春莹说，国际社会应共同努力，坚决抵制单边主义，反对保护主义，维护多边贸易体制和自由贸易规则。"这是作为负责任国家应有的担当和责任"。

商务部新闻发言人就美方公布拟对我2000亿美元输美产品加征关税清单发表谈话。发言人指出，美方以加速升级的方式公布征税清单，是完全不可接受的，我们对此表示严正抗议。美方的行为正在伤害中国，伤害全世界，也正在伤害其自身，这种失去理性的行为是不得人心的。发言人表示，中方对美方的行为感到震惊，为了维护国家核心利益和人民根本利益，中国政府将一如既往，不得不作出必要反制。与此同时，我们呼吁国际社会共同努力，共同维护

① 新华社:《商务部新闻发言人就美国对340亿美元中国产品加征关税发表谈话》,《解放军报》2018年7月7日，第4版。

② 庄北宁、车宏亮:《〈习近平谈治国理政〉缅文版首发式暨中缅治国理政研讨会在缅甸首都内比都举行》,《光明日报》2018年7月10日，第1版。

自由贸易规则和多边贸易体制，共同反对贸易霸凌主义。与此同时，我们将立即就美方的单边主义行为向世界贸易组织追加起诉。[①]

国务委员兼国防部长魏凤和今天在八一大楼会见了来访的尼泊尔军队参谋长切特里。魏凤和说，中国军队愿与尼泊尔军队一道，落实好两国领导人共识，进一步加强战略沟通，拓展人员培训、装备技术、救援减灾等领域的合作，为构建人类命运共同体和“一带一路”建设作出更大贡献。[②]

7月12日 针对美国贸易代表办公室10日发表的《关于301调查的声明》，中华人民共和国商务部12日发表声明如下：

一、美方污蔑中方在经贸往来中实行不公平做法，占了便宜，是歪曲事实、站不住脚的。美方出于国内政治需要和打压中国发展的目的，编造了一整套歪曲中美经贸关系真相的政策逻辑。事实上，美国社会经济中的深层次问题完全是美国国内结构性问题造成的，中国经济的成功从来不是对外推行“重商主义”的成功，从来不是实行所谓“国家资本主义”的成功，而是坚定推进市场化改革和不断扩大对外开放的成功。第一，关于“中美贸易不平衡”问题。美方称对华存在大量贸易逆差，其数字是被高估的，且主要原因不在中国，而在于美国国内储蓄率过低以及美元发挥着国际主要储备货币的职能，在于产业竞争力和国际分工差异，也在于美方出于冷战思维，对自身享有比较优势的高科技产品出口实施人为限制。第二，关于所谓“盗窃知识产权”问题。中国政府已建立了相对完整的知识产权法律保护体系，并不断发挥知识产权司法保护主导作用，推进设立知识产权法院和专门审判机构。2017年，中国对外支付的知识产权使用费达到286亿美元，比2001年加入世贸组织时增长了15倍之多。第三，关于所谓“强制技术转让”问题。中国政府没有对外资企业提出过此类要求，中外企业的技术合作和其他经贸合作完全是基于自愿原则实施的契约行为，多年来双方企业都从中获得了巨大利益。第四，关于“中国制造2025”等产业政策。在市场经济条件下，中国政府实施这些政策主要是指导性、引

---

① 新华社：《外交部商务部发言人回应美方公布拟对中国2000亿美元输美产品加征关税清单》，《人民日报》2018年7月12日，第2版。

② 欧阳浩：《魏凤和会见尼泊尔军队参谋长》，《解放军报》2018年7月12日，第1版。

领性的，并且对所有外资企业都是开放的。具有讽刺意义的是，美国自身在农业和制造业都存在大量补贴。

二、美方指责中方漠视中美经贸分歧、没有进行积极应对，是不符合事实的。美方声称“一直耐心地”对中方做工作，而中方置之不理。事实上，中方始终高度重视双方存在的经贸分歧，从维护中美经贸合作大局出发，从满足中国人民日益增长的美好生活需要和推动中国经济高质量发展要求出发，一直在以最大诚意和耐心推动双方通过对话协商解决分歧。仅今年2月至6月，中方就与美方进行了四轮高级别经贸磋商，并于5月19日发表《中美联合声明》，就加强双方经贸合作、不打贸易战达成重要共识，但美方出于国内政治需要，反复无常、出尔反尔，竟公然背弃双方共识，坚持与中方打一场贸易战。中方为避免经贸摩擦升级尽了最大的努力，事情发展到今天这一步，责任完全在美方。

三、美方指责中方反制行动没有国际法律依据，其实恰恰是美方单方面发起贸易战没有任何国际法律依据。2017年8月，美方不顾中方和国际社会反对，单边对华发起301调查。2018年3月，美国炮制出所谓301调查报告，不顾征求意见中高达91%的反对声音，于7月6日对中国340亿美元输美产品加征25%关税。7月11日，美国变本加厉，公布拟对中国2000亿美元产品加征关税的清单。美国301调查既在国内法项下违反其总统向国会作出的行政声明，又在国际法项下违反其在1998年欧盟诉美世贸争端案中作出的承诺。美国的征税措施公然违反世贸组织最惠国待遇基本原则和约束关税义务，是典型的单边主义、贸易保护主义、贸易霸凌主义，是对国际法基本精神和原则的公然践踏。

四、中方被迫采取反制行动，是维护国家利益和全球利益的必然选择，是完全正当、合理合法的。对于美方一再发出的贸易战威胁，中国政府反复申明“不愿打、不怕打、必要时不得不打”的原则立场。中方坚持不打第一枪，但在美方率先打响贸易战的情况下，被迫采取了对等反制措施。中方这么做，完全是为了捍卫国家尊严和人民利益，捍卫自由贸易原则和多边贸易体制，捍卫世界各国的共同利益。中国政府已经将美国单边主义行为诉诸世贸组织争端解决机制。中国政府针对美国单边做法所造成的紧急情况，被迫采取相应的双边和多边应对措施，完全符合国际法的基本精神和原则。

五、美国打贸易战不仅针对中国，还以全世界为敌，将把世界经济拖入危险境地。美方打着“美国优先”旗号，以一己之私，随意“退群”，四面树敌，不仅以知识产权为名对中国发起301调查，还以国家安全名义对全球主要经济体发起232调查，针对钢铁、铝、汽车等重要产业制造贸易摩擦。目前，已有多个世贸成员对美国采取反制措施，并将美诉诸世贸组织争端解决机制。可以说，美方发起的这场经济史上规模最大的贸易战，不是中美之间的贸易战，而是一场全球范围的贸易战。美国这么做，将会把世界经济带入“冷战陷阱”“衰退陷阱”“反契约陷阱”“不确定陷阱”，会严重恶化全球经贸环境，戕害全球产业链和价值链，阻碍全球经济复苏，引发全球市场动荡，殃及世界上众多的跨国公司和普通消费者利益。

六、中方将继续按照既定部署和节奏，坚定不移地推动改革开放，并与世界各国一道，坚定不移地维护自由贸易原则和多边贸易体制。今年是中国改革开放40周年，过去40年中国经济高速增长靠的是改革开放，未来推动经济高质量发展仍然要靠改革开放。不管外部环境发生什么变化，中国政府都将坚持发挥市场在资源配置中的决定性作用，保护产权和知识产权，发挥企业家的重要作用，鼓励竞争、反对垄断，继续推动对外开放，创造有吸引力的投资环境，坚定支持经济全球化，坚定维护国际经贸体系，与世界上一切追求进步的国家共同发展、共享繁荣。①

7月14日 针对巴基斯坦自杀式爆炸袭击一事，外交部发言人华春莹表示，中方对这起袭击事件深感震惊，予以强烈谴责。华春莹表示，中方向遇难者表示沉痛哀悼，向受伤人员和遇难者家属表示深切慰问。“中国反对一切形式的恐怖主义，坚定支持巴基斯坦政府和人民为打击恐怖主义、维护国家稳定和人民安全所作的不懈努力。”华春莹说。②

7月15日 国家主席习近平就巴基斯坦发生严重恐怖袭击事件致电巴基斯

① 王珂:《商务部发表声明》,《人民日报》2018年7月13日，第4版。

② 新华社:《强烈谴责发生在巴基斯坦的自杀式爆炸袭击》,《人民日报》2018年7月15日，第3版。

坦总统侯赛因，向无辜遇难者表示深切的哀悼，向伤者及遇难者的亲属表示诚挚的慰问。习近平表示，恐怖主义是人类的共同敌人。中方坚决反对一切形式的恐怖主义，对这一恐怖袭击事件予以强烈谴责。中国人民始终同巴基斯坦人民站在一起，坚定支持巴基斯坦为打击恐怖主义、维护国家稳定、保护人民生命安全所作的努力。[①]

7月18日　外交部发言人华春莹用四个“错”回应美方官员就所谓关税、公平、“偷窃”、报复等问题，对中方在经贸问题上的指责。当日例行记者会上，有记者问：据美国白宫网站消息，美国副总统彭斯在讲话中表示，在所有行业，中国对美商品征收的关税是美对中国商品征税的3倍，美将采取强硬措施，阻止中国“偷窃”技术。如果中国拒绝公平贸易，继续报复美国，美国不会退缩。中方对此有何回应？华春莹说，日前中国商务部声明已经系统清晰阐明了中方有关立场。既然美方官员又提到了中美经贸中的所谓关税、公平、“偷窃”、报复等问题，我可以再简要回应几点：

第一，在所有行业，中国对美国关税是美对华关税的3倍？错！以汽车关税为例，美国对乘用车的进口税率是2.5%，但是卡车进口税率是25%，而中国对进口汽车零部件关税的平均税率只有10.2%，近期又降到6%。

第二，中国拒绝公平贸易？错！中方从来主张公平贸易。但是公平不能自说自话，不能完全根据自身利益和需要来制定标准。中方正在推进新一轮对外开放，将继续努力营造开放、透明、公平、可预期的商业环境。而美国却在制造种种借口，甚至滥用“国家安全”等荒谬理由对中国企业在美正常投资和经营活动制造种种障碍和限制。中国在开门，美国在关门。谁对谁错，一目了然。

第三，中国“窃取”美国知识产权？错！美方污蔑中国“偷窃”知识产权是对历史和现实的严重歪曲。中国正坚定实施创新驱动发展战略，中国的创新成就一不靠偷，二不靠抢，而是13亿多中国人民靠智慧和汗水奋斗出来的。美国前财长萨默斯讲了句公道话：中国企业在技术上处于领先地位，不是“窃取”美国技术的结果，而是首先源于中国基础科学领域优秀的科学家和重视人

---

① 新华社：《习近平向巴基斯坦总统侯赛因致慰问电》，《解放军报》2018年7月16日，第1版。

才、关注科学的教育体系。我建议美国那些唯我独尊的人，不妨去认真读一读英国著名历史学家李约瑟先生的《中国科学技术史》。

第四，如果中国继续报复，美国不会退缩？错！正确的说法应是如果美国继续任性妄为，世界各国将更加坚决有力回击。这是一场由美国率先挑起的单边主义与多边主义、保护主义与自由贸易、强权与规则之争。坚决维护自身正当权益、维护多边贸易规则和体系是国际社会的强烈共识和决心。如果美方继续抱守“美国打人有理，别国自卫无理”的霸权逻辑，只会在孤家寡人的错误道路上越走越远。①

7月19日　国家主席习近平与柬埔寨王国国王西哈莫尼互致贺电，庆祝两国建交60周年。②

中央军委副主席张又侠在乌鲁木齐会见了巴基斯坦空军参谋长穆加希德。③

7月21日　中国政府援建的斯里兰卡国家肾内专科医院在波隆纳鲁沃举行开工典礼，斯里兰卡总统西里塞纳、卫生部长塞纳拉特纳、中国驻斯里兰卡大使程学源等出席仪式。西里塞纳说，波隆纳鲁沃地区是斯里兰卡慢性肾病最高发地区，国家肾内专科医院不仅将给该地区带来好处，也将让整个国家人民受益。他说，感谢中国政府援助，这所医院将成为南亚地区设施最好的医院。程学源表示，波隆纳鲁沃国家肾内专科医院是中斯两国领导人共同决定的合作项目，中国将在肾病预防、治疗和研究方面帮助斯里兰卡。④

7月24日　全国人大常委会委员长栗战书在人民大会堂与日本众议长大岛理森举行会谈。栗战书表示双方要珍惜老一辈政治家开创的和平友好事业，推动中日关系发展行稳致远。一是双方要按照两国领导人达成的共识，牢牢把握和平、友好、合作的正确方向，相向而行，扎实推进两国关系改善进程。二是遵守好落实好中日和平友好条约等四个政治文件，以史为鉴，面向未来，确保

---

① 闫子敏:《外交部发言人用四个“错”回应美方指责》,《解放军报》2018年7月19日，第4版。

② 新华社:《习近平同柬埔寨国王西哈莫尼互致贺电》,《解放军报》2018年7月20日，第1版。

③ 新华社:《张又侠会见巴基斯坦空军参谋长》,《解放军报》2018年7月20日，第1版。

④ 唐璐、朱瑞卿:《中国援建斯里兰卡专科医院开工》,《解放军报》2018年7月22日，第2版。

中日关系健康发展，防止干扰和反复。三是中日应把对方发展作为更大机遇，深化务实合作，为中日战略互惠关系提供坚实基础。[①]

7月25—29日　应越南共产党邀请，云南省委常委、宣传部长赵金率中共代表团访问越南，会见越共中央宣教部常务副部长武文方、林同省委书记阮春进，同越共中央对外部常务副部长陈得利座谈交流，就习近平新时代中国特色社会主义思想和中共十九大精神向越方作专题介绍。越方表示愿继续加强越中两党理论交流和治国理政经验互学互鉴，推动双边关系持续健康稳定发展。[②]

7月27日　据朝中社报道，朝鲜祖国解放战争胜利65周年之际，朝鲜最高领导人金正恩前往位于平安南道桧仓郡的中国人民志愿军烈士陵园敬献花圈，并对志愿军的丰功伟绩和朝中友谊予以高度评价。报道说，以金正恩名义敬献的花圈和以朝鲜劳动党中央委员会、朝鲜劳动党中央军事委员会、朝鲜民主主义人民共和国国务委员会共同名义敬献的花圈，被安放在志愿军烈士塔以及毛岸英墓前，金正恩默哀凭吊。报道说，金正恩瞻仰了志愿军烈士墓。他表示，朝中关系并不只因地理上靠近，而且因互相献出自己鲜血和生命凝成的战斗友谊和真诚信赖而紧密结合在一起，发展成为特殊而巩固的友好关系。他说，无论是过去还是现在，朝鲜人民为有中国这样可靠的兄弟国家、伟大的朋友而感到骄傲。

在朝鲜战争停战65周年之际，朝鲜在平壤友谊塔举行祭奠活动，深切缅怀中国人民志愿军烈士。朝鲜最高人民会议常任委员会副委员长杨亨燮、内阁副总理李龙男等朝党政军干部，中国驻朝鲜大使李进军及使馆外交人员、旅朝华侨、在朝留学生、驻朝机构和媒体等共同凭吊中国人民志愿军烈士。正在朝鲜访问的中国外交部副部长孔铉佑也率团参加祭奠活动。朝鲜劳动党平壤市委员会和平壤市人民委员会、朝中友好协会等以及旅朝华侨、在朝中国留学生、中国驻朝机构和媒体等也向友谊塔敬献了花圈。[③]

7月28日　国家国际发展合作署宣布，鉴于老挝南部地区近日突发溃坝事

---

① 侯丽军：《栗战书与日本众议长大岛理森举行会谈》，《光明日报》2018年7月26日，第3版。

② 新华社：《中共代表团访问越南》，《人民日报》2018年7月30日，第3版。

③ 新华社：《金正恩赴桧仓向中国人民志愿军烈士陵园敬献花圈》，《解放军报》2018年7月28日，第3版。

故，中国政府决定紧急向老挝政府提供一批人道主义援助物资。国家国际发展合作署表示，鉴于老挝南部地区近日突发溃坝事故，造成人员伤亡和财产损失，为帮助老挝政府救助受灾民众，中国政府决定紧急向老挝政府提供一批人道主义援助物资，主要包括100艘冲锋舟、500顶帐篷、100套净水器等。中方将以最快速度筹措物资，运抵灾区，让当地民众尽快得到妥善安置。①

8月1日 马来西亚总理马哈蒂尔在总理府会见国务委员兼外交部长王毅。王毅说，随着马来西亚新政府成立，中马关系站在了一个新的历史起点上。中方愿同马方共同努力，对未来合作进行全方位规划设计，开辟中马关系新的美好未来。双方还就地区形势及中美经贸摩擦等问题交换了看法，一致认为，打贸易战没有赢家，面对当前逆全球化和保护主义行径，中马和地区国家应坚定推进东亚经济共同体建设，共同维护新兴经济体国家的团结和正当发展权益。②

8月2日 国务委员兼外交部长王毅出席在新加坡举行的中国—东盟（10+1）外长会议。王毅表示，中国—东盟建立战略伙伴关系15年来，双方关系不断发展，实现了从量的积累到质的飞跃，从快速发展的成长期迈入提质升级的成熟期，进入了全方位发展的新阶段。中国愿与东盟共享机遇，共迎挑战，构建更为紧密的命运共同体，使中国—东盟合作成为地区和平稳定与发展繁荣的支柱。东盟各国外长在发言中感谢中国支持东盟共同体建设，支持东盟在区域合作中的中心地位，充分肯定东盟—中国关系发展取得的重大积极进展。外长们一致认为，面对当前保护主义抬头的严峻形势，中国和东盟应尽快达成“区域全面经济伙伴关系协定”，坚定致力于自由贸易和区域经济一体化进程，维护多边主义和以规则为基础的多边贸易体制。外长们一致欢迎中国—东盟国家形成“南海行为准则”单一磋商文本草案，表示希望双方继续推进准则磋商，共同维护地区和平稳定，促进地区发展繁荣。③

针对美方拟提高对中国2000亿美元输美产品征税税率，商务部新闻发言人表示，美方这两天有两个动作，一方面发表声明，要把对中国2000亿美元输美产品的征税税率由10%提高到25%，另一方面四处散风，要和中方恢复

① 新华社:《中国将向老挝提供紧急人道主义援助》,《人民日报》2018年7月30日，第3版。

② 新华社:《马来西亚总理马哈蒂尔接见王毅》,《人民日报》2018年8月2日，第3版。

③ 张志文:《中国—东盟外长会议在新加坡举行》,《人民日报》2018年8月3日，第3版。

谈判。发言人指出，美方不仅不顾全世界的利益，甚至也不顾美国普通农民、企业家和消费者的利益，对中方玩弄软硬兼施的两手策略，这种做法对中方不会有任何作用，也使世界上反对贸易战的国家和地区感到失望。发言人说，对于美方升级贸易战的威胁，中方将不得不作出反制，以捍卫国家尊严和人民利益，捍卫自由贸易和多边体制，捍卫世界各国共同利益。同时，中方一贯主张通过对话解决分歧，但前提是必须平等相待和信守诺言。①

8月3日 新加坡总理李显龙在总理府会见国务委员兼外交部长王毅。王毅转达中国领导人对李显龙的问候。王毅说，今年是中国改革开放40周年，也是邓小平先生访新40周年，对于中国发展和中新关系都是继往开来的重要年份。中方愿与新方继续密切高层交往，在共建“一带一路”进程中持续深化重大项目和重大领域合作，加快推进“南向通道”建设，落实第三方合作。王毅表示，新加坡找到了一条富有新加坡特色的成功发展道路，中国也走出了一条成功的中国特色社会主义道路。当今世界正面临百年未有之变局，一些国家民粹主义、单边主义不断抬头。历史教训殷鉴不远。中新作为负责任的国家，应当和其他国家一道，承担起应有责任，坚定支持多边主义，坚定维护国际规则和多边贸易体制，坚定推进开放型世界经济的构建，坚定维护世界的和平与发展。李显龙请王毅转达对中国领导人的亲切问候，表示当今世界的确面临很多重大威胁和挑战，以开放包容心态加强国际合作，因应形势发展中的不确定和不稳定性，对于维护地区和世界的持久和平与发展至关重要。②

2018年7月11日美国政府发布了对从中国进口的约2000亿美元商品加征10%关税的措施。8月2日美国贸易代表声明称拟将加征税率由10%提高至25%。美方背离了双方多次磋商共识，单方面再次升级了贸易摩擦，严重违反世界贸易组织规则，破坏全球产业链和自由贸易体制，实质性损害了我国国家和人民利益，也将对包括美国在内的世界经济发展造成负面影响。针对美方上述措施，中方被迫采取反制措施。根据《中华人民共和国对外贸易法》《中华人民共和国进出口关税条例》等法律法规和国际法基本原则，经国务院批准，国务院关税税则委员会决定对原产于美国的5207个税目约600亿美元商品，加

---

① 于佳欣：《商务部新闻发言人发表谈话》，《解放军报》2018年8月3日，第4版。

② 张志文：《王毅会见新加坡总理李显龙》，《人民日报》2018年8月4日，第4版。

征25%、20%、10%、5%不等的关税。如果美方一意孤行，将其加征关税措施付诸实施，中方将即行实施上述加征关税措施。[①]

8月4日 国务委员兼外交部长王毅出席在新加坡举行的第八届东亚峰会外长会。王毅表示，东亚峰会作为“领导人引领的战略论坛”，迄今为地区和平、稳定和发展作出了积极贡献。对于东亚峰会未来发展，中方认为应坚持几条原则。

一是以东亚为中心。东亚已形成了以东盟为中心的区域合作架构，东亚峰会是其中的重要组成部分。要秉持相互尊重、协商一致、开放包容的精神，把握机制发展方向，继续聚焦亚太，聚焦东亚，维护东盟在区域合作中的中心地位，共同把这个地区的事情做好，防止合作偏离方向。

二是平衡经济社会发展与政治安全合作。发展是地区国家最普遍、最重要的关切，也是地区合作最强劲的动力。政治安全合作应着眼于为发展提供和平稳定的环境，打造符合地区实际、满足各方需要的区域安全架构。

三是统筹战略沟通与务实合作。要在就共同关心的全球性、地区性问题进行战略沟通的同时，扎实推进重点领域合作，为峰会发展提供坚实支撑。[②]

8月8日 针对美方决定自8月23日起对约160亿美元中国输美产品加征25%的关税，商务部新闻发言人8日发表谈话指出，美方这一行为又一次将国内法凌驾于国际法之上，是十分无理的做法。中方为维护自身正当权益和多边贸易体制，不得不做出必要反制，决定对约160亿美元自美进口产品加征25%的关税，并与美方同步实施。[③]

8月12日 国务院总理李克强与日本首相安倍晋三互致贺电，庆祝中日和平友好条约缔结40周年。李克强表示，中方愿同日方继续本着以史为鉴、面向未来的精神，遵循中日四个政治文件各项原则，维护政治基础，深化互利合作，妥善管控分歧，推动中日关系长期健康稳定发展。[④]

---

① 陈炜炜、韩洁:《决定对来自于美国的部分进口商品（第二批）加征关说》,《解放军报》2018年8月4日，第3版。

② 张志文:《王毅出席第八届东盟峰会外长会》,《人民日报》2018年8月5日，第3版。

③ 王珂:《对中方对约160亿美元自美进口产品采取反制措施发表谈话》,《人民日报》2018年8月9日，第2版。

④ 新华社:《李克强与日本首相安倍晋三就中日和平友好条约缔结四十周年互致贺电》,《人民日报》2018年8月13日，第1版。

8月14日　国防部新闻发言人吴谦就美方签署“2019财年国防授权法案”发表谈话。吴谦说，美国当地时间8月13日，美方签署“2019财年国防授权法案”。该法案涉华内容充斥冷战思维，渲染中美对抗，干涉中国内政，违反一个中国原则和中美三个联合公报规定，破坏中美两国两军关系发展氛围，损害中美互信与合作，中国军队对此坚决反对，并已向美方提出严正交涉。吴谦表示，台湾是中国的一部分。台湾问题事关中国主权和领土完整，是中美关系中最重要、最敏感的核心问题。我们坚决反对任何国家与台湾开展任何形式的官方往来和军事联系，这一立场坚定明确。我们决不允许任何人、在任何时候、以任何形式把台湾从中国分裂出去。吴谦强调，人无信不立，国无信则衰。我们敦促美方恪守在台湾问题上向中方作出的承诺，恪守一个中国原则和中美三个联合公报规定，慎重处理涉台问题，以免损害中美两国两军关系和台海和平稳定。①

8月15日　中共中央总书记习近平向柬埔寨人民党主席洪森致贺电，祝贺其领导柬埔寨人民党在第六届国会选举中获胜。习近平在贺电中说，我们高兴地看到，近年来，在以洪森首相为首的柬埔寨王国政府正确领导下，柬埔寨政治稳定，经济快速发展，国际地位不断提升，各领域建设取得可喜成就，我们对此高度评价。我们相信，柬埔寨人民党将继续团结带领柬埔寨人民走符合本国国情的发展道路，促进经济发展，不断改善民生，增进民族团结，为柬埔寨国家繁荣和人民幸福、为地区稳定与发展作出新的更大贡献。中国共产党高度重视同柬埔寨人民党的友好合作关系，愿加强两党交往对两国关系的政治引领，深化治党治国经验交流，推动中柬全面战略合作伙伴关系不断向前发展，共同推动构建人类命运共同体，造福两国和两国人民，促进地区和世界繁荣进步。同日，国务院总理李克强也致电祝贺柬埔寨首相洪森。李克强在贺电中说，中柬是好邻居、好伙伴。中方将一如既往地支持柬埔寨走符合本国国情的发展道路，支持贵国维护稳定、加快发展、改善民生。我们愿同柬方以中柬建交60周年为契机，推动两国全面战略合作伙伴关系迈上新的台阶，共同构建具有战略意义的命运共同体。②

---

① 新华社:《国防部发言人发表谈话》,《解放军报》2018年8月15日，第4版。

② 新华社:《习近平向柬埔寨人民党主席洪森致贺电》,《解放军报》2018年8月15日，第1版。

针对日本首相安倍晋三向靖国神社捐献祭祀费一事，外交部发言人陆慷答记者问时表示，中方敦促日方切实正视和深刻反省侵略历史，以实际行动取信于亚洲邻国和国际社会。有记者问，今天是日本战败纪念日，目前没有日本内阁成员参拜靖国神社，日本首相安倍晋三捐献了祭祀费，一些国会议员参拜。中方对此有何评论？陆慷说，中方注意到目前没有日本内阁成员参拜靖国神社，同时也注意到日本首相安倍晋三向靖国神社捐献了祭祀费，一些国会议员参拜。靖国神社供奉着对侵略战争负有直接责任的甲级战犯，我们坚决反对日方的错误做法。中方敦促日方切实正视和深刻反省侵略历史，以实际行动取信于亚洲邻国和国际社会。①

8月17日 国务院总理李克强致电伊姆兰·汗，祝贺他当选巴基斯坦伊斯兰共和国总理。李克强在贺电中表示，中巴是全天候战略合作伙伴，两国关系历经时间和国际风云变幻的考验，始终健康稳定向前发展。近年来，中巴政治互信更加深厚，"一带一路"合作卓有成效，中巴经济走廊建设成果丰硕，给两国和两国人民带来实实在在的利益。我赞赏你坚定发展中巴关系的积极表态，愿同你建立良好的工作关系和个人友谊，共同传承中巴传统友好，深化两国各领域互利合作，为打造中巴命运共同体不懈努力。②

国防部新闻发言人吴谦就美发表2018年度《中国军事与安全发展态势报告》发表谈话。吴谦说，美国国防部发表2018年度《中国军事与安全发展态势报告》，曲解中国战略意图，渲染所谓"中国军事威胁"，妄议两岸关系和台海形势等。中国军队对此表示坚决反对，并向美方提出严正交涉。他表示，中国坚定走和平发展道路，坚定奉行防御性国防政策，始终是世界和平的建设者、全球发展的贡献者、国际秩序的维护者。近年来，中国军队越来越多地执行维和、护航、救灾等海外军事任务，在力所能及范围内承担更多国际责任，提供更多公共安全产品，所做贡献和努力得到国际社会的普遍赞赏。中国军队加强现代化建设，是为了维护国家的主权、安全和发展利益，维护世界的和平、稳定与繁荣。中国军队改革、武器装备发展、网络空间防御能力建设正当

---

① 新华社：《敦促日方切实正视和深刻反省侵略历史》，《人民日报》2018年8月16日，第3版。

② 新华社：《李克强向巴基斯坦新任总理伊姆兰·汗致电》，《光明日报》2018年8月18日，第1版。

合理。美方报告中的指责纯属臆测。吴谦说，台湾是中国的一部分，这是铁的事实。我们要求美方恪守一个中国原则和中美三个联合公报规定，慎重处理涉台问题。中国军队将一如既往，坚定捍卫国家主权和领土完整，坚定维护台海地区和平稳定。吴谦强调，中方在海上问题上的立场是一贯的、明确的。中方致力于与有关国家通过直接谈判协商和平解决争议。中方在南海岛礁开展和平建设活动，是主权国家的合法权利，除满足必要的国土防卫需求外，是为民事需求服务，以更好地履行国际责任和义务。美方打着“航行自由”的旗号，频繁派舰机赴南海挑衅，制造紧张局势，才是地区和平稳定的真正威胁。美方年复一年地发表所谓“中国军事与安全发展态势报告”，损害中美互信，不符合双方的共同利益。我们要求美方摒弃冷战思维，客观理性看待中国的国防和军队建设，停止发表有关报告，以实际行动维护两军关系稳定发展。[①]

8月20日　国家主席习近平在钓鱼台国宾馆会见马来西亚总理马哈蒂尔。习近平强调，双方要接续友谊，深化合作。马来西亚是东盟成立后率先同中国建交的东盟国家。中方坚定奉行中马友好，相信新时期中马关系大有可为。要本着相互尊重、友好协商的原则，妥善对待存在问题，坚持友好合作的大方向，实现互利双赢。要立足亚洲，胸怀世界，坚持战略自主，推动中国—东盟合作提质升级，推动东亚经济共同体建设；赋予南南合作新活力，提高发展中国家代表性和发言权；旗帜鲜明反对单边主义和贸易保护主义。习近平指出，马来西亚是古代海上丝绸之路沿线重要国家，也是最早响应“一带一路”倡议的沿线国家。双方要以共建“一带一路”为主线推进新时期中马务实合作。要加强统筹规划和各自发展战略的对接，推进产业和创新合作。要培育新合作亮点，探讨合作新领域、新思路、新模式，持续做大合作增量，扩大互利共赢。探讨在“一带一路”沿线国家开展第三方合作，为地区和世界经济发展注入更多正能量。[②]

中共中央总书记、国家主席习近平在北京会见越共中央政治局委员、中央书记处常务书记陈国旺。习近平请陈国旺转达对阮富仲总书记同志和陈大光主席同志的亲切问候。习近平表示，当前，国际和地区形势正在发生深刻复杂变

---

① 卢晓琳:《国防部发言人就美发表2018年度〈中国军事与安全发展态势报告〉发表谈话》,《人民日报》2018年8月19日，第4版。

② 李伟红:《习近平会见马来西亚总理马哈蒂尔》,《人民日报》2018年8月21日，第1版。

化，中越关系和两国社会主义事业步入新的发展阶段，面临新的机遇和挑战。去年我同阮富仲总书记实现第二次互访，就深化两党两国关系达成一系列重要共识。中越关系总体向好发展势头更加巩固，中越友好合作潜力不断得到释放，我们对此感到高兴。我们愿同越方一道，就一些全局性、战略性重大问题深入沟通，加强对中越关系发展的政治引领，推动中越关系进一步发展。习近平指出，今年是中越全面战略合作伙伴关系建立10周年。10年来，中越关系得到长足发展，有力促进了两国各自发展，增进了人民福祉，也为推进世界社会主义事业、维护地区和平稳定作出了积极贡献。中方始终坚持从战略高度和长远角度看待两党两国关系，愿同越方一道，在"十六字"方针和"四好"精神指引下，使中越关系沿着正确轨道不断向前迈进。双方要通过多种形式保持高层交往，加强对双边关系的政治引领；要加大两国发展战略对接和政策沟通，不断深化务实合作；要坚持对话协商，有效管控分歧，推动两国海上共同开发早日取得实质进展；要进一步夯实双边关系的民意基础，培养两国民众相亲相近的友好感情。习近平表示，中国共产党与越南共产党在加强党的自身建设方面有很多共同语言。我们愿同越南共产党加强交流互鉴，全面推进党的建设新的伟大工程，不断提高各自执政能力。[①]

国务院总理李克强在人民大会堂与马来西亚总理马哈蒂尔举行会谈后共同会见记者并回答提问。双方积极评价会谈坦诚务实、高效深入。双方一致认为，中马关系继续向前发展符合两国人民的意愿，也是两国政府共同努力的方向，一致同意把握中马睦邻友好的大方向，做贸易投资的伙伴、产业合作的伙伴、创新增长的伙伴，实现互利共赢，造福两国人民。李克强指出，中国政府高度重视中马关系，我们坚持中马友好、持续推进两国务实合作的政策不会改变。中方愿同马方一道，推动中马睦邻友好达到新高度，在新起点上打造中马务实合作新格局，在电子商务、传统产业升级制造、技术创新领域开拓中马务实合作新空间。双方还同意通过产能、产业合作等，继续扩大双向开放。双方愿在扩大贸易规模的基础上推动双边贸易更加平衡发展。中方愿意扩大进口符合中国消费者需求的马方优质特色产品。李克强指出，中马关系的重要性已经

---

① 白洁:《习近平会见越共中央政治局委员、越共中央书记处常务书记陈国旺》,《解放军报》2018年8月21日，第1版。

超出双边范畴。当前国际形势下，双方一致同意共同维护自由贸易，反对贸易保护主义，推动经济全球化进程健康向前发展。双方致力于推动东亚共同体建设，支持东盟在区域合作中的中心地位，共同向地区和世界发出中马继续保持长期友好的积极信号，维护地区的和平、稳定与发展。马哈蒂尔表示，中国是马来西亚的重要伙伴，马中关系与合作使双方受益。中国在创业创新方面发展迅速，马方希望向中方学习，提升双方电子商务、创新合作水平。作为亚洲国家，马中同为亚洲价值观感到自豪，我们愿一道支持全球化，维护开放、自由、公平的国际经济体系。[①]

8月22日　国务委员兼外交部长王毅会见来华参会的菲律宾外长卡耶塔诺。双方认为增进相互信任极为重要，愿积极推动两国各部门各层级加强交流，增进了解，巩固和深化互信。双方同意共同努力为两国下阶段高层往来做好准备。鉴于菲律宾已出任中国—东盟关系协调国，双方还一致同意共同推进中国—东盟全面战略伙伴关系，继续全面有效落实《南海各方行为宣言》，积极有序推进“南海行为准则”磋商。[②]

中越两军边境联合义诊活动开幕式在越南高平省复合县举行。未来7天，两军将展开以“携手服务军民，共创健康未来”为主题的义诊活动，为两国边境居民提供优质医疗服务。仪式结束后，两军医疗队随即为当地边民开展疑难病例会诊、健康知识宣教等活动。据我军医疗一队队长文其武介绍，我军医疗队队员来自内科、外科、传统医学等多个学科，具备较高专业水平和丰富诊疗经验。截至当天中午12时，医疗队已接诊病人380余人次。[③]

8月23日　蒙古国总统巴特图勒嘎在乌兰巴托国家宫会见国务委员兼外交部长王毅。巴特图勒嘎表示，蒙方钦佩中国的发展成就，重视中国的国际地位，始终将对华关系作为蒙外交的优先方向。明年是蒙中建交70周年，蒙方愿同中方一道，精心设计安排纪念庆祝活动，以此为契机推动两国友好更加深入民心，两国全面战略伙伴关系迈上新台阶。王毅转达习近平主席对巴特图勒嘎的亲切问候。王毅表示，中蒙是山水相连的友好邻邦。中方始终尊重蒙古国的独立、主权和领土完整，相信蒙方也会支持中方维护自身核心利益的努力。

① 赵成:《李克强同马来西亚总理马哈蒂尔会谈》,《人民日报》2018年8月21日，第3版。

② 新华社:《王毅会见菲律宾外长卡耶塔诺》,《人民日报》2018年8月23日，第3版。

③ 周娜、黄翔:《中越两军启动边境联合义诊活动》,《解放军报》2018年8月23日，第4版。

中方愿以明年两国建交70周年为契机，同蒙方共同规划双边关系未来发展蓝图。同日，王毅还会见了蒙古国国家大呼拉尔主席恩赫包勒德，并同蒙古国外长朝格特巴特尔举行会谈。[①]

8月24日 “和平使命-2018”上海合作组织联合反恐军事演习开幕式，在俄罗斯切巴尔库尔训练基地举行。中方联演导演、西部战区联合参谋部参谋长助理马启贤在致辞中表示，此次联合军演是上合组织深化防务与安全领域合作的重要内容，是体现各成员国互信协作的重要平台，是在国际和地区反恐形势更趋复杂的背景下举行的一次重要演习。演习有助于提升上合组织成员国共同应对新威胁、新挑战的能力，对于推动上合组织防务安全合作走深走实和维护地区和平稳定发挥积极作用。“和平使命-2018”联合反恐军事演习以“山地联合反恐怖行动”为主要内容，分战略磋商、联合反恐战役准备和战役实施3个阶段实施，参演总兵力3000余人，动用战斗机、直升机以及坦克、步战车、自行火炮等各型武器装备500余台。演习将于29日结束。[②]

8月24日 国家副主席王岐山在京会见了日中协会会长、自民党众议员野田毅率领的日中协会代表团。王岐山表示，中日交往源远流长，两国关系长期健康稳定发展顺应历史潮流、符合两国人民利益。今年是中日和平友好条约缔结40周年，双方应以中日四个政治文件为基础，本着以史为鉴、面向未来的精神，妥善处理问题和分歧，保持两国关系积极改善势头。要落实好两国领导人达成的重要共识，继续相向而行，深化务实合作。希望日中协会不忘初心、坚定信念，继续发挥民间友好独特优势，为两国关系改善作出积极贡献。日方表示，日中协会愿以日中和平友好条约缔结40周年和中国改革开放40周年为契机，坚定不移为日中两国关系改善发展作出新的努力。[③]

国务委员王勇在曼谷与泰国副总理颂奇共同主持召开中泰经贸联委会第六次会议。王勇表示，去年习近平主席与巴育总理两次会晤，为两国关系发展指明新方向。双方应以此为指引，认真落实两国领导人达成的重要共识，加强“一带一路”框架下发展战略对接，推动两国各领域务实合作向更大规模、更

① 霍文：《蒙古总统会见王毅》，《人民日报》2018年8月23日，第3版。

② 《“和平使命-2018”联合军演正式开幕》，《解放军报》2018年8月25日，第4版。

③ 孙奕：《王岐山会见日中友协代表团》，《人民日报》2018年8月25日，第1版。

宽领域、更深层次拓展。颂奇表示，泰方高度重视深化两国经贸合作，愿借鉴中国发展经验，加强“东部经济走廊”与“一带一路”建设衔接，为中方企业赴泰投资提供便利，支持泰方企业积极参加首届中国国际进口博览会。双方一致认为，新形势下两国应共同反对单边主义和贸易保护主义，推动贸易投资自由化便利化。双方围绕经济发展战略对接，加强贸易投资、互联互通、农业、科技、航天、旅游、金融等领域合作开展广泛而深入的交流探讨，达成多项成果。会后，双方签署会议纪要及多份合作文件。[①]

8月27日　中国和柬埔寨赴黎巴嫩维和部队在黎巴嫩与以色列边境“蓝线”附近一处雷场组织现场研讨活动，就如何安全高效开展扫雷作业交流经验做法。中柬维和部队官兵采取装备器材动态与静态展示、现场解说与互换装备体验、雷场实地作业与空间位移模拟扫雷相结合等方法，就各自使用的装备进行了展示。此次研讨交流是中国赴黎维和部队针对当前面临的安全形势和任务特点牵头组织的，旨在增进双方了解，交流扫雷排爆经验，增强两支分队遂行联合扫雷任务的协作意识。[②]

8月29日　2018年“纪念中日和平友好条约缔结40周年中日大学生千人交流大会”29日在北京大学举行。国务院总理李克强和日本首相安倍晋三分别致贺词。李克强表示，中方愿同日方相向而行，在中日之间四个政治文件基础上，以史为鉴，面向未来，深化互利合作，促进共同发展，维护繁荣稳定。李克强指出，青年人代表着未来。中日两国的青年人怎么看对方，会影响两国关系今后的走向和发展。中国政府将一如既往支持两国青年互访交流。希望两国青年通过此次大会，重温缔约精神、拓展沟通方式、相互砥砺学习、增进理解互信，为两国关系长期健康稳定发展加油助力。[③]

8月29日　国务委员兼外交部长王毅在中南海会见来访的日本外务事务次官秋叶刚男。王毅表示，李克强总理今年5月成功访问日本，中日关系重回正

---

① 林芮：《王勇赴泰主持中泰经贸联委会第六次会议》，《人民日报》2018年8月25日，第3版。

② 张贵杰、杨双权：《中柬赴黎维和部队组织扫雷现场研讨》，《解放军报》2018年8月30日，第4版。

③ 新华社：《李克强和日本首相安倍晋三向“纪念中日和平友好条约缔结40周年中日大学生千人交流大会”致贺词》，《人民日报》2018年8月30日，第1版。

常轨道。两国关系历经曲折取得的改善势头值得双方珍惜。今年是中日和平友好条约缔结40周年。双方要坚持中日四个政治文件和四点原则共识，维护好两国关系的政治基础。中方愿与日方拓展创新、第三方市场等领域务实合作，推进东亚经济共同体建设和区域一体化进程。秋叶刚男表示，日方对日中关系重回正常轨道感到高兴，愿同中方一道努力，推动两国关系不断向前发展。[①]

9月4日 哈萨克斯坦议会上院议长托卡耶夫在阿斯塔纳会见了到访的中央军委副主席许其亮。许其亮表示，双方将“丝绸之路经济带”倡议和“光明之路”新经济政策全面对接，把中国梦与“哈萨克斯坦梦”联系在一起，必将为两国人民带来更多福祉。两军务实合作近年来取得重要成果，未来发展空间广阔。中方愿与哈方一道，落实好两国元首达成的重要共识，深化两军务实交流合作，进一步增进战略互信，不断提升两军关系水平，共同维护地区和平稳定。[②]

9月5日 国务委员兼国防部长魏凤和在京会见新加坡三军总长王赐吉。魏凤和说，在习近平主席和李显龙总理共同引领下，中新关系持续巩固深化。中方愿与新方一道，加强高层战略沟通，不断推进联演联训、智库交流等领域务实合作，持续深化地区多边安全合作与协调，推动发展中新与时俱进的全方位合作伙伴关系，积极维护地区和平稳定。王赐吉说，新方重视中国在国际和地区事务中的重要影响和作用，愿与中方加强合作，增进战略互信，促进两国两军关系的发展。[③]

9月6日 中共中央政治局常委、全国政协主席汪洋在京出席朝鲜驻华使馆国庆70周年招待会并致辞。汪洋表示，中方愿同朝方一道维护好、巩固好、发展好中朝关系，更好地造福两国和两国人民，为地区和平与稳定作出新的贡献。朝鲜驻华大使池在龙表示，发扬光大朝中传统友谊是朝鲜党和政府坚定不移的立场，朝方愿同中方携手努力，推动两党、两国关系取得新的更大发展。[④]

9月7日 国务院总理李克强在中南海紫光阁会见美国埃克森美孚公司董

---

① 许可：《王毅会见日本外务事务次官秋叶刚男》，《人民日报》2018年8月30日，第3版。

② 关建武、李勇：《哈萨克斯坦上院议长会见许其亮》，《解放军报》2018年9月5日，第3版。

③ 梅常伟：《魏凤和会见新加坡三军总长》，《人民日报》2018年9月7日，第3版。

④ 郑明达：《汪洋出席朝鲜使馆70周年国庆》，《光明日报》2018年9月7日，第3版。

事长兼首席执行官伍德伦。李克强表示，中美双向投资健康发展不仅有利于双方，也有助于世界经济稳定发展和国际贸易增长。世界各国应当共同维护贸易和投资自由化便利化。欢迎埃克森美孚在华建设大型独资石化项目。希望包括贵公司在内的外国企业抓住机遇，按照市场规则和商业原则同中方开展合作，更好实现互利共赢。李克强指出，过去40年中国发展取得的成就得益于改革开放，这条路我们会坚定不移走下去。中方将进一步放宽市场准入，对中外企业一视同仁，更好保护知识产权，不断优化营商环境，为外国企业来华投资提供更多便利，继续成为外国投资的热土。希望包括埃克森美孚在内的美国企业积极扩大对华投资，同时发出客观公正的声音，推动外界积极理性看待中国改革开放和发展。埃克森美孚公司此次同中方商谈了100亿美元独资石化项目落户广东事宜。伍德伦表示，埃克森美孚公司同中国有着长期合作关系。我们赞赏中国政府近期出台的一系列扩大开放、优化营商环境、保护知识产权等举措，这不仅有助于中国实现自身发展目标，也将为包括埃克森美孚公司在内的各国企业在华开展合作提供广阔机遇。我们的发展目标同中方发展规划有很多契合之处，对有关合作项目的成功抱有信心，愿以世界一流技术助力中国制造，开展长期合作。[①]

国家副主席王岐山在京出席中国人民对外友好协会和中朝友好协会举办的朝鲜国庆70周年庆祝招待会。王岐山向朝鲜同志70年来在社会主义革命和建设事业中取得的丰硕成果表示祝贺。他说，中朝是山水相连的友好近邻。今年以来，习近平总书记和金正恩委员长举行了3次历史性会晤，为中朝关系长远发展提供了指南。不论国际和地区形势如何变化，中国党和政府致力于巩固发展中朝关系的坚定立场不会变，中国人民对朝鲜人民的友好情谊不会变，中国对社会主义朝鲜的支持不会变。中方愿同朝方一道，切实落实好两国最高领导人达成的重要共识，推动两国关系不断取得新的更大发展。朝鲜驻华大使池在龙表示，朝中友谊是两国老一辈领导人亲手缔造的宝贵财富。朝方愿同中国同志一道，按照两国元首达成的重要共识，将朝中友好事业发扬光大。[②]

吉尔吉斯斯坦总统热恩别科夫在比什凯克会见了到访的中央军委副主席许

---

① 王远：《李克强会见美国客人》，《人民日报》2018年9月8日，第1版。

② 王迪：《王岐山出席朝鲜70周年国庆招待会》，《人民日报》2018年9月8日，第3版。

其亮。许其亮说，中吉两国山水相依、休戚与共、世代友好。古丝绸之路和“一带一路”倡议把两国人民紧紧联系在一起。中吉双方的合作为维护两国乃至中亚地区的安全稳定发挥了重要作用。中方愿与吉方一道，落实好两国元首达成的重要共识，为两国全面战略伙伴关系发展增添新内涵。①

9月8—10日 应朝鲜劳动党中央委员会和朝鲜民主主义人民共和国政府邀请，中共中央政治局常委、全国人大常委会委员长栗战书作为习近平总书记、国家主席的特别代表率中国党政代表团访问朝鲜，并出席朝鲜建国70周年庆祝活动。8日下午，栗战书会见了朝鲜最高人民会议常任委员会委员长、朝鲜劳动党中央政治局常委金永南。会见后，栗战书和金永南共同出席了朝方为中国党政代表团举行的欢迎招待会，并观看了朝方为各国代表团和平壤市民举办的音乐舞蹈综合演出。10日上午，栗战书率中国党政代表团参谒了中朝友谊塔，敬献花篮并在留言簿上题词，深切缅怀在抗美援朝战争中牺牲的中国人民志愿军烈士。②

9月9日 中共中央总书记、国家主席习近平就朝鲜国庆70周年向朝鲜劳动党委员长、国务委员会委员长金正恩致贺电。习近平表示，中朝传统友谊是两国老一辈领导人亲自缔造和精心培育的，是双方共同的宝贵财富。中国党和政府高度重视中朝友好合作关系，维护好、巩固好、发展好中朝关系是中国党和政府坚定不移的方针。今年我同委员长同志三次会晤，进一步明确了两国关系发展的方向。我愿同委员长同志携手推动中朝关系长期健康稳定发展，更好造福两国和两国人民，促进地区和平稳定。衷心祝愿朝鲜人民在以委员长同志为首的朝鲜劳动党领导下，在国家发展建设事业中取得更大成就。衷心祝愿朝鲜民主主义人民共和国繁荣昌盛、人民幸福安康。③

9月10日 国务委员兼外交部长王毅在北京会见东盟常驻代表委员会一行。王毅说，中国历来高度重视同周边、发展中国家和中小国家的关系，将继

① 关建武、李勇:《吉尔吉斯斯坦总统热恩别科夫会见许其亮》,《解放军报》2018年9月8日，第1版。

② 莽九晨:《栗战书访问朝鲜并出席朝鲜建国70周年庆祝活动》,《人民日报》2018年9月11日，第1版。

③ 新华社:《习近平就朝鲜国庆70周年向朝鲜领导人金正恩致贺电》,《光明日报》2018年9月10日，第1版。

续把东盟置于中国外交全局的重要位置和周边外交的优先方向。中国和东盟应共同努力，坚定维护多边规则、共同利益和地区安全。中国将继续支持东盟在区域合作中的中心地位，促进中国—东盟关系取得更大发展。中国—东盟关系协调国菲律宾常驻代表伊丽莎白等表示，东盟愿与中方进一步加强合作，共同维护多边规则，加速区域全面经济伙伴关系协定谈判进程。①

9月11日 国家主席习近平在符拉迪沃斯托克同俄罗斯总统普京举行会谈。两国元首一致认为，今年以来，中俄关系呈现更加积极的发展势头，进入更高水平、更快发展的新时期。一致同意，无论国际形势如何变化，中俄都将坚定发展好两国关系，坚定维护好世界和平稳定。习近平强调，中俄同为联合国安理会常任理事国和主要新兴市场国家，肩负维护世界和平稳定、促进发展繁荣的重任。中俄要在联合国、上海合作组织、金砖国家等多边框架内密切沟通和配合，同国际社会一道，推动热点问题政治解决进程，携手维护国际公平正义和世界和平稳定，坚定不移维护联合国宪章宗旨和原则，共同反对单边主义和贸易保护主义，推动构建新型国际关系和人类命运共同体。普京表示，近年来，俄中关系呈现强劲发展势头，双方互信日益增强，政治、经济、安全等广泛领域合作成果丰硕。双方要继续推进欧亚经济联盟和“一带一路”对接合作，拓展投资、能源、航天、金融、电子商务等领域合作，密切人文交流，促进地方合作。俄中对当前国际形势有很多一致看法，双方要加强在国际事务中的协调和配合，坚决抵制单边主义，维护公正合理的国际秩序，实现共同发展繁荣。双方还就共同关心的国际和地区问题深入交换了看法。会谈后，两国元首共同见证了多项双边合作文件的签署，并共同会见了记者。②

9月12日 第四届东方经济论坛全会在符拉迪沃斯托克举行。中国国家主席习近平、俄罗斯总统普京、蒙古国总统巴特图勒嘎、日本首相安倍晋三、韩国总理李洛渊等出席。习近平发表了题为《共享远东发展新机遇 开创东北亚美好新未来》的致辞，强调中方愿同地区国家一道，维护地区和平安宁，实现各国互利共赢，巩固人民传统友谊，实现综合协调发展，促进本地区和平稳定和发展繁荣。习近平强调，新形势下，我们要携手并肩，加强合作。

① 《王毅会见东盟常驻代表委员会一行》,《人民日报》2018年9月11日，第3版。

② 胡晓光等:《习近平同俄罗斯总统普京举行会谈》,《解放军报》2018年9月12日，第1版。

第一，增进互信，维护地区和平安宁。一个和睦、互信、团结、稳定的东北亚符合各国利益和国际社会期待。中方始终努力营造和睦友好的周边环境，以建设性姿态参与地区合作，致力于推动地区各国交流对话，愿继续同各方一道，探索维护东北亚持久和平安宁的有效途径，为实现本地区的和平、稳定与发展不懈努力。

第二，深化合作，实现各国互利共赢。要积极开展发展战略对接，加强政策沟通和协调，把握合作大方向；重点提升跨境基础设施互联互通、贸易和投资自由化便利化水平，共同建设开放型区域经济；大力推动小多边合作、次区域合作，推动更多实实在在的项目落地实施，给地区人民带来更多实惠。

第三，互学互鉴，巩固人民传统友谊。要拓宽交流渠道，创新合作形式，努力为各国、各年龄段民众开展交流创造便利，打造平台。

第四，着眼长远，实现综合协调发展。要积极探讨建立东北亚地区协调发展新模式，加快科技创新，转变发展理念，加大环境综合治理力度，形成节约资源和保护环境的产业格局和生活方式，携手应对共同面临的区域性环境问题。

习近平强调，中方愿继续同地区国家一道，抓住历史机遇，顺应时代潮流，加强在俄罗斯远东和东北亚地区合作，推动实现本地区多元化、可持续发展，不断做大共同利益蛋糕，使本地区人民共享合作机遇和发展成果，携手开创远东和东北亚更加美好的明天！①

9月12日　第十五届中国—东盟博览会和中国—东盟商务与投资峰会在广西南宁开幕。中共中央政治局常委、国务院副总理韩正出席开幕式并发表主旨演讲。②

9月12—13日　中国国务委员兼国防部长魏凤和作为习近平主席的代表率团赴俄观摩“东方–2018”战略演习。在俄后贝加尔边疆区楚戈尔训练场，魏凤和与俄总统普京、国防部长绍伊古一同观摩了实兵实弹演习并出席了随后举行的阅兵。普京总统感谢习主席派代表观摩演习，表示与习主席在东方经济论坛期间再次会晤，一致同意要推动俄中全面战略协作伙伴关系再上新台阶。普

① 《习近平出席第四届东方经济论坛并致辞》,《光明日报》2018年9月13日，第1版。

② 新华社:《韩正出席第十五届中国—东盟博览会开幕式并发表讲话》,《光明日报》2018年9月13日，第4版。

京对中国军队参加“东方–2018”演习予以高度评价，赞扬中方在演习中的出色表现，希望两军不断拓展深化在部队演训等领域务实合作，共同维护欧亚地区乃至世界的和平稳定。魏凤和说，在中俄两国元首的引领推动下，当前中俄关系处于历史最好时期。这次演习充分体现了中俄全面战略协作伙伴关系的高水平，展现了中俄战略互信、务实合作和传统友谊，体现了中俄致力于共同维护地区和平与安全的信心决心，提高了两军应对多种安全威胁的能力。双方要进一步加强战略协作，不断促进两军关系深入发展。[①]

9月16日　中国—越南双边合作指导委员会第十一次会议在胡志明市举行，中国国务委员兼外交部长王毅和越南副总理兼外长范平明共同主持。王毅表示，去年两党两国最高领导人实现历史性互访，就统筹推进两国全面战略合作作出顶层设计和战略谋划，为新时期中越关系发展指明了方向。一年来，两国关系稳中有进，对话机制运转顺畅，务实合作成果丰硕，人文交流和边境省份合作走向深入。王毅提出四点建议：

一要坚持高层交往的战略引领，不断凝聚共识，深化互信，把稳两国关系的正确方向。二要坚持互利共赢的合作布局，尽快推进基础设施合作、跨境经济合作区建设和产能合作，探讨合作的新思路新方式，推动互利合作可持续发展。三要坚持巩固双方民意基础，不断拓宽渠道，为增进两国人民了解和感情多做实事。四要妥为化解矛盾分歧，防止出现损害双方政治互信的事态。着眼长远，稳步推进海上合作，把两党两国最高领导人关于维护海上和平稳定的共识切实转化为实际行动，把两国的共同战略利益转化为推进务实合作的动力。

双方同意不断完善和改进指导委员会机制运作，进一步加强统筹规划，推动各领域务实合作取得更多成果。同时本着实事求是的精神和灵活务实的态度，解决合作过程中出现的具体问题。双方成员单位和地方代表分别向会议汇报相关领域合作情况和建议，并进行了对口交流。王毅在总结发言中表示，管控海上分歧的最积极方式是探讨共同开发；对完成陆地边界勘界立碑10周年最好的纪念是尽快成立跨境经济合作区。[②]

9月16—18日　应缅甸联邦议会人民院邀请，全国人大常委会副委员长丁

---

① 樊永强：《魏凤和率团观摩俄“东方–2018”战略演习》，《人民日报》2018年9月15日，第3版。

② 刘刚：《中越双边合作委员会第十一次会议举行》，《人民日报》2018年9月17日，第3版。

仲礼率团访问缅甸。其间，分别会见缅副总统敏瑞、联邦议会议长兼人民院议长蒂昆密、民族院议长曼温凯丹，同人民院副议长吞吞亨会谈。[①]

9月18日 全国人大常委会委员长栗战书在京与乌兹别克斯坦最高会议立法院主席伊斯梅洛夫举行会谈。[②]

2018年7月11日美国政府宣布对从中国进口的约2000亿美元商品加征10%关税，8月2日又将加征税率提高至25%。2018年9月18日，美国政府宣布实施对从中国进口的约2000亿美元商品加征关税的措施，自2018年9月24日起加征关税税率为10%，2019年1月1日起加征关税税率提高到25%。美方一意孤行，导致中美贸易摩擦不断升级。为捍卫自由贸易和多边体制，捍卫自身合法权益，中方不得不对已公布的约600亿美元清单商品实施加征关税措施。根据《中华人民共和国对外贸易法》《中华人民共和国进出口关税条例》等法律法规和国际法基本原则，经国务院批准，国务院关税税则委员会决定对原产于美国的5207个税目、约600亿美元商品，加征10%或5%的关税，自2018年9月24日12时01分起实施。如果美方执意进一步提高加征关税税率，中方将给予相应回应，有关事项另行公布。中方再次重申，实施上述加征关税措施的目的是遏制贸易摩擦升级，是对美方单边主义、贸易保护主义的被迫回应，中方希望美方停止贸易摩擦，中美双方通过平等、诚信、务实的对话，相互尊重，共同维护互利共赢的双边经贸关系大局，共同维护自由贸易原则和多边贸易体制，共同促进世界经济的繁荣与发展。[③]

中央军委副主席张又侠今天在京会见了来访的巴基斯坦陆军参谋长巴杰瓦。张又侠说，中巴是全天候战略合作伙伴。习近平主席指出，中巴关系应当成为睦邻友好的典范、地区和平稳定的支柱、“一带一路”国际合作的标杆。中方历来将中巴关系放在对外政策的优先位置，我们赞赏巴新一届政府将全力推进双边关系发展的立场。中方愿与巴新一届政府共同传承友好关系，全力推进中巴经济走廊建设，更好地造福两国人民。中巴两军关系是两国关系的重要

---

① 新华社:《丁仲礼访问缅甸》,《人民日报》2018年9月20日，第2版。

② 孙奕:《栗战书与乌兹别克斯坦最高立法会议主席伊斯梅洛夫举行会谈》,《光明日报》2018年9月19日，第2版。

③ 陈炜伟等:《国务院发布公告决定对美国原产的约600亿美元进口商品实施加征关税》,《光明日报》2018年9月19日，第2版。

支柱，两军应进一步密切各领域务实合作，不断提高应对各种安全风险和挑战的能力，携手维护好两国的共同利益。巴杰瓦说，巴中两国友谊比山高、比海深。感谢中方支持巴方加入上合组织。巴方重视并支持开展“四国机制”合作。巴军方与新政府对华政策是高度一致的，愿同中方不断加强反恐、装备技术、人员培训等领域务实合作，确保巴中经济走廊建设安全顺利推进。[①]

9月19日　在中秋佳节来临之际，国家主席习近平和夫人彭丽媛在钓鱼台国宾馆亲切看望正在北京休养的柬埔寨国王西哈莫尼和太后莫尼列。习近平首先祝西哈莫尼国王和莫尼列太后节日快乐、健康长寿。习近平指出，中柬关系紧密、特殊，积淀着深厚的历史感情。建交60年来，由中国老一辈领导人和西哈努克太皇共同缔造和精心培育的中柬友谊正日益焕发蓬勃生机。西哈莫尼国王和莫尼列太后心系中柬友好，为发展中柬关系作出了重要贡献。中方珍视同柬埔寨王室的特殊友谊。从2016年至今，我同西哈莫尼国王和莫尼列太后年年相见，像家人聚会一样。我同西哈莫尼国王就继承和弘扬中柬传统友好达成重要共识，推动双边关系进入历史最好时期。两国高层和两国人民要像走亲戚一样常来常往。习近平祝贺柬埔寨大选顺利成功，并产生新一届国会和政府，祝愿在西哈莫尼国王庇佑下、在以洪森首相为首的王国政府领导下，柬埔寨将在国家建设事业中取得新的更大成就。祝愿柬埔寨长治久安、人民幸福。习近平强调，中方高度重视对柬关系，将同柬方一道，传承好两国传统友谊，继往开来，推动中柬全面战略合作伙伴关系不断迈上新台阶。西哈莫尼和莫尼列感谢习近平和彭丽媛的友好情谊。他们表示，我们每次见到习近平主席和彭丽媛教授，都像见到家人一样亲切。柬埔寨人民感谢中方长期以来给予的坚定支持和宝贵帮助，感谢习近平主席非常关心、重视并推动柬中关系发展。习近平主席2016年对柬埔寨的历史性访问将柬中关系提升到新的历史高度。柬中友谊坚如磐石，柬中合作枝繁叶茂。柬埔寨王室将继承西哈努克太皇开创的对华友好事业，继续积极推动柬中全面战略合作不断取得新发展。[②]

国家主席习近平在北京会见了巴基斯坦陆军参谋长巴杰瓦。巴杰瓦首先转达阿尔维总统和伊姆兰总理对习近平主席的亲切问候。习近平表示感谢，并请

---

① 欧阳浩：《张又侠会见巴基斯坦陆军参谋长》，《解放军报》2018年9月19日，第1版。

② 李忠发：《习近平主席夫妇看望柬埔寨国王西哈莫尼和太后莫尼列》，《解放军报》2018年9月20日，第1版。

巴杰瓦转达对阿尔维总统和伊姆兰总理的诚挚问候和良好祝愿。习近平说，中巴是全天候战略合作伙伴，是铁杆朋友。双方在重大国际和地区问题上保持了高度一致，中方始终高度重视中巴关系。双方在彼此重大关切问题上保持高度互信。中方对巴方为“一带一路”和中巴经济走廊建设提供的支持和安全保障表示赞赏。只要有高度的互信和切实措施，中巴经济走廊建设就会取得成功，并造福两国人民。当前国际和地区形势复杂多变，两国相互支持，相互帮助，互利合作，取得丰硕成果，顺应了时代潮流。双方应继续加强国际和地区问题上的协调与合作，在涉及彼此核心利益问题上坚定支持对方。习近平指出，近年来，两军合作不断深入，取得了许多重要务实成果。对巴高度重视军队建设及在捍卫国家安全和发展中发挥的重要作用表示赞赏。两军应进一步深化推进各领域各层次交流合作，坚决打击恐怖势力，确保中巴经济走廊建设安全，为两国共同利益和共同发展提供可靠安全保障。巴杰瓦表示，巴方坚定支持“一带一路”倡议。不管形势如何变化，巴始终把发展对华关系置于对外关系的首要战略位置，在涉及彼此核心利益问题上与中方始终站在一起。巴方对中方为巴提供的各方面帮助表示诚挚的感谢，愿进一步加强与中国军队的战略沟通、务实交流、反恐合作，共同提升应对各种安全挑战的能力，维护两国共同利益和战略安全，为国际地区和平稳定作贡献。①

9月21日　中共中央总书记、国家主席习近平向越共中央总书记阮富仲致唁电，代表中国党、政府、人民并以个人名义，对越南国家主席陈大光逝世表示最沉痛的哀悼，向其家属致以最深切的慰问。全文如下：

惊悉越南社会主义共和国主席陈大光同志不幸逝世，我代表中国共产党、政府、人民，并以我个人的名义，向你并通过你向越南共产党、政府、人民，对陈大光同志的逝世表示最沉痛的哀悼。我们为他的逝世深感悲痛。

陈大光同志是越南党和国家杰出领导人，为越南国家发展和革新开放事业作出了重要贡献。陈大光同志作为中国人民的亲密同志和朋友，致力于继承和弘扬中越传统友谊，积极推动两国全面战略合作伙伴关系发展。

我相信，在总书记同志坚强领导下，越南党、政府、人民必将化悲痛为力量，在社会主义建设事业中不断取得新的成就。

① 梅世雄：《习近平会见巴基斯坦陆军总参谋长》，《人民日报》2018年9月20日，第1版。

请向陈大光同志家属转达我最深切的慰问。[①]

中国外交部副部长郑泽光召见美国驻华大使布兰斯塔德，就美方援引美国国内法，对中国中央军委装备发展部及其负责人实施制裁提出严正交涉和抗议。郑泽光指出，美方以中国同俄罗斯开展相关军事合作为由，制裁中国军方机构及负责人，严重违反国际法基本原则，性质极其恶劣，是赤裸裸的霸权主义行径。中俄军事合作是两个主权国家的正常合作，美方无权干涉。美方行径严重损害中美两国、两军关系，严重影响两国在国际和地区事务中的合作。中方将采取一切必要措施坚定捍卫国家利益。中方强烈敦促美方立即纠正错误，撤销所谓制裁，否则，美方必须对由此产生的后果负完全责任。[②]

9月22日　中央军委国际军事合作办公室副主任黄雪平召见美国驻华使馆代理国防武官孟绩伟，就美方宣布对中国中央军委装备发展部及该部负责人实施制裁提出严正交涉和抗议。黄雪平说，中俄两国军事合作是主权国家进行的正常合作，符合国际法。美方悍然宣布对中国军队有关部门及高级将领实施无理制裁，是对国际关系准则的公然践踏，是霸权主义的充分体现，严重破坏两国、两军关系，性质十分恶劣。中方对此坚决反对、绝不接受。为表明严正立场，中方决定：立即召回在美国参加第23届“国际海上力量研讨会”并计划访问美国的海军司令员沈金龙；推迟计划于9月25日至27日在北京举行的中美两军联合参谋部对话机制第二次会议。中方要求美方立即纠正错误，撤销有关制裁，中国军队保留进一步采取反制措施的权利。[③]

9月23—26日　应老挝人民革命党邀请，中共中央政治局常委、中央纪委书记赵乐际对老挝进行正式友好访问，分别会见老挝人革党中央总书记、国家主席本扬，政府总理通伦，中央书记处常务书记、国家副主席潘坎，并与中央政治局委员、中央纪委书记本通举行会谈。赵乐际向本扬转达了习近平总书记的亲切问候。赵乐际说，中老两国始终是好邻居、好朋友、好同志、好伙伴。我此访目的就是落实两党总书记重要共识，加强战略沟通，巩固政治互信，深

① 新华社:《习近平就越南国家主席陈大光逝世向越共中央总书记阮富仲致唁电》,《光明日报》2018年9月22日，第1版。

② 《外交部召见美驻华大使，提出严正交涉》,《人民日报》2018年9月23日，第3版。

③ 《中央军委国际军事合作办公室就美宣布制裁中国军队相关部门及负责人向美方提出严正交涉》,《解放军报》2018年9月23日，第2版。

化务实合作。中老铁路是“一带一路”合作的示范项目，中方予以高度重视，愿通过推动重大项目合作，不断深化和发展中老全面战略合作伙伴关系。赵乐际介绍了中共全面从严治党情况，表示愿进一步加强两党纪检监察工作的交流合作，为推进各自党和国家建设提供保证。本扬请赵乐际转达对习近平总书记的良好祝愿，感谢中方长期以来给予的宝贵支持，赞赏中方党和国家建设的历史性成就，表示愿加强两党在党建、理论、纪检监察等方面交流，继续通过两党关系引领两国关系发展，构建牢不可破的老中命运共同体。

会见通伦时，赵乐际表示，中方愿同老方加快“一带一路”建设与老挝发展战略对接，推进中老铁路、中老经济走廊等合作项目建设，通过深化中老两国务实合作进一步推动中老命运共同体建设。通伦感谢中方第一时间帮助老方救助南部水灾，表示中国事业发展的每一个成就，都鼓舞老方进一步坚定老中友好的信心，激励老方进一步加强与中方在“一带一路”框架下的合作。

会见潘坎时，赵乐际表示，中方愿与老方一道，落实两党总书记关于两国关系的重要战略决策，继续加强双方政治、经济、社会、人文等交流合作，以实实在在的成果助推中老命运共同体建设。潘坎表示，老中传统友好关系正处于历史最好时期。老方愿同中方密切合作，充分发挥老中铁路建设在“一带一路”建设中的积极作用。

与本通会谈时，赵乐际说，中老两党纪委长期保持友好交流，双方在反腐败领域开展了有效合作。希望双方不断深化纪检监察工作交流，加强追逃追赃合作，加强中老铁路廉洁建设，推动中老两党两国关系稳步发展。本通高度评价中共全面从严治党取得的显著成效和两党在纪检监察领域的友好合作，表示老方愿与中方一起，共同加强老中铁路廉洁建设，深化两党纪检监察领域务实合作和经验交流。双方共同出席了中老有关合作协议签字仪式。

访问期间，赵乐际还和本通一同看望慰问了中老铁路项目工作人员，共同出席中老铁路廉洁建设汇报会。赵乐际表示，在中老两党两国最高领导人亲自推动下，中老铁路廉洁建设长效机制已经建立，希望切实加强对铁路项目的领导，践行亲诚惠容理念，强化廉洁风险防控，培育廉洁企业文化，加强反腐败合作，把中老铁路建成友谊之路、廉洁之路、幸福之路。赵乐际还视察了中国和平发展基金会援建的学校，并为“丝路之友”智慧校园项目揭牌。[①]

9月24日　国务院新闻办公室发布《关于中美经贸摩擦的事实与中方立场》白皮书，旨在澄清中美经贸关系事实，阐明中国对中美经贸摩擦的政策立场，推动问题合理解决。[②]

9月25日　中共中央政治局委员、中央外事工作委员会办公室主任杨洁篪在江苏苏州同日本国家安全保障局长谷内正太郎共同主持中日第五次高级别政治对话。双方同意加强战略沟通，推动中日关系沿着正常轨道持续健康稳定向前发展。[③]

国防部新闻发言人任国强就美宣布对台售武答记者问。任国强说，9月25日，美国政府通知国会，决定向台湾出售总额约3.3亿美元的武器装备。中国军队对此表示强烈不满和坚决反对，向美方提出严正交涉。台湾是中国的一部分，一个中国原则是中美关系的政治基础，我们坚决反对美售台武器。美方行径严重违反一个中国原则和中美三个联合公报规定，干涉中国内政，损害中国主权和安全利益，严重损害中美两国两军关系和台海和平稳定。中国军队维护国家主权和领土完整的决心意志坚定不移。我们强烈要求美方恪守一个中国原则和中美三个联合公报规定，立即撤销有关对台军售项目，停止售台武器和美台军事联系，以免给中美两国两军关系及台海和平稳定造成进一步损害。[④]

9月26日　受中共中央总书记、国家主席习近平委托，正在越南进行正式友好访问的中共中央政治局常委、中央纪委书记赵乐际代表中共中央吊唁越南国家主席陈大光。吊唁仪式在河内越南国家殡仪馆举行。陈大光的灵柩覆盖越南国旗，现场气氛庄严肃穆。赵乐际缓步走进灵堂，在礼兵引领下敬献花圈，并向陈大光的灵柩默哀。赵乐际还向陈大光家属转达了习近平以及中国党、政府和人民的亲切慰问，并在吊唁簿上留言。陪同赵乐际访问越南的中共代表团

---

① 新华社:《赵乐际对老挝进行友好访问》,《人民日报》2018年9月27日，第1版。

② 韩洁、刘劼:《中国发布〈关于中美经贸摩擦的事实与中方立场〉白皮书》,《光明日报》2018年9月25日，第1版。

③ 张展棚:《中日第五次高级别政治对话在苏州举行》,《人民日报》2018年9月26日，第3版。

④ 《国防部发言人答记者问》,《解放军报》2018年9月26日，第4版。

主要成员一同参加吊唁。[①]

9月26—29日 应越南共产党邀请，中共中央政治局常委、中央纪委书记赵乐际对越南进行正式友好访问，分别会见越共中央总书记阮富仲，国会主席阮氏金银，越共中央政治局委员、中央书记处常务书记陈国旺，与越共中央书记处书记、中央检查委员会主任陈锦秀举行会谈，还同越共中央政治局委员、中央书记处书记范明政共同出席了“中国改革开放和越南革新·融入国际成就”图片展开幕式。[②]

9月27日 受中共中央总书记、国家主席习近平委托，中共中央政治局常委、全国人大常委会委员长栗战书前往越南驻华使馆，代表中共中央和中国政府吊唁越南国家主席陈大光逝世。[③]

国务委员兼外长王毅在纽约联合国总部同缅甸国务资政府部部长觉丁瑞和孟加拉国外长阿里举行中缅孟三方非正式会晤。联合国秘书长古特雷斯应邀出席。会晤在友好、坦诚、富有建设性的气氛中进行，达成三点重要共识。一是缅、孟双方同意通过友好协商妥善解决若开邦问题。二是孟方表示已做好遣返第一批避乱民众的准备，缅方也表示已做好接收首批避乱民众的准备。三是双方同意尽快召开联合工作组会议，形成遣返路线图和时间表，尽快实现首批遣返。[④]

9月30日 国家主席习近平就印度尼西亚中苏拉威西省发生强烈地震及海啸向印尼总统佐科致慰问电。[⑤]

10月2日 中共中央总书记、国家主席习近平向越共中央总书记阮富仲致唁电，代表中国党、政府、人民并以个人名义，对原越共中央总书记杜梅逝世表示沉痛哀悼，向其家属致以诚挚慰问。全文如下：

---

① 新华社:《赵乐际在河内吊唁越南国家主席陈大光》,《解放军报》2018年9月27日，第2版。

② 陈瑶、陶军:《赵乐际对越南进行友好访问》,《光明日报》2018年9月30日，第1版。

③ 白洁:《栗战书前往越南驻华使馆吊唁陈大光主席逝世》,《光明日报》2018年9月28日，第3版。

④ 殷淼、李晓宏:《中缅孟非正式会晤达成三点重要共识》,《人民日报》2018年9月29日，第3版。

⑤ 新华社:《习近平就印度尼西亚中苏拉威西省地震海啸向印尼总统佐科致慰问电》,《人民日报》2018年10月1日，第1版。

惊悉原越共中央总书记杜梅同志不幸逝世，我代表中国共产党、中国政府、中国人民，并以我个人的名义，向你并通过你向越南共产党、越南政府、越南人民，对杜梅同志的逝世表示沉痛哀悼，向杜梅同志家属致以诚挚慰问。杜梅同志是越南党和国家老一辈杰出领导人，是中国党和人民的亲密同志和朋友，为越南革新事业和社会主义建设贡献了毕生精力，为中越两党两国关系发展作出了重要贡献。我相信，在总书记同志坚强领导下，越南共产党、越南政府、越南人民必将化悲痛为力量，在社会主义建设事业中不断取得新的成就。中方愿同越方一道，不断巩固中越传统友谊，深化互利合作，推动中越全面战略合作伙伴关系持续健康稳定发展。①

外交部发言人华春莹就美国“迪凯特”号驱逐舰进入南沙群岛有关岛礁邻近海域答记者问时表示，中方强烈敦促美方立即纠正错误，停止此类挑衅行为，中方将采取一切必要措施捍卫国家主权和安全。华春莹说，9月30日，美国“迪凯特”号驱逐舰未经中国政府允许，擅自进入中国南沙群岛有关岛礁邻近海域。中国海军依法对美舰进行了识别查证，予以警告驱离。她表示，中国对南海诸岛及其附近海域拥有无可争辩的主权。当前，在中国和东盟国家共同努力下，南海局势继续趋稳向好。美方罔顾地区国家共同意愿，一再采取挑衅行为，打着所谓“航行与飞越自由”的幌子，违背国际关系基本准则，威胁中国的主权和安全，危害地区的和平稳定，中方对此表示强烈不满和坚决反对。“我们强烈敦促美方立即纠正错误，停止此类挑衅行为，以免损害中美关系和地区和平稳定。中方将采取一切必要措施捍卫国家主权和安全。”华春莹说。②

国防部新闻发言人吴谦就美舰擅自进入中国南海岛礁邻近海域发表谈话，全文如下：

9月30日，美国海军“迪凯特”号导弹驱逐舰擅自进入中国南海有关岛礁邻近海域。中国海军170舰迅即行动，依法依规对美舰进行识别查证，并予以警告驱离。中国对南海诸岛及其附近海域拥有无可争辩的主权。当前，在中国和东盟国家的共同努力下，南海局势趋稳向好。但美方一再派军舰擅自进入中

① 新华社：《习近平就原越共中央总书记杜梅逝世向越共中央总书记阮富仲致唁电》，《人民日报》2018年10月4日，第1版。

② 《外交部回应美舰非法进入南沙群岛有关岛礁礁邻近海域》，《人民日报》2018年10月3日，第2版。

国南海岛礁邻近海域，严重威胁中国的主权和安全，严重破坏中美两国两军关系，严重危害地区和平稳定。中国军队对此坚决反对。中国尊重并维护各国依据国际法在南海享有航行和飞越自由，但坚决反对任何国家打着“航行自由”的幌子，行违法挑衅之实，威胁沿岸国主权和安全，危害地区和平与稳定。中国军队将坚定履行防卫职责，继续采取一切必要措施，坚决捍卫国家主权安全，坚定维护地区和平稳定。①

10月5日 外交部发言人华春莹就美国领导人在涉台等问题上无端指责中国答记者问。有记者问：美国副总统彭斯10月4日讲话中还就台湾、南海、人权和宗教等问题对中方进行无端指责、干涉中国内政。中方对此有何评论？华春莹回答说，世界上只有一个中国，台湾是中国不可分割的一部分。美方根本没有资格对有关国家在一个中国原则基础上同中方发展关系说三道四。“台独”势力及其分裂活动是对台海和平稳定最大的威胁。我们敦促美方切实恪守一个中国原则和中美三个联合公报规定，慎重妥善处理涉台问题，与中方一道反对和遏制“台独”，维护中美关系大局和台海和平稳定。华春莹说，中国对南海诸岛及其附近海域拥有无可争辩的主权。中国在南沙自己的领土上建设必要的国土防御设施，是国际法赋予主权国家的自保权、自卫权，与“军事化”无关。我们敦促美方停止挑事生非、制造紧张，尊重有关当事方通过谈判磋商解决问题的努力。华春莹表示，中国政府高度重视保护和促进人权。中国各族人民依法享有充分的宗教信仰自由。中国的人权状况怎么样，中国人民最有发言权。奉劝美方好好照照镜子，多反省反省自己国内存在的人权问题，而不是利用人权和宗教问题干涉中国内政。②

10月8日 10月8日是中国—东盟建立战略伙伴关系15周年纪念日。外交部发言人陆慷表示，中国愿以此为契机，与东盟共同规划双方关系进一步深化的蓝图，不断提升务实合作水平，构建更为紧密的命运共同体。陆慷说，15年前，中国和东盟建立了面向和平与繁荣的战略伙伴关系。15年来，中国—东盟政治、经贸、社会人文合作全面开花结果。2017年贸易额超过5000亿美

---

① 《国防部就美舰擅自进入中国南海岛礁临近海域发表谈话》，《解放军报》2018年10月3日，第2版。

② 新华社：《外交部发言人就美领导人在涉台等问题上无端指责中国答记者问》，《光明日报》2018年10月6日，第3版。

元，较2003年增长近6倍；在华东盟国家留学生近10万人，比15年前增长8倍多。中国—东盟合作实现从量的积累到质的飞跃，给双方20亿民众带来实实在在的利益。[①]

10月10日　国务院总理李克强在中南海紫光阁会见参加第四轮中日企业家和前高官对话会的日方代表并座谈。李克强指出，中日作为世界主要经济体，深化经贸合作不仅有利于双方，也有利于全球经济和贸易发展。希望双方发挥互补优势，拓展在贸易投资、财政金融、创新和高技术等领域合作，共同开拓第三方市场，维护多边主义和自由贸易体制。中国将继续扩大开放，欢迎日本企业加大对华投资，继续为促进中日交流合作发挥积极作用，推动中日关系健康稳定发展，共同实现可持续繁荣。[②]

外交部发言人陆慷在例行记者会上从三方面对美国所谓“重建中国”论调进行驳斥，敦促美方端正心态、尊重事实，停止对中国的无端指责。有记者问：最近美国领导人多次声称，过去20多年，美国对华贸易产生了巨额逆差，送给了中国大量财富，相当于美国“重建”了中国。中方有何评论？陆慷说，美国领导人的说法把中国的发展成就归功到美国身上，不仅完全不符合事实，逻辑上也根本站不住脚。

第一，任何国家的发展从根本上都是靠自己。中国迄今取得的巨大发展成就，靠的是中国共产党的正确领导和中国特色社会主义道路，靠的是坚定不移推进深化改革和扩大开放，靠的是全体中国人民的勤劳和智慧。当然，中国不是关起门来搞建设，而是敞开大门同各国开展互利共赢合作。作为近14亿人口的大国，中国的发展不可能依靠别人的施舍和恩赐。恐怕也没有哪个国家有这个实力来“重建”中国?!

第二，美国对华贸易逆差是多重客观因素共同作用的结果。中方在今年9月发布《关于中美经贸摩擦的事实与中方立场》白皮书中，已对此作了全面的阐述，概括地说，美对华贸易逆差是由中美两国比较优势和国际分工格局决定的。对此美国的经济学家早有公论。中国的对外贸易一贯遵循市场规律，做的是公平买卖。美国从中国买的多、向中国卖的少，特别是在向中国出口高附加

---

① 侯晓晨:《愿不断提升中国—东盟务实合作水平》,《解放军报》2018年10月9日，第4版。

② 《李克强分别会见参加第四轮中日企业家和前高官对话会的日方代表、德国企业负责人》,《人民日报》2018年10月11日，第1版。

值产品方面自我设限，自然会出现逆差。美方就此指责中方，既不公平、也不合理。

第三，中美双边贸易绝非所谓美国送给中国财富的“单行道”。长期以来，美国从中美经贸合作中获得广泛、巨大的经济利益。根据美中贸易全国委员会等机构估算，中美贸易平均每年为每个美国家庭节省850美元成本。根据中国商务部的统计，2016年美国企业实现在华销售收入约6068亿美元，利润超过390亿美元。德意志银行今年6月发布的研究报告认为，美国实际上在中美双边贸易过程中获得了比中国更多的商业净利益。这些数据和分析都说明，中美经贸合作本质上是互利共赢的。吃亏做买卖的事没人愿意干，更别说长达20多年。

陆慷表示，中方敦促美方端正心态、尊重事实，停止对中国的无端指责，正确看待中国、中美经贸关系，多做有利于中美两国工商界和消费者的事。[①]

中国政府为柬埔寨举办的人道主义扫雷培训班结业仪式在陆军工程大学（南京）举行。来自柬埔寨王家军、地雷行动和受害者救助机构的40名学员参加了培训。培训按照《国际地雷行动标准》《联合国维和扫雷标准作业程序》，精心设计培训课程，严密组织培训教学，并组织实施了扫雷作业综合演练。参训学员学习了地雷和爆炸物处理专业知识，掌握了扫雷装备器材操作使用，熟悉了扫雷作业标准、程序和组织指挥方法。结业仪式上，中国政府代表还向柬埔寨捐赠了一批扫雷器材和扫雷防护装具。柬方代表对中国政府和人民提供的扫雷援助表示感谢，并赞扬此次培训班有助于加强其国内扫雷行动能力建设，体现出中国政府对国际人道主义事业的支持。[②]

中越两国公安部第六次合作打击犯罪会议在京举行。国务委员、公安部部长赵克志与越共中央政治局委员、越南公安部部长苏林共同出席会议。赵克志表示，希望双方认真落实两党两国领导人重要共识，不断深化在维护国家安全、反恐、打击跨国犯罪、边境管理等各领域务实合作，加强重大项目安保合作，携手打造特殊友好的中越执法安全战略合作伙伴关系。苏林表示，愿不断

---

① 肖新新：《外交部发言人驳斥美国“重建中国”论调》，《人民日报》2018年10月11日，第3版。

② 张展棚：《中国援助柬埔寨扫雷培训班在南京举行》，《解放军报》2018年10月11日，第4版。

加强双方执法安全各领域务实合作，共建越中执法安全命运共同体。[①]

10月10—12日　由中国共产党和日本自民党、公明党共同举办的中日执政党交流机制第八次会议在日本举行。中共中央对外联络部部长宋涛率中共代表团出席会议，并作主旨发言。[②]

10月11日　国务院总理李克强在杜尚别会见出席上海合作组织成员国政府首脑（总理）理事会会议的哈萨克斯坦总理萨金塔耶夫。李克强表示，中哈是真诚互信的友好邻邦和互利共赢的全面战略伙伴。双方都将对方稳定、发展和振兴视为自身发展的良好机遇。中方愿同哈方保持高层交往势头，将“一带一路”倡议同哈方“光明之路”新经济政策深度对接，充分发挥中哈产能合作示范效应，稳步推进既有合作项目，不断开拓新的合作领域。希望双方加强口岸对接，扩大贸易规模，共同维护多边贸易体制和开放型世界经济，以更多务实合作成果造福两国和地区人民。[③]

中共中央政治局委员、中央政法委书记郭声琨在京会见来华出席中越公安部第六次合作打击犯罪会议的越共中央政治局委员、越南公安部部长苏林。郭声琨指出，希望两国公安部门认真落实两党两国最高领导人的重要共识，进一步提升执法安全合作水平，加强打击跨国有组织犯罪、网络新型犯罪等合作，服务“一带一路”和“两廊一圈”建设，不断丰富中越全面战略合作伙伴关系时代内涵。[④]

中国驻泰国大使吕健和泰国自然资源和环境部次长维占在曼谷签署中泰澜湄合作专项基金水资源项目合作协议。根据协议，中方将资助泰方开展应对气候变化和水电开发项目合作机制研究。吕健在讲话中表示，澜湄合作机制启动两年多来，水资源合作成果丰硕，合作机制日臻完善，水资源合作中心正式成立。中方愿延续这一良好合作势头，继续同包括泰国在内的湄公河国家一道，在澜湄合作框架下加强水资源领域务实合作，更好惠及沿岸民众，推动合作再

---

① 张洋:《中越公安第六次打击犯罪会议举行》,《人民日报》2018年10月11日，第3版。

② 姜俏梅:《中日执政党交流机制第八次会议在日本举行》,《人民日报》2018年10月13日，第3版。

③ 范伟国、郑明达:《李克强会见哈萨克斯坦总理萨金塔耶夫》,《光明日报》2018年10月12日，第3版。

④ 王宾:《郭声琨会见越共中央政治局委员、越南公安部部长》,《人民日报》2018年10月12日，第3版。

上新台阶。维占致辞表示，长期以来，泰中两国在双多边框架下开展了卓有成效的水资源合作，感谢中方对有关合作的重视和大力投入，相信这将有力促进本地区可持续发展。泰方积极支持中方关于建设面向和平与繁荣的澜湄国家命运共同体倡议，将积极参与澜湄框架下有关合作项目，携手建设环境友好型澜湄家园。①

10月12日 国务院总理李克强在杜尚别国宾馆出席上海合作组织成员国政府首脑（总理）理事会第十七次会议。李克强指出，当前，国际形势中的不稳定不确定因素突出。中方愿与上合组织各国一道，落实好《青岛宣言》，对接发展战略，加强政策沟通协调，为促进地区和平稳定、实现各国共同发展发挥更大作用。

第一，深化安全合作，筑牢共同发展的可靠屏障。秉持共同、综合、合作、可持续的安全观，加强安全领域协调与合作，提高执法安全行动能力。切实落实打击“三股势力”合作纲要。有力打击宗教极端思想传播。

第二，加强多边经贸合作，释放共同发展的巨大潜力。坚定支持自由贸易和多边贸易体制，进一步推动贸易和投资自由化便利化，扎实落实多边经贸合作纲要，启动本组织自贸区可行性研究，逐步建立更紧密的区域经济合作制度性安排。

第三，推进国际产能合作，拓展共同发展的有效路径。中方鼓励本国有实力的企业赴上合组织国家投资兴业，拓展基础设施、加工制造、能源开发、农业等领域互利合作。

第四，完善互联互通，增强共同发展的后劲。加紧商谈《上合组织公路发展规划》，认真落实《上合组织成员国政府间国际道路运输便利化协定》。推进本地区跨境铁路网络建设，不断完善互联互通的“软环境”。

第五，强化创新引领，培育共同发展的新动能。抢抓机遇，以新技术、新业态、新模式带动产业结构优化升级，实现经济更高质量的发展。加强创新合作，重点在数字经济、智能制造、生物技术、清洁能源、气象等领域开展交流合作，加大科技人才培养交流力度。

---

① 汪瑾、陈家宝:《中泰签署澜湄合作专项基金水资源项目合作协议》,《人民日报》10月13日，第2版。

第六，促进人文交流，夯实共同发展的民意基础。继续加强教育、文化、卫生、环保、体育、旅游、青年等领域交流与合作，不断促进民心相通、增进彼此信任。

李克强同与会成员国领导人签署并发表联合公报，批准上合组织经贸、科技、环保等领域多项决议与合作文件。[①]

10月12日　国务院总理李克强在杜尚别会见阿富汗首席执行官阿卜杜拉。李克强表示，中阿是传统友好邻邦，两国始终相互理解、相互信任、相互支持。中方将继续坚定奉行对阿友好政策，希望看到阿安全形势不断好转，为阿发展提供和平稳定的环境。李克强指出，中方将继续支持阿民族团结政府维护国家安全稳定，推进“阿人主导，阿人所有”的政治和解进程，并愿继续为此发挥建设性作用。中方希通过对接发展战略、深化务实合作助力阿和平重建与民生改善，支持有实力的中资企业赴阿参与基础设施建设，促进阿同地区国家互联互通。愿同阿加强反恐合作、人员培训，推进中国—阿富汗—巴基斯坦三方合作，促进地区和平稳定。[②]

10月15日　针对最近美国领导人声称，中方说服三个拉美国家与台湾“断交”威胁了台海稳定，外交部发言人陆慷在例行记者会上答问时说，美方有关指责完全是颠倒黑白、混淆是非。陆慷说，世界上只有一个中国，台湾是中国不可分割的一部分。这是国际社会的普遍共识。中国同有关国家在一个中国原则基础上建交，既是双方作为主权国家享有的主权权利，也完全符合国际法和国际关系基本准则，符合历史潮流，是大势所趋，民心所向。美国早在近40年前就遵循一个中国原则同中国建立外交关系，现在却对其他国家这么做说三道四甚至横加干涉，这毫无道理。陆慷表示，“台独”势力及其分裂活动是对台海和平稳定的最大威胁。台湾民进党当局正在试图破坏两岸同属一个国家、两岸关系不是国与国关系的现状，不仅阻碍了两岸关系的和平发展，也侵蚀着地区的和平与稳定。国际社会都应对此说不。陆慷指出，美方近来在台湾问题上采取了一系列错误做法，包括允许台湾地区领导人“过境”美国、宣布

① 白洋、周涵博:《李克强出席上海合作组织成员国政府首脑（总理）第十七次会议》,《人民日报》2018年10月13日，第1版。

② 白洁、周良:《李克强会见阿富汗首席执政官阿卜杜拉》,《光明日报》2018年10月14日，第3版。

对台湾出售武器计划等，这些行径严重违反一个中国原则和中美三个联合公报规定，助长了“台独”势力的嚣张气焰，损害了中美关系和台海和平稳定。[①]

商务部15日发布2018年第80号公告，公布对原产于美国和日本的进口氢碘酸反倾销调查的最终裁定。裁定原产于美国和日本的进口氢碘酸存在倾销，国内产业受到了实质损害，且倾销与实质损害之间存在因果关系，决定自2018年10月16日起，对上述产品征收反倾销税，税率为41.1%—123.4%，征收期限为5年。应国内氢碘酸产业申请，商务部于2017年10月16日发布公告，决定对原产于美国和日本的进口氢碘酸进行反倾销立案调查。立案后，商务部严格按照中国相关法律法规和世贸组织相关规则进行调查，在初步调查基础上于2018年6月16日公布了该案肯定性初裁裁定，随后经过进一步调查作出最终裁定。[②]

10月16日　外交部发言人陆慷在例行记者会上敦促美方停止在南海问题上挑事生非、制造紧张，尊重地区国家通过谈判磋商解决问题的努力，停止损害中方主权和安全利益。有记者问：美国领导人日前讲话声称中国在南海进行“军事化”，还对正在执行“航行自由”的美军舰实施“鲁莽骚扰”。中方对此有何进一步评论？陆慷表示，美方的言论完全是倒打一耙。他说，中国对南海诸岛及其附近海域拥有无可争辩的主权。中国在自己的领土上开展和平建设活动，包括部署必要的防御设施，是行使国际法赋予主权国家的自保权和自卫权，与“军事化”无关。南海地区的航行和飞越自由根本不存在任何问题。美方打着“航行和飞越自由”的旗号，频繁派军舰军机到南海抵近中国南海岛礁，擅自闯入中国西沙群岛领海，这才是在制造紧张、搞“军事化”。至于美方所谓中国军舰对美国军舰实施“鲁莽骚扰”，中国军方已介绍了真实情况。美国军舰“长途跋涉”地跑到中国家门口生事，却指责中国军舰“鲁莽骚扰”，这样的逻辑难道不可笑吗？我们敦促美方停止挑事生非、制造紧张，尊重地区国家通过谈判磋商解决问题的努力，停止损害中方主权和安全利益，做南海和平稳定的建设者而不是破坏者。

---

① 侯晓晨：《外交部回应美涉台言论：混淆是非、颠倒黑白》，《解放军报》2018年10月16日，第4版。

② 王珂：《商务部对原产于美国和日本的氢碘酸反倾销调查的最终裁定》，《人民日报》2018年10月16日，第2版。

10月17日　国家主席习近平在人民大会堂会见俄罗斯总统办公厅主任瓦伊诺。习近平请瓦伊诺转达对普京总统的亲切问候和良好祝愿。习近平指出，上个月我出席第四届东方经济论坛期间，同普京总统进行了很好的会晤。我同普京总统保持着密切交往，对中俄全面战略协作伙伴关系深入发展发挥了很好的引领作用。中俄关系正处于历史最好时期。在当前世界形势下，中俄双方要倍加珍视两国成熟、牢固的伙伴关系，毫不动摇地深化各领域合作。双方要抓紧落实我同普京总统达成的共识，深入推进两国在能源、创新等领域合作，加快“一带一路”建设同欧亚经济联盟的对接合作。要更加密切在国际事务中的沟通协调。双方要设计好、筹划好下阶段两国高层交往，推动新时代中俄关系不断迈上新台阶。习近平指出，中共中央办公厅同俄罗斯总统办公厅合作机制是我们双边交往的独特渠道，十分重要，也体现着中俄关系的特殊性和重要性。我支持双方继续运行好这个机制。两个办公厅要共同努力，落实好两国元首达成的合作共识，更好为两国关系发展大局服务。①

10月18日　中国—菲律宾南海问题双边磋商机制（BCM）第三次会议在北京举行。中国外交部副部长孔铉佑与菲律宾外交部副部长马纳罗分别率团出席，双方代表团由两国外交部和相关部门相应官员组成。双方认为，BCM机制作为双方定期的密切对话平台，在促进双边关系稳定发展上发挥了重要作用。双方通过这一渠道处理分歧，防止并妥善管控海上意外事件，并不断增进海上对话与合作。双方就当前南海有关问题和各自关切坦诚、友好地交换意见，探讨对双方都有利的处理相关问题的途径，重申继续开展合作，商谈促进互信与信心的措施。双方认为此次会议气氛热烈、成果丰硕。在2017年11月16日中菲联合声明指导下，双方重申海上争议问题不是中菲双边关系的全部，同意双边关系的发展应造福两国人民，并对地区和平、稳定与发展作出贡献。双方相信，妥善管控南海有关争议对维护地区和平稳定至关重要。双方重申南海航行和飞越自由的重要性、国际商贸自由原则和其他对海洋的和平使用原则；将根据《联合国宪章》和1982年《联合国海洋法公约》等国际法中公认的原则，由直接有关主权国家，通过友好磋商和谈判，以和平方式解决领土和

① 孙奕:《习近平会见俄罗斯总统办公厅主任瓦伊诺》,《光明日报》2018年10月18日，第1版。

管辖权争端，保持自我克制，不诉诸武力或以武力相威胁。双方认为，包括中国—东盟对话关系、东盟地区论坛、东亚峰会等在内的其他多边平台对促进地区和平稳定至关重要。双方重申致力于全面有效落实2002年《南海各方行为宣言》，并同意与其他东盟国家密切合作，早日就“南海行为准则”达成共识。双方通过BCM下设技术工作组会，就加强海上合作的路径进行了富有成效的交流，相关合作领域涵盖影响南海政治安全的近期发展、海上搜救、海事安全、海洋环保、海洋科研、渔业等。在不影响两国各自关于主权、主权权利和管辖权立场的前提下，双方还探讨了海上油气联合勘探和开发合作。第四次会议将于2019年上半年在菲律宾举行。具体时间和地点将通过外交渠道商定。①

10月19日 国家主席习近平在人民大会堂会见了来访的俄罗斯国防部长绍伊古。绍伊古首先转达普京总统对习近平主席的亲切问候。习近平表示感谢，并请绍伊古转达对普京总统的诚挚问候和良好祝愿。习近平说，今年以来，中俄关系继续保持高位发展，双方政治互信达到最高水平。近5个月来，我同普京总统举行了3次会晤，体现了中俄关系的高水平和特殊性。双方坚持将彼此作为最重要战略协作伙伴和外交优先方向，两国各领域合作成果丰硕，在国际事务中密切协调配合，成为促进世界和平稳定的关键因素和建设性力量，树立了大国和邻国关系的典范。中方将继续同俄方一道，充分利用明年中俄两国建交70周年的良好机会，加强全面协作和相互支持，推动中俄全面战略协作伙伴关系再攀新高，更好惠及两国人民。习近平说，中俄两军关系是两国关系高水平和特殊性的重要标志，是战略合作的亮点和重要支撑。近年来，两军在联合演习、实战化训练、军事竞赛等各领域合作不断深化，取得了很多积极成果，双方获益匪浅。希望两军着眼应对共同安全威胁、为各自国家发展和民族振兴创造有利外部环境，继续提升合作水平，为中俄全面战略协作伙伴关系发展提供有力支撑。习近平说，中俄要坚定不移深化战略协作，共同做好稳定国际秩序的压舱石，维护好各自和共同利益。我们坚信，国际道义和时代潮流是在全世界爱好和平的国家和人民一边的。绍伊古说，习近平主席和普京总统的战略引领是深化俄中全面战略协作伙伴关系的重要基础。普京总统重视

---

① 《中国—菲律宾南海问题双边磋商机制第三次会议联合新闻稿》,《解放军报》2018年10月19日，第4版。

两军合作，高度评价双方在“东方–2018”战略演习中的协调配合。俄方高度重视发展俄中两国两军关系，愿与中方共同努力，持续加强战略协作，进一步提升双方军事合作水平，共同提升应对各种安全挑战的能力，为维护两国共同利益和国际地区和平稳定作出贡献。张又侠参加会见。[①]

第九次中国—东盟防长非正式会晤在新加坡举行。会议由国务委员兼国防部长魏凤和与东盟轮值主席国新加坡国防部长黄永宏共同主持。魏凤和表示，中国与东盟是山水相连的近邻。中方坚持习近平外交思想和亲诚惠容周边外交理念，顺应时代发展大势，把东盟作为周边外交优先方向，支持东盟共同体建设，支持建立以东盟为中心、开放包容的亚太安全架构，打造更为紧密的中国—东盟命运共同体。魏凤和说，当前，中国—东盟关系站在新的历史起点上。面对各种安全挑战，中国希与东盟各国防务部门继续加强沟通，推动建立防务直通电话，开展联演联训、救灾救援和防务智库、中青年军官交流等合作，携手努力，为维护地区和平稳定作出新的贡献。东盟防务部门领导人积极评价中国与东盟关系发展，赞赏中方为此作出的积极努力，支持中方就发展中国—东盟防务关系提出的建议倡议，希望与中方继续加强沟通，推动防务安全领域务实合作，增进理解与互信，共同维护地区发展与繁荣。[②]

10月21日　国务委员兼国防部长魏凤和在广州集体会见来华观摩中国—东盟“海上联演–2018”实兵演练的东盟各国观摩团团长。魏凤和表示，中国—东盟“海上联演–2018”是中国军队与东盟10国军队首次举行海上联演，在中国与东盟关系史上具有重要里程碑意义，彰显了中国与东盟国家致力于维护地区和平稳定的信心与决心。中国愿秉持习近平外交思想和亲诚惠容周边外交理念，着力提升中国与东盟防务关系，加强沟通交流，深化务实合作，与东盟一道打造更高水平的战略伙伴关系。东盟国家观摩团团长对联演的顺利举行给予积极评价，一致表示东盟国家高度重视与中国加强海上安全合作，希望以此次海上联演为契机，继续深化东盟各国与中国的军事交流合作，加深了解与

① 梅世雄:《习近平会见俄罗斯国防部长绍伊古》,《光明日报》2018年10月20日，第1版。

② 王丽丽:《第九次中国—东盟防长非正式会晤在新加坡举行》,《解放军报》2018年10月20日，第1版。

互信，共同应对海上安全威胁。[①]

10月23日 中共中央总书记、国家主席习近平向越共中央总书记阮富仲当选国家主席致贺电。习近平在贺电中指出，中越互为友好邻邦和重要伙伴，传统友谊源远流长。去年以来，我同你时隔两年再度实现互访，就新形势下推进两党两国关系达成一系列重要共识。两国关系持续向好发展，双方治党治国经验交流日益密切，各领域务实合作不断深化，给两国人民带来了实实在在的利益。我高度重视发展中越关系，愿同你一道，在“十六字”方针和“四好”精神指引下，以中越全面战略合作伙伴关系建立10周年为契机，加强对双边关系的政治引领，推动两国全面战略合作不断迈上新台阶。[②]

国务委员、公安部部长赵克志应邀访问印度，会见了印度国家安全顾问多瓦尔，并与印度内政部部长辛格共同主持了中印首次执法安全高级别会晤，签署了有关合作协议。[③]

10月24日 全国人大常委会委员长栗战书在人民大会堂会见柬埔寨参议院主席赛冲。栗战书说，中国主张国家不分大小、强弱、贫富，一律平等，应相互尊重、平等相待。对周边国家，我们奉行习近平主席提出的亲诚惠容外交理念，致力于发展睦邻友好和互利合作。中柬关系堪称这方面的典范。今年是中柬建交60周年，中方将一如既往支持柬埔寨走符合本国国情的发展道路，愿加强在“一带一路”建设和农业、基础设施等领域合作，继续为柬保持稳定发展、改善人民生活提供积极帮助。中国全国人大愿加强与柬埔寨参议院和国会的友好关系，为推动双边关系的发展作出贡献。赛冲说，柬中是可信赖的真朋友、好兄弟，愿推动柬中合作取得更多成果。[④]

国务委员兼外交部长王毅在北京会见印尼总统特使、海洋统筹部长卢胡特和马来西亚前副总理安瓦尔。会见卢胡特时，王毅指出，中印尼是共建“一带一路”的天然合作伙伴，中方愿同印尼开展共建“一带一路”与“全球海洋

---

① 陈国权：《魏凤和会见中国—东盟“海上联演-2018”观摩团团长》，《解放军报》2018年10月21日，第1版。

② 新华社：《习近平向越共中央总书记阮富仲当选国家主席致电祝贺》，《人民日报》2018年10月24日，第1版。

③ 胡博风：《印度总理莫迪会见赵克志》，《人民日报》2018年10月24日，第3版。

④ 王卓伦：《栗战书会见柬埔寨参议院主席赛冲》，《光明日报》2018年10月25日，第1版。

支点”战略的对接，积极推进印尼“区域综合经济走廊”开发，不断挖掘合作潜力和空间，全面落实两国领导人达成的合作共识，实现更多互利共赢。卢胡特表示，印尼愿进一步密切双方高层往来，借鉴中国发展和治理经验，加强投资、产业、基础设施、渔业、人力资源等领域合作，实现共同发展进步。

会见安瓦尔时，王毅指出，中马不仅要延续和巩固传统友谊，更要进一步拓展和加强两国关系，推进科技、创新等新领域合作，为两国共同发展注入新的动力。安瓦尔表示，马方愿深化同中方在投资、创新、文化等各领域务实合作，欢迎中国在马经济社会发展进程中发挥更重要作用。[①]

10月25日　第八届北京香山论坛在北京召开。中国国家主席习近平向论坛致贺信。习近平表示，值此第八届北京香山论坛召开之际，我谨代表中国政府和中国人民，向论坛开幕表示热烈的祝贺，向出席论坛的各国防务部门和军队领导人、国际组织代表、专家学者，表示诚挚的欢迎！习近平指出，当今世界，和平、发展、合作、共赢是时代潮流，全球治理体系和国际秩序变革加速推进，世界各国人民命运相连、休戚与共。同时，国际社会面临着日益凸显的传统和非传统安全挑战。中国坚持共同、综合、合作、可持续的新安全观，愿以更加开放的姿态与各国同心协力，以合作促发展、以合作促安全，推动构建人类命运共同体。中国军队始终是维护世界和平稳定的坚定力量。习近平强调，北京香山论坛是开展国际安全和防务对话的重要平台，自创办以来，秉持平等、开放、包容、互鉴的精神，为促进亚太地区安全对话与互信合作发挥了积极作用。本届论坛以“打造平等互信、合作共赢的新型安全伙伴关系”为主题，希望大家集智共商、凝聚共识，促进构建相互尊重、公平正义、合作共赢的新型国际关系，共创人类更加美好的未来。祝第八届北京香山论坛取得圆满成功！[②]

10月26日　国家主席习近平在钓鱼台国宾馆会见来华进行正式访问的日本首相安倍晋三。习近平欢迎安倍正式访华，赞赏安倍近年来多次表明改善和发展中日关系的积极意愿。习近平指出，中日是近邻，两国利益高度交融。作为世界主要经济体和有重要影响的国家，中日关系长期健康稳定发展，符合两

① 吴嘉琳：《王毅分别会见印尼和马来西亚客人》，《人民日报》2018年10月24日，第3版。

② 新华社：《习近平向第八届北京香山论坛致贺信》，《光明日报》2018年10月26日，第1版。

国人民根本利益，也是本地区和国际社会普遍期待。今年是中日和平友好条约缔结40周年。1978年，两国老一辈领导人缔结和平友好条约，以法律形式确定了两国持久和平友好大方向，为双方开展互利合作、谋求共同发展以及妥善处理历史、台湾等敏感问题提供了坚实遵循和保障。在双方共同努力下，当前中日关系重回正常轨道，重现积极势头。这值得双方共同珍惜。双方要遵循中日四个政治文件确立的各项原则，坚持和平友好大方向，持续深化互利合作，推动中日关系在重回正轨基础上得到新的发展。习近平强调，新形势下，中日两国在双边领域相互依存日趋加深，在多边层面也拥有更加广泛多元的共同利益和共同关切。双方要开展更加深入的战略沟通，发挥好两国多层次、多渠道的对话机制作用，准确把握对方的发展和战略意图，切实贯彻践行“互为合作伙伴，互不构成威胁”的政治共识，加强正面互动，增进政治互信。要开展更高层次的务实合作，充分释放合作潜力。中国改革正在不断深化，开放的大门将越开越大。这将为中国同包括日本在内世界各国扩展合作提供更多机遇。共建“一带一路”为中日深化互利合作提供了新平台和试验田。中方欢迎日方更加积极地参与新时代中国发展进程，实现两国更高水平的互利共赢。要开展更加广泛的人文交流，增进相互理解，鼓励两国各界特别是年轻一代踊跃投身中日友好事业。要开展更加积极的安全互动，构建建设性的双边安全关系，共同走和平发展道路，维护地区和平稳定。要开展更加紧密的国际合作，拓展共同利益，推动区域经济一体化，共同应对全球性挑战，维护多边主义，坚持自由贸易，推动建设开放型世界经济。要重信守诺，按照中日四个政治文件和双方已达成的共识行事，建设性地处理矛盾分歧，维护好中日关系健康发展的政治基础。①

10月28日　由中国中铁五局承建的中老铁路纳堆一号隧道胜利贯通，这是中老铁路首个贯通的千米以上隧道。纳堆一号隧道位于老挝北部琅南塔省境内，全长1158米，于2017年6月3日正式开工。中铁五局中老铁路一标段指挥长周小霞29日对新华社记者介绍，该隧道全隧以软岩地质为主，这对施工组织和安全管理提出了相对较高的要求。2017年12月12日，中国电建水电十五局承建的中老铁路旺门村二号隧道顺利贯通，成为中老铁路项目全线首个贯通

① 李忠发：《习近平会见日本首相安倍晋三》，《光明日报》2018年10月27日，第1版。

的隧道，也是老挝历史上首个现代公路、铁路交通隧道。中老铁路北起两国边境磨憨—磨丁口岸，南至老挝首都万象，全长414公里，其中60%以上路段为桥梁和隧道，隧道长度近198公里。该铁路设计时速160公里，于2016年12月全线开工，建设期5年，总投资约374亿元人民币，是第一个以中方为主投资建设、共同运营并与中国铁路网直接连通的境外铁路项目，全线采用中国技术标准、使用中国设备。①

10月29日　菲律宾总统杜特尔特在达沃南部总统府会见中国国务委员兼外交部长王毅。杜特尔特表示，菲中两国是友好近邻，中国自身取得的巨大发展成就给世界带来重要机遇，因此菲律宾把中国视为最重要的合作伙伴。菲经济主要面临能源和基础设施短缺的制约，菲方愿与中方积极开展这方面的合作，也希望中方能为棉兰老岛等地区的发展提供支持和帮助。王毅说，此次访问菲律宾的主要任务是为双方预定的高层访问作好准备。过去两年，在两国元首的亲自引领下，中菲关系全面改善发展，中国跃居菲第一大贸易伙伴，中菲合作为菲经济发展与社会民生发挥了积极作用。②

10月30日　国家主席习近平就印度尼西亚客机失事向印尼总统佐科致慰问电。习近平在慰问电中表示，惊悉印尼狮航公司一架载有189人的客机不幸坠毁，我对此深感悲痛。我谨代表中国政府和中国人民，并以我个人的名义，对所有遇难者表示深切的哀悼，对遇难者家属表示诚挚的慰问。③

10月31日　巴布亚新几内亚总理奥尼尔在莫尔兹比港会见中国国务委员兼外交部长王毅。奥尼尔请王毅转达对习近平主席和李克强总理的亲切问候。他表示，一个中国政策是巴新同中国外交关系的基石，我愿代表巴新政府重申，巴方将继续坚定奉行一个中国政策。巴新热切期盼习近平主席下月来巴新出席APEC领导人非正式会议并进行国事访问，将竭尽全力确保习近平主席与会和访问取得圆满成功。奥尼尔表示，巴新坚定支持“一带一路”倡议，希望通过加强“一带一路”合作，促进巴新自身的发展，也推动岛国地区国家实现共同发展。王毅表示，中方重视巴新在地区事务中的重要影响，赞赏巴新坚定

① 新华社：《中老铁路贯通首个超一千米隧道》，《人民日报》2018年10月30日，第3版。

② 赵益普：《菲律宾总统杜特尔特会见王毅》，《人民日报》2018年10月30日，第3版。

③ 新华社：《习近平就印尼狮航客机失事向印尼总统佐科致慰问电》，《解放军报》2018年10月31日，第1版。

奉行一个中国政策。中方支持巴新成功办会并为此提供了大力支持。相信在双方共同努力下，习近平主席的巴新之行必将取得圆满成功，必将对中国同巴新以及岛国关系发展产生深远和积极影响。中方愿与巴新在“一带一路”框架下，扩大贸易、投资、产能、教育等领域交流合作，助力巴新实现可持续发展和岛国地区共同发展。[①]

11月1日 国家主席习近平应约同美国总统特朗普通电话。特朗普表示，我重视同习近平主席的良好关系，愿通过习近平主席向中国人民致以良好的祝愿。两国元首经常直接沟通非常重要，我们要保持经常联系。我期待着同习主席在阿根廷二十国集团领导人峰会期间再次会晤，我们可以就一些重大问题进行深入探讨。希望双方共同努力，为我们的会晤做好充分准备。美方重视美中经贸合作，愿继续扩大对华出口。两国经济团队有必要加强沟通磋商。我支持美国企业积极参加首届中国国际进口博览会。习近平表示，很高兴再次同总统先生通电话。中方已就中美关系多次阐明原则立场。希望双方按照我同总统先生达成的重要共识，促进中美关系健康稳定发展。我也重视同总统先生的良好关系，愿同总统先生在出席阿根廷二十国集团领导人峰会期间再次会晤，就中美关系及其他重大问题深入交换意见。我们两人对中美关系健康稳定发展、扩大中美经贸合作都有良好的愿望，我们要努力把这种愿望变为现实。习近平指出，中美经贸合作的本质是互利共赢。过去一段时间，中美双方在经贸领域出现一些分歧，两国相关产业和全球贸易都受到不利影响，这是中方不愿看到的。中国即将举办首届国际进口博览会，这显示了中方增加进口、扩大开放的积极意愿。很高兴众多美国企业踊跃参与。中美双方也有通过协调合作解决经贸难题的成功先例。两国经济团队要加强接触，就双方关切问题开展磋商，推动中美经贸问题达成一个双方都能接受的方案。两国元首还就朝鲜半岛局势交换意见。习近平强调，今年以来，朝鲜半岛形势出现积极变化。中方赞赏总统先生同金正恩委员长举行历史性会晤，推动了朝鲜半岛无核化和政治解决进程。希望美朝双方照顾彼此关切，进一步推进朝鲜半岛无核化和构建朝鲜半岛和平机制进程。中方将继续发挥建设性作用。特朗普表示，今年以来，美朝会谈取得了积极进展。美方高度重视中方在朝鲜半岛问题上的重要作用，愿继续

① 杨敬仲:《王毅会见巴布亚新几内亚总理》,《人民日报》2018年11月1日，第3版。

同中方加强沟通协调。[①]

11月2日　国家主席习近平在人民大会堂会见巴基斯坦总理伊姆兰·汗。习近平欢迎伊姆兰·汗正式访华并出席首届中国国际进口博览会。习近平指出，中巴全天候战略合作伙伴关系是在两国长期相互支持、密切合作中形成和发展起来的特殊友好关系，得到两国人民衷心拥护和支持。无论国际形势和两国国内发生什么变化，中巴关系始终保持旺盛生命力，不断发展壮大。中巴合作不仅造福两国人民，也促进了地区和世界和平、稳定、发展。习近平赞赏伊姆兰·汗多次强调将继续把对华关系作为巴基斯坦外交政策基石，坚定推进中巴经济走廊建设。习近平强调，中方始终将巴基斯坦置于中国外交优先方向，支持巴基斯坦维护国家独立、主权、领土完整，支持巴基斯坦新政府顺利施政和推进国家建设事业，愿同巴方一道努力，加强中巴全天候战略合作伙伴关系，打造更加紧密的中巴命运共同体。双方要推进更深入的战略沟通，保持两国领导人频繁互访和会晤，加强治国理政经验交流。要开展更紧密的务实合作，促进经贸交流与投资，夯实中巴经济走廊早期收获项目，推动走廊建设向产业园区、社会民生等领域拓展。要用好2019年中巴友好城市年契机，促进更活跃的人文交流。要加强反恐合作，打造更牢固的安全纽带。要加强在联合国、上海合作组织等多边平台的协调和沟通。伊姆兰·汗表示，巴基斯坦钦佩中国的发展成就，希望学习借鉴中国在发展、扶贫和反腐等方面的成功经验。中国是巴基斯坦全天候战略合作伙伴，巴中友谊在巴基斯坦深入人心。巴基斯坦致力于继续深化对华关系，推进中巴经济走廊建设，助力巴基斯坦经济社会发展。巴方愿继续同中方密切在多边事务中沟通协调。[②]

国家主席习近平同汤加国王图普六世互致贺电，热烈庆祝两国建交20周年。习近平在贺电中指出，中汤建交20年来，两国关系不断深入发展，务实合作和人文交流日益扩大。今年3月，你来华进行国事访问，我们就推进两国广泛领域交流和合作达成重要共识，为中汤关系发展指明了方向。我高度重视中汤关系发展，愿同你一道努力，以两国建交20周年为新起点，加强各领域交流合作，推动中汤关系不断迈上新台阶，更多更好惠及两国人民。图普六世

---

① 新华社:《习近平同美国总统特朗普通电话》,《人民日报》2018年11月1日，第1版。

② 刘华:《习近平会见巴基斯坦总理伊姆兰·汗》,《光明日报》2018年11月3日，第1版。

在贺电中表示，热烈祝贺汤中建交20周年。近年来，两国高层交往密切，各领域合作不断深化，两国人民相互了解和友谊与日俱增。我衷心祝愿中国繁荣昌盛、人民幸福安康。[①]

柬埔寨首相洪森在金边会见全国人大常委会副委员长张春贤。张春贤转达了习近平主席和李克强总理对洪森的亲切问候。他说，柬埔寨是中国的好邻居、好朋友、好伙伴、好兄弟。建交60年来，两国传统友谊经历了时间和实践考验，历久弥坚。双方要落实好两国领导人达成的重要共识，加强立法机构等各领域的交流与合作，不断深化双方全面战略合作伙伴关系，构建中柬具有战略意义的命运共同体。洪森请张春贤转达他对习近平主席和李克强总理的诚挚问候和良好祝愿，感谢中方长期向柬埔寨提供的支持和帮助。他表示，柬方愿同中方以建交60周年为契机，进一步密切高层交往，深化务实合作，加强地区和多边事务的协调与配合，推动双边关系更上新台阶。[②]

11月3日　国务院总理李克强在人民大会堂同来华进行正式访问的巴基斯坦总理伊姆兰·汗举行会谈。李克强表示，中国和巴基斯坦是好邻居、好朋友、好伙伴，两国传统友谊已深深植入双方人民心中。中巴作为全天候战略合作伙伴，有着高度的政治互信、密切的各领域合作，在涉及彼此核心利益问题上坚定相互支持。习近平主席同总理先生举行会见，就中巴关系友好交换意见。中方始终把巴作为中国外交的优先战略方向。此访期间，双方将发表《加强中巴全天候战略合作伙伴关系，打造新时代更紧密中巴命运共同体》的联合声明，向外界发出双方致力于推动中巴关系更好更快发展的重要信号。李克强指出，近年来，中巴围绕共建“一带一路”开展的各领域合作取得长足发展。中巴经济走廊实施的项目是经过充分论证、符合商业原则、有经济回报的。中方愿继续按照公开、透明原则，同巴方持续加快推进中巴经济走廊建设，造福两国人民。中方赞赏巴方致力于保护走廊建设和中方机构人员安全，希望巴方继续做出更大努力。中方愿扩大巴优质产品进口和市场准入，同巴方加强金融、农业、渔业等领域合作。我们希望看到一个稳定发展的巴基斯坦，愿向巴方提供力所能及的帮助，共同致力于地区的和平、稳定与繁荣。伊姆兰·汗表

① 新华社:《习近平和汤加国王图普六世互致贺电》,《解放军报》2018年11月3日，第1版。

② 毛鹏飞:《柬埔寨首相洪森会见张春贤》,《人民日报》2018年11月4日，第3版。

示，当前巴中全天候战略合作伙伴关系不断深化，两国政府、民间各层级关系都坚强有力。中巴经济走廊已经从一个理念变成现实，正在得到全面落实和推进。巴方视走廊为重大发展机遇，极大提升了巴人民福祉，促进了巴经济社会发展，将继续致力于坚定推进中巴经济走廊建设，采取有力措施保护走廊项目和中方机构人员安全。巴方赞赏中方在巴经历困难的时候给予的大力支持，将始终是中方可以信赖的朋友，将继续坚定同中方站在一起。中国在过去40年取得巨大发展成就，巴方正在推进国内改革进程，愿学习借鉴中国的发展经验，进一步深化双方各领域务实合作，密切高层互访和各层级交往，推动巴中关系不断迈上新台阶。会谈后，李克强和伊姆兰·汗共同见证了两国科研、司法、减贫、卫生、海关等领域十余项双边合作协议的签署。[①]

11月4日　国家主席习近平在上海会见越南总理阮春福。习近平指出，今年是中越建立全面战略合作伙伴关系10周年。中越两国均处在改革发展的关键阶段。双方要从两国人民根本利益出发，继往开来，乘势而上，不断开创双边关系新局面，在前进道路上共谋发展。习近平强调，中越要保持两党两国高层密切交往传统，加快推进“一带一路”和“两廊一圈”对接并及早确定优先合作领域。中方愿鼓励更多中国企业赴越南参与大项目合作，加强互联互通。越南是本届中国国际进口博览会主宾国，又是中国在东南亚最大贸易伙伴。中方愿从越方进口更多适销对路的产品。双方要将合作多向民生领域倾斜，持续增进两国民众特别是青年一代友好感情。双方要共同努力，维护海上和平稳定，稳步推进海上合作。阮春福表示，当前形势下，越南党和政府愿在“十六字”方针和“四好”精神指引下，同中方密切高层交往，加强团结互信，推动务实合作，特别是将“两廊一圈”和“一带一路”倡议对接，促进区域互联互通和可持续发展。中方举办国际进口博览会体现了中国坚持扩大开放、坚持自由贸易的决心。越方愿抓住这一机遇，扩大对华出口。越方愿按照两国领导人达成的重要共识和原则，妥善处理好海上问题。[②]

国家主席习近平在上海会见老挝总理通伦。习近平对通伦来华出席首届中国国际进口博览会表示欢迎。习近平指出，中老关系目前处于历史最好时期。

---

① 杜一菲:《李克强会见巴基斯坦总理伊姆兰·汗》,《人民日报》2018年11月4日，第1版。

② 白洁:《习近平会见越南总理阮春福》,《光明日报》2018年11月5日，第2版。

我同本扬总书记、国家主席在半年内实现历史性互访，就深化全面战略合作、打造中老具有战略意义的命运共同体达成重要共识，为双边关系长远发展指明了方向。双方要落实好访问成果。习近平强调，面对新形势、新挑战，中老要密切战略沟通，加强治党治国经验交流。要推动务实合作优化升级，继续推进中老经济走廊建设，确保中老铁路建设顺利推进，加强民生、救灾等领域合作，办好明年中老旅游年。要携手推进澜沧江—湄公河合作。通伦表示，很高兴来华出席首届中国国际进口博览会。习近平总书记、国家主席去年11月成功访问老挝，对推动老中两党两国关系发展意义重大。您访问时达成的重要成果及老中铁路等重要项目正在稳步实施。老方从共建“一带一路”合作中实际受益，感谢中方提供的支持和帮助。老方愿同中方一道，落实好两党两国最高领导人达成的重要共识，巩固团结合作，加强协调配合，深化人民友谊，永做好邻居、好朋友、好同志、好伙伴。①

11月5日 国家主席习近平在上海会见俄罗斯总理梅德韦杰夫。习近平强调，中俄两国坚定走和平发展道路，致力于维护国际公平正义，体现了有定力、负责任的大国担当。新形势下，中方愿同俄方保持密切高层交往，不断深化战略协作。②

11月6日 国务院副总理、中俄总理定期会晤委员会中方主席胡春华在上海与俄罗斯副总理、委员会俄方主席阿基莫夫共同主持中俄总理定期会晤委员会第二十二次会议。双方要继续努力，推动两国合作不断向纵深发展。双方一致同意，充分发挥委员会机制作用，加强沟通协调，加大工作力度，全力落实好签署的合作项目和协议，巩固合作基础，拓展农业、科技、金融、交通运输、服务贸易等领域合作，为中俄关系发展不断注入新的动力。会前，胡春华与阿基莫夫举行了小范围会谈，就双方关心的问题交换了意见。③

11月6日 中国和哈萨克斯坦、吉尔吉斯斯坦、俄罗斯联邦、塔吉克斯坦五国的外交、军事代表齐聚贵阳，召开五国边境裁军履约工作联合监督小组第39次会议，共同总结今年以来各国执行《关于在边境地区加强军事领域信

---

① 白洁:《习近平会见老挝总理通伦》,《光明日报》2018年11月5日，第2版。

② 王云松:《习近平会见俄罗斯总理梅德韦杰夫》,《人民日报》2018年11月6日，第2版。

③ 吴宇、黄洋:《中俄总理定期会晤委员会第二十二次会议举行》,《人民日报》2018年11月7日，第4版。

任的协定》和《关于在边境地区相互裁减军事力量的协定》情况，相互通报协定规定地理范围内的部队编制与部署，磋商明年边境裁军履约工作安排，研究解决专用信息交换网络运行管理等问题。与会代表积极评价联合监督小组多年来为巩固五国友好与互信、维护边境地区和平与稳定、促进边境地区合作与发展作出的积极贡献，指出五国边境地区相互裁减军事力量活动是在“两个协定”框架下维护边境安全稳定的好平台、好做法、好传统。会议确定，各方按照“两个协定”规定的地理范围、部队武器装备及技术标准和人员数量要求，2019年将在中俄边界东段珲春、萝北方向和中哈边界巴克图、中吉边界伊尔克什坦方向组织4轮8次相互视察活动，进一步提升互信合作、推动睦邻友好发展。①

11月8日　国家主席习近平在人民大会堂会见美国前国务卿基辛格。习近平指出，40多年来，中美关系历经风雨和坎坷，但总体保持稳定前行。当今世界正面临百年未有之大变局，国际社会普遍期待着中美关系继续沿着正确的方向向前发展。我和特朗普总统约定在阿根廷二十国集团峰会期间会晤，双方可以就共同关心的问题深入交换意见。习近平强调，中美双方对彼此的战略意图要有准确的判断。一段时间以来，美国国内涉华消极声音增多，值得关注。中国坚持走和平发展道路，仍然致力于发展不冲突不对抗、相互尊重、合作共赢的中美关系，愿同美方在平等互利基础上，本着互谅互让的精神，通过友好协商妥善解决两国关系发展中出现的问题。同时，美方也应尊重中方按照自己选择的道路发展的权利和合理权益，同中方相向而行，共同维护中美关系的健康稳定发展。②

11月8—9日　应巴基斯坦国民议会邀请，全国人大常委会副委员长张春贤率团访问巴基斯坦，分别会见巴基斯坦参议院主席桑吉拉尼、国民议会议长凯瑟、副议长苏里。③

11月9日　国务委员兼外交部长王毅在北京会见来华参加外交磋商的孟加拉国外秘哈克，重点就双边关系和若开邦避乱民众遣返问题交换意见。王毅表

---

① 《中哈吉俄塔五国确定边境裁军履约视察活动方案》,《解放军报》2018年11月8日，第4版。

② 李忠发:《习近平会见美国前国务卿基辛格》,《光明日报》2018年11月9日，第1版。

③ 新华社:《张春贤率团访问巴基斯坦》,《人民日报》2018年11月10日，第3版。

示，孟缅双方在处理若开邦问题上取得重要进展，同意于本月中旬启动首批避乱民众遣返工作。这将为处理这个复杂的历史问题创造好的开端，并为下一步遣返积累经验。中方愿继续为此提供必要支持。联合国专门机构应为此发挥建设性作用。哈克说，孟方将根据此前孟缅达成的共识，如期推进若开邦避乱民众遣返工作，孟方感谢中方的大力支持和帮助。①

中共中央政治局委员、中央外事工作委员会办公室主任杨洁篪在华盛顿主持第二轮中美外交安全对话后，同国务委员兼国防部长魏凤和，以及美国国务卿蓬佩奥和国防部长马蒂斯共同会见记者。杨洁篪、魏凤和分别回答了记者关于中国对外政策、国防政策、中美关系以及台湾、南海、人权等问题的提问，阐明了中国政府的原则立场。②

11月12日　国务院总理李克强在新加坡总统府同新加坡总理李显龙举行会谈。李克强表示，新加坡是中国的友好近邻和重要合作伙伴，深度参与中国改革开放进程。双方政治互信巩固，务实合作成果丰硕，互为重要贸易投资伙伴。2015年习近平主席对新加坡进行国事访问，两国确立了与时俱进的全方位合作伙伴关系。中方愿同新方加强沟通协调，深化互利合作，推动中新关系不断迈上新台阶。李克强指出，中新优势互补，合作前景广阔，潜力巨大。此访期间，双方达成多项合作协议。我们愿同新方继续深化创新合作，加强金融、科技、企业等人才培训。以签署“陆海新通道”谅解备忘录为契机，陆海并进，推进双向互联互通。广州知识城已上升为国家级双边合作项目，双方要积极拓展智慧城市建设合作，推动城市管理升级和人工智能发展，探讨新的地方合作。中新自贸协定顺利完成升级谈判，希望双方抓住机遇，进一步提升双向贸易投资水平。李克强强调，中国支持东亚经济一体化进程，支持东盟在区域合作的中心地位。中方赞赏新加坡担任东盟轮值主席国所作出的努力，愿加强同东盟全方位合作。本着相互尊重、互谅互让原则，争取尽快结束“区域全面经济伙伴关系协定”（RCEP）谈判，这对维护以世界贸易组织为核心的自由贸易体制和经济全球化具有重要意义。中方愿同地区国家一道努力，加快推进“南海行为准则”（COC）磋商，共同维护南海和平与稳定。会谈后，两国总理

---

① 新华社：《王毅会见孟加拉国外秘哈克》，《人民日报》2018年11月10日，第3版。

② 朱东阳、刘晨：《第二轮中美外交安全对话在美国华盛顿举行》，《解放军报》2018年11月11日，第1版。

共同见证双方自贸协定升级、互联互通、金融、科技、环境、文化、海关等领域多项双边合作文件的签署。①

11月14日　国务院总理李克强当地时间在新加坡会展中心出席第二十一次中国—东盟（10+1）领导人会议暨庆祝中国—东盟建立战略伙伴关系15周年纪念峰会。李克强与新加坡总理李显龙共同主持会议。李克强表示，过去15年，国际和地区形势发生深刻复杂变化，亚洲国家保持了总体和平稳定的良好局面，呈现出快速发展的上升势头。15年来，中国—东盟关系也走过了不平凡的历程，开展了全方位、多层次、宽领域合作，战略内涵不断丰富，开创了互利共赢的新格局，促进了地区发展繁荣。我们建成并升级了发展中国家间最大的自贸区，贸易投资水平不断得到提升。我们树立了妥处分歧的典范，全面有效落实《南海各方行为宣言》（DOC），保持了南海局势的稳定。“南海行为准则”（COC）磋商取得重要进展，各方共同形成了单一磋商文本草案，并一致同意在2019年内完成第一轮审读。中方愿同东盟国家共同努力，在协商一致基础上，争取未来3年完成“准则”磋商。希望域外国家尊重域内国家的意愿。相信域内国家有智慧，共同维护南海的和平稳定。李克强强调，中国同东盟始终坚持相互尊重、求同存异，始终坚持开放合作、共同发展，始终坚持相互包容、互学互鉴。中方坚定支持东盟共同体建设，坚定支持东盟在区域合作中的中心地位。当前形势下，中国和东盟应深化全面合作，携手打造更高水平的战略伙伴关系，建设更为紧密的中国—东盟命运共同体。

第一，加强战略规划。在《中国—东盟战略伙伴关系2030年愿景》指导下，推动共建“一带一路”倡议与《东盟愿景2025》深入对接，加强政治安全、经贸、人文交流三大支柱建设，推动中国—东盟关系进一步提质升级。

第二，深化经贸合作。期待与相关国家一道尽早实质性结束“区域全面经济伙伴关系协定”（RCEP）谈判，拓展合作领域，打破贸易壁垒，不断推动贸易投资取得更大发展。

第三，培育创新亮点。今年是中国—东盟创新年，双方将探讨建立科技创新合作新机制，深化落实中国—东盟科技伙伴计划，研究商签中国—东盟智慧

① 张惠中、赵益普：《李克强同新加坡总理举行会谈》，《人民日报》2018年11月13日，第1版。

城市合作文件，支持构建东盟旅游数字平台。

第四，夯实人文支柱。中方将设立中国—东盟菁英奖学金，开展“未来之桥”中国—东盟青年领导人千人研修计划，未来5年邀请1000名东盟优秀青年来华培训。

第五，拓展安全合作。中方愿与东盟使海上联合演习机制化，尽快开通防务部门直通热线，开展防务智库、中青年军官友好交流，深化防灾减灾、人道救援、反恐等领域的合作。

与会东盟国家领导人表示，今年是东盟—中国建立战略伙伴关系15周年，本次会议具有里程碑的意义。东盟同中国拥有强有力的互利合作关系，高层往来频繁，经济联系强劲，人员交流密切，量和质都得到升级。中国连续9年成为东盟最大贸易伙伴，双方贸易投资自由化便利化不断得到提升，致力于尽快谈判达成高水平、高质量的RCEP。双方政治互信不断增强，举行了首次海上联合演习，宣布了单一COC磋商文本，希望尽快完成COC谈判，妥善管控分歧，扩大海上务实合作，促进南海地区和平稳定。双方在维护多边主义和自由贸易方面拥有共同利益，东盟愿将自身发展战略同中方“一带一路”倡议相对接，不断拓展新的合作领域，加强互联互通、创新、智慧城市、电子商务、数字经济等领域合作，促进东亚共同体建设和区域经济一体化进程。

会议通过《中国—东盟战略伙伴关系2030年愿景》，发表科技创新合作联合声明，宣布2019年为媒体交流年。[①]

11月15日　国家主席习近平乘专机离开北京，应巴布亚新几内亚独立国总督达达埃和总理奥尼尔、文莱达鲁萨兰国苏丹哈桑纳尔、菲律宾共和国总统杜特尔特邀请，对上述三国进行国事访问，并在巴新同建交太平洋岛国领导人会晤；应巴布亚新几内亚独立国总理奥尼尔邀请，出席在巴新莫尔兹比港举行的亚太经合组织第二十六次领导人非正式会议。陪同习近平出访的有：中共中央政治局委员、中央书记处书记、中央办公厅主任丁薛祥，中共中央政治局委员、中央外事工作委员会办公室主任杨洁篪，国务委员兼外交部部长王毅，全

① 张惠中、赵益普：《李克强出席第二十一次中国—东盟领导人会议》，《人民日报》2018年11月15日，第3版。

国政协副主席、国家发展和改革委员会主任何立峰等。[①]

国务院总理李克强在新加坡会展中心出席第13届东亚峰会。东盟十国领导人以及俄罗斯总统普京、韩国总统文在寅、日本首相安倍晋三、印度总理莫迪、澳大利亚总理莫里森、新西兰总理阿德恩、美国副总统彭斯等共同出席。新加坡总理李显龙主持会议。李克强指出，当前南海局势趋稳，平静的南海是各方期盼所在，符合地区国家利益。中国愿同地区国家一道努力，把南海建成和平、友谊、合作之海。中方致力于同东盟各国推进"南海行为准则"（COC）磋商，今年已形成单一磋商文本草案。在昨天结束的中国—东盟领导人会议上，各方达成共识，同意在2019年完成草案第一轮审读，中方并提出未来3年内完成COC磋商，以使地区国家以规则维护南海和平稳定、自由贸易和航行与飞越自由。希望域外国家尊重和支持地区国家为此所作努力。李克强强调，中方愿同各国加强团结互信，深化对话合作，守护住地区繁荣稳定的好局面，共同开创东亚和平发展的美好未来。[②]

国务院总理李克强在新加坡会展中心会见缅甸国务资政昂山素季。李克强表示，中方高度重视发展对缅关系，支持缅甸走符合自身国情的发展道路，愿同缅方一道弘扬传统友谊，增进政治互信，密切务实合作，推动中缅全面战略合作伙伴关系持续稳定向前发展。李克强指出，作为发展中国家，发展经济、改善民生是中缅共同面临的任务。中国改革开放40年的发展历程是中国人民艰苦奋斗的结果。缅甸拥有丰富的自然和人力资源。中方愿同缅方深化发展战略对接，在人力资源、教育等领域开展合作，助力缅经济社会发展，造福两国民众。中方支持缅甸为维护国内稳定作出的努力，支持缅甸和孟加拉国通过对话协商妥善解决若开邦问题，愿为此提供必要支持和帮助。昂山素季表示，缅中传统友谊深厚，同为发展中国家。缅方希望同中方深化理解支持，密切友好合作，推进共同发展。缅方愿同中方加强经贸、人力资源、教育等领域合作。感谢中方在缅甸多次面临困难时给予的帮助，特别是在缅甸和平进程与处理若开邦问题上，始终得到中国理解支持，愿继续同有关方共同努力，为实现缅甸

---

① 王传军、李佳彬：《习近平抵达巴布亚新几内亚莫尔兹比港》，《光明日报》2018年11月16日，第1版。

② 陈瑶、白洁：《李克强出席第十三届东亚峰会》，《光明日报》2018年11月16日，第2版。

和平与发展营造良好的外部环境。[①]

11月16日　国家主席习近平在莫尔兹比港同巴布亚新几内亚总理奥尼尔会谈。两国领导人积极评价中国同巴新传统友谊，规划双边关系发展新蓝图，一致决定建立中巴新相互尊重、共同发展的全面战略伙伴关系。习近平指出，近年来，两国高层交往频繁，务实合作成果丰硕。中国坚定支持巴新自主选择适合本国国情的发展道路，高度赞赏巴新政府坚定奉行一个中国政策。为加强对双边关系的政治引领，双方决定建立相互尊重、共同发展的全面战略伙伴关系。这既是两国传统友好的体现，也将为双方进一步推进交往合作注入强大动力。中方愿同巴新一道，增进互信，深化合作，厚植友谊，推动中巴新全面战略伙伴关系不断迈上新台阶。习近平强调，双方要以高层交往为引领，增进战略互信。继续推动各层级、各领域人员往来，加强政党、议会、地方、民间交流。要以务实合作为支撑，实现互利双赢。巴新地处21世纪海上丝绸之路自然延伸，是太平洋岛国地区首个同中方签署共建“一带一路”合作协议的国家。双方要在“一带一路”框架内加强发展战略对接，争取尽早就启动双边自由贸易协定谈判达成一致，积极推进产能、经贸、投资、融资等领域互利合作。要以人文交流为基础，筑牢民间友谊。推进人员往来便利化、人力资源开发、教育、卫生、旅游等合作。要以多边协调为平台，丰富合作内涵。中方愿同巴新加强在联合国、亚太经合组织、东盟地区论坛、太平洋岛国论坛等多边框架内的沟通和协调。中方支持巴新办好亚太经合组织领导人非正式会议，预祝会议圆满成功。奥尼尔表示，巴新人口不多，但巴新人民对习近平主席的欢迎热情十足。您的到访是中国国家主席首次访问巴新，对我们是重要的历史时刻。巴新同中国建交以来，两国关系发展强劲。巴新将坚定不移奉行一个中国政策。感谢中国长期以来对巴新经济社会发展的宝贵支持、中国医疗队对巴新偏远地区疟疾防控的帮助以及中方在巴新不久前震后救灾重建中及时施以援手，感谢中方支持巴新主办本次亚太经合组织领导人非正式会议。伟大的“一带一路”倡议有助于加强太平洋岛国地区互联互通和基础设施建设。巴新将积极参加共建“一带一路”，愿加强同中国在经贸、产能、旅游、基础设施建设、教育、

① 吴嘉林、耿学鹏：《李克强会见缅甸国务资政昂山素季》，《光明日报》2018年11月16日，第2版。

地方等领域交流合作，尽快启动自由贸易协定谈判。巴新高度评价中国在国际事务中坚持基于规则的国际秩序，支持多边机构，赞赏和支持中方发挥积极的领导作用，愿加强双方协调和配合，支持深化太平洋岛国同中国对话，加强渔业、旅游、气候变化等领域合作。会谈后，两国领导人共同见证了多项双边合作文件签署。[①]

国家主席习近平在莫尔兹比港同巴布亚新几内亚总理奥尼尔、密克罗尼西亚联邦总统克里斯琴、萨摩亚总理图伊拉埃帕、瓦努阿图总理萨尔瓦伊、库克群岛总理普纳、汤加首相波希瓦、纽埃总理塔拉吉等建交太平洋岛国领导人以及斐济政府代表、国防部长昆布安博拉举行集体会晤，就深化中国同太平洋岛国关系交换看法，一致同意将双方关系提升为相互尊重、共同发展的全面战略伙伴关系，开创全方位合作新局面。习近平主持会晤并发表主旨讲话，对新形势下中国和太平洋岛国关系发展提出建议，强调双方要把握机遇、共创未来，携手开创中国同太平洋岛国关系更加美好的未来。习近平指出，中国和太平洋岛国同处亚太地区，同为发展中国家。不论国际风云如何变幻，我们始终是真诚相待、相互尊重的好朋友，共谋发展、互利共赢的好伙伴，相知相亲、互学互鉴的好兄弟。中国坚持国家不分大小一律平等，尊重岛国人民自主选择发展道路的权利，尊重岛国联合自强、平等参与国际和地区事务的努力。我们对岛国朋友以诚相知、以礼相待、以心相交。中国始终坚持义利相兼、以义为先，支持岛国发展经济、改善民生、提高自主可持续发展能力。中方援助坚持授人以渔。中国主动向岛国开放市场、扩大投资、增加自岛国进口，欢迎岛国搭乘中国发展快车。随着中国同太平洋岛国交流合作蓬勃开展，双方人民友谊更加深厚。习近平强调，亚太是全球经济发展速度最快、潜力最大的地区。面对时代命题，我们坚信，和平、发展、合作、共赢是唯一正确选择。当前，太平洋岛国自主发展意识不断提升，国际影响持续扩大。中国同太平洋岛国经济互补性强，合作潜力巨大。新形势下，我们的共同利益不是减少了，而是增多了；合作基础不是缩小了，而是扩大了。习近平就深化中国和太平洋岛国关系提出以下建议。

---

① 杜尚泽、李峰:《习近平同巴布亚新几内亚总理奥尼尔会谈》,《人民日报》2018年11月17日，第1版。

第一，坚持平等相处，深化政治互信。中方愿同岛国保持高层和各级别交往势头，继续在涉及彼此核心利益和重大关切问题上相互支持。中方愿和岛国于2019年下半年共同举办第三届中国—太平洋岛国经济发展合作论坛。

第二，坚持互利合作，实现共同繁荣。中方将继续为各建交岛国提高自主发展能力、实现经济社会良性循环作出努力。双方应以签署共建“一带一路”合作文件为契机，深化各领域务实合作，提升双方贸易便利化水平，办好2019年中国—太平洋岛国旅游年系列活动。

第三，坚持心心相印，增进人民友谊。中方愿支持岛国人才培养和能力建设，扩大汉语教学和人员往来，加强各界交流。中方愿鼓励更多地方省市同岛国开展交流合作。

第四，坚持守望相助，维护公平正义。中方愿同岛国一道维护多边主义和自由贸易体制，加强在国际事务中的沟通和协调，支持岛国发出“太平洋声音”，共同推动落实2030年可持续发展议程，支持岛国推进“蓝色太平洋”倡议。中国重视和理解太平洋岛国在气候变化问题上的特殊关切，将向各岛国提供力所能及的帮助，携手推动《巴黎协定》有效实施，促进全球绿色、低碳、可持续发展。

习近平强调，不论中国发展到什么程度，中国永远是发展中国家一员，永远同发展中国家站在一起。中国同太平洋岛国关系已经翻开新篇章。我们愿同岛国一道努力，用真心巩固友谊，靠实干推进合作，携手开创中国同太平洋岛国关系更加美好的未来。

岛国领导人感谢习近平主席再次倡议并主持中国和太平洋岛国领导人集体会晤。他们表示，中国是太平洋岛国实现发展愿景、增进人民福祉、应对全球挑战的重要伙伴。太平洋岛国珍视同中国的密切关系，坚持一个中国政策，感谢中国长期以来提供的不附加任何政治条件的帮助，很高兴双方关系提升为相互尊重、共同发展的全面战略伙伴关系。太平洋岛国愿积极参加共建“一带一路”，加强同中国在贸易、投资、渔业、旅游、基础设施建设等领域合作，助力自身经济社会发展。太平洋岛国高度评价中国在可持续发展、应对气候变化等方面的领导作用，愿加强同中国在多边事务中的沟通和协调。[①]

国务委员兼国防部长魏凤和在八一大楼分别会见了缅甸国防军副总司令兼陆军司令梭温和泰国海军司令乐猜。魏凤和在会见梭温时说，支持缅走符合自身国情的发展道路不会改变，支持缅维护主权独立和领土完整，支持缅实现国内和平与民族和解不会改变。中国军队愿与缅军一道，推进务实合作，加强边境管控，维护边境稳定，携手构建基于互信互利、致力于维护两国共同安全和发展利益的两军关系。魏凤和在会见乐猜时说，中方坚决贯彻习近平外交思想和亲诚惠容周边外交理念，愿继续深化中泰全面战略合作伙伴关系，支持泰国做好东盟轮值主席国的工作。中国军队愿与泰方一道，深化各领域务实合作，推动两军关系不断迈上新台阶。[②]

外交部发言人华春莹在例行记者会上表示，中国坚定维护各国依据国际法所享有的真正的航行与飞越自由，同时坚决反对打着所谓航行自由的幌子损害南海沿岸国主权与安全利益的行为。在当日的记者会上，有记者问：美国副总统彭斯说南海不属于任何一个国家，美国将继续在国际法允许的范围内行使航行和飞越自由。中方是否认为彭斯的相关言论是种挑衅？华春莹说，南海航行和飞越自由从来不存在任何问题。"我们曾经多次问美方或者声称南海航行自由有问题的人，请拿出证据来，证明有哪个国家的哪艘船、哪架飞机、什么时候在南海航行或者飞越时遇到了问题？但到目前为止，没有任何人给出一个明确的答案。由此可见，所谓南海航行与飞越自由根本就是一个不存在的伪命题。"华春莹表示，中方的立场非常明确，愿与地区国家一道，坚定维护各国依据国际法所享有的真正的航行与飞越自由，同时坚决反对那些打着所谓航行自由的幌子损害南海沿岸国主权与安全利益的行为。另外，请你提醒一下美方有关人士，美国到现在还没有批准《联合国海洋法公约》。如果美方能够尽早批准并遵守《公约》，我想将更加有利于维护南海地区的和平稳定。[③]

11月18日　亚太经合组织第二十六次领导人非正式会议在巴布亚新几内

---

① 王云松、刘天亮：《习近平同建交太平洋岛国领导人集体会晤并发表主旨讲话》，《人民日报》2018年11月17日，第1版。

② 梅世雄：《魏凤和分别会见缅甸和泰国客人》，《解放军报》2018年11月17日，第3版。

③ 侯晓晨：《坚决反对打着航行自由幌子损害南海沿岸国家主权和安全的行为》，《解放军报》2018年11月17日，第4版。

亚莫尔兹比港举行。国家主席习近平出席并发表题为《把握时代机遇 共谋亚太繁荣》的重要讲话，强调亚太各方应该顺应经济全球化发展大势，秉持推动区域经济一体化宗旨，把握构建开放型世界经济大方向，努力保持亚太合作势头，稳步迈向更高水平。习近平在讲话中指出，当今世界，发展和变革风起云涌。站在历史前进的十字路口，我们应该认清世界大势，把握经济脉动，明确未来方向，解答时代命题。

第一，坚持推进区域经济一体化，构建开放型亚太经济。我们应该持续推进贸易和投资自由化便利化。对各类自由贸易安排，我们应该坚持开放、包容、透明原则，促进彼此协调，实现良性互动。要坚定维护以规则为基础的多边贸易体制，旗帜鲜明抵制保护主义。世界贸易组织改革要坚持多边贸易体制的核心价值和基本原则。要引导经济全球化朝着更加开放、包容、普惠、平衡、共赢的方向发展。

第二，坚持创新驱动，培育增长新动能。我们应该全面平衡落实《互联网和数字经济路线图》，释放数字经济增长潜能，加强数字基础设施和能力建设，增强数字经济可及性，消弭数字鸿沟，让处于不同发展阶段的成员共享数字经济发展成果，让亚太地区人民搭上数字经济发展快车。

第三，坚持完善互联互通网络，促进包容联动发展。我们应该深入落实互联互通蓝图，以2030年可持续发展议程为引领，采取更多务实举措，让发展更加均衡、增长更可持续、机会更加平等、社会更加包容。

第四，坚持深化伙伴关系，携手应对共同挑战。我们应该坚持共谋发展这个公约数，探索解决共同挑战。要立足多样性实际，尊重彼此选择的发展道路，在开放包容的基础上交融互鉴，在良性竞争的同时互利合作，共同构建亚太命运共同体。①

11月19日 国家主席习近平在斯里巴加湾同文莱苏丹哈桑纳尔举行会谈。两国元首高度评价中文关系积极发展势头，一致决定建立中文战略合作伙伴关系，做政治互信、经济互利、人文互通、多边互助的好伙伴。双方决定建立战略合作伙伴关系，就是要做政治互信、经济互利、人文互通、多边互助的好

① 王传军、李佳彬：《习近平出席亚太经合组织第二十六次领导人非正式会议并发表重要讲话》，《光明日报》2018年11月19日，第1版。

伙伴，让合作成果更好惠及两国人民。习近平强调，双方要密切高层交往，为两国关系发展掌好舵。中方赞赏文方坚定奉行一个中国政策，将继续支持文莱走符合自身国情的发展道路。中方视文莱为建设21世纪海上丝绸之路重要合作伙伴，愿将“一带一路”倡议同文莱经济多元化战略“2035宏愿”相对接，做好两国互利合作大文章。中方欢迎文莱企业扩大对华出口，愿同文方加强基础设施建设、农业、渔业、能源等领域合作，分享数字经济、电子商务等新兴领域发展经验。双方要加强教育、文化、体育、卫生、旅游等领域合作，增进两国青年一代了解和友谊，扩大地方交流，加强司法、反恐、打击跨国犯罪等领域合作。要深化在联合国、亚太经合组织框架内的沟通协调和相互配合，携手推动中国—东盟关系和东亚合作实现更大发展。中国支持东盟东部增长区合作，支持东盟实现全面平衡发展。习近平指出，维护南海和平稳定事关中国和文莱切身利益，也是两国人民共同愿望。中方赞赏文方提出的双轨思路，即当事国通过友好协商处理争议，地区国家共同维护南海稳定。我们要持续推进海上合作和“南海行为准则”磋商，将南海建设成和平之海、友谊之海、合作之海。会谈后，两国元首见证了共建“一带一路”合作规划等双边合作文件的签署。双方发表了《中华人民共和国和文莱达鲁萨兰国联合声明》。[①]

11月20日　国家主席习近平在马尼拉同菲律宾总统杜特尔特举行会谈。两国元首共同规划双边关系未来发展，达成重要共识，一致决定在相互尊重、坦诚相待、平等互利、合作共赢基础上建立中菲全面战略合作关系。习近平指出，在双方共同努力下，两国各领域合作成果丰硕，中菲关系翻开新篇章，给两国人民带来福祉，为地区和平稳定作出了贡献。中方愿同菲方传承友谊，深化合作，让两国永远做好邻居、好朋友、好伙伴，共享发展繁荣。习近平强调，双方决定建立中菲全面战略合作关系，符合两国民众期待，适应双边关系发展要求。双方要加强两国元首对双边关系的战略引领，推动各层级往来，增强战略互信。中方支持菲律宾走适合本国国情的发展道路。双方要把安全、发展、人文三大支柱领域合作扎扎实实推向深入。中方坚定支持菲律宾禁毒和反恐事业，将继续在力所能及范围内向菲律宾提供支持，帮助菲律宾开展更多减贫等社会民生项目，扩大教育、文化、旅游等交流合作，打造增进两国人民了

① 《习近平同文莱苏丹哈桑纳尔举行会谈》,《人民日报》2018年11月20日，第1版。

解和友谊的新舞台。菲律宾是中国共建“一带一路”的重要伙伴。双方要深化“一带一路”倡议同菲律宾发展战略对接，加强基础设施建设、电信、农业等领域合作。习近平指出，中菲在南海有广泛共同利益，可以继续通过友好协商管控分歧，推进海上务实合作，为地区和平稳定和人民福祉作出应有贡献。中方支持菲律宾履行中国—东盟关系协调国和中国—东盟东部增长区合作协调国职责，愿同菲方携手推动中国—东盟关系优化升级，推动东亚合作得到更大发展。中菲同为亚洲新兴市场经济体，要加强在地区和国际事务中协调合作。会谈后，两国元首共同见证了《中华人民共和国政府与菲律宾共和国政府关于共同推进“一带一路”建设的谅解备忘录》《中华人民共和国政府与菲律宾共和国政府关于油气开发合作的谅解备忘录》等多项双边合作文件的签署。[①]

11月22日 国家主席习近平在人民大会堂会见哈萨克斯坦总理萨金塔耶夫。习近平指出，今年是我提出“一带一路”倡议5周年。5年来，“一带一路”合作造福沿线各国人民，为世界经济发展注入了新动能。我们赞赏哈萨克斯坦坚定支持并积极参与“一带一路”合作。中哈共建“一带一路”基础扎实，前景广阔。下一步，双方要重点加强政策协调，落实好丝绸之路经济带建设同“光明之路”新经济政策对接，规划好各领域合作。萨金塔耶夫表示，中国是哈萨克斯坦友好邻邦、亲密朋友和战略伙伴。哈方高度评价习近平主席5年前在哈萨克斯坦提出丝绸之路经济带倡议。这一伟大倡议对加强区域互联互通、应对全球挑战、维护世界安全和稳定、促进共同增长和繁荣具有重大意义。习近平主席将中国经济比作大海，哈方希望哈中合作这艘航船在中国经济的大海中扬帆远航。[②]

国务院总理李克强在人民大会堂同哈萨克斯坦总理萨金塔耶夫举行中哈总理第四次定期会晤。李克强表示，两国高层交往密切，政治互信牢固，产能合作成果丰硕。中方愿将“一带一路”倡议同哈方发展战略更好对接，将中哈高水平互信与合作愿望转化为实实在在的成果，不断造福两国人民。会谈后，两

① 陈瑶等：《习近平与菲律宾总统杜特尔特举行会谈》，《解放军报》2018年11月21日，第1版。

② 王卓伦：《习近平会见哈萨克斯坦总理萨金塔耶夫》，《光明日报》2018年11月23日，第1版。

国总理共同见证了相关双边合作文件的签署。[①]

11月23日　中国国家发展改革委副主任宁吉喆和泰国交通部部长阿空在泰国曼谷共同主持召开中泰铁路合作联合委员会第二十六次会议。双方就加快推动中泰铁路合作进行了深入磋商，达成多项共识，并签署了会议纪要。[②]

11月24日　中印边界问题特别代表第二十一次会晤在四川成都举行。中方特别代表、国务委员兼外交部长王毅同印方特别代表、国家安全顾问多瓦尔就边界问题、双边关系和共同关心的国际地区问题深入交换了意见，取得重要共识。[③]

11月27日　全国人大常委会委员长栗战书、全国政协主席汪洋在北京分别会见越南祖国阵线中央委员会主席陈青敏。[④]

11月30日　国家主席习近平在布宜诺斯艾利斯出席中俄印领导人非正式会晤。习近平同俄罗斯总统普京、印度总理莫迪就新形势下中俄印合作深入交换意见。三国领导人一致同意加强三方协调，凝聚三方共识，增进三方合作，共同促进世界的和平、稳定、发展。 三国领导人一致同意进一步加强中俄印合作机制。[⑤]

12月1日　国家主席习近平应邀同美国总统特朗普在布宜诺斯艾利斯共进晚餐并举行会晤。两国元首就中美关系和共同关心的国际问题深入交换意见，达成重要共识。双方同意，在互惠互利基础上拓展合作，在相互尊重基础上管控分歧，共同推进以协调、合作、稳定为基调的中美关系。两国元首同意继续通过各种方式保持密切交往，共同引领中美关系发展方向。双方将适时再次进行互访。双方同意加强各领域对话与合作，增进教育、人文交流。习近平阐述了中国政府在台湾问题上的原则立场。两国元首还就朝鲜半岛等重大国际地区

---

① 杜一菲:《李克强同哈萨克斯坦总理萨金塔耶夫举行举行中哈总理第四次定期会晤》,《人民日报》2018年11月23日，第1版。

② 新华社:《中泰铁路合作联合委员会第二十六次会议举行》,《人民日报》2018年11月25日，第3版。

③ 王迪:《中印边界问题特别代表第二十一次会晤取得重要共识》,《解放军报》2018年11月25日，第4版。

④ 朱超:《栗战书、汪洋分别会见越南祖国阵线中央主席陈青敏》,《人民日报》2018年11月28日，第1版。

⑤ 《习近平出席中俄印领导人非正式会晤》,《人民日报》2018年12月2日，第1版。

问题交换了意见。中方支持美朝领导人再次会晤，希望美朝双方相向而行，照顾彼此的合理关切，并行推进半岛完全无核化和建立半岛和平机制。双方同意继续保持密切联系。①

12月6日 外交部发言人耿爽就华为公司首席财务官孟晚舟被拘押一事答问时表示，中方已经向加拿大和美国方面提出严正交涉，要求对方立即对拘押理由作出澄清，立即释放被拘押人员。②

国务委员兼外交部长王毅在北京会见柬埔寨青年联合会主席洪玛尼。王毅表示，中方坚定支持柬埔寨维护国家主权独立，走符合本国国情的发展道路，赞赏柬方在涉及中方核心利益问题上同中方站在一起。两国青年要传承中柬友好，把友谊的接力棒传下去。③

12月7日 国家主席习近平在人民大会堂会见朝鲜劳动党中央政治局委员、外相李勇浩。习近平请李勇浩转达对金正恩委员长的诚挚问候。习近平指出，今年以来，朝鲜半岛形势发生积极变化，半岛问题重回政治解决的正确轨道。希望朝美双方相向而行，照顾彼此合理关切，使半岛和谈进程不断取得积极进展。中方将一如既往支持北南双方改善关系，推进和解合作。两国外交部门要继续加强沟通，为发展中朝关系、推进半岛问题政治解决进程共同作出努力。④

国务委员兼外交部长王毅在北京同朝鲜劳动党中央政治局委员、外相李勇浩举行会谈。王毅表示，中方愿同朝方一道，推动中朝关系实现更大发展。中朝双方要继续推动半岛形势沿着无核化大方向积极发展。中方希望朝美双方保持对话，平衡解决彼此关切。中方也支持北南双方推进和解合作。⑤

缅甸总统府发布通告，宣布成立实施“一带一路”指导委员会，委员会由国务资政昂山素季任主席。据缅甸总统府发布的实施“一带一路”指导委员会名单，委员会共有27名成员，除昂山素季任主席、第一副总统敏瑞任副主席外，其他成员均为政府部长或省邦首席部长等。通告说，成立这一委员会是为

① 霍小光等:《习近平同美国总统特朗普举行会晤》,《解放军报》2018年12月3日，第1版。

② 朱超:《澄清理由并立即释放》,《解放军报》2018年12月7日，第2版。

③ 温馨:《王毅会见柬埔寨青年联合会主席洪玛尼》,《人民日报》2018年12月7日，第3版。

④ 李忠发:《习近平会见朝鲜外相李勇浩》,《光明日报》2018年12月8日，第1版。

⑤ 吴嘉琳:《王毅同朝鲜外相李勇浩举行会谈》,《人民日报》2018年12月8日，第3版。

了更好地落实“一带一路”倡议下共建中缅经济走廊的相关事务。委员会的职责包括指导参与共建“一带一路”过程中，缅甸联邦政府与省邦政府各级之间的协调工作，以及相关政策等。通告说，缅方愿积极参与“一带一路”建设，共同推进中缅经济走廊建设，深化各领域互利合作。[①]

12月8日　中国外交部副部长乐玉成紧急召见加拿大驻华大使麦家廉，就加方拘押华为公司负责人提出严正交涉和强烈抗议。[②]

12月12日　第六届中国—中亚合作论坛在扬州举行。中共中央政治局委员、全国人大常委会副委员长王晨出席开幕式并致辞。本届论坛以“融汇丝路文明，深化合作共赢”为主题，由上海合作组织睦邻友好合作委员会和扬州市政府共同主办。中亚五国政要及中方有关部门和企业代表近200人出席。[③]

12月14日　全国政协主席汪洋在北京会见泰国立法议会主席蓬贝。汪洋说，中方赞赏泰方为推动中国—东盟关系发展发挥的积极作用。愿继续同泰方加强各层级往来，对接发展战略，深化“一带一路”等务实合作，密切人文交往，推动双边关系取得更大发展，也为本地区稳定与繁荣作出贡献。中国全国政协愿加强同泰国立法议会交流互鉴，不断夯实两国全面战略合作伙伴关系的基础。[④]

针对美国国会日前通过“2018年对等进入西藏法案”，外交部发言人陆慷表示，有关法案罔顾事实，粗暴干涉中国内政，中方对此坚决反对。当日例行记者会上，有记者问：美国国会通过法案要求允许美国外交官、记者和游客进入西藏。如果以上人士无法进入西藏，美国国会希望拒绝中国官员进入美国。你对此有何评论？陆慷说：“美国国会通过的有关法案罔顾事实，粗暴干涉中国内政，违反国际关系基本准则，中方对此坚决反对，并已向美方提出严正交涉。”他表示，西藏事务纯属中国内政，不容其他国家干涉。外国人员进入西藏，可以通过正常渠道办理。事实上，每年都有大量中外人士到西藏访问、旅游和经商。就拿美国来说，自2015年以来就有将近4万人次的美国人士到西

① 庄北宁：《缅甸组建实施“一带一路”指导委员会》，《解放军报》2018年12月9日，第3版。

② 新华社：《就加方无理拘押华为公司负责人提出严正交涉》，《人民日报》2018年12月9日，第3版。

③ 陆华东：《第六届中国—中亚合作论坛举行》，《人民日报》2018年12月13日，第4版。

④ 孙奕：《汪洋会见泰国立法会议主席》，《光明日报》2018年12月15日，第2版。

藏，这其中就包括美国国会众议院少数党领袖、参议员等。这些都充分证明，美国国会法案对中方的指责完全站不住脚，也是中国政府和人民绝不能接受的。我们敦促美国行政部门立即采取有效措施，阻止该案签署成法，以免严重损害中美关系和两国在重要领域的合作。①

12月15日　中国援建斯里兰卡军事学院办公教学综合楼交接仪式在斯中部城市迪亚特拉瓦举行，斯总统西里塞纳、中国驻斯里兰卡大使程学源为大楼揭幕，斯陆军司令森纳那亚克、中国军事代表团和斯军高级将领等共150余人参加仪式。②

12月18日　中缅外交国防2+2高级别磋商第四次会议在昆明举行。中国外交部副部长孔铉佑、军委联合参谋部副参谋长邵元明与缅甸国际合作部长觉丁、国防军第一特战局局长吞吞南共同主持。双方围绕落实高层共识，重点就缅北问题交换了看法，一致认为，缅北局势攸关中缅边境和平安宁和两国边民福祉，缅北各方应切实保持克制，尽快实现停火，避免影响中缅边境地区稳定。为此，双方将进一步采取必要措施，共同管控缅北局势、加强边境维稳及管理合作，保障两国边民人身安全及合法权益，确保重点口岸通道畅通和重大合作项目顺利实施，以实际行动共同维护中缅边境稳定和两国友好合作大局。缅方通报了国内和平进程最新进展，感谢并期待中方继续为缅和谈进程发挥建设性作用。中方对缅和平进程近期取得积极进展表示欢迎和支持，支持缅方办好新一轮“21世纪彬龙和平会议”，愿同缅方共同推进中缅经济走廊建设，带动缅北和两国边境地区发展。③

12月20日　国务委员兼国防部长魏凤和今天下午在京会见来访的俄罗斯国防部副部长兼军事政治总局总局长卡尔塔波洛夫。魏凤和说，在习近平主席和普京总统的亲自推动和战略引领下，中俄关系正处于历史最好时期。近年来，中俄两军各领域务实合作交流成果丰硕，双方就重大国际安全问题保持密切协作，有力维护了两国共同利益，为维护全球战略平衡、维护地区和平稳定

---

① 张惠中：《美国国会涉藏法案粗暴干涉中国内政》，《人民日报》2018年12月15日，第3版。

② 朱瑞卿、唐璐：《中国援建斯里兰卡军事学院综合楼项目举行交接仪式》，《解放军报》2018年12月16日，第4版。

③ 新华社：《中缅举行外交国防2+2高级别磋商第2次会议》，《解放军报》2018年12月18日，第5版。

作出重要贡献。中俄双方要继续共同努力，坚决落实两国元首达成的重要共识，把未来两军合作筹划好、组织好、实施好。希望双方以明年中俄建交70周年为契机，推动军事领域合作不断取得新成果，为中俄全面战略协作伙伴关系不断发展作出新贡献。①

外交部发言人华春莹就美国签署涉藏消极法案发表谈话。她说，中方对美方执意签署美国国会通过的所谓“2018年对等进入西藏法案”表示坚决反对。中方多次指出，该法案严重违反国际关系基本准则，粗暴干涉中国内政，向“藏独”分裂势力发出严重错误信号，对中美交流与合作具有严重危害性。必须强调，西藏事务纯属中国内政，不容任何外国势力干涉。华春莹说，中国西藏和其他四省藏区对各国人士是开放的。2015年以来，仅美国访藏人员就将近4万人次。同时考虑到当地特殊的地理和气候条件等因素，中国政府依法依规对外国人入藏采取一定管理措施，完全必要，无可厚非。美方有关法案对中方的指责罔顾事实、充满偏见，我们对此绝不接受。如果美方将该法付诸实施，必将给两国关系及双方重要领域交流合作造成严重损害。中方必将采取有力措施坚决维护自身利益。华春莹表示，中国对外开放的大门只会越开越大，西藏也会越来越开放。中方欢迎更多外国人士到中国西藏地区访问、旅游、经商，该政策不会改变，但前提是必须遵守中国法律和相关规定，履行必要手续。我们敦促美方充分认清涉藏问题的高度敏感性，停止利用涉藏问题干涉中国内政，不得将该法付诸实施，否则由此产生的后果只能由美方负完全责任。②

12月21日　国家主席习近平致信祝贺中国—印度高级别人文交流机制首次会议在新德里召开。习近平希望中印双方用好两国高级别人文交流机制，运用中印两大东方文明的深厚底蕴，促进两国人民心灵交流，助力两国构建更加紧密的发展伙伴关系。③

---

① 欧阳浩：《魏凤和苗华分别与俄罗斯国防部副部长兼军事政治总局局长会见会谈》，《解放军报》2018年12月21日，第1版。

② 肖新新：《就美国签署涉藏消极法案，外交部发言人发表谈话》，《人民日报》2018年12月21日，第3版。

③ 新华社：《习近平向中国—印度高级人文交流机制首次会议致贺信》，《光明日报》2018年12月22日，第1版。

12月24日 国家主席习近平就印度尼西亚巽他海峡近日发生海啸灾害向印尼总统佐科致慰问电。[①]

12月25日 国务委员兼外交部长王毅在北京会见专程来华的巴基斯坦外长库雷希。双方就阿富汗局势的最新变化进行了深入讨论，达成了广泛共识。双方一致认为，军事手段解决不了阿富汗问题，推进政治和解是唯一现实可行途径。双方欢迎各方为此做出的各种努力，愿就此保持密切沟通和战略协调。双方还一致同意，进一步深化中巴全天候战略合作伙伴关系，不断提升全方位合作水平。[②]

12月28日 国务委员兼外交部长王毅在中南海会见即将离任的上海合作组织秘书长阿利莫夫。王毅表示，秘书长先生任职三年期间，上合组织顺利实现首次扩员、成功举办青岛峰会，进入新的更高发展阶段。中方对上合组织的前景充满信心，愿同各成员国一道，全面落实青岛峰会成果，推动上合组织在新起点实现新发展。阿利莫夫表示，过去三年来上合组织合作领域不断拓展，国际影响显著提升，希望并相信中方能继续为推动上合组织发展壮大发挥积极作用。[③]

12月29日 国家主席习近平应约同美国总统特朗普通电话。习近平向特朗普和美国人民致以新年祝福。习近平指出，希望双方团队相向而行，抓紧工作，争取尽早达成既互利双赢、又对世界有利的协议。习近平强调，明年是中美建交40周年。中方高度重视中美关系发展，赞赏美方愿发展合作和建设性的中美关系，愿同美方一道，总结40年中美关系发展的经验，加强经贸、两军、执法、禁毒、地方、人文等交流合作，保持在重大国际和地区问题上的沟通与协调，相互尊重彼此重要利益，推进以协调、合作、稳定为基调的中美关系，让两国关系发展更好造福两国人民和各国人民。两国元首还就朝鲜半岛形势等共同关心的国际和地区问题交换了看法。习近平重申，中方鼓励和支持朝美双方继续开展对话并取得积极成果。[④]

---

① 新华社：《习近平向印尼总统佐科致慰问电》，《解放军报》2018年12月24日，第1版。

② 新华社：《王毅会见巴基斯坦外长库雷希》，《人民日报》2018年12月26日，第3版。

③ 新华社：《王益会见即将离任的上合组织秘书长》，《人民日报》2018年12月29日，第4版。

④ 新华社：《习近平同特朗普通电话》，《光明日报》2018年12月30日，第1版。

附录二：2018年中国及其周边国家相关数据

何永朋　编制

备注：本附录中的中国“大周边”国家共64个，不仅包括与中国陆海直接接壤的20个国家，而且包括不与中国直接相邻、但处在中国“大周边”的44个国家（27个亚洲国家，16个南太平洋独立国家，以及美国这一中国的“特殊邻国”）。

具体内容 国家名称	所在区域	2018年人口数量①	2018年经济规模、2018年GDP年增长率②	双边贸易额（2018年度）③、投资额（截至2017年）④	2017年军费开支⑤

① 2018年人口数量（除中国外）数据来源于Population Pyramid网站数据，https://populationpyramid.net/world/，中国的人口数据来自国家统计局网站，“中华人民共和国2018年国民经济和社会发展统计公报”，http://www.stats.gov.cn/tjsj/zxfb/201902/t20190228_1651265.html。部分国家（库克群岛、马绍尔群岛、瑙鲁、纽埃、帕劳、图瓦卢）人口数据来自联合国网站，United Nations, Department of Economic and Social Affairs, Population Division (2017), *World Population Prospects: The 2017 Revision*, https://population.un.org/wpp/Download/Standard/Population/，访问时间：2019年3月4日。

② 除特别注明外，2018年GDP（以2018年美元时价统计）、人均GDP（以2018年美元时价统计）、GDP年增长率数据来源于国际货币基金组织网站数据，World Economic Outlook Database October 2018 Edition, https://www.imf.org/external/pubs/ft/weo/2018/02/weodata/WEOOct2018all.xls，访问时间：2019年2月24日。中国的GDP增长率数据来自：“中华人民共和国2018年国民经济和社会发展统计公报”，http://www.stats.gov.cn/tjsj/zxfb/201902/t20190228_1651265.html，访问时间：2019年3月4日。

③ 中国与周边国家的双边贸易额（2018年度，以美元计算）数据来源：中华人民共和国海关总署网站，http://www.customs.gov.cn/customs/302249/302274/302276/2278978/index.html，访问时间：2019年2月24日。

④ 中国对外直接投资存量数据来源：中国商务部、中国国家统计局和国家外汇管理局编：《2017年度中国对外直接投资统计公报》，北京：中国统计出版社，2018年，第50—44页；外商对中国的直接投资额（流量）数据来自国家统计局网站：《中国统计年鉴（2018）》，http://www.stats.gov.cn/tjsj/ndsj/2018/indexch.htm，访问时间：2019年2月17日。另注：本表中的中国对外直接投资存量为2017年末对外直接投资存量，对外直接投资存量指年末对外直接投资总额减去境外企业累计对境内投资者的反向投资。

⑤ 除特别注明外，军费开支为斯德哥尔摩国际和平研究所的统计数据（以2017年的美元时价计算），SIPRI Military Expenditure Database, https://www.sipri.org/sites/default/files/SIPRI-Milex-data-1949-2017.xlsx。部分国家（基里巴斯、库克群岛、马绍尔群岛、密克罗尼西亚、瑙鲁、纽埃、帕劳、萨摩亚、所罗门群岛、汤加、图瓦卢、瓦努阿图）防务状况来自美国中央情报局网站，https://www.cia.gov/library/publications/resources/the-world-factbook/，访问时间：2019年2月24日。

续表

具体内容 国家名称	所在区域	2018年人口数量	2018年经济规模、2018年GDP年增长率	双边贸易额（2018年度）、投资额（截至2017年）	2017年军费开支
中国[①] China	东亚	13亿9538万	GDP为134572.7亿美元；人均GDP为9633.10美元；2018年GDP年增长率为6.6%	中国进出口总额46230亿美元；中国对外直接投资存量18090.37亿美元；外国对华直接投资额1310.3513亿美元	2282.31亿美元
中国的20个邻国（陆海直接接壤） （陆上邻国14个，海上邻国8个，其中朝鲜、越南既是中国的陆上邻国，又是中国的海上邻国）					
1.俄罗斯 Russia	东北亚、中亚及欧洲	1亿4326万	GDP为15764.9亿美元；人均GDP为10950.49美元；2018年GDP年增长率为1.705%	中俄双边贸易额1070.57亿美元；中国对俄直接投资存量138.7160亿美元；俄对华直接投资额2384万美元	663.35亿美元
2.朝鲜 DPRK	东北亚	2553万	GDP为400亿美元；人均GDP为1700美元；[②] 2018年GDP增长率不详	中朝双边贸易额24.31亿美元；中国对朝直接投资存量6.0653亿美元；朝鲜对华直接投资数据暂缺	军费开支不详

① 此附录中的中国人口数量、经济规模、军费开支、双边贸易额、投资额数据指的是中国大陆的数据（不含台湾、香港和澳门）。

② 朝鲜的GDP（2015年，按照购买力评价计算）和人均GDP（2015年，按照购买力平价计算）的数据来自美国中央情报局的估计。参见美国中央情报局网站，https://www.cia.gov/library/publications/resources/the-world-factbook/geos/kn.html，访问时间：2019年2月24日。

续表

具体内容 国家名称	所在区域	2018年人口数量	2018年经济规模、2018年GDP年增长率	双边贸易额（2018年度）、投资额（截至2017年）	2017年军费开支
3.韩国 ROK	东北亚	5090万	GDP为16556.1亿美元；人均GDP为32046美元；2018年GDP增长率为2.762 %	中韩双边贸易额3134.28亿美元；中国对韩直接投资存量59.8347亿美元；韩对华直接投资额36.7253亿美元	391.53亿美元
4.蒙古 Mongolia	东北亚	310万	GDP为127.24亿美元；人均GDP为4097.76美元；2018年GDP增长率为6.2%	中蒙双边贸易额79.87亿美元；中国对蒙直接投资存量36.2280亿美元；蒙古对华直接投资额308万美元	0.828亿美元
5.日本 Japan	东北亚	1亿2574万	GDP为50706.3亿美元；人均GDP为40105.78美元；2018年GDP增长率为1.137%	中日双边贸易额3276.63亿美元；中国对日直接投资存量31.9734亿美元；日对华直接投资额32.6100亿美元	453.87亿美元
6.菲律宾 the Philippines	东南亚	1亿534万	GDP为3316.78亿美元；人均GDP为3099.26美元；2018年GDP增长率为6.517%	中菲双边贸易额556.68亿美元；中国对菲直接投资存量8.1960亿美元；菲对华直接投资额500万美元	43.78亿美元

续表

具体内容 / 国家名称	所在区域	2018年人口数量	2018年经济规模、2018年GDP年增长率	双边贸易额（2018年度）、投资额（截至2017年）	2017年军费开支
7. 老挝 Laos	东南亚之中南半岛	716万	GDP为182.3亿美元；人均GDP为2690.19美元；2018年GDP增长率为6.789%	中老双边贸易额34.75亿美元；中国对老直接投资存量66.5495亿美元；老对华直接投资额1082万美元	3000万美元①
8. 马来西亚 Malaysia	东南亚	3157万	GDP为3123.86亿美元；人均GDP为9755.18美元；2018年GDP增长率为4.7%	中马双边贸易额1086.25亿美元；中国对马直接投资存量49.1470亿美元；马对华直接投资额1.0836亿美元	34.95亿美元
9. 缅甸 Myanmar	东南亚之中南半岛	5531万	GDP为715.43亿美元；人均GDP为1354.16美元；2018年GDP增长率为6.4 %	中缅双边贸易额152.40亿美元；中国对缅直接投资存量55.2453亿美元；缅对华直接投资额170万美元	17.09亿美元
10. 文莱 Brunei Darussalam	东南亚	439908	GDP为146.95亿美元；人均GDP为33824.10美元；2018年GDP增长率为2.311%	中文双边贸易额18.40亿美元；中国对文直接投资存量2.2067亿美元；文对华直接投资额2573万美元	3.47亿美元

① 老挝军费数据为2016年度数据，参见美国国务院发布的《2018年世界军费开支与武器转让》(World Military Expenditures and Arms Transfers 2018)，https://www.state.gov/t/avc/rls/rpt/wmeat/c81153.htm，访问时间：2019年2月24日。

续表

具体内容 国家名称	所在区域	2018年人口数量	2018年经济规模、2018年GDP年增长率	双边贸易额（2018年度）、投资额（截至2017年）	2017年军费开支
11.印度尼西亚 Indonesia	东南亚	2亿6636万	GDP为10052.7亿美元；人均GDP为3788.95美元；2018年GDP增长率为5.137%	中印尼双边贸易额773.71亿美元；中国对印尼直接投资村里105.3880亿美元；印尼对华直接投资额4076万美元	81.78亿美元
12.越南 Vietnam	东南亚之中南半岛	9636万	GDP为2414.34亿美元；人均GDP为2552.83美元；2017年GDP增长率为6.6%	中越双边贸易额1478.58亿美元；中国对越直接投资存量49.6536亿美元；越对华直接投资额353万美元	50.74亿美元
13.阿富汗 Afghanistan	南亚	3494万	GDP为203.67亿美元；人均GDP为5565.426美元；2018年GDP增长率为2.3%	中阿双边贸易额6.92亿美元；中国对阿直接投资存量4.0364亿美元；阿对华直接投资额73万美元	1.91亿美元
14.巴基斯坦 Pakistan	南亚	2亿66万	GDP为3068.97亿美元；人均GDP为1527.16美元；2018年GDP增长率为5.792%	中巴双边贸易额190.83亿美元；中国对巴直接投资存量57.1584亿美元；巴对华直接投资额99万美元	107.75亿美元

续表

具体内容 国家名称	所在区域	2018年人口数量	2018年经济规模、2018年GDP年增长率	双边贸易额（2018年度）、投资额（截至2017年）	2017年军费开支
15.不丹 Bhutan	南亚	801256	GDP为26.24亿美元；人均GDP为3211.33美元；2018年GDP增长率为5.782%	中不双边贸易额1284万美元；中对不直接投资存量数据暂缺；不对华直接投资数据暂缺	军费开支不详
16.尼泊尔 Nepal	南亚	2952万	GDP为288.13亿美元；人均GDP为970.695美元；2018年GDP增长率为6.29%	中尼双边贸易额11.10亿美元；中国对尼直接投资存量2.2762亿美元；尼对华直接投资额1万美元	3.86亿美元
17.印度 India	南亚	13亿5814万	GDP为26899.9亿美元；人均GDP为2016.15美元；2018年GDP增长率为7.3%	中印双边贸易额955.43亿美元；中国对印直接投资存量47.4733亿美元；印对华直接投资额1.5772亿美元	639.24亿美元
18.哈萨克斯坦 Kazakhstan	中亚	1826万	GDP为1842.09亿美元；人均GDP为9977.41美元；2018年GDP增长率为3.665%	中哈双边贸易额198.86亿美元；中国对哈直接投资存量75.6145亿美元；哈对华直接投资额561万美元	13.37亿美元
19.吉尔吉斯斯坦 Kyrgyzstan	中亚	621万	GDP为80.13亿美元；人均GDP为1254.14美元；2018年GDP增长率为2.807%	中吉双边贸易额56.12亿美元；中国对吉直接投资存量12.9938亿美元；吉对华直接投资额12万美元	2.23亿美元

续表

具体内容 国家名称	所在区域	2018年人口数量	2018年经济规模、2018年GDP年增长率	双边贸易额（2018年度）、投资额（截至2017年）	2017年军费开支
20.塔吉克斯坦 Tajikistan	中亚	905万	GDP为73.5亿美元，人均GDP为807.05美元；2018年GDP增长率为5%	中塔双边贸易额15.05亿美元；中国对塔直接投资存量16.1609亿美元；塔对华直接投资额2万美元	1.50亿美元[①]
中国的"大周边"国家（不与中国直接相邻、但处在中国"大周边"的44个国家）44个国家包括：27个亚洲国家，16个南太平洋独立国家，以及美国这一中国的"特殊邻国"					
21.东帝汶 Timor-Leste	东南亚	126万	GDP为31.55亿美元；人均GDP为2485.88美元；2018年GDP增长率为0.8%	中东双边贸易额1.36亿美元；中国对东直接投资存量1.7417亿美元；东对华直接投资数据暂缺	2544万美元
22.柬埔寨 Cambodia	东南亚之中南半岛	1632万	GDP为241.41亿美元；人均GDP为1485.33美元；2018年GDP增长率为6.95%	中柬双边贸易额73.88亿美元；中国对柬直接投资存量54.4873亿美元；柬对华直接投资数据额1505万美元	4.64亿美元
23.泰国 Thailand	东南亚之中南半岛	6842万	GDP为4901.2亿美元；人均GDP为7084.47美元；2018年GDP增长率为4.596%	中泰双边贸易额875.25亿美元；中国对泰直接投资存量53.5847亿美元；泰对华直接投资额1.1023亿美元	63.35亿美元

① 塔吉克斯坦军费数据为2016年度数据，参见《2018年世界军费开支与武器转让》，https://www.state.gov/t/avc/rls/rpt/wmeat/c81153.htm，访问时间：2019年2月24日。

续表

具体内容 国家名称	所在区域	2018年人口数量	2018年经济规模、2018年GDP年增长率	双边贸易额（2018年度）、投资额（截至2017年）	2017年军费开支
24.新加坡 Singapore	东南亚	587万	GDP为3466.21亿美元；人均GDP为61230.15美元；2018年GDP增长率2.926%	中新双边贸易额828.80亿美元；中国对新直接投资存量445.6809亿美元；新对华直接投资额47.6318亿美元	101.98亿美元
25.马尔代夫 Maldives	南亚	381786	GDP为48.09亿美元；人均GDP为13151.86美元；2018年GDP增长率为4.656%	中马双边贸易额3.97亿美元；中国对马直接投资存量6743万美元；马对华直接投资数据暂缺	军费开支不详
26.孟加拉国 Bangladesh	南亚	1亿6673万	GDP为2862.75亿美元；人均GDP为1736.29美元；2018年GDP增长率为7.345%	中孟双边贸易187.37亿美元；中国对孟直接投资存量3.2907亿美元；孟对华直接投资额10万美元	35.94亿美元
27.斯里兰卡 Sri Lanka	南亚、印度洋岛国	2100万	GDP为925.04亿美元；人均GDP为4265.29美元；2018年GDP增长率为3.742 %	中斯双边贸易额45.79亿美元；中国对斯直接投资存量7.2835亿美元；斯对华直接投资额22万美元	18.67亿美元

续表

具体内容 国家名称	所在区域	2018年人口数量	2018年经济规模、2018年GDP年增长率	双边贸易额（2018年度）、投资额（截至2017年）	2017年军费开支
28. 土库曼斯坦 Turkmenistan	中亚	557万	GDP为427.64亿美元；人均GDP为7411.88美元；2018年GDP增长率为6.163%	中土双边贸易额84.36亿美元；中国对土直接投资存量3.4272亿美元；土对华直接投资数据暂缺	6.30亿美元①
29. 乌兹别克斯坦 Uzbekistan	中亚	3106万	GDP为433.03亿美元；人均GDP为1326.00美元；2018年GDP增长率为5%	中乌双边贸易额62.68亿美元；中国对乌直接投资存量9.4607亿美元；乌对华直接投资数据暂缺	20.80亿美元②
30. 阿拉伯联合酋长国 The United Arab Emirates	中东	954万	GDP为4326.12亿美元；人均GDP为41476.30美元；2018年GDP增长率为2.905%	中国与阿联酋双边贸易额459.18亿美元；中国对阿联酋直接投资存量53.7283亿美元；阿联酋对华直接投资额1357万美元	214亿美元③
31. 阿曼 Oman	阿拉伯半岛东南部	477万	GDP为816.82亿美元；人均GDP为19170.36美元；2018年GDP增长率为1.884%	中国与阿曼双边贸易额217.39亿美元；中国对阿曼直接投资存量9904万美元；阿曼对华直接投资额599万美元	86.87亿美元

① 土库曼斯坦军费数据为2016年度数据，参见《2018年世界军费开支与武器转让》，https://www.state.gov/t/avc/rls/rpt/wmeat/c81153.htm，访问时间：2019年2月24日。

② 乌兹别克斯坦军费数据为2016年度数据，参见《2018年世界军费开支与武器转让》，https://www.state.gov/t/avc/rls/rpt/wmeat/c81153.htm，访问时间：2019年2月24日。

③ 阿联酋军费数据为2016年度数据，参见《2018年世界军费开支与武器转让》，https://www.state.gov/t/avc/rls/rpt/wmeat/c81153.htm，访问时间：2019年2月24日。

续表

具体内容 / 国家名称	所在区域	2018年人口数量	2018年经济规模、2018年GDP年增长率	双边贸易额（2018年度）、投资额（截至2017年）	2017年军费开支
32. 巴勒斯坦 the State of Palestine	亚洲西部	506万	GDP为136.86亿美元；人均GDP为3072.4美元；2017年GDP增长率为3.1%[①]	中国与巴勒斯坦双边贸易额7376万美元；中国对巴勒斯坦直接投资存量4万美元；巴勒斯坦对华直接投资8万美元	军费开支不详
33. 巴林 Bahrain	波斯湾南部	144万	GDP为393亿美元；人均GDP为26531.78美元；2018年GDP增长率为3.235 %	中国与巴林贸易额12.87亿美元；中国对巴林直接投资存量7437万美元；巴林对华直接投资数据暂缺	13.97亿美元
34. 卡塔尔 Qatar	波斯湾西南岸	238万	GDP为1882.95亿美元；人均GDP为67818.33美元；2018年GDP增长率为2.685%	中卡双边贸易额116.26亿美元；中国对卡直接投资存量11.0549亿美元；卡对华直接投资数据暂缺	48.10亿美元[②]

① 巴勒斯坦GDP及人均GDP数据为2017年数据，参见中国外交部网站,《巴勒斯坦国家概况》，https://www.fmprc.gov.cn/web/gjhdq_676201/gj_676203/yz_676205/1206_676332/1206x0_676334/，访问时间：2019年2月24日。

② 卡塔尔军费数据为2016年度数据，参见《2018年世界军费开支与武器转让》，https://www.state.gov/t/avc/rls/rpt/wmeat/c81153.htm，访问时间：2019年2月24日。

续表

具体内容 国家名称	所在区域	2018年人口数量	2018年经济规模、2018年GDP年增长率	双边贸易额（2018年度）、投资额（截至2017年）	2017年军费开支
35.科威特 Kuwait	波斯湾西北岸	418万	GDP为1445.23亿美元；人均GDP为31915.52美元；2018年GDP增长率为2.332%	中科双边贸易额186.88亿美元；中国对科直接投资存量量9.3623亿美元；科对华直接投资额152万美元	68.31亿美元
36.黎巴嫩 Lebanon	亚洲西南部地中海东岸	602万	GDP为567.09亿美元；人均GDP为12453.70美元；2018年GDP增长率为1%	中黎双边贸易额20.19亿美元；中国对黎直接投资存量201万美元；黎对华直接投资额19万美元	24.41亿美元
37.沙特阿拉伯 Saudi Arabia	阿拉伯半岛	3330万	GDP为7698.78亿美元；人均GDP为23186.74美元；2018年GDP增长率为2.234 %	中沙双边贸易额633.35亿美元；中国对沙直接投资数据20.3827亿美元；沙对华直接投资额1493万美元	694.13亿美元
38.土耳其 Turkey	小亚细亚半岛和巴尔干半岛	8109万	GDP为7135.13亿美元；人均GDP为8715.51美元；2018年GDP增长率为3.477%	中土双边贸易额215.52亿美元；中国对土直接投资存量13.0135亿美元；土对华直接投资额674万美元	181.90亿美元

续表

具体内容 / 国家名称	所在区域	2018年人口数量	2018年经济规模、2018年GDP年增长率	双边贸易额（2018年度）、投资额（截至2017年）	2017年军费开支
39.叙利亚 Syria	亚洲大陆西部，地中海东岸	1948万	近三年GDP及人均GDP数据缺失；2018年GDP增长率不详	中叙双边贸易额12.74亿美元；中国对叙直接投资存量1031万美元；叙对华直接投资额934万美元	8.60亿美元①
40.也门 Yemen	阿拉伯半岛西南端	2876万	GDP为285.24亿美元；人均GDP为925.618美元；2018年GDP增长率为-2.646%	中也双边贸易额25.92亿美元；中国对也直接投资存量6.1255亿美元；也对华直接投资额33万美元	17.70亿美元②
41.伊拉克 Iraq	阿拉伯半岛东北部	3975万	GDP为2309.11亿美元；人均GDP为5793.47美元；2018年GDP增长率为1.546%	中国与伊拉克双边贸易额304.02亿美元；中国对伊拉克直接投资存量4.1437亿美元；伊伊拉克对华直接投资额182万美元	74.16亿美元
42.伊朗 Iran	亚洲西南部	8181万	GDP为4300.82亿美元；人均GDP为5221.97美元；2018年GDP增长率为-1.475 %	中国与伊朗双边贸易额351.35亿美元；中国对伊朗直接投资存量36.2350亿美元；伊朗对华直接投资数据暂缺	145.48亿美元

① 叙利亚军费数据为2016年度数据，参见《2018年世界军费开支与武器转让》，https://www.state.gov/t/avc/rls/rpt/wmeat/c81153.htm，访问时间：2019年2月24日。

② 也门军费数据为2014年度数据，参见《2018年世界军费开支与武器转让》，https://www.state.gov/t/avc/rls/rpt/wmeat/c81153.htm，访问时间：2019年2月24日。

续表

具体内容 国家名称	所在区域	2018年人口数量	2018年经济规模、2018年GDP年增长率	双边贸易额（2018年度）、投资额（截至2017年）	2017年军费开支
43.以色列 Israel	亚洲最西端	846万	GDP为3655.99亿美元；人均GDP为41179.83美元；2017年GDP增长率为3.597 %	中以双边贸易额139.18亿美元；中国对以直接投资存量41.4869亿美元；以对华直接投资额773万美元	164.89亿美元
44.约旦 Jordan	阿拉伯半岛西北	799万	GDP为418.69亿美元；人均GDP为4227.54美元；2018年GDP增长率为2.3%	中约双边贸易额31.84亿美元；中国对约直接投资存量6440万美元；约对华直接投资额19万美元	19.40亿美元
45.阿塞拜疆 Azerbaijan	外高加索东南部	1007万	GDP为455.92亿美元；人均GDP为4586.77美元；2018年GDP增长率为-1.303%	中国与阿塞拜疆双边贸易额8.98亿美元；中国对阿塞拜疆直接投资存量2799万美元；阿塞拜疆对华直接投资数据暂缺	15.29亿美元
46.格鲁吉亚 Georgia	外高加索中西部	397万	GDP为167.16亿美元；人均GDP为4505.76美元；2018年GDP增长率为5.542%	中格双边贸易额11.50亿美元；中国对格直接投资存量5.6817亿美元；格对华直接投资数据暂缺	3.33亿美元
47.亚美尼亚 Armenia	外高加索南部	303万	GDP为125.33亿美元；人均GDP为4190.15美元；2018年GDP增长率为5.969%	中亚双边贸易额5.21亿美元；中国对亚直接投资存量2996万美元；亚对华直接投资数据暂缺	4.44亿美元

续表

具体内容 国家名称	所在区域	2018年人口数量	2018年经济规模、2018年GDP年增长率	双边贸易额（2018年度）、投资额（截至2017年）	2017年军费开支
16个南太平洋独立国家					
48.澳大利亚 Australia	大洋洲	2497万	GDP为14277.7亿美元；人均GDP为56698.10美元；2018年GDP增长率为3.241%	中澳双边贸易额1527.90亿美元；中国对澳直接投资存量361.7531亿美元；澳对华直接投资额2.7618亿美元	274.62亿美元
49.巴布亚新几内亚 Papua New Guinea	大洋洲	809万	GDP为207.67亿美元；人均GDP为2464.73美元；2018年经济增长率为-1.082 %	中国与巴布亚新几内亚双边贸易额36.16亿美元；中国对巴布亚新几内亚直接投资存量21.0121亿美元；巴布亚新几内亚对华直接投资数据暂缺	7191万美元
50.斐济 Fiji	大洋洲	907188	GDP为52.23亿美元；人均GDP为5876.55美元；2018年GDP增长率为3.2%	中斐双边贸易额4.82亿美元；中国对斐直接投资存量1.5670亿美元；斐对华直接投资数据暂缺	4595万美元
51.基里巴斯 Kiribati	大洋洲	118417	GDP为2.05亿美元；人均GDP为1749.74美元；2018年GDP增长率为2.303%	中基双边贸易额1794万美元；中国对基直接投资存量293万美元；基对华直接投资数据暂缺	澳大利亚和新西兰提供防务协助

续表

具体内容 国家名称	所在区域	2018年人口数量	2018年经济规模、2018年GDP年增长率	双边贸易额（2018年度）、投资额（截至2017年）	2017年军费开支
52.库克群岛 The Cook Islands	大洋洲	17411	GDP为2.999亿美元；人均GDP为16700美元；2018年GDP增长率不详[①]	中库双边贸易额769万美元；中国对库直接投资存量7万美元；库对华直接投资数据暂缺	新西兰负责防务协助
53.马绍尔群岛 Marshall Islands	大洋洲	53167	GDP为2.3亿美元；人均GDP为4113.48美元；2018年GDP增长率为2.323%	中国与马绍尔双边贸易额21.99亿美元；中国对马绍尔直接投资存量6068万美元；马绍尔对华直接投资额4863万美元	美国负责防务
54.密克罗尼西亚 Micronesia	大洋洲	542055	GDP为3.35亿美元；人均GDP为3277.25美元；2018年GDP增长率为1.374%	中密双边贸易额4040万美元；中国对密直接投资存量1954万美元；密对华直接投资数据暂缺	美国负责防务
55.瑙鲁 Nauru	大洋洲	11312	GDP为1.17亿美元；人均GDP为9037.10美元；2018年GDP增长率为-2.368%	中瑙双边贸易额203万美元；中国对瑙直接投资数据暂缺；瑙对华直接投资数据暂缺	澳大利亚负责防务

① 库克群岛的GDP（2016年，根据官方汇率计算）、人均GDP（2016年，根据购买力平价计算）数据均来自美国中央情报局的估计。参见美国中央情报局网站，https://www.cia.gov/library/publications/resources/the-world-factbook/geos/cw.html，访问时间：2019年2月24日。

续表

具体内容 国家名称	所在区域	2018年人口数量	2018年经济规模、2018年GDP年增长率	双边贸易额（2018年度）、投资额（截至2017年）	2017年军费开支
56.纽埃 Niue	大洋洲	1624	GDP为0.1001亿美元；人均GDP为5800美元；2018年GDP增长率不详①	相关数据暂缺	新西兰负责防务
57.帕劳 Palau	大洋洲	21964	GDP为3亿美元；人均GDP为16267.52美元；2018年GDP增长率为0.787%	中帕双边贸易额1385万美元；中国对帕直接投资存量1218万美元；帕对华直接投资数据暂缺	美国负责防务
58.萨摩亚 Samoa	大洋洲	196902	GDP为8.78亿美元；人均GDP为4402.80美元；2018年GDP增长率为1.811%	中萨双边贸易额7032万美元；中国对萨直接投资数据6.2755亿美元；萨对华直接投资额12.2943亿美元	新西兰提供防务协助
59.所罗门群岛 Solomon Islands	大洋洲	617466	GDP为14.24亿美元；人均GDP为2270.81美元；2018年GDP增长率为3.386 %	中所双边贸易额7.48亿美元；中国对所直接投资数据暂缺；所对华直接投资数据暂缺	无常备军

① 纽埃的GDP（2003年，根据官方汇率计算）、人均GDP（2003年，根据购买力平价计算）数据来自美国中央情报局的估计。参见美国中央情报局网站，https://www.cia.gov/library/publications/resources/the-world-factbook/geos/ne.html，访问时间：2019年2月24日。

续表

具体内容 国家名称	所在区域	2018年人口数量	2018年经济规模、2018年GDP年增长率	双边贸易额（2018年度）、投资额（截至2017年）	2017年军费开支
60. 汤加 Tonga	大洋洲	108775	GDP为4.68亿美元；人均GDP为4650.28美元；2018年GDP增长率为2.883%	中汤双边贸易额2507万美元；中国对汤直接投资存量956万美元；汤对华直接投资数据暂缺	军费开支不详
61. 图瓦卢 Tuvalu	大洋洲	11287	GDP为0.45亿美元；人均GDP为4096.25美元；2018年GDP增长率为4.284%	中图双边贸易额1243万美元；中国对图直接投资数据暂缺；图对华直接投资数据暂缺	无常备军
62. 瓦努阿图 Vanuatu	大洋洲	282229	GDP为9.57亿美元；人均GDP为3327.75美元；2018年GDP增长率为3.8%	中瓦双边贸易额7903万美元；中国对瓦直接投资存量1.0576亿美元；瓦对华直接投资数据暂缺	无常备军
63. 新西兰 New Zealand	大洋洲	464万	GDP为2059.97亿美元；人均GDP为41615.92美元；2018年GDP增长率为3.07 %	中新双边贸易额168.58亿美元；中国对新直接投资存量24.9180亿美元；新对华直接投资额2116万美元	23.28亿美元
中国的特殊邻国：美国					
64. 美国 United States	北美洲中部	3亿2884万	GDP为205130.0亿美元；人均GDP为62517.53美元；2018年GDP增长率为2.884%	中美双边贸易额6335.19亿美元；中国对美直接投资存量673.8100亿美元；美对华直接投资额26.4905亿美元	6097.58亿美元

后　记

《中国周边外交研究报告》是复旦大学中国与周边国家关系研究中心（以下简称“复旦中国周边中心”）编撰的年度研究报告。研究报告出版目的在于：通过对中国周边外交的观察和分析，向国内外学术界发出复旦的声音，为中国涉外工作者提供一部了解中国与周边国家关系的读本，也为海外学者了解和研究中国周边外交提供一个样本。

《中国周边外交研究报告（2018—2019）》是复旦中国周边中心编撰的第五部年度研究报告。之前的四部研究报告包括：《中共十八大以来中国周边外交研究报告》（社会科学文献出版社2016年11月版）、《中国周边外交研究报告（2015—2016）》（世界知识出版社2016年10月版）、《中国周边外交研究报告（2016—2017）》（世界知识出版社2017年6月版）、《中国周边外交研究报告（2017—2018）》（世界知识出版社2018年9月版）。

2018年11月16日至17日，复旦中国周边中心举办了第八届中国周边外交研讨会，研讨主题是“新时代的中国周边外交：机遇与挑战”。来自中国外交部、复旦大学、中国社会科学院、国防大学、中国国际问题研究院、中国现代国际关系研究院、上海国际问题研究院、广东国际战略研究院、中国南海研究院、武汉大学、中山大学、吉林大学、云南大学、世界知识出版社暨《世界知识》杂志社等机构的30余位专家学者参加研讨会。第八届中国周边外交研讨会的举办为本研究报告的编撰奠定了基础。会后，我们邀请其中20余名学者在原有论文的基础上共同编撰《中国周边外交研究报告（2018—2019）》。因此，本研究报告是国内优秀学者集体工作的结晶。

《中国周边外交研究报告（2018—2019）》（年度）主编由祁怀高担任。

参加本研究报告撰写的作者集当代中国周边外交研究界之杰出者。他们是：复旦大学中国与周边国家关系研究中心主任石源华教授（序言）；中国社会科学院亚太与全球战略研究院张洁研究员和李志斐副研究员（第一编第一章），中国社会科学院亚太与全球战略研究院钟飞腾研究员（第一编第二章），中国社会科学院亚太与全球战略研究院许利平研究员（第一编第三章），国防大学政治学院张芳副教授（第一编第四章）；复旦大学美国研究中心潘亚玲副研究员（第二编第一章），中国社会科学院俄罗斯东欧中亚研究所李勇慧研究员（第二编第二章），中国社会科学院亚太与全球战略研究院孙西辉助理研究员（第二编第三章），上海国际问题研究院吴寄南研究员（第二编第四章）；中国国际问题研究院刘卿研究员（第三编第一章），云南大学国际关系研究院卢光盛教授（第三编第二章），复旦大学国际问题研究院林民旺研究员（第三编第三章），中国社会科学院俄罗斯东欧中亚研究所张宁研究员（第三编第四章），吉林大学行政学院郭锐教授（第三编第五章），中山大学大洋洲研究中心费晟副教授（第三编第六章）；中国社会科学院亚太与全球战略研究院董向荣研究员（第四编第一章），中国南海研究院闫岩所长（第四编第二章），广东国际战略研究院赵卫华研究员（第四编第三章），复旦大学国际关系与公共事务学院贺嘉洁讲师（第四编第四章），中国现代国际关系研究院王世达副研究员（第四编第五章）。

本研究报告收有两个附录。一是《2018年中国周边外交大事记》，由广东国际战略研究院赵卫华研究员编制。为了方便研究者查阅和引用相关资料，《大事记》所引资料全部注明了出处。二是《2018年中国及其周边国家相关数据》，由复旦大学国际关系与公共事务学院硕士何永朋编制。

本研究报告各部分由作者独立完成，代表的只是作者本人的分析和观点。

本研究报告的编撰和出版，要感谢所有撰稿作者对复旦中国周边中心工作的鼎力支持；感谢复旦大学公共事务学院政治学“高峰学科”给予的经费资助；感谢复旦大学国际问题研究院和“国家领土主权与海洋权益协同创新中心”（国家级协同创新中心）的支持。感谢世界知识出版社对本报告所做的编辑工作；复旦中国周边中心秘书胡旸昱参与了编务工作，一并致谢！

欢迎读者对本报告提出批评和指正。

祁怀高
复旦大学国际问题研究院副院长
2019年3月28日